시진핑 시기
중국 외교안보

그 패러다임의 변화

시진핑 시기
중국 외교안보

그 패러다임의 변화

인　쇄: 2015년 8월 15일
발　행: 2015년 8월 20일

엮은이: 김흥규
발행인: 공로명

발행처: 동아시아재단(http://www.keaf.org)
　　　　110-032 서울시 종로구 필운대로 116 4층
전　화: (02)325-2604~6 / 팩　스: (02)325-2898
E-mail: mail@keaf.org

편집 및 유통: 도서출판 오름(http://www.oruem.co.kr)

ISBN　978-89-7778-443-7　　93340

이 도서의 국립중앙도서관 출판예정도서목록(CIP)은 서지정보유통지원시스템
홈페이지(http://seoji.nl.go.kr)와 국가자료공동목록시스템(http://www.nl.go.
kr/kolisnet)에서 이용하실 수 있습니다. (CIP제어번호: CIP2015021401)

시진핑 시기
중국 외교안보
그 패러다임의 변화

김흥규 엮음

동아시아재단
East Asia Foundation

China's Foreign Policies and Security under Xi Jinping

Edited by
KIM Heungkyu

 EAST ASIA
FOUNDATION

추천사

김홍규 교수를 알게 된 지도 벌써 10여 년이 되었다. 그 당시 동북아시대위원회 위원장으로서 중국과 전략대화를 추진했던 추천인은 외교부 산하 외교안보연구원(현 국립외교원)에서 중국연구를 맡고 있던 김 교수의 도움을 많이 받은 바 있다. 그 이후 김 교수는 성신여대를 거쳐 아주대 교수 겸 중국정책연구소 소장에 이르기까지 한중관계 개선과 협력증진을 위해 부단한 노력을 해 왔다. 최근 유행하는 연미화중(聯美和中), 이명박 정부 시절 주목했던 연미통중(聯美通中) 전략, 그리고 연미연중(聯美聯中)의 개념들 모두 그가 제시했던 것들이었다.

김홍규 교수의 강점은 학문의 세계에 머무르지 않고 이를 대외 정책에 연결하려는 노력을 끊임없이 해 왔다는 것이다. 김 교수는 미국에서 중국연구로 유명한 미시간대학에서 박사학위를 취득하였다. 미국 클린턴 행정부에서 미 대통령의 중국 정책 자문이었던 케네스 리버설(Kenneth Lieberthal) 교수가 그의 은사이다. 그뿐 아니라 김 교수는 중국 정부, 학계, 그리고 연구기관에 폭넓은 인적 네트워크를 가진 중국통이기도 하다.

이 책은 김흥규 교수의 감각과 장점이 잘 드러나는 기획이다. 김 교수는 중국의 대외 전략사고의 흐름을 오랫동안 관찰해 왔다. 그 결과 이미 3년 전에 시진핑 시기가 들어서면 중국 대외 정책의 DNA가 바뀔 것이라는 예측을 하여 큰 반향을 불러일으킨 바 있다. 당시 대다수의 중국연구자들과 심지어 중국학자들조차 김 교수의 논리에 비판적이었다. 중국의 정치문화, 전략사고, 대외 정책은 대단히 보수적이라는 것이 상식에 가까운 일이었기 때문이다. 그러나 이제는 거의 패러다임에 준하는 변화가 진행 중인 것을 우리는 목도하고 있다.

이 책은 김흥규 교수가 2005년 국내 중요 싱크탱크 관계자, 실무자, 외교안보 전문가들과 함께 중국의 외교안보를 연구하기 위해 [중국 외교안보연구회]를 설립하여 연구해 온 성과를 반영하고 있다. 이 책을 만들기 위해 중국 외교안보연구회의 회원들이 대거 참여하였다. 동시에 중국 내 폭넓은 네트워크를 형성해 온 것으로 알려진 김 교수의 중국 내 인맥도 추가되었다. 이 책은 중국 내 외교안보 변화를 가장 빨리 읽어내고 이에 대한 체계적인 분석을 시도한 아마 국내 최초의 저술일 것이다.

이 책은 김 교수의 기획 아래 진행되었지만, 패러다임의 변화와 같은 중국 외교안보 정책의 변화에 대해 아마 필자들 사이에도 다른 시각이 존재할 것이다. 그리고 이 책을 집필하는 사이 필자들도 상상할 수도 없었던 속도로 중국의 새로운 실크로드 전략과 아시아 인프라투자은행(AIIB)의 설립이 추진되었다. 그러나 이 책이 던지는 다양한 상상력과 영감, 분석은 시진핑 시기의 외교안보 정책을 이해하는 데 대단히 중요하다고 생각한다. 그리고 이만큼 시의적절하게 시진핑 시기의 외교안보 정책을 분석한 글은 아직 없을 것이다. 중국의 시진핑 시기를 이해하고자 하는 모든 분들에게 일독을 강력히 권하는 바이다.

연세대학교 정치외교학과 교수
문정인

서문

2012년 11월 개최된 중국공산당 제18차 당대회에서 시진핑 총서기를 포함한 정치국 상무위원 7명과 정치국원 25명 등 새로운 지도부가 선출되었다. 바야흐로 향후 5~10년간 중국을 이끌 새로운 지도부가 구성된 것이다. 이후 중국 내에서 전개된 상황은 기존의 중국에 대한 지식과 인식으로서는 설명하기 어려운 많은 일들이 발생하였다. 가장 주목을 끄는 것이 시진핑의 급속한 권력 강화이다.

중국은 개혁개방 이후 한 개인에 권력이 집중되는 것을 방지하기 위해 부단히 집단지도 체제를 강화해 왔다. 후진타오 시기에 이르면 거의 안정적인 완성 단계에 이르지 않았나 싶을 정도로 제도적인 틀을 갖추었다. 중국의 권력체계는 각 파벌적인 이해를 존중하면서, 전문 영역별 지도자들의 전문성과 권능을 존중해주는 방향으로 진화해 왔다. 따라서 중국의 최고지도자라 할지라도 이러한 유사제도적인 제약을 뛰어 넘기가 어려울 것으로 보였다. 시진핑은 특히 중국의 기존 권력 파벌인 장쩌민을 중심으로 한 상해방이나 후진타오를 위시한 공청단파에 속하지 않는, 즉 권력기반이 상대적으로 취약한 지도자로 인식되었다. 따라서 시진핑 방식의 국내 정책이나 대외 전략은 시진핑의 집권 후반기인 2017년 이후에나 가능할 것이라는 것이 일반적인 상식에 가까웠다.

그러나 시진핑은 집권 이후 급속도로 권력을 강화하였다. 기존 집단지도 체제의 작동원리인 권력의 전문성과 권능을 존중하는 관행을 새로운 제도 설립을 통해 뛰어 넘었다. 이는 기존의 중앙외사영도소조 조장과 중앙대만공작영도소조 조장직뿐만 아니라 각 직능부문을 포괄하는 국가안전위원회, 중앙전면심화개혁영도소조, 중앙인터넷안전소조, 심화국방군대개혁영도소조를 새로이 설립하여 그 장을 맡았고, 심지어는 기존에 총리의 몫인 중앙재경영도소조 조장직까지 맡았다. 이는 기존 중국 권력운용체계로는 상상할 수 없는 파격적인 행보였다.

이러한 상황은 중국의 대외 정책에서도 이어졌다. 개혁개방 시기 중국의 대외 정책은 국가발전이라는 대 목표를 위해 대외안보 전략을 하위체계로 인식하였다. 그리고 덩샤오핑이 제시한 "자신의 힘을 감추고 역량을 배양"하는 도광양회적인 외교안보 전략을 금과옥조처럼 여겼다. 시진핑 시기 들어 이러한 원칙은 더 이상 공식 언급에서 회자되지 않는다. 얼마 전까지도 상상할 수 없는 일이 발생하고 있는 것이다. 중국의 대외 전략은 이제 단지 DNA의 변화를 넘어서 거의 패러다임의 변화라 할 수 있는 변화의 싹을 잉태하면서 진화하고 있다. 중국의 외교안보 전략은 도광양회식이라 일컬어지는 기존의 수동적이고 대응적인 외교를 넘어서서, 전 세계를 하나의 전략 공간으로 인식하면서 보다 능동적으로 행동하고, 중장기적이면서도 구체성을 띠는 국가 대전략을 구상하는 단계로 넘어가고 있다. 이러한 변화는 시진핑 집권 3년차인 올해부터 더욱 가시화될 전망이다. 이러한 변화에 대해 선제적으로 분석하고 이해하면서 우리의 대응 전략을 수립하는 것이 중요하다. 이 책은 이처럼 패러다임의 변화라고까지 일컬을 수 있는 시진핑 시기

외교안보 전략의 대강을 분석하고 소개하는 데 그 목적이 있다. 당연히 우리가 살고 있는 공간인 대한반도 전략과 그 함의에 대해서도 생각해 볼 것이다.

아직까지 세계적으로도 시진핑 시기의 변화하고 있는 중국 외교안보 분야를 포괄적으로 아우르는 글은 나오지 않고 있다. 따라서 이 작업은 아마한국의 중국연구 수준을 보여주는 노력이 될 것이다. 이 프로젝트는 우리중국 외교안보 분야의 연구자들이 그간 노력해 온 땀과 역량이 담겨져 있다. 또 한편으로는 중국의 강대국외교와 주변국외교 부분은 보다 생생한 중국측 입장을 전달하기 위해 두 분의 저명한 중국 측 필자를 청빙하였다. 중국외교부의 1950~60년대 한반도 관련 비공개 문서를 최초로 열람한 인민대청샤오허 교수가 강대국외교를 맡았고, 2014년 중국 사회과학원의 연례보고서에서 한반도 부분을 책임 집필한 중국 사회과학원 왕쥔성 교수가 주변국외교를 집필하였다. 이 책은 일반 중국 외교안보 분야의 교과서로써 활용할 수 있을 뿐만 아니라, 정책 분야의 중요한 참고서이자 중국의 외교안보를이해하고자 하는 모든 독자들의 필독서가 될 수 있기를 감히 희망한다.

마지막으로 이 분야를 분석하고 설명하려는 프로젝트를 기획하고 이처럼신속하게 실행에 옮길 수 있었던 것은 그 중요성을 인식하고 과감하게 재정적인 지원을 해준 동아시아재단 덕택이다. 동아시아재단의 문정인 연세대교수님, 홍형택 실장님께 모든 필진을 대신하여 깊은 감사의 말을 올린다.그리고 이 책이 나오기까지 인내심을 가지고 도와준 도서출판 오름의 부성옥 대표와 편집진에게도 특별한 감사의 말씀을 드린다.

2015년 7월 30일
아주대 중국정책연구소 소장
김흥규

차례

제**1**장 **중국 전략사고의 흐름과 외교 전략** •김흥규

제**2**장 **중국의 강대국외교 전략** •청샤오허

제3장 중국의 주변국외교 전략 • 왕진성

제4장 중국의 발전도상국외교 전략 • 이춘복

제5장 중국의 다자외교 전략 • 이영학

제**1**장

중국 전략사고의 흐름과 외교 전략

김흥규 | 아주대학교

I. 중국 외교사 개관과 시진핑 등장의 함의

2012년 11월 개최된 중국공산당 제18차 당대회에서 시진핑 총서기를 포함한 정치국 상무위원 7명과 정치국원 25명 등 향후 5~10년간 중국을 이끌 새로운 지도부가 선출되었다. 그리고 2013년 3월에는 전국인민대표 대회를 통해 국가주석, 총리 등이 선출됨으로써 새로운 중국지도부의 골격이 완성되었다. 일부의 우려와는 달리 시진핑은 당 총서기와 중앙군사위원회 주석직은 물론 국가주석직을 겸하게 되어 중국 권력구성에 있어서 가장 핵심적인 세 직위를 모두 후진타오로부터 승계하였다. 강력한 영향력을 지닌 전직 두 최고지도자들(장쩌민과 후진타오)이 동시에 생존해 있는 상황에서 새로운 지도자가 등장한 것은 중화인민공화국 역사상 최초의 일이다.

현재까지 드러난 바에 의하면 시진핑 시기의 대외 정책은 이전 시기의 대외 정책과는 확연히 구분되는 또 하나의 큰 획을 그을 것만 같다. 시진핑 시기는 중국공산당의 역사에서도 네 번째 30년의 주기로 들어가는 대단히 중요한 시기이다. 중국공산당의 첫 30여 년(1921~1949)은 집권과 건국을 위해 분투하는 시기였으며, 두 번째 30여 년(1949~1978)은 마오쩌둥식의 사회주의를 추진하면서 다양한 정치적 실험을 단행한 시기였으며, 세 번째 30여 년(1979~2012)은 개혁개방 정책에 입각하여 기존의 사회주의 체제를 대변환시킨 시기라 할 수 있다.

시진핑 시기는 이제 새로운 30년을 여는 대단히 의미 있는 시점에 도달해 있다. 시진핑 시기 내에 중국은 2021년 중국공산당 창당 100주년을 맞이하게 되며, 경제적으로는 미국을 추월하여 규모 면에서 세계 제1의 경제강국이 될 것이 거의 확실시된다. 시진핑 시기 중국 대외 전략과 외교는 이러한 새로운 형세와 국력을 바탕으로 향후 중국과 세계의 미래를 어떻게 형성할 것인가에 대한 초석을 닦고 있다고 평가된다. 그리고 그 새로운 외교 전략에 대한 구상이 벌써 현실화되고 있는 상황에서 우리는 이를 보다 면밀히 분석하고 이에 대한 단기적인 처방만이 아니라 중장기적인 정책을 구상하는 것이 필요한 시기라 하겠다.

시진핑 시기는 중국이 발전 중인 강대국이라는 새로운 자아정체성을 바탕으로 대외 정책을 재구성하려 하고 있다. 후진타오 시기(2003~2012)에 중국이 발전도상국이라는 자아인식에 기초하여, 경제발전과 대외 안정 정책을 최우선 순위로 놓고 세계 최강인 미국과의 관계를 우선적으로 강화하려던 기조와는 전혀 다른 접근을 하고 있다. 이는 중국의 새로운 변화를 강조하면서 최근 주요 문건에 "새로운 형세 아래(新形勢下)"라는 개념을 통해 새로운 대외 접근법을 강조하고 있다. 필자는 이를 "신흥 강대국외교"의 길이자 '중국의 부상(中國崛起) 2.0'의 시대로 명명하고, 그 독해를 시도하고자 한다.

II. 시진핑 체제의 공고화와 대외 정책

1. 시진핑의 체제의 수립

시진핑의 집권하던 시점에서 중국의 대외 정책에 대한 예측은 대체로 크게 두 가지 가설로 나뉘었다. 하나는 시진핑이 선대 지도자들의 위세에 가려 한동안 자신의 권력에 기초한 정책을 입안·집행하지 못할 것이라는 예측이다. 이는 12·5 규획처럼 기존 후진타오 시기 입안한 정책과 방향들이 여전히 유효하고, 중국의 기존 관행을 고려할 때 충분히 일리 있는 분석이다.

또 다른 하나의 가설은 두 전직 지도자들이 상호 균형을 이뤄 오히려 시진핑의 정치적 공간이 확대될 수 있다는 분석이다. 더구나 장쩌민은 노쇠하고, 후진타오는 정치 참여에 그리 소극적인 태도를 취하는 것도 시진핑의 권력확대에 긍정적인 측면이다. 시진핑은 1980년대 초반 당시 국방부장이었던 껑뱌오의 비서로 재직한 바 있으며, 태자당으로서 중국의 어느 현직 지도자보다 군부에 대한 인적 네트워크와 영향력을 지니고 있다. 따라서 이러한 정치적 자산을 바탕으로 보다 과감히 자신의 정치적인 색채를 드러낼 수 있을지도 모른다는 점이었다.

일반적인 예측은 시진핑의 집권 초기 그의 대외 정책에 대한 영향력이 대단히 제한적일 것이라는 평가였다. 필자는 이와 관련하여 '9-7-5-3-1'의 법칙을 제시한 바 있다. 중국 최고지도자의 대외 정책에 대한 영향력 수준을 마오쩌둥(90%대), 덩샤오핑(70%대), 장쩌민(50%대), 후진타오(30%대)로 설명하면서, 시진핑은 잘 해야 10% 후반 정도의 영향력을 행사할 수 있지 않을까 하는 판단을 하였다. 이는 집권 초기이기도 하고, 또 중국 최상층 권력 내부에 작동하는 집단 지도체제적인 조직 특성과 문화, 강력한 영향력을 지닌 전직 두 최고지도자들(장쩌민과 후진타오)이 동시에 생존한 상황을 감안했다. 또 점차 증대되는 대외 정책에 대한 여론의 영향력도 이 판단에 한몫을 했다. 그 결과, 시진핑은 대외 정책을 주도하기에는 중국의 그 어떤 지도자들보다도 강한 조직적·문화적·인적 제약을 받을 것이라 생각했다. 그러나 이제 이러한 초기의 판단은 수정되어야 할 것 같다.

후진타오 시기 중국지도부의 국제정세 및 주변정세에 대한 인식 및 전략은 이미 2005년 국무원이 발표한 외교백서인 "중국의 평화적 발전의 길(中國的和平發展道路)," 2010년 다이빙궈(戴秉國) 외교담당 국무위원이 발표한 "평화발전의 길(和平發展道路),"[1] 2012년 후진타오 국가주석의 신년사인 "세계평화와 발전 공동 촉진" 메시지에서 잘 드러난다. 시진핑이 당의 지도자로 등장하는 제18차 당대회 '보고'에서도 일관성을 보여주고 있다.[2]

당시 중국지도부의 국제정세에 대한 인식은 평화와 발전이 시대적 조류(主題)이지만, 세계다극화와 경제세계화의 심화에 따라 국제정세의 불안정성과 불확실성 역시 여전히 존재한다는 점을 지적하고 있다. 다음으로 주변 국가와의 관계에 있어서도 중국은 선린우호에 입각한 지역협력 실천을 강조하고 있다. 중국은 주변국가들과의 우호협력을 통해 '조화로운 아시아(和諧亞洲)'를 건설하고, 각국과 상호존중, 구동존이(求同存異), 대화협상을 통해 영토 및 해양 갈등을 해결함으로써 역내 평화와 안정을 수호해야 한다는 점을 강조하였다. 특히 중국은 역내 패권을 추구하지 않을 뿐만 아니라 어느 국가도 배제하지 않을 것이며, 중국의 번영과 안정은 주변국에 대한 위협이 아니라 기회라는 점을 강조하고 있다.

시진핑은 후진타오 시기인 2010년 11월 국가부주석 자격으로 싱가포르를 방문한 자리에서 "중국 대외 정책의 핵심은 평화발전, 개방발전, 협력발전이고, 중국이 강하면 패권주의로 나아갈 것이라고 생각하지만 이는 중국의 외교노선에 부합하지 않는다"면서 중국은 평화외교 노선을 견지할 것임을 밝혔다.[3] 또한 2012년 7월 베이징에서 개최된 세계평화포럼 개막식에서

---

1) Bingguo Dai, "Stick to the path of peaceful development," *China Daily*, December 13, 2010.

2) 신종호, "중국공산당 제18차 당대회와 중국의 대외 정책 전망," 『국제문제연구』 제12권 제4호(2012), pp.67-101.

3) 2010년 11월 15일 중국-싱가포르 수교 20주년 행사에 참석한 시진핑은 "번영하고 안정

도 시진핑은 "세계는 지금 大발전·大변혁·大조정의 시기에 들어섰고, 세계 다극화와 경제세계화가 심화되고 과학기술혁명과 정보화의 각국 발전 및 국제관계에 대한 영향도 커지고 있다"는 인식을 보여주었다. 중국이 추구하는 발전은 곧 "평화적 발전, 개방적 발전, 협력적 발전, 공영하는 발전"이라고 강조하였다. 또한 시진핑 체제의 대외 정책의 원칙이 될 수 있는 5가지 즉, 경제발전을 통한 안전보장, 상호존중과 평등을 통한 안보실현, 상호신뢰를 통한 안보추구, 협력을 통한 평화적인 분쟁해결, 혁신을 통한 안보위협해결 등을 제시하였다.[4] 이러한 입장은 자신이 집권하더라도 후진타오 시기의 대외 정책 기조를 유지해 나가겠다는 의사를 표명한 것이었다. 이는 많은 전문가들이 시진핑의 외교는 후진타오 시기 대외 정책의 연속성이 강할 것이라 예상하는 주요한 단초가 되었다.

이러한 상황판단을 전제하면, 시진핑 시기 중국의 대외 정책은 후진타오 시기의 대외 정책과 연속성이 강하게 이어질 것이라는 판단은 자연스런 일이었다. 시진핑은 선대 지도자들의 권력의 영향력이 여전히 유지되는 한, 한동안 자신의 권력에 기초한 정책을 입안·집행하지 못할 것이라는 분석이었다. 12차 5개년 규획에서 명기된 바처럼 기존 후진타오 시기 입안한 정책과 방향들이 여전히 유효하고, 중국의 기존 관행을 고려할 때 이러한 분석은 충분한 합리성을 띠었다. 제18차 당대회 보고에 나타나 시진핑 시기 대외 정책의 우선순위도 기존 후진타오 시기와 똑같이 강대국외교-주변국외교-발전도상국외교-다자외교의 순서를 보여주어 이러한 분석을 뒷받침하는 듯하였다.

그런데 현재까지 드러난 현상은 위의 예측이 틀렸음을 보여준다. 시진핑은 중국의 전통적인 3대 권력은 물론이고, 중국의 정치경제의 체질을 변화시키기 위한 '중앙전면심화개혁영도소조'의 조장, 사회 안정과 국내외 안보

적인 중국은 어느 국가에도 위협이 되지 않으며, 오히려 발전의 기회가 될 것"이라고 말했다. 『경향신문』 2010년 11월 16일.

4) 習近平, 「携手合作, 共同維护世界和平與安全」, 在世界和平壇開幕式上的致辞, 『新華網』 2012年 7月 7日.

문제를 다룰 '중앙국가안전위원회' 주석, 사이버 영역을 총괄하는 '중앙 네트워크 안전과 정보화 영도소조' 조장, 군 개혁을 지휘하는 '군대개혁영도소조,' 그리고 전통적으로 총리가 담당했던 경제 분야를 지휘하는 '중앙재경영도소조' 조장 등을 담당하는 등 전방위에 걸쳐 권력을 집중시키고 있다.5) 이는 권력 내 역할 분담을 중시하는 중국의 전통적 정책결정 체계에 중대한 변화라고 할 수 있다.

시진핑은 현재 그 어느 중국지도자도 가지지 못한 군부 내 확고한 입지는 물론이고, 다채로운 경력을 바탕으로 개인적인 리더십을 발휘하면서 당정 내 자신의 권력을 급속히 강화하는 데 성공하였다. 장쩌민과 후진타오 두 전직 지도자들이 상호 견제와 균형을 이루면서, 시진핑의 정치적 공간을 확대하는 데 크게 기여하였다. 주목할 만한 점은 시의 이러한 권력 확대에 시 주석이 주도하고 있는 대외·안보 정책이 그의 권력 강화에 크게 기여하고 있다는 것이다. 시진핑은 "중국의 꿈(中國夢)"을 제시하고 그 꿈을 이루기 위한 수단으로서 강한 중국, 강한 군사력, 주권 수호의 의지 등을 천명하면서 단호한 모습을 보여주고 있다. 그리고 "두 개의 백 년"을 이야기하고 있다. 첫째는 중국공산당이 창당된 1921년부터 백 년 후인 2021년경에 중국은 경제·문화적으로 윤택한 수준(小康)에 이르고, 중화인민공화국이 창설된 1949년의 100년 후인 2049년경에는 부강한 국가의 반열에 진입한다는 것이다. 중국군의 발전 계획 역시 이러한 목표와 일정에 맞춰져 있다. 이러한 시진핑의 구상과 정책은 중국 국민들이 오랜 세월 안고 있었던 서구와 일본 제국주의 시대의 좌절, 서구에 대한 열등감 등을 떨치면서 새로이 부상하고 있는 중국이 이제는 가시적으로 강대국의 일원에 진입하고 있다는 자부심을 고양하고 있다.

중국에 새로운 지도부가 들어서면 환경의 변화와 자기정체성에 대한 평가를 바탕으로 기존 대외 정책에 대한 재검토가 이뤄져 왔다. 후진타오 시

---

5) 이에 대해서는 http://news.chosun.com/site/data/html_dir/2014/06/16/2014061600101.html(검색일: 2014.6.10) 참조.

기 중국은 발전도상국이라는 자아정체성에 대한 인식을 바탕으로 기존의 도
광양회적인 외교 정책을 유지하면서, 대북 정책에 있어서는 정상적인 국가
관계로 전환해 나간다라는 원칙을 새로이 수립하였다. 시진핑 시기 중국의
대외 정책은 후진타오 시기처럼 대내 전략의 하위개념으로 보인다. 국내정
치 안정과 경제발전을 추진하기 위한 대외환경을 조성하는 것이 대외 정책
의 가장 중요한 목표라는 것이다. 시진핑 시기 역시 중국의 정책우선순위는
대외 정책보다는 그간 급속한 경제발전의 부산물로서 부상한 부패, 빈부격
차, 민생 문제 및 세계적인 경제위기로 인한 국내 정치사회적 불안정성을
관리하는 데 초점이 맞춰질 것으로 보인다. 시진핑의 당 총서기 당선 이후
첫 일성은 부패척결과 민생 문제에 대한 것이었다.

그러나 간과해서 안 될 부분은 시진핑 시기에 들어서면서 중국의 자아정
체성에 대한 변화가 목도된다는 점이다. 중국은 이제 신흥 강대국이라는 것
이다. 현재 중국의 대외 정책 부문은 이러한 새로운 자아정체성에 대한 인
식에 기초하여 대외 정책 전반에 걸친 재검토가 이뤄지고 있는 것으로 보인
다. 시진핑 시기 중국의 주류사고는 "신흥강대국론"적인 사고로 급격히 이
동하고 있다. 중국의 리커창 총리는 그가 총리로 선출된 이후 최초의 언론
인터뷰에서 중국이 강대국임을 분명히 하였다.[6] 이러한 사고는 시진핑이
2012년 초 국가부주석으로 미국을 방문하여 미중 간에 새로운 강대국 관계
의 형성을 제안할 때 이미 잘 드러난 바 있다. 중국의 새로운 지도부는 중국
이 세계의 강대국이란 것을 주저하지 않고 이야기하고 있으며 이에 따른
새로운 관계의 형성을 요구하고 있는 것이다. 이는 시진핑 시대의 중국이
강대국이라는 자의식을 바탕으로 기존의 발전도상국류의 정체성과 대외 전
략에서 벗어나려 하고 있다는 것을 의미한다. 이러한 자아정체성에 따라 중
국지도부는 기존의 세계, 지역, 한반도 전략을 재검토하는 단계에 와 있다고
평가해야 할 것이다.

---

6) http://www.china.org.cn/china/NPC_CPPCC_2013/2013-03/17/content_28271451.
htm(검색일: 2014.7.27).

현재까지 드러난 시진핑의 태도는 정치적으로는 대단히 신중한 태도를 취하면서도, 대외 정책에 있어서는 기존의 방식을 넘어서는 새로운 변화를 모색하고 있는 것으로 보여진다. 기존에 설정된 대외 정책의 틀을 넘어서지 않으면서도, 기존의 중국 정치지도자들보다는 훨씬 상상력이 풍부하고, 자신감이 넘치며, 동 사안에 대한 장악력을 지닌 것으로 나타나고 있다. 이는 미국의 재균형 정책에 대한 중국의 대응에서도 드러나며, 북한 제3차 핵실험에 대한 정책에서도 나타나고 있다. 이러한 정책들은 기존의 중국의 외교 정책의 정향이나 대응 양식에 대한 일반적인 예측을 넘어서고 있다.

중요한 변화의 가장 중요한 추진력이 시진핑 자신으로부터 나오고 있다. 제18차 중국공산당 당대회에서 당 최고지도자로 임명된 시진핑은 그 후 "중국의 꿈(中國夢)"이란 개념을 제시하면서 이를 자신의 지도사상으로 부각시켰다.[7] 이를 달성하기 위한 목표를 시는 2013년 10월 24일 개최된 주변외교공작 좌담회에서 "두 개의 백 년"이라는 개념을 통해 구체화하였다.[8] 중국공산당 수립 100주년이 되는 2021년까지 중등 수준의 경제성장을 이룩하고, 중국 국가건국 100주년이 되는 2049년까지 강대국으로 부상한다는 것이다. 이런 측면에서 기존의 외교안보 정책의 주요 조정기구였던 중앙외사 영도소조보다 시진핑을 보다 지근거리에서 보좌하는 중앙판공청과 시진핑 판공실이 외교안보 정책의 수립에 있어 보다 더 중요한 기제가 되었다.[9]

시진핑은 현재 중국의 국력이 "중국의 꿈"을 달성하는 데 가장 근접해 있다는 입장을 보여주고 있다. 이를 위해 중국은 지난 1980년대 개혁개방 이래 추구한 적이 없는 대국가 전략을 구상하고 있는 것으로 보인다. 시진핑

---

7) 시는 2013년 3월 17일 국가주석으로 임명된 제12기 제1차 전국인민대표대회 폐막식 연설에서 이 "중국의 꿈"이란 개념을 9차례나 언급하였다. 중국의 꿈에 대한 자세한 소개는 http://baike.baidu.com/link?url=3tY8T4NTvsvHRAL3-uAF2-G_AttWNEvd-0ZOpKNJYY9YuWf0VcJalmN6eORaFcn4emupVWZAOLSKY5eQ7ISbkK(검색일: 2014.7.27).

8) 이에 대해서는 http://news.china.com.cn/txt/2012-09/21/content_26591420.htm(검색일: 2014.7.21).

9) 필자의 북경 인터뷰(2014.7.23).

시기 제시되고 있는 중국외교·안보 정책의 방향은 이전과는 비교할 수 없을 정도로 더 구체적이고 야심찬 것으로 보인다. 그리고 전략적이다. 그 일부 대외 전략의 단초는 이미 "핵심이익 논쟁", "새로운 강대국 관계론", "신아세아 구상", "신실크로드 구상", "아시아 인프라투자은행의 설립안" 등에서 드러난다.

중국은 2010년대를 중화민족의 부흥을 위한 '전략적 기회의 시기(戰略機遇期)'로 간주하고 있다. 중국은 동시에 국내적으로 급속한 경제성장의 결과로 나타나는 산적한 문제들에 직면해 있고 국내정치적으로 불안 요인들에 직면하고 있다. 이러한 상황에서 국내정치적 요인은 여전히 대외 정치적 요인보다 상위의 개념으로 자리 잡을 것으로 보인다. 다만, 새로운 자아정체성에 기초한 대외 전략과 정책은 기존의 관행을 넘어서서 새로운 그 무언가를 제시할 개연성이 높아 보인다. 아직 그 실체는 분명하지는 않지만, 이러한 변화는 미중관계는 물론이고 한반도의 명운에 지대한 영향을 미칠 것으로 보인다. 현재의 중국의 부상속도를 감안할 때, 실제로 향후 10년 동안 중국은 경제규모에 있어 미국을 추월할 것으로 보인다. 이에 따라 국제적 지위가 달라진 중국 대외 정책의 실체가 보다 분명하게 드러날 것이며, 동아시아 국가들의 세력관계 역시 변화할 개연성이 크다.

한중관계 역시 향후 10년은 매우 중요한 시기가 될 것이다. 한국이 G2로 부상한 중국과 향후 10년간 어떠한 관계를 정립하느냐에 따라 강대국 간 세력경쟁 구도에서 한국의 생존 공간을 확보할 수 있는지가 결정될 가능성이 높다. 어느 때보다도 중국의 부상과 그에 따른 세력관계 변화에 대한 한국 정부의 냉철하고 예지력 있는 현실 인식과 판단이 요청되는 시기이다.

2. 시진핑 시기 대외 전략의 재정립 노력

우리가 주목해야 할 것은 시진핑 시기 들어 중국외교의 DNA가 변화하고 있다는 점이다. 중국외교가 현상적으로는 변화보다는 연속성이 더 크게 나타난다고 주장할 수 있는 근거도 다수 존재하지만, 패러다임의 변화에 준하는 변화가 진행 중이다. 시진핑 시기 이러한 변화는 세계 금융위기 이후 중국의 급격한 부상과 심리적 자신감의 증대, 중국 전문가조차 예상치 못했던 시 주석의 급속한 권력 강화 및 활용 의지 등에서 연유하고 있다. 이미 언급한 바대로 자아 정체성의 변화도 중요하다. 중국의 주류 전략사고는 중국이 더 이상 발전도상국이라기보다는 이제는 강대국이라는 인식으로 자아 정체성을 전환한 데 크게 영향을 받고 있다.[10] 중국은 이제 더 이상 기존의 "도광양회"와 같은 수세적이고 반응적인 구호를 중국외교의 원칙으로 내세우지는 않을 것이다. 중국외교는 적극적인 유소작위(有所作爲)나 주동작위(主動作爲)와 같은 원칙들을 강조하면서 보다 광역적이고, 전략적이며, 전문화되고, 능동적이며, 창조적으로 진화하고 있는 중이다.

시진핑 체제하 중국은 "핵심이익" 개념 논쟁을 통해 중국의 영토, 영해, 주권과 관련한 사항은 결코 양보나 타협의 대상이 아님을 분명히 하였고, 이와 관련해 일본과의 댜오위(센카쿠) 열도 분쟁에서 단호한 모습을 보여주었다. "새로운 강대국 관계"를 제시하면서 새로이 부상한 중국의 국제적 지위를 미국과 대등하게 대우해 줄 것을 제시하였다.

시진핑 시기 강대국외교는 기존 후진타오 시기에 대미외교를 중심으로 세계전략을 구상하였던 "1+@ 전략"에서 벗어나 이제는 러시아와의 관계를 강화하면서 기존 강대국외교의 핵심이었던 미국과 전략적 소통 유지, 새로운 대유럽외교의 핵심으로 부상한 독일과 관계 강화를 추구하는 탈미국화 전략, 즉, "2.5+@ 전략"이 적용되고 있다. 다만, 후진타오 시기와는 달리 강대국외교에 대한 강조는 다소 줄어들 것으로 보인다. 중국이 주도하는 세계질서의 변화를 추동하기 위해서는 강대국 관계는 쉽사리 변화하기 어렵

---

10) 필자는 중국의 전략사고를 세 부류로 나눠 전통적 지정학파론, 발전도상국론, 신흥 강대국론으로 분류한 바 있다. 이에 대한 분석은 Heungkyu Kim, "From a Buffer Zone to a Strategic Burden: Evolving Sino-North Korea Relations during Hu Jintao Era," *The Korean Journal of Defense Analysis*, Vol.XXII, No.1, Spring 2010의 Table 1 참조.

고, 안정적이기 때문이다.

시진핑 시기 외교의 중점은 오히려 주변국외교에 방점을 놓고 있다.[11] 시는 2013년 10월 첫 주요 외교공작회의로 "주변외교공작 좌담회"를 개최하여 향후 5~10년 중국 주변국외교의 전략목표, 기본방침, 정책 등을 설정하였다. 기존 대주변국외교 방침인 주변국과 우호하고(與隣爲善), 주변국을 동반자로 삼으면서(以隣爲伴) 주변국과 화목하고, 평안하게 하며, 부유하게 한다는 정책을 유지하면서, 새로이 친목하고(親), 정성을 다하며(誠), 혜택을 나누며(惠), 포용한다(容)는 이념을 제안하였다.[12] 명목상으로는 중국 주변국외교의 주요 목표는 주변국의 평화와 안정 유지임을 주장해 기존의 주변국외교 목표와 차이가 크게 드러나지는 않는다. 그러나 실제 주변국외교는 강대국외교에 앞서 언급되고 있으며, 필리핀, 베트남, 북한[13] 등과 같은 적대적인 주변국에 대해서는 무력을 포함한 압박을 강화하고 적극적으로 견제를 하고 있으며, 한국이나 동남아 국가들과 같이 경계선에 있는 주변국에 대해서는 적극적인 포용 정책을 펴고 있다. 중국의 새로운 외교에 있어 주변국은 중국외교의 주요 자산이자 적극적인 공략의 공간이 되고 있는 것이다. 중국은 2013년 이미 20여 주변국의 국가원수나 정상들과 정상급 회의를 개최하였다.

중국이 주변국외교를 더욱 중시하게 된 배경에는 새로운 중장기적으로 유라시아 대륙의 허브가 되고자 하는 원대한 구상과도 맥이 닿아 있다. 중국은 중앙아시아와 유럽 전역을 연결하는 신 육상실크로드와 더불어 인도, 미얀마, 방글라데시, 파키스탄 등을 연결하는 신 해상실크로드 구상을 동시에 추진 중이다. 이를 연결하면 중국은 유라시아 대륙에서 교통, 무역, 경제협력, 인적 교류의 중심지로 부상하게 되는 것이다. 동시에 중국안보의 취약

---

11) 中國國際問題硏究所, 『國際形勢和中國外交 藍皮書』(北京: 世界知識出版社, 2014), p.188.
12) http://news.xinhuanet.com/2013-10/25/c_117878944.htm(검색일: 2014.7.21).
13) 중북관계에 대해서는 국내외적으로 다양한 견해가 있어, 이 부분에 대해서는 논쟁이 가능하다. 최근 북중관계의 변화를 강조하여 정리한 글은, 정덕구·추수룽 공편, 『기로에 선 북중관계』(서울: 중앙 Books, 2013).

점인 에너지 공급을 안전하게 확보할 수 있게 된다. 또 이러한 대규모 인프라 구축 사업의 재정 및 금융 지원을 위해 "아시아 인프라투자은행" 설립을 추진하고 있다.[14]

현재 중국에서는 중국의 부상이라는 여건의 변화와 '새로운 강대국'이라는 자기정체성에 대한 인식변화를 바탕으로 기존 대외 정책에 대한 전면적인 재검토가 이뤄지고 있는 것으로 보인다. 즉, 중국은 개혁개방 정책이 시작된 이래 최초로 중국의 대전략을 구상하는 과정 중에 있는 것으로 보인다. 이는 중국이 더 이상 지역 국가나 지역 내 주도권을 경쟁하는 지역강국으로서가 아니라 세계를 전략공간으로 보고 이를 대상으로 대외 정책을 전개할 가이드라인으로서의 대전략 수립을 입안한다는 것이다. 중국의 대전략은 중국이 표방하고 있는 '평화적인 발전' 전략을 담으면서도 향후 세계를 경영할 중국의 전략비전과 의지를 담을 것으로 보인다. 시진핑은 세계평화논단의 개막식 치사에서 그 단초가 되는 중국 대외 정책의 5원칙 즉, 경제발전을 통한 안전보장, 상호존중과 평등을 통한 안보실현, 상호신뢰를 통한 안보추구, 협력을 통한 평화적인 분쟁해결, 혁신을 통한 안보위협해결 등을 제시한 바 있다.[15]

주목할 만한 점은 시 주석이 주도하고 있는 대외·안보 정책이 그의 권력 강화에 크게 기여하면서 시가 추진하고 있는 국내 반부패 정치개혁을 지원하고 있다는 점이다. 중국의 꿈을 이루기 위한 수단으로서 국내적으로는 강한 반부패 및 법치 개혁, 대외적으로는 강한 군사력의 확보, 주권 수호의 의지에 대해 단호한 태도를 보여주고 있다. 기존의 수동적이고 대응적인 도광양회(韜光養晦)적인 외교를 지양하고 보다 적극적으로 중국의 입장과 이익을 표명하는(積極主動, 主動作爲) 외교를 추진하고 있다. 이는 국내발전과 경제의 종속적인 영역으로만 인식되었던 대외 정책과 안보영역이 이제는 보다 독립적인 변수가 되고 있음을 보여준다. 후진타오 시기와는 비교할 수

---

14) 中國國際問題研究所(2014), p.189.

15) 習近平, 「携手合作, 共同維護世界和平與安全」(2012).

없이, 핵심이익과 관련한 사안에 대해서는 경제적인 합리성을 희생해서라도 전략적인 목적을 달성하겠다는 의지를 보여주었다. 이러한 중국 대외 정책의 변화는 왕이 외교부장이 중국 외교공작에 있어서 2013년이 범상치 않은 1년이었다고 평가한 데서도 그 일면을 엿볼 수 있다.[16]

시진핑 시기 중국의 외교는 오랜 세월 중국 국민들이 안고 있었던 서구와 일본 제국주의 시대의 좌절, 서구에 대한 열등감 등을 떨쳐내면서 중국이 이제는 가시적으로 강대국의 일원이라는 확신을 심어주고 있다. 시진핑은 더 나아가 이번 2014년 5월 상하이에서 개최된 '아시아 교류 및 신뢰구축 회의(CICA)'의 기조연설에서 미국을 배제한 중국 중심의 아시아 안보구상을 제안하였다. 시는 이처럼 중국인들의 민족주의적 열망과 자긍심에 적극 부응함으로써 국내정치개혁을 추진할 지지를 확보하고 자신의 권력을 공고히 하려하고 있다.

중국외교는 향후 보다 전략적·적극적·선제적인 측면이 강화될 것으로 보이며, 시진핑의 집권 2기(2017~2022)에는 그 정도가 대단히 강해질 것으로 예상된다. 중국공산당 창당 100주년이 되는 2021년은 여전히 시의 집권시기이다. 이 시기에 중국은 경제적 규모 면에서는 미국을 따라잡고, 중국 통일을 위한 주요한 돌파구를 마련하려 할 것으로 추정된다. 중국의 신흥 강대국론 담지자들은 서구적인 국제정치 관념에 익숙하고, 젊고 유능하며, 민족주의적인 성향을 동시에 담고 있다. 이들은 시진핑 시기 들어 새로운 권력을 지탱할 세대교체의 주요 동력이자 수혜자들이 되고 있다.

---

16) 이 인터뷰 내용은 http://china.huanqiu.com/News/scio/2013-12/4677294.html(검색일: 2014.3.30).

3. 미국의 재균형 정책과 시진핑의 대응 전략

1) 중국의 인식

미국의 대 아시아 정책의 핵심은 오바마 대통령이 제기한 "아시아로의 회귀(Pivot to Asia)" 전략이다. 이 전략의 기원은 미국이 이라크 및 아프가니스탄에서 철수 계획을 구체화하면서 생긴 군사력의 여유를 아시아로 돌린다는 생각으로 공해전(Air-Sea Battle) 전략이라는 새로운 개념과 결합되었다. 그 주 대상은 중국이었다. 이러한 군사 전략은 2011년 말부터 외교안보 전략의 차원으로 승화되는데, 미 클린턴 국무장관은 2011년 11월 외교 정책(Foreign Policy)이라는 저널에 '미국의 태평양 세기'라는 제목으로 발표한 기고문을 통해 그 일단을 드러내었다. "미국의 미래는 아프가니스탄이나 이라크에 있는 것이 아니라 아시아에 있다"고 천명하고, "아시아의 성장과 동력을 향후 미국의 경제적·전략적 이익을 위해 활용하는 것이 중요하다"고 강조하였다.[17] 2012년 초 오바마 행정부가 발표한 미국의 국방전략지침(Defense Strategic Guidance) 역시 향후 미국의 국가안보 전략 우선순위가 아시아와 중국에 있음을 명백히 지적하고 있다.[18]

그 후 논란을 거쳐 아시아 회귀라는 개념 대신에 재균형(Rebalancing) 전략으로 명명되었고, 이 전략이 중국을 대상으로 하는 것이 아니라 보다 포괄적인 목표를 지닌다고 적극 천명하였다. 2012년 11월 중순 미국 대통령 국가안보 보좌관 톰 도니런은 이 정책이 "어떤 나라도 봉쇄하려는 의도를 지니지 않고 있다"고 명백히 중국을 의식한 발언을 한 바 있다. 오히려 중국과 안정적 건설적 관계를 추구하고 있다고도 천명하였다. 이러한 재균형 전략의 핵심은 2013년 6월 개최된 미중 정상회담에서 다음과 같이 요약되었다. 우선, 동맹국들과의 관계 강화, 둘째, 인도나 인도네시아와 같이 부상하

---

17) Hillary Rodham Clinton, "America's Pacific Century," *Foreign Policy*, Vol.189, No.1(November 2011), pp.56-53.

18) U.S. Department of Defense, *Sustaining U.S. Global Leadership*, January 3. 2012.

는 신흥강국과의 동반자 관계 구축 및 심화, 셋째, 동아시아 정상회의(EAS)
와 같은 아시아 안보 및 지역 메커니즘 구축, 넷째, 공동번영을 위한 경제
메커니즘 구축, 다섯째, 중국과의 생산적이고 건설적인 관계 구축이다.[19]

이러한 미국의 재균형 전략에 대해 중국은 초기에 역시 강하게 반발하는
태도를 보여주었다. 중국은 퇴역한 군부 인사들을 중심으로 산에 호랑이 두
마리가 공존할 수 없다(一山不容兩虎)면서 미국의 대중국 군사압박 전략으
로 비난하였다.[20] 그러나 2010년 이후 중국의 내부 논쟁을 분석해 보면,
"핵심이익"에 대한 과도한 적용이나 중국의 미국에 대한 공세적인 태도에
대한 자성의 목소리가 오히려 더 주류를 형성하였다.[21] 현 국제정세가 다극
화의 추세로 진행되는 것은 맞으나, 미국의 패권은 당분간 유지될 것이라는
판단이다. 즉, 중국의 부상은 분명한 현상이지만, 미국의 쇠퇴를 의미하는
것은 아니라는 것이다.

시진핑은 우선 미중관계의 현실을 고려하면서 직접적인 양자관계에서는
다소 신중한 태도를 취하면서도 그러나 미국의 정책에 간접적이고 우회적인
방식으로 맞대응하는 접근 방식을 취하였다. 그러나 2014년 들어 중국의
대응방식이 보다 대담해지고 있는 것도 사실이다. 시진핑 시기 중국의 미국
의 균형 정책에 대한 반응은 크게 다음과 같이 요약할 수 있다.

2) 새로운 강대국 관계의 제안

2012년 10월 개최된 중국 제18차 공산당 당대회는 시진핑을 지도자로
하는 새로운 지도부를 형성하였다. 당 보고서[22]는 대외관계에 있어서 "새로
운 강대국 관계(新型大國關係)"를 요구하고 있다. 이 개념은 후진타오 시기

---

19) The White House, "Press Briefing by National Security Advisor Tom Donilan,"
   June 8, 2013. http://www.whitehouse.gov/the-press-office/2013/06/08/press-
   briefing-national-security-advisor-tom-donilon(검색일: 2013.7.15).
20) 대표적인 인물들이 뤄웬, 양이, 주청후, 펑광첸 등과 같은 군부 은퇴인사들이다.
21) 필자의 2012년 중국 내 수차례에 걸친 인터뷰.
22) http://blog.sina.com.cn/s/blog_6d07a64801017i98.html(검색일: 2013.4.15).

말인 2010년 즈음부터 제기되었으며, 시진핑 시대에 중국이 희망하는 새로운 미중관계를 개념화한 것이다. 이 개념은 2010년 중국의 공세적인 외교가 낳은 결과에 대한 반성을 담고 있고, 미국의 균형 정책에 대한 중국의 공식 대응 전략이란 측면을 담고 있다.

2012년 2월 국가부주석으로 미국을 방문했던 시진핑은 미·중 간 "새로운 강대국 관계"론을 제시하였다. 이 "새로운 강대국 관계"는 오바마 2기 행정부와 새로운 관계를 설정하려는 시진핑 체제의 핵심키워드라 할 수 있다. 이는 경쟁과 대결이 아닌, 상호존중과 협력에 초점을 둔 강대국 간 새로운 질서론이다. 시진핑은 "미중 갈등 필연론"에 대하여 "태평양은 중국과 미국을 용납할 만한 공간이 있다"라고 하면서 구소련의 전철을 밟지 않고 미국과 협력의 길을 나갈 것임을 천명하였다. 시진핑 주석은 2013년 6월 미국 오바마 대통령과의 정상회담에서 이 새로운 강대국 관계를 건설하기 위한 4가지 원칙에 대해 언급한 바 있다. 이는 우선, 현존하는 정부 간 대화와 소통채널 활용, 둘째, 새로운 협력채널의 수립, 셋째, 국제적 사안에 대해 보다 진일보한 정책 조정, 새로운 형태의 군사관계 수립 등을 제시하고 있다.[23] 중국의 외교부장 왕이는 2013년 9월 미국을 방문하여 부르킹스연구소에서 다음과 같이 "새로운 강대국 관계"를 정의하였다.[24] 첫째, 충돌과 대립 방지(不衝突, 不對抗), 둘째, 상호존중(相互尊重), 셋째, 협력공영(合作共嬴). 그리고 이를 실현하기 위해 전략적 신뢰증진, 실무협력의 강화, 인문교류 강화, 지역 및 세계적 문제에 대한 협력 강화를 제시하였고, 아시아 태평양 지역에서 먼저 그 기초를 세우도록 하자고 제안하였다.[25]

중국이 의미하는 "새로운 강대국 관계"론의 핵심 함의는 국제정치에서 미

---

23) 중국 외교담당 국무위원 양제츠의 인터뷰 및 중국 외교부 발표 참조. *People's Daily Online*(June 10, 2013).

24) 이에 대한 전문은 王毅, 「如何构建中美新型大國關係」(2013年 9月 20日), http://www.fmprc.gov.cn/mfa_chn/zyxw_602251/t1078765.shtml(검색일: 2013.9.22).

25) 아태지역에서의 미중 새로운 강대국 관계에 대한 중국 전문가들의 글을 모아 놓은 드문 글은 孫哲 主編, 『亞太戰略變局與中美新型大國關係』(北京: 時事出版社, 2012).

국의 주도권을 인정하는 전제하에서 직접적인 무력대결보다는 비군사적인 방식으로 경쟁을 하겠다는 것이다. 미국의 패권에 직접적인 도전은 하지 않겠다는 것을 분명히 하고 있다. 대신 이미 부상한 중국의 국제적인 지위를 인정해줘서, 기존의 불균형한 관계에서 보다 호혜적이고 평등한 관계를 수립하자는 것을 요구하고 있다. 동시에 상호간의 핵심이익이나 전략적으로 중요한 사안에 대해서는 상호존중을 하자고 제안하였다.[26] 중국은 이와 더불어 최근 북한의 제3차 핵실험으로 야기된 제재 국면에서 보여준 바처럼, 강대국으로서 국제사회에서의 책임을 더 충실히 이행하겠다는 자세를 보이겠다는 것이다.

중국의 입장에서 보면 새로운 강대국 관계란 갈등과 패권전쟁으로 점철된 기존 유럽에서의 강대국 관계를 넘어서서, 새로운 시대에 걸맞은 국제관계, 국제질서를 만들어가자는 것이며 중국의 지위를 인정해 달라는 것이다. 2013년 6월 오마바-시진핑 간의 회담에서 미국은 일단, 중국이 제시한 "새로운 강대국 관계" 수립에 긍정적으로 화답하였다.[27] 다만, 이러한 "새로운 강대국 관계"의 구체적인 내용은 아직 모호하다. 중국의 입장에서는 이러한 "새로운 강대국 관계"를 보다 널리 "새로운 국제관계"의 틀로 정교화하는 작업을 하려 할 것이고, 이를 시진핑의 대외 정책 슬로건으로 삼으려 할 개연성이 크다고 판단된다. 그 내용은 상대방과의 비영합적인 방식의 경쟁 인정

---

26) 필자의 중국 인민대 진찬룽 교수와의 인터뷰(2013.3.31). 시 주석은 '새로운 강대국 관계'에 대해, 중·미 양국이 서로를 존중하고(相互尊重), 협력해서 공동으로 승리하여(合作共贏), 양국민과 세계 인민들에게 행복을 주자(造福兩國人民和世界人民)는 것이라고 말했다. 이 개념에 대해 주미대사를 지낸 저우원중(周文重) 보아오포럼 비서장은 6월 9일 중·미관계포럼에서 "대국이 충돌하고 대항했던 과거와는 다른 새로운 길을 가자는 것"이라며 "중국과 미국도 이익의 합치점(利益會合)을 찾는 과정에서 대결을 극복하고 선순환을 만들 수 있다"고 말했다. http://news.chosun.com//site/data/html_dir/2013/06/27/2013062700819.html(검색일: 2013.8.24).

27) 물론, 미국 내에는 이러한 새로운 강대국 관계의 형성에 대해 회의적인 시각도 상당하다. 우선, 중국이 실제 이 새로운 강대국 관계를 형성할 역량이 존재하느냐 하는 것이고, 그 새로운 강대국 관계의 내용도 여전히 모호하다는 점을 지적한다. 미국 워싱턴 인터뷰(2013.9.4~5일).

및 공존추구, 비군사적 방식을 통한 분쟁해결, 상호간의 핵심이익 및 전략적 이익존중 등을 내용으로 할 것이다.

그러나 문제는 "새로운 강대국 관계"의 핵심내용 중 하나인 "핵심이익"에 대한 정의 역시 중국 내에서조차 충분한 합의가 이뤄졌거나 구체화된 것은 아니라는 점이다. 미국과도 아직 구체적인 규칙과 묵계 등이 정해지지 않았고 사안에 따라 협의, 조정, 갈등, 타협, 합의의 과정들을 필요로 할 것이다.[28] 미국과 중국이 상호의 요구에 어떻게 대응하느냐에 의해 여전히 크게 영향을 받을 것으로 보인다. 단지 양국은 냉전 시기와 같이 제로섬 게임 혹은 극단적인 군사 대결을 당분간 추구하지는 않을 것이라는 점은 분명하다.

또 하나 흥미로운 것은 중국의 "새로운 군사관계"의 제안이다. 미국은 "새로운 강대국 관계"와는 달리 "새로운 군사관계"에 대해서는 그리 긍정적으로 답하지 않고 있다. 미국의 입장에서는 우선 미중이 같이 할 수 있는 공통의 협력을 추진해보고, 관계를 규정하는 것은 추후의 일이라는 입장이다. 미국은 대신, 중요한 군사행동에 대한 상호 사전 통보 및 전략관련 부처 간의 대화에는 합의하였다. 미국은 최근 들어 비전통 안보 영역에서 중국과 군사 연합훈련을 확대하고 있다. 동시에 전통안보 영역에서도 2014년 환태평양 군사훈련(Rimpac)에 중국의 참여를 허용하였다. 그러나 미국은 여전히 중국군의 실전능력을 향상시키는 핵심적인 영역에서는 협력을 제한하고 있다.[29] 따라서 미중 군사관계는 최근 급속한 교류와 협력의 영역 확대에도 불구하고 여전히 상호간의 불신이 강하게 남아 있고, 경쟁의 측면이 강하다고 할 수 있다.

3) 동관서진(東管西進) 외교 전략의 가동

중국은 "새로운 강대국 관계"라는 틀 안에서 미국과 직접적인 대립을 회

---

28) 이러한 맥락에서 정리한 글은 http://article.joins.com/news/article/article.asp?total_id=11839789&cloc=olink l article l default(검색일: 2013.8.24).

29) 중국 군부 측과의 전략대화 내용(2013.9.9).

피하고 있으면서도 미국에 대응하는 중국외교의 또 다른 한 축은 "동관서진 (東管西進)" 전략일 것이다.[30] 물론 중국의 지도자들은 이러한 미국의 재균 형 전략에 대한 '동관서진' 전략에 대해 직접 언급을 하지는 않는다. 시진핑 시기 중국의 대외 정책을 살펴보면, 보다 미국 재균형 전략에 대한 역균형을 추진하려는 인식이 포함되어 있다. 미국 및 미일동맹의 강화로 압박이 강한 서태평양 지역에서는 중국의 핵심이익을 수호하려는 의지를 과시하면서도 충돌과 타개보다는 관리 위주의 정책을 통해 직접적인 충돌을 피하려는 생 각을 담고 있다.

중국은 미국의 대중 포위망에 대해 서쪽으로 진출하여 러시아, 유럽, 아 프리카 등 역외 국가들과의 관계 강화를 통해 미국에 대응하고 있다. 시진 핑 주석은 국가주석으로 선출된 직후인 2013년 3월에 첫 해외순방 지역으 로 러시아와 아프리카로 향했다. 러시아는 미국에 대해 균형을 취하는 데 중국에 가장 중요한 협력자가 될 수 있는 세계 제2위의 군사강국이다. 동시 에 일단 유사시 서방의 에너지 봉쇄에 맞서 중국에 에너지를 공급해 줄 수 있는 가장 중요한 에너지 공급국이다. 시진핑 시기 강대국외교는 후진타오 시기 미국을 가장 중시하던 외교(1+α 외교)에서 미국과 러시아를 동시에 중시하는(실제는 러시아와의 교류와 협력이 크게 증진하는) 균형외교(2+α 외교)로 변환하고 있다. 시진핑은 러시아 방문 시 러시아의 한 싱크탱크에 서 이러한 속내를 피력하였다. "굳건한 중러관계는 상호 국가이익에 도움이 될 뿐만 아니라, 국제적인 전략균형을 위해 필요한 중요하고 신뢰할 만한 보장 장치"라고 언급한 바 있다.[31] 아프리카는 그간 개혁개방 시기 상대적 으로 간과되어 오기는 하였지만, 중국의 전통 우방지역으로 향후 중국의 세 계전략에서 대세를 이루는 데 없어서는 안 될 중요한 지역이다. 아프리카에 는 리커창 총리가 2014년 5월 다시 에티오피아와 나이지리아, 앙골라, 케냐

---

30) 이 개념이 최초로 사용된 것은 http://www.munhwa.com/news/view.html?no=20 15042701073111000005(검색일: 2015.5.5).

31) *People's Daily* Online(March 24, 2013).

등 4개국을 방문하였다.

그리고 시진핑은 2013년 5월 미국을 공식방문하기 직전에 남미를 순방하였다. 이는 과거 남미를 미국의 영향권으로 인정하고 다소 신중한 외교 행보를 취했던 데 반해 보다 적극적으로 미국의 안방인 남미를 적극적인 외교의 공략 대상으로 삼고 있다는 것을 보여주었다. 금년 4월에도 왕이 외교부장이 쿠바를 시작으로 베네수엘라, 아르헨티나, 브라질 등 중남미 국가를 방문하였고, 시진핑 주석은 다시 6월 중남미 국가들을 방문할 것으로 알려지고 있다.

시진핑의 서진 정책 핵심은 새로운 실크로드 구상으로 알려진 일대일로(一帶一路) 정책으로 구체화하고 있다. 중국은 육상으로 러시아 라인, 중앙아 라인, 남아시아 라인 등 3개 라인을 중국과 연결하고, 해상으로는 인도양-아프리카-유럽 라인, 남태평양 라인 등 2개 라인을 구축하려 시도하고 있다. 이를 금융지원하기 위해 아시아 인프라투자은행(AIIB)을 창설하려 하고 있다. 미국의 노골적인 반대에도 불구하고 2015년 4월 현재 이 은행의 설립에 이미 세계 57개국이 창립구성원으로 등록하였으며, 특히 미국의 오랜 우방인 영국, 독일, 이탈리아, 프랑스, 오스트레일리아 등이 가입을 신청하였고, 한국 역시 지난 3월 가입을 신청하였다.

시진핑 주석은 이를 지원하기 위한 일환으로 2013년 9월에는 중앙아시아 4개국 해외 순방에 돌입하여 투르크메니스탄, 카자흐스탄, 우즈베키스탄, 키르기스스탄을 차례로 방문하고 키르기스스탄 수도 비슈케크에서 열리는 제13차 상하이협력기구(SCO) 정상회의에 참석한 뒤 귀국하였다.[32] 리커창 총리 역시 2013년 5월 취임 후 해외 첫 방문으로 전략적 거점이기도 한 인도, 파키스탄, 그리고 유럽의 강국 독일과 유럽 국가 중 중국과 최초로 FTA를 체결한 스위스를 방문하였다. 독일을 중심으로 한 대 유럽외교의 서막을 알리는 것이었다. 리 총리는 2014년 6월 다시 막대한 경협 자금을 들고 영

---

32) 그 성과에 대해서는 http://www.ajunews.com/kor/view.jsp?newsId=2013091200
0460(검색일: 2013.9.15).

국과 그리스를 방문하여 해당국으로부터 환대를 받았다. 왕이 외교부장은 동남아, 리커창 총리는 서남아시아와 유럽을 방문하였다.

시진핑 체제가 들어선 이후 중국 외교관련 주요 지도부들의 해외순방 행적을 살펴보면 대단히 의미심장한 현상을 발견하게 된다. 그것은 2011년 11월 당시 힐러리 클린턴 미 국무장관이 하와이 이스트웨스트센터에서 선포한 미국의 재균형 정책에 대해 중국은 직접 대항하기보다는 서진하여 오히려 역으로 포위하고 있는 동선을 보여주고 있다.

4) 새로운 안보선언

중국의 "새로운 강대국 관계" 제안이 다소 수세적이면서 대응적이었고, "동관서진 전략"이 간접적 방식의 대응이었다면, 2014년 5월 "아시아 교류 및 신뢰구축 회의(CICA)"에서 시진핑이 제기한 "아시아 신안보선언"은 대단히 주도적이고 도전적인 성격마저 띠고 있다. 이 선언은 시기적으로도 미 오바마 대통령이 지난 4월 아시아 4개국을 순방하고 돌아가자마자 제기한 점에서 의미심장하다. 시는 상하이에서 개막된 이 회의 개막연설에서 "아시아의 안보는 아시아인이 지켜야 한다고 선언"했다.

이 회의체는 1992년 결성되어 26개국이 참여하고 있으며, 러시아와 중국이 주도하고 미국이 배제된 상태에서 운용되어 왔다. 이 선언은 중국이 주도하면서 미국을 배제한 채, 서방의 북대서양 조약기구(NATO)처럼 아시아판 안전보장 체제를 형성하겠다는 의지로 비춰진다. 새로운 안보관은 "다른 나라의 희생으로 자신의 안보를 도모해서는 안 된다"라고도 언급하였다. 이는 남북한 모두에게 경고의 메시지처럼 들리기도 한다. 중국의 새로운 안보선언은 러시아의 지원을 받고 있으며, 이미 2011년 국제정세에의 분석과 대응책에서 드러났듯이 중국의 새로운 국제 제도를 통한 영향력 확대 시도로 평가된다.

중국은 추후 다음과 같은 목표를 추진할 것으로 평가된다.[33] 첫째는,

---

33) 유상철, 「중국이 말하는 아시아의 새 질서」, 『중앙일보』 2014년 5월 21일.

CICA를 향후 아시아의 안보를 논의하는 주요 플랫폼으로 성장시킨다는 계획이다. 기존의 상하이 협력기구와 더불어 아시아판 안보기구로 확대할 것으로 보인다. 둘째는, 아시아 지연정치에 있어서 미국을 배제하고 중국이 주도하겠다는 의지를 가시화하였다는 점이다. 이는 후진타오 시기에는 상상도 할 수 없었던 시도이다. 세 번째는 아시아 안보 문제에 관한 시진핑의 새로운 안보관을 전파하고, 새로운 안보 비전을 제시하면서 중국의 리더십을 고양시키겠다는 것이다. 이 안보관은 종합안전, 협력안전, 공동안전의 비전을 제시하고 있다, 이는 중국이 이미 1990년대 말 포괄성, 비영합성, 비전통 안보를 포용하는 "신안보관"을 제창한 바 있는데, 이를 제도적으로 착상하겠다는 야심찬 새로운 아시아 전략의 일단을 드러낸 것이라 할 수 있다.

중국은 이제 아시아에서 상하이 협력기구와 동시에 CICA의 "새로운 안보선언" 협력국들과 더불어 미국이 추진하는 재균형 전략을 무력화할 수 있는 세를 형성해 가고 있다고 평가할 수 있다. 특히 새로운 안보선언에서 주목할 점은, 미중 간에 국제 제도, 규범, 규칙 등에 주도권 경쟁이 예상보다 빨리 시작되고 있다는 점이다.

5) 주변국외교 강화

중국은 전통적으로 강대국 간의 관계가 악화될 때 주변부 국가들과의 관계 강화를 시도하였다. 향후 미중 및 중일 간 전략적 갈등이 고조될 개연성이 큰 상황에서 중국은 주변국가와의 관계를 강화하고 안정화하려 할 것이다. 그리고 주변국들이 강대국 관계의 변수가 되는 것을 방지하려 할 것이다. 이는 북한의 과도한 행동을 억제하고, 한국과의 관계를 더 긍정적으로 가져가려는 동인으로 작용한다.

중국은 2011년 관영 신화통신을 통해 중국이 인식하고 있는 추후 10년간의 정세판단과 이에 대한 대응책을 내 놓았다.[34] 이는 비록 중국 당국의 공식적인 입장으로 발표된 것은 아니라 할지라도 신화통신이라는 관영매체

---

34) 「中國周邊外交新戰略」, 『新華通迅』 2011年 7月 22日.

를 통해 발표되었다는 것은 당시 중국 대내외 환경에 대한 인식을 공표한 것이라 할 수 있다.

중국은 우선, 미국의 아시아 복귀 추세가 강화될 것이라 평가하였다. 미국은 중국이 동아시아 지역·체제를 주도하는 국가가 되는 것을 저지하기 위해, 2009년 7월 동남아 우호협력 조약에 서명하는 한편, 2010년 10월 동아시아정상회의에도 가입하였다. 둘째, 향후 10년간 영토와 영해, 경제수역을 둘러싼 주변국과의 분쟁이 심화될 것으로 예상하였다. 셋째, 주변지역에서 중대한 돌발적인 사건이 발생할 개연성이 커질 것이라 우려하고 있다. 향후 10년 내 북한 핵 문제가 해결되지 않을 경우, 동북아에 핵무기가 확산되고, 군비경쟁이 가속화될 것이라 평가하였다. 특히, 북한, 미얀마, 파키스탄, 중동지역 등에서 돌발사태 발생의 가능성이 높고 이를 예방하기 위한 노력이 필요함을 강조하고 있다. 넷째, 다자주의의 강화추세를 지적하고 있다. 다양한 다자제도의 구상이 출현할 것이며, 이러한 노력에는 중국의 영향력에 균형을 추구하기 위한 고려가 내재되어 있다고 평가하였다.

중국은 이러한 향후 추세에 대한 대응 전략으로 첫째, 미국의 아시아 회귀 정책에 대해서는 '제도적인 균형 전략'을 추구할 것을 천명하였다. 중국과 미국의 상호 경제의존도가 깊어져 가는 상황에서 국제기구 등을 활용해 제도적인 균형을 유지하겠다는 것이다. "미국이 아시아에서 역사적으로 보유하고 있는 실제이익을 인정하고 미국의 이익에 손해를 입히지 않으면서 중국의 이익을 실현하는 한편, 미국이 중국의 '평화발전(和平崛起)'을 인정하도록 하는 전략목표를 갖도록 하겠다는 것이다. 중국과 미국이 공존, 공영, 공생하는 전략을 추구하겠다고 천명하고 있다. 둘째, 주변국과의 권익분쟁에 대해서는 2011년 4월 후진타오 국가주석이 밝힌 바대로 무력이나 일방주의에 의존하기보다는 "우호적인 담판을 통해 평화적으로 해결한다"는 원칙을 적용한다는 것이다. 셋째, 주변국의 위기발생 가능성에 대해서는 가능한 빨리 위기관리 전략 수립 필요성을 강조하였다. 남북한에 대해 위기관리 체제를 수립하도록 권유하고, 어느 일방이 오판을 하거나 과도한 반응을 하지 않도록 하며, 북한 핵 문제는 6자회담을 통해 평화적인 방식으로 해결

토록 한다는 것이다. 보다 구체적으로는 '성숙한 민주국가(일본)'에서 정국의 급변이 일어날 경우 그 변화의 충격이 중국과의 관계에 영향을 미치지 않도록 한다. '과도기형 국가(한국)'에서 정국 급변사태가 일어날 경우에는 해당국가의 대중국 정책에 부정적인 변화가 일어나지 않도록 한다. '문제국가(북한)'에서 정국혼란이 일어날 경우에는 그 혼란이 중국의 지정학적인 이익에 영향을 미치지 않도록 한다는 원칙을 제시하였다.

마지막으로 다자주의의 강화추세에 대응해 아시아 다자 전략의 수립이 필요함을 강조하였다. 중소국가들과 지역 차원의 협력추진을 고무하고 협력하며, 함께 설계해나가야 한다고 제시하였다. 특히 동아시아 정상회의를 주요한 제도형식으로 인정하고 이를 아시아화하도록 적극 노력할 것을 제안하고 있다. 이런 차원에서 중국은 박근혜 정부가 제시하고 있는 한미중 전략대화에 원칙적으로는 긍정적인 태도를 취할 것으로 보인다. 다만 그 실현에 있어서는 아직 여러 변수가 남아 있어 미지수이다.

최근 악화되고 있는 주변부와의 영해 및 자원 갈등, 민족주의 정서의 고조, 북한의 핵보유 노력 및 확산 가능성, 핵실험, 지속적인 국지적 도발 가능성 등은 중국 주변외교에 지속적인 도전 요인으로 남을 것이다. 이로 인한 미국과의 갈등 악화 가능성 역시 중국외교의 중요한 딜레마로 계속 남을 전망이다.

중국이 주변국외교를 중시할 것이라는 판단은 시진핑 시기 외교가 추진하고 있는 "새로운 강대국 관계"에서도 연유한다. 새로운 강대국 관계가 미국에 대한 직접적인 도전을 하지 않는 것을 전제한다면 중국은 미국과 경쟁하기 위한 돌파구로서 당연히 주변국과의 관계를 더 강화하려 할 것이다.

중국은 주변부 중에서 동남아를 가장 취약한 고리로 인식할 것이고 대동남아외교를 강화할 전망이다. 2013년 5월 왕이 외교부 부장의 최초의 순방지로 동남아를 선택한 것은 이러한 중국의 관심을 반영하고 있다. 다음으로 한국의 전략적 중요성에도 재평가가 있을 것이다. 한국은 일본과 달리 중국과의 경제적 의존도가 더 강하고 지리적으로 인접해 있으며, 북한 문제에 대해 중국의 협력을 더 절실히 필요로 하고 있다는 점을 잘 인식하고 있다.

한국이 만일 미국 및 일본과 협력관계를 강화하면서 중국을 견제한다면 중국은 동아시아에서 냉전 시기보다 더 고립된 상황을 맞게 될 것이다. 점차 강화되고 있는 중국에 대한 견제 움직임을 저지하고, 전략적으로 돌파할 수 있는 공간 중 하나로 한국을 지목하고 있다.

4. 중국의 주변외교와 북중관계

시진핑의 주변국외교에서 가장 도전적인 과제 중 하나는 북중관계일 것이다. 중국의 시진핑 체제 등장 이후, 최근 북한 김정은 체제와 북중 상호간에는 대단히 심각한 심리적인 주도권을 놓고 갈등이 고조되어 온 것으로 보인다. 북한의 지도자는 취임 직후 중국을 방문해 중국지도자로부터 일종의 순응의 표시로 지지를 획득하고 그 대가를 받아오는 것이 일반적인 행태로 받아들여진다. 그러나 김정은 제1위원장은 수차례에 걸쳐 중국을 방문해 달라는 중국의 요구에 지금까지 응하지 않고 있는 상태이다. 오히려 북한의 위성발사를 억제하려 방북한 중국의 대표단(단장은 리젠궈(李建國) 정치국원)이 귀국하자마자 곧 바로 실험을 단행하여 국제사회에 중국의 체면을 깎아내렸다.

더구나 중국의 새로운 정부 지도부가 선출되는 양회를 앞두고 북한은 제3차 핵실험을 단행하여 중국의 입장에서는 "잔칫상을 뒤엎는 그러한 행동을 북한이 자행"한 것이다. 전언에 의하면 중국은 북한이 핵실험을 단행하지 않았다면 양회 직후 북한의 김정은 제1위원장을 초청하려는 계획을 지니고 있었던 것으로 보인다.[35] 북한은 이를 거부하고 북한은 핵실험을 단행하여 북한이 자국의 전략적 이익에 반하는 중국의 이해에 순응하지 않을 것이라는 것을 분명히 하였다.

이러한 북한의 태도에 대해 중국 역시 북한에 대한 불쾌감을 노골적으로

---

35) 필자의 북경 인터뷰(2013.4.30).

드러내었다. 중국은 전례 없이 민간차원에서 반북 항의나 시위를 허용하였고, Web이나 SNS에서 대북 반감이 고조되는 것을 방치하였다. 이는 과거에 북중 간에 관계가 악화되었을 때, 간혹 학계나 싱크탱크의 인사들을 통해 간접적으로 대북 경고를 한 적은 있으나 민간 차원에서 대북 반감을 노골적으로 드러내도록 허용한 예는 없었다. 더구나 흥미로운 것은 소위 말하는 북한의 지정학적 중요성이나 "순망치한"류의 사고를 강조하는 "전통적 지정학"파의 주요 담지자인 중국 군부인사들까지 나서서 노골적으로 북한을 비난하기 시작한 것이다. 특히 인민해방군 퇴역소장인 뤄웬 장군은 기존의 대북 정책 우선순위를 바꿔 비핵화를 정책의 우선순위에 놓고 다음으로 전쟁방지, 혼란방지의 순으로 제시하였다.[36)]

중국은 더 나아가 북한 금융기관들의 불법적인 중국 내 활동 억제, 국경지대 검역 강화 등의 조치를 취하기 시작하였다. 이는 지난 2006년 미국의 BDA 대북 금융제재조치에 대한 대비책으로 중국에 분산 배치된 김정은의 다양한 자금줄을 압박하는 것으로 북한 정권으로서는 상당히 부담스런 대북 압박에 중국이 가담한 것이었다. 중앙당교의 '학습시보(Financial Times)'에서 교내 글의 검열을 담당하는 역할을 하는 부검열인 덩 위원이 학습시보에 기고한 글은 최근 중국 내 대북 반감을 드러내는 가장 상징적인 사건이다.

덩은 이 글에서 중국이 북한을 포기해야 한다고 주장하고 다음과 같은 이유를 제시하였다. 우선, 이데올로기에 기초한 국가관계는 위험, 두 번째, 지정학적 완충지대로 북한의 전략적 가치를 높게 평가하는 것을 이미 진부한 것이며, 세 번째, 북한은 개혁과 개방을 하지 않을 것이며, 네 번째, 북한은 중국으로부터 이탈하고 있으며, 다섯 번째, 북한이 핵무장하면 중국에 위협을 가하지 않으리라는 보장이 없다는 것이다. 그는 더 나아가 북한을 포기하는 가장 좋은 방법은 (한국에 의해) 한반도 통일을 달성하게 해 주는 것이라는 주장까지 덧붙였다. 그 외에도 중국 북경외국어대 씨에타오 교수는 카네기 재단에 기고한 "What's Wrong with China's North Korea Policy?"란

---

36) 2013년 5월 4일 다롄에서 개최된 NEAR-칭화대 전략학술회의에서의 발언.

제목의 글에서 "중국이 북한의 후원자로 국제사회에 인식되는 것은 부끄러운 일이다"라는 주장을 하였다.[37)

이러한 주장을 공개적으로 표출한다는 것은 과거에는 상상도 할 수 없는 일이었다. 덩 위원이 이후 이 글과 관련하여 제재를 받았다는 주장도 나오지만, 실제 그의 활동이 크게 제약을 받았다는 증거도 그리 충분하지 않다. 이는 기존의 북한에 대한 사고보다 오히려 시진핑 시기의 국가이익에 대한 새로운 해석에 기초한 새로운 대북 사고의 정향을 의도적으로 노출시키면서 북한에 대한 압박을 강화하고 있는 시진핑 시기의 대북외교를 오히려 잘 드러낸 것이라 할 수 있다. 중국 내 북한에 대한 인식의 다양성은 이전에는 공개적으로 표출되지 않았던 것으로, 현재 북한 문제가 중국의 대외 정책에 있어서 지도부, 전문가, 일반인 간 인식의 괴리가 가장 크게 남아 있는 영역이라는 지적도 존재한다.[38)

다만, 중국의 대외 정책 그리고 그 하부 영역으로서의 한반도 정책이 아직 분명히 자리를 잡지 못하고 현재도 내부적인 조정 중에 있는 것으로 보인다. 분명한 것은 대북 정책을 놓고 중국 내 논쟁이 강화되고 있고, 의견은 다양하며, 인식의 괴리현상이 커지고 있다는 점이다. 중국의 입장에서 보면, 북한의 현 행태는 시진핑의 새로운 강대국외교에 큰 부담으로 작용하고 있다. 기존의 전통지정학파적 시각이 절대적으로 우세한 기존의 주요 한반도 전문가들은 여전히 북한에 대한 심정적 우호감정을 유지하고 있을 것이다. 그러나 중국 내 일반 국제정치 전문가들은 북한에 대해 점차 비판적인 경향이 강화되고 있고, 젊은 한반도 전문가들은 기존의 한반도 전문가들에 비해 북한에 대해 그리 우호적이지만은 않다.

더구나 중국 내 주류 전략사고가 "발전도상국론"에서 "신흥강대국론"으로 옮겨가면서 발생하고 있는 내부적인 인식과 정책의 괴리가 크게 발생하고

---

37) http://carnegieendowment.org/2013/03/26/what-s-wrong-with-china-s-north-korea-policy/ftjw(검색일: 2013.5.5).
38) 2013년 3월 30일 북경 인터뷰.

있는 상황이다. 이러한 변화하는 인식에 대한 단초는 최근 중국 다롄에서 개최된 NEAR-칭화 전략학술대회에 참여한 뤄웬 전인민해방군 소장, 쉬부 외교부 한반도 판공실 부주임 등과 같은 중측 참여자들에게서도 극적으로 드러나고 있다.39) 그 핵심내용을 요약하자면, 중국의 기존 대북 정책이 현재 재평가되고 있으며, 둘째, 대북 정책의 우선순위에서 비핵화가 다른 전쟁과 혼란 방지와 더불어 상위의 개념으로 같이 자리를 잡았다는 것이며, 세번째, 중국은 이제 단기적인 안정 문제뿐만 아니라 중장기적인 한반도의 미래에 대해 숙고에 들어갔으며 이를 한국 측과 대화할 용의가 있다고 공개적으로 천명한 것이다.

중국 측은 북한의 핵무장이 초래할 동북아 지역의 불확실성을 크게 우려하고 있으며, 그 결과가 중국의 국가 이익에 우호적이지 않을 개연성이 크다고 판단하는 것으로 보인다. 따라서 시진핑 체제하에서 북한의 핵무장을 막겠다는 의지와 정책 우선순위는 그 어느 때보다 강한 것으로 평가된다. 중국의 대응을 보자면, 아직 결론을 내리기는 이르지만 북한의 제1~2차 핵실험에서 배웠던 교훈이 그대로 적용되지는 않은 것 같다. 미국의 오바마 대통령은 북핵 문제에 대해 미중 간의 협력수준을 긍정적으로 평가하면서 중국이 보다 더 적극적인 역할을 해주기를 압박하고 있다. 이에 대해 중국은 미국이 북핵 문제를 해결할 의지가 거의 없다는 것으로 해석하고 있는 것으로 보인다. 이런 맥락에서 만일 북핵 제1~2차 실험의 교훈을 따른다면 중국은 더 이상 과도한 에너지를 북핵 문제 해결에 쏟지 말고 북한과의 관계 개선에 더 노력했어야 했다.

그러나 시진핑 시기 중국의 대응은 북핵 문제의 해결(혹은 통제)을 위해 마치 최후의 노력을 하고 있는 것처럼 북한은 치밀하고 단계적으로 압박해 들어가고 있다. 북한의 핵무기화가 향후 완성에 점차 더 가까워질 개연성이 크다고 가정했을 때, 중국은 이 기간을 최대한 억지하면서, 북핵 문제의 공동 해결자로 미국 대신 한국과의 소통과 협력을 바탕으로 최소한 북핵 문제

---

39) 이 회의는 2013년 5월 4일 개최되었고, 필자도 참여하였다.

를 예측 가능하고 관리가능한 상황으로 만들고자 하는 것으로 보인다. 물론 이러한 중국의 노력이 한국의 기대치와는 다른 방향에서 이뤄질 개연성은 크다. 이는 북핵 문제가 중국의 전략적 이익에 크게 해를 끼치고 있지만, 북한의 전략적 유용성이 부정적으로 변화할 만한 구조적 변화는 아직 발생하지 않고 있기 때문이다. 이는 미중 간 전략적 경쟁의 지속되고 있고, 한중 간 정치적 불신은 여전히 강하고, 한미동맹 문제에 대한 이해의 불일치가 존재하고, 양안 문제를 해결을 위해 한반도 통일이 그리 긍정적인 결과를 가져오지는 않을 것이라는 판단 때문이다. 더구나 최근 일본의 우경화 추진과 한미일 대중국 군사협력의 가능성이 존재하는 상황에서 북한은 여전히 중국에게 지정학적 심리적 우방으로 남아 있다.

중국의 입장에서는 북핵 제2차 실험의 교훈처럼 내심 북핵과 북한 문제를 분리하기를 희망할지도 모른다. 그러나 현재 이를 분리한다는 것이 북한의 입장을 돕는 것이란 한국 측의 주장에 시진핑은 공감을 하고 있는 것으로 보인다. 그리고 북핵 문제가 초래할 위험이 실제 중국의 이해에 심각한 손상을 가져올 수 있다는 의식도 분명한 것으로 보인다. 따라서 중국 정부는 북한에 한반도 비핵화의 진전을 위해 일정한 양보 제스처를 보여줄 것을 지속적으로 요구하고 있다. 또 이는 북중 정상회담의 주요한 전제조건처럼 인식되고 있다.

중국은 국제사회에 책임을 지는 강대국으로서의 위상을 보여주기 위해서라도 북핵 문제에 대해서는 국제규범을 따르고 북한을 강하게 압박하여 양보를 받아낸다는 원칙을 강하게 추진할 것으로 보인다. 북한이 어느 정도 양보의 태도를 취한다면 중국은 북한과의 교류와 소통을 더욱 강화하려 할 것이다. 그러나 북한이 지속적으로 자국의 이해만을 고집한다면 시진핑 시기에는 그 대가를 분명히 치르게 하겠다는 의지를 보여주고 있다. 즉, 중국은 북중관계를 특수 관계가 아닌 강대국과 약소국의 관계로 인식하는 강대국적 사고의 외교가 시동을 걸고 있는 것이다.

III. 전략적 기로에 선 한중관계

단기적으로 중국은 최근 강화되고 있는 미국 및 일본의 대중 견제 및 한미일 협력 추세를 견제하면서 동시에 미일과 중국의 대립 국면에서 최소한 한국의 중립화를 도모하고, 한국과 최대한 우호적인 모습을 보이려 할 것으로 전망된다. 중국의 주변국외교가 강화되고 한국을 전략적으로 중시하는 이 시기가 중국과 한국의 이해가 불일치하는 부분을 과감히 축소시킬 수 있는 기회이다[이는 본인이 제안한 연미화중(聯美和中) 전략의 핵심적 내용임].[40] 2014년 한중정상회담은 장차 한중 간에 갈등이 배태될 외교안보적 사안들을 해소하고, 향후 불필요한 대중 갈등과 분쟁 방지하고 신뢰 축적의 계기로 활용하는 중요한 기회의 창이었으나 아직 그 평가는 불확실하다.

현재 한중관계는 한미관계 및 북중관계의 종속변수에서 점차 독립성을 강화하는 방향으로 진화 중이다. 다만 여전히 미중관계의 하부체계에 위치해 있어 향후 미중관계의 영향을 크게 받을 것이다. 동시에 한일관계, 남북한관계, 이어도 문제와 같이 민족주의에 민감한 사안 다양한 변수의 영향을 받을 수 있어 한중관계는 여전히 미래에 불안정성이 크고, 양국 간의 갈등이나 충돌 시 이를 수습할 위기관리 체제가 여전히 불완전하고 미흡하다. 향후 중국의 상대적 국력상승이 보다 가시화된다면, 한국의 전략적 가치는 하강할 수 있으며, 이 경우 한국은 냉엄한 강대국 국제정치의 현실에 직면하면서 "선택의 압력"을 보다 강하게 받을 개연성이 다대하다.

북한 문제에 있어서는 한중 간에 여전히 이견과 불신이 커서 향후 중대 갈등 요인이 될 수 있을 것이다. 중국은 현재의 구조적인 조건에서는 한국이 기대하는 바처럼 북한을 포기하는 전략적인 선택은 불가능하다고 보는 것이 현실적이다. 중국의 대한반도 정책의 핵심은 남북한 균형외교에 있으

---

40) 이에 대한 더 자세한 논의는 김흥규, "시진핑 시기 미중의 새로운 강대국 관계 형성 전망과 대한반도 정책," 『국방연구』 제56권 제3호(2013년 9월).

며, 일방에 편향적이기보다는 한반도 전역에 대한 영향력의 확대에 있다. 중국은 현 북한 상황을 [생존-번영]의 틀에서 인식하면서 북한에 대해 북한이 번영하기 위해서는 핵 개발을 포기해야 한다는 논리로 설득 중이다. 대신 한국은 북한을 [붕괴-생존]의 틀에서 인식하면서 흡수통일 정책을 추진하는 것으로 인식하고 있어 향후 한중 간 양국의 북한에 대한 인식 차이를 줄여 나가면서 공동의 대응책을 마련해야 하는 과제가 놓여 있다.

최근 중국 내 논의들을 살펴보자면, 후진타오 시기에는 한반도의 통일은 양안 통일에 불리한 영향을 가져 오고 양안의 통일이 전제되어야 한반도 통일이 가능하다고 보았다. 그러나 시진핑 시기 들어 한반도 통일이 오히려 양안의 통일을 촉진할 수 있을 것이라는 사고의 전환을 가져오고 있다. 한국은 미일 대 중국의 대결구도에서 적어도 중립화할 수 있을 것이라는 기대와 더불어 이를 적극 추진할 생각인 것으로 보인다. 최근 들어 중국 내에서 칭화대의 옌쉐통, 쑨쉐펑이나 런민대의 왕이웨이 같은 신흥강대국론자들이 내부 토론에서 '한중동맹론'을 주장하기 시작한 것도 이러한 맥락에서 이해할 수 있다. 이러한 중국의 태도 변화는 2014년 시진핑 주석이 북한을 방문하기 이전에 한국을 방문하였고, 북한 중심으로 한반도를 이해하던 사고에서 분명히 벗어나고 있는 것으로 나타나고 있다.

북한의 지정학적·전략적 중요성에 대한 중국의 인식은 당분간 크게 변화가 없을 것이다. 이는 북한 정권의 안정성 유지 및 공고화, 북한 급변사태의 방지, 한반도 현상유지 정책을 계속 지지할 것이라는 의미이다. 여기에는 북한의 전략적 가치를 제고하는 구조적인 요인들의 변화가 부재하기 때문이다. 미중 간의 전략적 경쟁의 지속, 한국 정부의 한미동맹 중시, 통일 시 반중 정권의 수립가능성, 통일 이후 만주 등 영토 문제 제기 가능성, 한반도 통일이 중국통일에의 장애로 전환될 개연성 등의 요인이 북한의 전략적 가치를 유지하게 하고 있다. 다만, 최근 북핵 제3차 실험 이후 중국의 대북정책에 변화 조짐이 보이고 있다. 이는 전략적인 변화라기보다는 전술적인 차원의 변화로 보인다는 것이 일반적인 분석이다. 그러나 중국의 국제적인 자아정체성의 변화가 수반되면서 발생하고 있는 북중관계에 대한 재인식은 기존의 북중관계에 대한 인식의 재검토를 요구하고 있다.

중국의 대한반도 정책은 진행형이라 할 수 있고, 진화 중이다. 이는 중국의 대한반도 정책이 현재 조정 중에 있으며, 중국 역시 분명한 전략을 지니고 있지 못한 상황임을 말해준다. 시진핑 시기 중국의 대북 정책은 제1차 핵실험 이후의 교훈을 이미 포기하였고, 북핵 문제와 북한 문제를 분리해 다룬다는 결론 역시 포기할 수도 있다는 암시를 강하게 내비치고 있다. 다만, 주의해야 할 점은 중국이 북한의 핵무기화에는 명백히 반대하지만, 현 단계에서 이로 인해 북한을 포기하지는 않을 것이라는 점이다. 중국 내의 토론과정에서 북한 "전략적 자산론", "전략적 부담론", "전략적 함정론" 등이 혼재하지만, 현 정국에서 북한에 끌려 다녀서는 안 되겠다는 "전략적 함정론"이 힘을 얻고 있다는 것도 주목할 만하다. 이는 북한 "전략적 부담론"과는 달리 중국이 정국을 주도하겠다는 의지를 보이면서도 북한의 전략적 가치는 여전히 인정하고 있어, 한국이 기대하는 중국의 역할과는 분명 차이를 보이고 있기 때문이다.

한반도 안보환경은 북한의 핵무기화 추진으로 인해 중대한 갈림길에 서 있다. 그런 의미에서 최근 중국의 대북 정책 변화 추이는 전략적인 선택을 고심하던 한국에 중국과 협력과 상생의 공통영역을 급속히 확대하는 효과를 가져다주었다. 박근혜 대통령의 2013년 6월 방중은 중국 대북 정책의 연속성을 그대로 수용하기보다는 중국의 이러한 변화를 잘 활용하여 한중 간 전략적 협력을 가시화할 수 있는 중대한 계기로 삼고자 하였다. 2014년 중국 역시 시진핑의 한국 방문을 통해 한국을 전략적으로 끌어안으려는 노력을 보여주었다. 한중관계는 친척이 상호 방문하는 그런 친밀감을 지니고 편안한 관계로 진전시키고 싶다는 의지도 보여주었다.

북한에게 시진핑의 중국은 신뢰할 수 없고, 과거보다 더 부담스런 이웃강대국으로 이해될 것이다. 그럼에도 북한은 추후 중국의 직접적이고 압도적인 압력에 부담을 느끼면서도 중국과의 관계를 복원할 필요성도 점차 더 절감할 것이다. 그러나 단기적으로는 중국과 관계가 긴장된 상황에서 한국과의 관계는 유화관계를 추진할 것이다. 그러나 일정 정도 긴장상태를 유지하면서 한국을 고립시키려 하고 싶은 생각은 보다 더 구조적이다. 즉, 남북 관계가 일시적인 유화국면도 존재할 수 있지만 향후 지속적으로 진흙탕 싸움과 같이 얽히는 국면을 유지할 개연성이 크다는 것을 의미한다. 이에 대해 한국 정부는 한·미·중과 다같이 협력을 유지하면서 북한이 비핵화를 추진하는 것이 동북아 안정을 유지할 수 있을 뿐만 아니라, 남북한이 모두 상생할 수 있는 전략적 비전이라는 것을 설득할 수 있어야 하다.

한국은 향후 3~4년 동안 북핵 문제를 놓고 중국과 가장 험난하고 실질적인 게임을 진행해야 할 것이다. 북핵 문제의 해법은 북한 문제의 해법과 연계되어 있고, 남북 간 갈등, 긴장, 대립, 협력, 공작의 요소들이 복합적으로 얽혀 돌아가는 장기간의 게임을 요구한다. 이제 2014년 한중정상회담의 성과를 차분하게 점검하면서 "한중 전략적 협력동반자관계"의 내실화를 가시화하려 노력해야 할 때이다. 분명한 것은 북중관계를 동맹관계로 이해하여 정적(static)으로 해석하기보다는 각각의 전략적 이해에 따라 이합하고 있는 관계로 이해하는 것이 보다 실체에 접근하는 것일 것이다. 중국의 입장을 지나치게 낙관적으로 인식하는 것이나, 혹은 중국이 한국의 이해와는 배타적이고 북한 위기관리 문제와 관련해서도 논의를 거부할 것이라고 전제할 필요는 없다. 중국 내 변화의 파도를 적극 이해하면서 변화를 추동하고, 중국의 정책결정과정에서 우리의 이해관계를 반영할 수 있도록 노력해야 할 것이다.

【참고문헌】

김흥규. 2013. "시진핑 시기 미중의 새로운 강대국 관계 형성 전망과 대한반도 정책." 『국방연구』 제56권 제3호(2013년 9월).

신종호. 2012. "중국공산당 제18차 당 대회와 중국의 대외 정책 전망." 『국제문제연구』 제12권 제4호.

유상철. 「중국이 말하는 아시아의 새 질서」. 『중앙일보』 2014년 5월 21일.

Dai, Bingguo. 2010. "Stick to the path of peaceful development." *China Daily*, December 13, 2010.

Kim, Heungkyu. 2010. "From a Buffer Zone to a Strategic Burden: Evolving Sino-North Korea Relations during Hu Jintao Era." *The Korean Journal of Defense Analysis*, Vol.XXII, No.1, Spring 2010.

People's Daily Online(March 24, 2013).

The White House. "Press Briefing by National Security Advisor Tom Donilan." June 8, 2013. http://www.whitehouse.gov/the-press-office/2013/06/08/ press-briefing-national-security-advisor-tom-donilon(검색일: 2013.7.15).

U.S. Department of Defense. *Sustaining U.S. Global Leadership*. January 3. 2012.

「中國周邊外交新戰略」. 『新華通迅』 2011年 7月 22日.

孫哲 主編. 2012. 『亞太戰略變局與中美新型大國關係』. 北京: 時事出版社.

習近平. 「携手合作, 共同維护世界和平與安全」. 在世界和平論壇開幕式上的致辞. 『新華網』 2012年 7月 7日.

王毅. 「如何构建中美新型大國關係」(2013年 9月 20日). http://www.fmprc.gov.cn/ mfa_chn/zyxw_602251/t1078765.shtml(검색일: 2013.9.22).

中國國際問題研究所. 2014. 『國際形勢和中國外交 藍皮書』. 北京: 世界知識出版社.

http://article.joins.com/news/article/article.asp?total_id=11839789&cloc= olink|article|default(검색일: 2013.8.24).

http://baike.baidu.com/link?url=3tY8T4NTvsvHRAL3-uAF2-G_AttWNEvd-0ZOp

KNJYY9YuWf0VcJalmN6eORaFcn4emupVWZAOLSKY5eQ7ISbkK(검색일: 2014.7.27).

http://blog.sina.com.cn/s/blog_6d07a64801017i98.html(검색일: 2013.4.15).

http://carnegieendowment.org/2013/03/26/what-s-wrong-with-china-s-north-korea-policy/ftjw(검색일: 2013.5.5).

http://china.huanqiu.com/News/scio/2013-12/4677294.html(검색일: 2014.3.30).

http://news.china.com.cn/txt/2012-09/21/content_26591420.htm(검색일: 2014.7.21).

http://news.chosun.com//site/data/html_dir/2013/06/27/2013062700819.html(검색일: 2013.8.24).

http://news.chosun.com/site/data/html_dir/2014/06/16/2014061600101.html(검색일: 2014.6.10).

http://news.xinhuanet.com/2013-10/25/c_117878944.htm(검색일: 2014.7.21).

http://www.ajunews.com/kor/view.jsp?newsId=20130912000460(검색일: 2013.9.15).

http://www.china.org.cn/china/NPC_CPPCC_2013/2013-03/17/content_28271451.htm(검색일: 2014.7.27).

http://www.munhwa.com/news/view.html?no=20150427010731110000005(검색일: 2015.5.5).

제2장

중국의 강대국외교 전략

청샤오허 | 중국 인민대

시진핑이 집권한 지 2년이 채 지나지 않아 중국의 내정과 외교부문에 일련의 중대한 조치들이 채택되었으나 시진핑 시기의 중국외교에 대한 최종 평가를 내리기에는 아직은 시기상조이다. 시진핑 정부의 활발한 외교 행보에서 역대 정부들과는 다른 특색들이 현저하게 나타나고 있다. 이에 비추어 현 정부의 강대국외교 정책에 대해 초보적인 고찰을 해보는 것도 무방할 듯하다.

역대 중국 정부들과 달리 시진핑이 집권하고 있는 현재의 중국이 직면한 국·내외 환경은 모두 다르며, 그 어느 때보다 더 중국의 국력은 신장했다. 외교적으로도 매우 활발하며 해외에서의 관련 이익도 확대되고 있다. 중국은 과거의 수동적이고 방어적인 모습에서 벗어나 적극적 유소작위로 전환하는 강대국의 행태를 보이기 시작하였다. 이러한 광범위하며 강렬한 전환의 과정에서 중국은 전통 강대국들과의 상호작용으로 매우 복잡하고 급변하는 시기에 접어들었다.

I. 분석틀과 연구 포인트

"강대국외교"는 중국에서 두 가지 의미를 지니고 있다. 첫 번째 의미는 중국이 강대국의 역할을 하는 외교를 뜻하며, 두 번째 의미는 중국과 세계 주요 강대국 사이의 관계를 뜻한다. 본문에서는 두 번째 의미로서의 중국의 강대국외교에 대해 다루고자 한다. 강대국들은 중국의 생존과 발전에 있어 전체 국면과 장기적인 측면에서 중대한 영향력과 역할을 발휘한다. 아편전쟁 이후 중국은 동아시아의 유일한 강대국이라는 지위를 상실하였고 중국의 엘리트들은 중국이 "3천 년 동안 없었던 비상시국, 3천 년 동안 없었던 적(敵)"에 직면하였음을 알게 되었다. 중국은 서방 강대국들의 침략, 억압, 착취를 경험해야 했다. 청(淸)대 말기 이후의 중국 역대 정부들은 모두 세계 강대국들을 중국외교의 우선순위에 놓았다. 당시 중국이 강대국외교에서 보여준 모습은 위기가 발생한 후에야 "머리가 아프면 머리를 고치고, 발이 아프면 발을 고치는" 식의 근시안적인 대처가 대부분이었다. 외교 목표를 실현시키기 위한 기본적인 여건이나 방법조차 마련되지 않았던 것이다.

그러나 기본 목표는 변화하지 않았는데, 이는 중국이 주권국가로서의 생존과 권리를 모색하는 것이었다. 중화인민공화국이 수립되고 내란이 끝나갈 즈음 중국은 타이완, 홍콩, 마카오를 제외하고는 전 대륙을 통일시켰다. 새로운 중국 정부는 "새로이 다시 출발하는" 마음으로 기존의 치욕스런 불평등조약을 정리하였다. "깨끗하게 청소를 마친 후에 손님을 초대하는" 원칙에서 중국의 외교를 새롭게 시작하고자 했던 것이다.[1]

마오쩌둥이 이끄는 중국공산당이 새로운 정권을 출범시킨 후 강대국외교에서 보여준 첫 번째 중요한 외교적 행보는 소련과 동맹을 맺는 것이었다. 이와 동시에 중국은 미·소 간 대립이라는 냉전구도에 휩쓸려들게 되었다. 미·소 간의 게임이라는 상황 속에서 강대국외교는 중국외교의 매우 중요한

---

1) 裴堅, 『中華人民共和國外交史 1949-1956』(北京: 世界知識出版社, 1994), pp.2-3.

부분이 되었다. 마오쩌둥은 '생존 외교 전략'을 채택하였으나, 중국은 다시 중소분쟁으로 소련이라는 강대국에게 모욕을 당하는 경험을 가졌다. 덩샤오핑의 도광양회적인 '발전중심 전략'은 이러한 중국의 취약성을 극복하기 위해서 실제로는 서방 측의 강대국에게 중국을 개방하겠다는 전략이었다.

1989년 발생한 "6·4 사건(천안문 사태)" 이후 중국 정부는 단기적으로는 "생존 전략"으로 회귀하는 전략적인 변화를 보였으나, 이는 당시 서방 강대국들이 채택한 중국에 대한 "화평연변" 정책에 대처하기 위한 것이었다. 발전중심 전략은 개혁개방 이후 중국 역대 정부들의 좌우명이 되었다. 장쩌민부터 후진타오 시기까지 중국 경제가 비약적인 발전을 이루고 중국이 대국(大國)에서 강대국(强國)으로 변모하는 과정에서 중국과 세계 강대국들 간의 역학관계에는 천지개벽할 정도의 변화가 생겼다. 중국은 세계 강대국들과의 상호작용을 통해 새로운 역사적 특징을 만들어내고 있다.

본 논문은 마오쩌둥 이래 중국 역대 정부의 강대국외교에 대해 역사적 회고와 평가를 하며 시진핑 시기의 중국 강대국외교의 특징을 집중적으로 고찰하고자 한다. 시진핑이 집권한 지 2년밖에 되지 않은 현재 시점에서 중국의 강대국외교는 아직 완벽하게 (전) 면모와 특징을 드러내지 않은 상태이다. 그러나 기본 윤곽은 드러나고 있다.

II. 시진핑 시기 이전의 중국의 대국외교

1. 마오쩌둥 시기 '생존 모색'을 위한 강대국외교

마오쩌둥과 주변 집권자들은 전쟁을 직접 겪은 세대이며 이 시기의 집권자들은 무수한 전쟁을 통해 강인한 의지와 진중한 전략적 사고를 단련받은 사람들이었다. 냉전구도와 전 세계적인 차원에서 양대 진영 간의 대치라는 상황에서 백 년의 치욕적인 역사에서 빠져 나오려 했던 신중국은 건국일로 부터 바로 험난하고 열악한 외부환경에 직면해야 했다. 이러한 상황에서 마 오의 외교 전략의 목표는 "생존 전략"일 수밖에 없었고, 이를 바탕으로 발전 을 추구하는 전략을 취할 수밖에 없었던 것이다. 처리해야 할 일들이 산적 해 있는 신중국은 매우 가난하였다. 이러한 이유로 "생존 외교 전략"을 실현 하기 위해 중국 정부는 소련과 군사동맹을 체결하고 이데올로기가 유사한 소련과 연합하여 미국이 이끄는 서방 진영과 대치하게 되었다.[2] 중국의 주 변지역에서 적대세력을 축출하기 위하여 "프랑스에 대항하여 베트남을 지 원"하고 "미국에 대항하여 조선(북한)을 지원"하는 방식을 통하여 중국은 동 북지역과 동남지역에 새로운 친(親)중국 완충지대를 완성하였다. 신생독립 국가들과의 관계를 발전시키고 서방 식민 체제로부터의 민족해방운동을 지 원하며 서방 진영의 통제로부터 벗어날 수 있는 중간지대를 완성하고자 하 였다. 이외에도 중국은 북유럽 국가들, 일본, 영국에 이어 후에는 프랑스와 도 관계개선을 하며 서방 진영이 중국에 가하는 경제적 압박, 외교적 고립과 군사적 포위를 벗어나고자 하였다.

그러나 마오쩌둥의 강대국외교가 순조롭기만 한 것은 아니었다. 중국은 미국 등 서방 국가들과 여전히 대립하고 있었을 뿐 아니라 소련과도 이데올 로기의 차이, 지도자들 간의 의견대립, 군사적 협력의 불일치 등으로 소원해 지기 시작하면서 양국관계는 파국으로 치달았다. 중·소관계의 악화로 중국 은 (또 다른) 주변국인 인도와도 긴장 국면을 조성하며 이견을 좁히지 못하 여 양국 간에는 전쟁이 발발하게 되었다.[3] 중국의 안보형세가 급변하는 상 황에서 중국의 외교는 또다시 생존을 중시하는 전략으로 돌아오게 되었다. 마오쩌둥은 기존의 외부동맹을 통한 해결방식이 아닌 내부를 장악하여 위기 를 타개하려 한 것이다. 마오에게 문화대혁명은 자기와는 다른 것을 가차

---

2) 毛擇東, 「10대 관계를 논함」, 『毛擇東選集 第5卷』(北京: 人民出版社, 1977), pp.267-288.

3) 成曉河, 「이익교환의 균형실패: 중소동맹해체의 근원탐색」, 『外交觀察』第3卷(2014), pp.87-109; 楊奎松, 『마오쩌둥과 모스크바의 은원』(南昌: 江西人民出版社, 2009).

없이 버리는 것이었으며 자신의 권력을 공고히 하기 위한 군중운동이었다. 마오쩌둥과 대립하였던 수많은 고위공직자들과 군중들은 비인간적인 대우를 받게 되었다. 극우적인 국내정치 (상황)은 외교영역에까지 영향을 미치면서 중국외교는 국제적으로 많은 국가들과의 관계가 악화되면서 고립되었고, 중국외교의 암흑기에 해당하는 시기에 접어들게 되었다.

사면초가의 상황에서 마오쩌둥은 새로운 방식을 택할 수밖에 없었다. 소련과의 관개개선이 희망이 없는 상황에서 마오쩌둥은 부득이하게 미국, 일본 등의 서방 국가들과의 관계정상화를 모색할 수밖에 없었다. 이로써 닉슨의 방중이 이루어졌고, 이 시기에 중국의 강대국외교는 새로운 시대로 진입하게 되었다. 중국과 서방 강대국들의 관계를 강화하면서 마오쩌둥은 1973년과 1974년에 새로운 노선을 주장하였다. 그 내용은 중국이 미국과 연합하여 미국이 주도하는 반소(反蘇)의 정치·군사 동맹을 결성하자는 것이었다. 전략균형에 몰두하고 있던 미국은 중국지도자의 이 같은 주장에 흥미를 느끼지는 못하였지만 이 주장은 마오쩌둥이 사망한 후 중국의 대국외교에 커다란 유산으로 남았다.

그 내용은 다음을 포함한다. 1)중국의 강대국외교는 미국과 소련이라는 강대국을 중심으로 행해지는 것이며, 중국과 기타 강대국 간의 상호작용은 모두 이에 종속되고 중요도는 그 다음이라는 것이다. 2)중국과 미·소 양국과의 관계는 20년이라는 짧은 시간 동안 극단에서 (또 다른) 극단으로의 변화를 거쳤다. 중국은 소련과 연합하여 미국에 대항하는 전략에서 미국과 연합하여 소련에 대항하는 전략으로 방향을 바꾼 것이다. 이러한 변화는 중국이 자국의 안보에 대한 우려로부터 생존하기 위해 외부의 힘을 끌어와 안보위협에 대응했다는 것을 반영해주는 것이다.[4]

마오 시대 중국 강대국외교의 결과, 중국은 '생존 전략'을 기본 목표로 하여 자국의 독립과 주권을 확보하고자 하였지만, 중국의 안보도 미·소 양국과 적대관계 변화에 의해 엄청난 영향을 받았다. 위태로운 외부상황을 극복

---

4) 王泰平, 『中華人民共和國外交史 第2卷 1957-1969』(北京: 世界知識出版社, 1999), p.7.

하기 위해 마오쩌둥은 엄청난 내적인 동원력을 강조하는 문화대혁명을 일으
킬 수밖에 없었을 것이고 자신에 반대하는 세력들을 제거하여 외부의 적대
세력들이 중국을 훼손시키는 것을 방지하려 의도하였다.

2. 덩샤오핑 시기 '발전 전략'으로서의 강대국외교

'발전중심 전략'은 덩샤오핑 시기에서만 드러나는 중국 대국외교의 특징
은 아니었다. 마오쩌둥은 정권을 안정시킨 이후 극단적인 방법으로 중국의
철강공업을 발전시켜서 비약적 경제발전을 이루고자 하였다(→ 대약진운
동). 그러나 덩샤오핑이 집권한 후에서야 진정한 개혁개방이 시작되었으며
'발전중심 전략'은 중국외교의 전략목표가 되었다. 중국의 강대국외교 방향
역시 크게 변화하였다. 기존의 '생존중심 전략'에서 나타나는 호전적인 극단
주의자들을 배제하고, 상호 대립과 투쟁 중심의 이미지를 변화시켰다. 외교
분야에서도 "깃발을 메지도 않고, 앞장서지도 않는" 원칙을 채택한 것은 중
국의 개혁개방과 경제발전을 위한 배려였다.[5]

중국의 개혁개방은 (본질적으로 보았을 때) 미국, 일본, 유럽국가 등 과거
에는 적대시하였던 국가들과의 관계를 개선하고 개방하는 것이었다. 중국의
강대국 관계에서 중국이 미국 등 서방 국가들을 가장 중요시하였음을 알
수 있는 부분이다. 이 시기 중국의 강대국외교는 다음과 같은 특징이 드러
난다. 첫째, 모든 강대국들과 우호적 관계를 맺는다는 것은 이 시기 강대국
외교의 주지였다. 중국은 서방 국가들과 잘 지내면서도 한편으로는 소련과
의 관계회복을 시도하기도 하였다. 중국 측은 "장례(문상) 외교"를 통하여
중·소관계정상화의 길을 열어보고자 하였다. 덩샤오핑은 "중국은 체구가
너무 크기 때문에 어떠한 강대국과도 동맹을 하지 않겠다"라고 공개적으로

---

5) 鄧小平, 「시기를 잘 이용하여 "발전"문제를 해결하는데 능함」, 『鄧小平文選 第3卷』(北
   京: 人民出版社, 1993), p.363.

선포하였다.[6]

둘째, 많은 국가들 중 미국은 중국외교의 우선순위에 있었으며 중국의 강대국외교는 미중관계라는 축을 중심으로 펼쳐지는 것이 현실이었다.[7] 일본은 중국외교의 두 번째 순위이며 중국의 가장 주요한 투자국이자 수출시장이기도 하였다. 유럽연합(EU)은 미국만큼 중요도가 높지 않으나 중국이 관계발전에 힘써야 하는 국가들이 속해 있었다.

셋째, 중국의 강대국외교는 경제에 편중되어 있으며 자금, 기술과 관리노하우의 도입에 치중되어 있었다. 그러므로 중국과 제3세계 국가들 간의 관계가 중국과 기타 강대국들 간의 관계에 부정적인 영향을 미치는 것을 막기 위해서 중국은 제3세계 국가들 내 반정부 무장행위에 대한 원조와 지지를 감소 또는 아예 정지시킴으로써 중국 정부는 제3세계에서의 역량을 줄여나갔다.

그러나 중국 정부는 '발전중심 전략'을 목표로 한 강대국외교가 몇 걸음 걸음마를 떼지 못한 상태에서 6·4 사건으로 난관에 봉착하게 되었다. 미국이 주도하는 서방 국가들은 중국 정부에 경제와 군사적 제재를 가하였고 양자와 다자간 외교의 장에서 인권 문제로 중국에 압박을 가하였다. 중국은 서방 국가들과의 무역에서 인권 문제로 간섭을 받게 되었고 고공행진 중이던 중국 경제의 발전속도는 1989년의 3.9% 1990년의 3.8%까지 떨어지게 되었다.[8] 설상가상으로 소련해체와 동구사회주의 국가들의 몰락은 공산당이 집권하는 중국에게 큰 위기로 작용하여 중국은 다시금 외교 방식을 '생존중심 전략'으로 전환할 수밖에 없는 상황에 봉착하게 되었다. 과거 적대국가의 군사적 침략을 방지하기 위한 것과는 달리 1990년대 중국의 전략은 미국이 이끄는 서방 강대국들의 "화평연변(和平演變)" 전략을 회피하는 것이 주

---

6) 錢其琛, 『外交十記』(北京: 世界知識出版社, 2003), 第1章.

7) 鄧小平, 「중국공산당 제12차 전국대표대회 개막사」, p.3; 鄧小平, 「세계평화의 수호와 국내건설 잘하기」, 『鄧小平文選 第3卷』(1993), p.57.

8) 중국국가통계국 홈페이지, http://www.stats.gov.cn/tjsj/tjgb/ndtjgb/qgndtjgb/2002 03/t20020331_30003.html(검색일: 2014.10.24).

목표였다. '생존중심 전략'의 부상은 개혁개방 이래 시행된 "발전중심 전략"의 전략적 목표를 대신하는 것으로 보였다.

그러나 중국 정부는 서방 국가들이 중국에 가한 외교적 고립과 경제적 제재를 타파하기 위하여, 역으로 덩샤오핑이 주장한 "도광양회"의 전략과 "경제발전에만 전심전력 몰두하는(一心一意發展經濟)" 노선을 채택하여 미국 등 서방 강대국들의 제재에 정면으로 대응하였다. 1992년 덩샤오핑의 남순강화 후 중국 정부의 개혁개방 정책은 더 강화되었다. 타협을 통해 중국은 서방 국가들과의 관계를 회복했을 뿐 아니라 소련을 이어 탄생한 러시아와의 관계도 회복하였다.

덩샤오핑 시기의 강대국외교는 다음과 같은 특징을 지닌다. 첫째, 중국의 강대국 관계 중에서 미국이 가장 중요한 위치를 점하고 있었다. 이 시기에 미중관계는 우호 → 긴장 → 적대 → 긴장 → 완화라는 다양한 단계를 거쳤다. 미중 간에는 타이완 문제, 6·4 사건, 인권 문제, 티베트, 미국의 대중 최혜국대우 등의 문제들을 둘러싸고 반복하여 분쟁과 대립을 일으켰다. 그러나 미중관계의 전반적인 국면은 중국이 제재와 압력을 참아가며 견뎠기에 파국으로 치닫지 않을 수 있었다. 중국과 기타 강대국들의 관계는 특별한 문제가 없었으며 미중관계에 잡음이 생기면 중국과 기타 강대국들과의 관계도 좋을 수 없었다.

둘째, 중국과 소련의 관계는 회복되었고 1989년 관계정상화가 이루어졌다. 소련이 해체된 후 중국과 러시아는 빠르게 우호적인 단계에 들어선 후 지금까지 이어져오고 있다.

셋째, 중국과 인도의 관계는 해빙 → 완화 → 동반자로의 결합이라는 변화를 거쳐 중국은 이로써 세계 주요 강대국들과 적대관계에서 모두 벗어날 수 있었다. 이는 신중국이 탄생한 후 역사적으로 처음 있는 일이었다. 그럼에도 불구하고 중국과 강대국 사이의 관계는 갈등과 긴장으로 가득 차 있었으며 중국은 상대적으로 피동적이고 약한 위치에 처해 있었다.

넷째, 중국의 국력이 약한 상황에서 중국은 강대국외교 정책에서 "도광양회"의 책략을 구사하며 미국 주도의 국제질서 안에서 경제적인 발전을 이루

제2장 중국의 강대국외교 전략 **59**

고자 했다.

3. 장쩌민과 후진타오 시기의 "대발전(大發展)" 전략

6·4 사건 이후 장쩌민은 자오쯔양에 이어 신임 당서기로 취임하였다. 권력기반이 약하고 주변 외교안보 환경이 열악한 상황에서 장쩌민은 8년간 덩샤오핑의 도움을 받을 수밖에 없었다. 이 시기에 중국외교는 덩샤오핑의 그림자가 강하게 남아 있었다. 덩샤오핑이 사망한 이후에서야 장쩌민은 내정과 외교에서의 자신의 청사진을 마음껏 펼쳐볼 수 있게 되었다. 장쩌민의 집권 후기 몇 년 동안 중국은 미국 등 서방 강대국들과의 관계를 바로잡았고 이로써 중국의 외부환경을 안정시킬 수 있었다. 중국 정부가 세계무역기구(WTO)에 가입하였고, 수출위주의 중국 경제는 한 단계 비약하여 발전을 위한 제도적 보장을 받을 수 있었다. 중국 정부는 "6·4 사건"에서 벗어나며 더욱 개방적인 태도로 미국이 주도하는 국제경제 체제에 편입될 수 있었으며 일부 핫 이슈에서 미국 등의 서방 강대국과 어느 정도 협력하는 모습을 보였다. 예를 들면, 북한의 핵 문제를 다루는 6자회담이 있었다.

"9·11 사건"은 국제정치의 구도를 근본적으로 바꾸어놓았다. 미국 등의 서방강대국들은 테러와의 전쟁을 선포하고 아프가니스탄과 이라크에서 기나긴 전쟁을 이어갔다. 중국은 미국이 주도하는 서방 국가들의 부담에서 벗어나면서 미중 간의 분쟁은 효과적으로 통제되었다. 후진타오가 취임한 후 중국 정부는 중국이 경제발전의 "전략적 기회의 시기"를 맞이하고 있다고 보았다.9) 중국은 서방 강대국들의 "화평연변"을 경계하였으나 이러한 우려는 아주 심각한 정도는 아니었다. 천재일우의 전략적 기회의 시기를 지속시

---

9) 胡錦濤,「전략적 기회의 시기라는 유리한 기세를 몰아 발전속도를 높이기」,『新華社』 2003年 4月 15日, http://www.people.com.cn/GB/shizheng/16/20030415/972637. html(검색일: 2014.10.15).

켜 나가기 위해 중국 정부는 내정과 외교에 모두 "안정을 추구하는" 보수적인 전략을 펼쳐나갔다. 후진타오는 장쩌민 시기의 경제발전의 기본 전략을 계승하면서 "모든 정신을 모아 건설하고, 한마음 한뜻으로 발전을 꾀한다"라는 슬로건을 내걸었다.[10]

후진타오 시기의 강대국외교의 특징은 다음과 같다.[11] 첫째, 중국 경제가 비약적인 발전을 이루어가면서 중국과 강대국들 간 경제관계에서의 친밀도는 유례없이 높아졌다. 중국은 강대국들의 투자의 근원(출처)이 되었으며 과거의 단순히 투자만 받는 상황에서 벗어나 일부 강대국들의 주요 채권국이 되었다.

둘째, 중국과 세계 주요 강대국들 간의 무역규모는 그 차이가 현격하였다. 2012년 중국의 미국과 양자 간 무역액은 5,362.3억 달러에 달하였으며,[12] 같은 시기 중국과 인도, 러시아 사이의 무역액은 각 687.9억 달러와 750.9억 달러에 불과하였다.[13] 미중 간 무역의 상호의존도는 "상호간 확증파괴(MAD)"의 수준에 이르렀다.[14]

셋째, 중국의 비약적인 국력신장으로 현행의 국제 체제 및 체제 내의 주요 강대국들에게 점점 큰 부담을 안겨주고 있다. 기존의 강대국들은 중국이 "국력이 강해지면 반드시 패권을 추구할 것(國强必覇)"이라는 것에 대해 우려하였으며, 중국이 동아시아 지역에서 지배적인 패권국가가 되는 것을 막기 위한 상응한 조치들을 취하려 노력하였다. 2009년 미국은 "아시아로의 회귀" 정책으로 중국의 부상에 대처하려 하였다.

---

10) 胡錦濤, 『胡錦濤在中央人口資源環境工作座談會上的講話』(北京: 人民出版社, 2004).

11) 「胡錦濤在全國政協新年茶話上講話」, 『新華網』 2003年 1月 1日, http://news.xinhuanet.com/newscenter/2003-01/01/content_676434.htm(검색일: 2014.10.15).

12) 『國別貿易報告·미국』(中國商貿部) 2013年 第1期, http://countryreport.mofcom.gov.cn/record/view110209.asp?news_id=33266(검색일: 2014.10.15).

13) 『國別貿易報告·인도』(中國商貿部) 2013年 第1期, http://countryreport.mofcom.gov.cn/record/view110209.asp?news_id=32986(검색일: 2014.10.15).

14) 『國別貿易報告·러시아』(中國商貿部) 2013年 第1期, http://countryreport.mofcom.gov.cn/record/view110209.asp?news_id=32868(검색일: 2014.10.15).

넷째, 나날이 증가하고 있는 "중국 위협론"에 대응하여 중국 정부는 ≪중국의 평화로운 발전≫ 백서를 발간하였다.[15] ≪중국의 평화로운 발전≫은 전통적인 백서의 양식으로 출판되었으나, 외교 전략 보고서의 형태를 띤 중국 정부의 첫 번째 공식적 정책 문건이라 볼 수 있다. 이 보고서는 중국 평화발전의 총체적 목표와 대외방침, 정책 및 중국이 평화발전의 길을 선택한 필연적인 원인에 대하여 명확하고 상세하게 설명하고 있다.

다섯 번째, 중국 경제력이 비약적인 신장을 이루고 군사적으로도 안정을 이루면서 중국외교의 방향이 "해야 할 바를 한다(유소작위: 有所作爲)"의 행태로 나타났다. 개별 문제와 지역에서 보여주는 외교행태도 더욱 주도적으로 변하였으며 다자국제기구에서도 중국이 역할 전환의 모습을 보여주기 시작했다. 이는 '의제의 집행자'에서 '의제의 제정자'로의 역할 전환을 모색하고자 했던 것이다. 그럼에도 불구하고 중국의 외교는 여전히 본질적으로는 덩샤오핑이 1990년대에 제시한 "도광양회"의 외교 정책을 고수하고 있으며, 강대국외교에서 "안정을 추구"하는 방침을 위주로 삼고 있다. 핫 이슈와 논쟁적인 문제에서는 대결보다는 가능한 스스로 억제하고 양보하면서 분쟁을 관리하는 방법을 취하는 것이다.

후진타오가 집권한 10년 동안 중국의 강대국외교는 긍정적으로 평가할 만하다. 중국은 WTO 가입 후 상대적으로 개방된 시장조건을 적극 활용하여 미국 등 강대국들이 아프가니스탄, 이라크전쟁으로 바쁜 시기에 전략적인 기회를 놓치지 않고 경제발전에 전념하여 중국과 외부 세계의 무역을 확대시켰다. 끊임없이 발전하는 중국의 무역으로 중국의 GDP가 몇 단계 올라가고 중국과 외부 세계 특히 주변국가들과의 경제관계는 매우 밀접해졌다. 중국은 미국과 일본 등 강대국들을 대신하여 많은 국가들의 최대 무역 동반자가 되었다. 중국 역대 정부의 '발전중심 전략'이 추구했던 강대국 전략은 후진타오 시기에 실현된 것이다. 2005년 중국은 영국을 앞질러 세계

---

15) 『中國的和平發展白書』, http://politics.people.com.cn/GB/1026/15598619.html(검색일: 2014.10.15).

4대 경제대국(체)이 되었으며, 2007년에는 독일을 앞질러 세계 3대 경제대국이 되었으며, 2010년에는 일본을 앞질러 세계 2대 경제대국이 되었다. 후진타오 시기에 축적된 경제적 부는 이 시기 중국 강대국외교의 변화에 든든한 밑거름이 되어주었다.

III. 시진핑 시기 중국의 강대국외교

시진핑이 물려받은 중국은 이미 세계 2위의 경제대국이고 대략 미화 3조 달러에 달하는 외환을 보유한 국가이기도 하다. 그러나 이와 동시에 30여 년이라는 시간 동안 연 성장률이 10%에 달하는 비약적인 발전을 이루며 중국의 자원과 환경은 매우 피폐해졌으며, 사회모순과 빈부격차의 심각성으로 인해 지속가능한 경제발전이 가능한지에 대한 우려가 크게 제기되고 있는 상황이다. 시진핑은 직면한 현실을 놓고 "맛있는 고기는 다 먹고 나면, 남는 것은 딱딱한 뼈이다"라는 비유를 들었다.[16] 직면한 현실에는 장단점이 공존하고 장단점이 모두 부각되는 국내외 정세에서 2012년 말에 집권한 시진핑은 대담성을 드러내면서 국내외에 일련의 중대한 조치를 내놓았다. 그것이 강대국외교 부문에서는 다음과 같은 특징으로 드러났다.

1. 적극적인 "유소작위"로 전환

수많은 중국 문제 전문가들은 후진타오 이후의 중국지도자의 권위는 쇠

---

16) 「習近平談改革: 맛있는 고기를 다 먹고 나면 남는 것은 딱딱한 뼈이다」, 『新華網』, http://news.cnr.cn/native/gd/201402/t20140209_514806817.shtml(검색일: 2014. 10.15).

락할 것이라고 예측했었다. 그러나 시진핑은 집권한 후 군부에서의 든든한
기반을 바탕으로 국내 정책에서 주도권을 잡게 되었으며 명확한 특징을 지
닌 "중국의 꿈"이라는 주장을 제안하였다. 그뿐 아니라 당·정·군 내부에서
대규모의 "파리(부패한 하급관료)와 호랑이(부패한 고급관료)를 잡는다"는
반부패척결운동을 일으켰다. 외교에서는 신중하고 온건한 방식을 중시하는
덩샤오핑의 "도광양회" 전략을 수정하면서, 역대 정부의 "평화와 안정을 추
구하는" 전략과는 차별되는 공격적인 모습을 보이기도 하였다. 이와 같이
적극적인 유소작위의 외교 방침에는 다음과 같은 원인이 있었다.

1)중국이 세계 2위의 경제대국이 된 이후 중국이 아무리 "도광양회"를 강
조한다 할지라도 외부 세계는 이미 믿지 않는다. 2)중국의 국력이 신장되며
점점 많은 중국의 엘리트와 대중들이 과거의 "도광양회" 정책에 불만을 드
러내며 중국 정부가 적극적인 유소작위의 외교 전략을 구사하기를 요구하며
이로써 나날이 증가하는 해외이익을 지탱해주길 바라고 있다. 3)미국이 "아
태지역 재균형 전략"을 시행하면서 중국과 주변 일부국가들 간에 영토 분쟁
이 확대되고, 중국은 전통적인 "안정을 추구하는" 양보의 정책을 폐기할 수
밖에 없는 상황이 되었다. 4)중국의 비약적인 국력 신장으로 인해 중국과
영토 분쟁을 겪고 있는 국가들이 연달아 조치를 취하며 중국의 국력이 더욱
강해지기 전에 기득권을 더욱 공고하게 하는 상황에서 중국은 필요한 대응
을 할 수밖에 없는 것이다.

시진핑의 적극적 유소작위의 외교행태는 다음과 같이 나타난다. 우선 중국
외교의 정책 결정체계를 강화시키기 위해 국가안전위원회를 설립하였다.[17]
1997년에도 장쩌민 주석은 국가안전위원회의 설립방안을 제안한 적이 있으
나 여러 가지 이유로 이 방안은 구체화되지 못하였다.[18] 2000년 중공중앙
이 "중앙국가안전영도소조(직역)"와 "중앙외사영도소조" 간 업무협력을 추

---

17) 『中共中央關于全面深化改革若干重大問題的決定』, 2013年 11月 15日, http://www.
   sn.xinhuanet.com/2013-11/16/c_118166672.htm(검색일: 2014.10.15).
18) 方樂迪, 「中國籌設國安委江澤民時代曾有此提議」, 『大公網』2013年 11月 12日, http://
   news.takungpao.com/mainland/focus/2013-11/2033054.html(검색일: 2014.10.15).

진하도록 결정하며 "두 개의 팻말"과 "하나의 그룹"이라는 구도가 나타났다. 2012년 하반기에는 중국과 주변 일부 국가들 사이에 영토 분쟁이 발생하였고 중국지도부는 이러한 문제에 적극적으로 대응하기 위하여 해양권익업무의 조정과 협력을 담당하는 "중앙해양권익영도소조"를 설립하였다. 그리고 이 소조와 그 기능을 기존의 중앙외사영도소조 내에 배치하였다. 이에 따라 중앙외사영도소조 사무실의 직능이 확대되면서 과중한 업무 부담을 견디지 못하게 되었다. 시진핑은 이러한 수동적 임기응변식의 시스템을 개혁하여 새로운 형세에 걸맞은 능동적인 국가안전 정책결정과 협조의 시스템을 구축하고자 하였던 것이다.

그 다음으로 시진핑은 새로이 설립된 국가안전위원회에 어울리는 "총체적 안전관"이라는 새로운 개념을 제시하였는데 그 내용은 다음과 같다. "현재의 국가안보의 의미와 그 외연은 과거 어느 시기보다도 더 다양하고 시간과 공간이라는 분야에 있어서도 어느 시기보다도 더 광범위하다. 이렇게 내부적·외부적 요소가 그 어느 시기보다 더 복잡한 상황에서 인민의 안전을 취지로 하여 정치안보를 근본으로 하고 경제안보를 기초로 군사, 문화, 사회안보를 보장하여 국가안보를 맡기고 중국 특색을 지닌 국가안전을 보장하는 '총체적 안전관'의 확립이 매우 필요한 시점이다." 현재 국가안전위원회의 중요한 틀은 편성 중이고 중국의 첫 번째 정식 국가안전전략 보고도 초안이 잡혀가는 중이라 곧 세상에 나올 것이다.[19]

이외에도 동반외교의 시대를 열었다. 시진핑 부부는 역대 중국의 정상외교와는 달리 부부가 동반하여 활발한 외교활동을 하는 모습을 보여주고 있다. 사실 정상외교라는 것이 이번 정권에 들어서야 나타나는 새로운 외교현상은 아니지만 시진핑이 집권한 후 당과 국가의 수장으로서 적극적이며 고강도의 외교를 펼쳐나가고 있다. 시진핑은 2013년 3월 국가원수의 신분으로 러시아와 중앙아시아를 방문한 데 이어, 2014년 9월 인도 등 국가를 방문하기까지 이 짧은 시간 동안 10회 출국하고 총 28개의 국가를 방문하여

---

19) 위와 같음.

5대륙에 발자취를 남겼다. 대부분의 주변국가를 방문한 것 이외에도 멀리 떨어진 아프리카와 라틴아메리카까지 방문하였다. 시진핑의 부인인 펑리위안은 중국의 퍼스트레이디는 외교석상에 나타내지 않는다는 중국외교의 전통을 깨고 중국 역사상 처음으로 퍼스트레이디 외교의 시대를 열었다.

지도자가 외교활동에서 받는 세 가지 제약이 있는데 이는 다음과 같다. 첫째, 지도자의 관심이다. 관심은 실제 행위의 원동력이 되며 제5대 지도부의 핵심으로 시진핑이 외교 분야에 가지는 관심은 매우 크며, 이루고자 하는 목표가 있다.

둘째, 지도자의 정력이다. 시진핑은 60대를 갓 넘어섰으며 체력이 아직 좋기 때문에 장거리로의 이동과 고강도의 마라톤식 회담도 견딜 수 있다. 시진핑은 취임 후 첫 번째 해외 방문 시 9일 동안 66회의 행사에 참석하였으며 32개 국가 원수 및 정부 요인들과 회담과 회견을 가졌다. 또한 20회가 넘는 강연과 연설을 마쳤고 10회가 넘는 인문·공공외교행사에 참여하는 등 연속하여 15시간이 넘는 일정을 소화하기도 하였다.[20]

셋째, 동반외교의 활동이 긍정적인 영향을 가져온다는 것이다. 펑리위안은 중국에서 매우 유명한 민족가수였다. 중국인들에게 펑리위안은 시진핑보다 더 유명한 존재였던 것이다. 2007년 시진핑이 중공정치국 상무위원에 당선된 후 펑리위안은 대중의 시선에서 사라졌다. 시진핑이 총서기에 당선된 후 첫 번째 해외 순방 시 당당하게 모습을 드러내며 신중국 역사상 첫 번째 퍼스트레이디 외교의 시작을 알렸다. 펑리위안에 대해 "중국의 퍼스트레이디가 국제무대에서 매력공세를 펼치고 있다. 일거일동 우아하고 여유롭게 친민적이며 현숙한 모습을 보여주며 새로운 외교의 품격을 보여주었고 이는 세계인들과 국내외 언론의 주목을 받았다"고 말을 아끼지 않는 사람들도 있다.[21] 일부학자들은 펑리위안의 이 같은 행보를 두고 "국가 이미지에

---

20) 商西, 「習近平出訪曾持續工作15小時」, 『京華時報』 2013年 4月 1日.

21) 朱書緣, 「퍼스트레이디 펑리위안의 '매력외교' 四國行全程圖集」, 『人民網』, http://theory.people.com.cn/n/2013/0401/c148980-20984130.html(검색일: 2014.10.15).

빛을 더했다", "지도자를 위한 조력자", "사회의 긍정적 분위기 조성에 활력을 불어넣고 있다"로 평가하고 있다.[22] 요컨대 시진핑이 주관하는 중국외교는 전임지도자들과 비교했을 때 어떠한 일이라도 본인이 직접 해야 하는 적극적인 태도를 보인다고 할 수 있다. 펑리위안은 좋은 이미지와 스타일로 중국 외교무대에서의 반짝이는 빛이 되었다. 시진핑이 해외순방을 떠날 때마다 펑리위안은 그림자처럼 수행하며 중국외교의 새로운 국면을 보여주고 있다. 시진핑 외교의 중점은 중국과 강대국 간의 관계에서 잘 드러난다. 시진핑은 거의 대부분의 전통적 강대국을 방문하였고 방문을 계기로 중국과 강대국들 간의 관계를 새롭게 정립하고자 한다.

2. 글로벌 차원의 거점(支點)국가 조성과 강대국 범주의 확대

일반적으로 중국이 교류하는 전통 강대국이란 유엔 안보리 4개의 상임이사국이 포함된 미국, 러시아, 영국, 프랑스와 그리고 추가적으로 일본과 독일을 의미한다. 시진핑은 집권 이후 거점국가(支點國家: 지렛목 역할을 하는 완충지대에 있는 국가) 건설에 박차를 가했다. 거점국가들은 급부상하고 있으며 전통대국의 행렬에 들어갈 가능성이 크다.

중국의 전통적인 외교는 4가지 대분야로 나누어진다. 강대국외교, 주변국외교, 다자외교 그리고 제3세계외교이다. 중국의 대외정치와 경제가 확대 발전되면서 중국 외교사전에 "거점국가"라는 새로운 개념이 등장하였다. 학자들은 이 개념에 대하여 각자 다른 의견을 내놓고 있다. 일부학자는 "전략적 거점국가"란 일국이 중대한 목표를 실현시키기 위해 중요한 의의를 가지고 있는 대상 국가를 뜻한다고 설명하는데 이러한 정의는 다소 구체적이지

---

22) 公方彬, 「퍼스트레이디 펑리위안의 아름다운 이미지가 중국을 돕고 있다」, 『人民網』, http://theory.people.com.cn/n/2013/0329/c148980-20968298.html(검색일: 2014. 10.15).

못한 면이 있다.[23] 그리하여 또 다른 쪽에서는 "중국이 어떠한 국가와 정치, 안보, 군사 등의 분야에서 긴밀한 협력관계를 맺고 중대한 지역안보 문제와 쌍방의 핵심이익에의 수호에 있어 상호간 지지하고 이러한 상황에서 중국이 안전보장을 해줄 수 있는 관계를 맺는 국가"로 이해하기도 한다. 이 정의에 따르면 거점국가는 동맹 혹은 동맹에 준하는 관계인 것이다.[24] 세 번째 정의로는 "전략적 거점국가는 반드시 동맹국이 아닐 수도 있으며, 동맹을 맺는다 하여 반드시 전략적 거점국가인 것도 아니다." "고도의 정치적 공통인식과 정책밀약을 가지고 외부충격과 변화무쌍한 국제환경에 대처하여 일정한 국제적 압력의 고난을 견디는 전략적 협력관계"이다. 학자들이 내놓은 해석에 이견이 존재하는 것은 중국이 전 세계적으로 확장하며 협력동반자국가를 찾는 새로운 시도를 하고 있기 때문이다.[25]

거점국가는 다음과 같은 특징을 가지고 있다. 첫째, 중국이 동맹 혹은 동맹 체제를 구축하기 전에 필요한 대체재의 성격을 갖고 있다. 중국 정부는 내부 논쟁에서 동맹외교를 재개하는 데 대한 합일점을 찾지 못하였으며 시진핑 주석도 덩샤오핑의 "비동맹 정책"을 포기한 것은 아니지만 고수하려는 것도 아니다. 동반자 국가 중 좀 더 긴밀한 경제안보협력을 이루어 나갈 수 있는지에 대한 시도이다. 거점국가는 중국의 동맹국이 될 가능성이 가장 높다. 두 번째, 거점국가는 세계강대국은 아니며 지역 경제와 안보에 중요한 영향을 미칠 수 있는 지역 차원의 중요한 국가이다. 한 지역에 중국은 여러 개의 거점국가를 정할 수도 있다. 셋째, 중국과 거점국가의 관계는 안정적이며 지속가능하여야 하며 경제, 정치, 안보 등의 분야에서 밀접한 관계를 유지해야 한다. 넷째, 중국과 거점국가는 국제법이 규정한 평등한 관계여야 하지만 중국 측은 중요한 문제에 있어서 주도적 지위를 점할 수 있다. 이는

---

23) 胡芳欣, 「중국 주변 안보의 전략적 거점 국가의 조성」, 『世界知識』 2014年 15期.
24) 徐進, 「동아시아 안보정책의 조정, 전략적 거점 국가의 조성」, 『中國日報』 2014年 10月 11日.
25) 周方銀, 「중국은 어떻게 전략적 거점 국가를 조성하는가?」, 『鳳凰周刊』 2014年 10月 5日.

중국이 거점국가들과의 양자관계에서 상호 고립시키지 않으며 중국을 핵심으로 한 중국과 거점국가들의 관계가 확립되어야 하며 상호간 지지해 주어야 한다는 것이다.

거점국가에 대한 논의는 계속하여 이루어지고 있으며 중국 정부가 고심하여 고려 대상으로 넣은 국가들은 남아프리카의 남아공, 라틴아메리카의 브라질, 남아시아의 파키스탄, 중앙아시아의 카자흐스탄, 동남아시아의 캄보디아, 중동의 터키 등이다. 모두 중국이 잠재적으로 활용할 가치가 있는 거점국가들이라 할 수 있다.

3. 주변 이익공동체의 구축

시진핑 시기들어 주변국은 중국외교에서 한층 더 부각되고 있다. 시진핑은 중국과 주변국가들 간에 더욱 친밀한 "운명공동체"를 구축하려 하고 있다. 중국의 역대 정부들은 주변국가들을 중시하여, "주변은 우선이며 강대국은 관건이다"라는 외교이념을 만들어냈다. 후진타오 시기에 국무위원 탕쟈쉬엔은 "메콩강지역경제협력 장관급회담"에서 "이웃에게 선하게, 이웃을 동반자로"라는 외교이념을 제시한 적이 있다.[26] 2003년 10월 원자바오 총리는 인도네시아 방문 중 "이웃과 화목하고(睦隣)", "이웃과 평안하고(安隣)", "이웃과 번영하는(富隣)"이라는 주변국외교의 기본방침을 체계적으로 제시한 바 있다. 이는 중국과 주변국가들과의 관계를 더욱 발전시키고 중국 경제를 발전시켜 주변 지역도 이끌어나가겠다는 의미를 가지고 있었다.

후진타오 시기의 중국 주변국외교의 기본 목표는 주변국을 중국의 전략적 요충지로 만들겠다는 것이었다. 시진핑이 취임한 후 중국과 주변국가들

---

26) 『大湄公河次區域經濟合作部長級會議召開』(중국외교부 홈페이지, 2003年 9月 19日), http://www.fmprc.gov.cn/chn/wjb/zzjg/yzs/xwlb/t25964.htm(검색일: 2014.10. 15).

간에는 "협력"과 "경쟁"이 공존하는 양상이 드러났다. 중국과 일부 주변국들 간에는 영토 분쟁이 다시 수면위로 떠올랐고 미국, 일본 등의 강대국들은 이 기회를 틈타 중국을 억제하려는 시도를 하였다. 이러한 상황에서 2013년 10월 중국 정부는 "주변국외교간담회"를 개최하고 시진핑은 기존의 "무린", "안린", "부린" 방침의 토대 위에 본인 특색이 더욱 강화된 "친·성·혜·용 (親·誠·惠·容)"이라는 4가지의 새로운 주변국외교의 방침을 제안하였다. 풀어서 설명하자면, 중국은 주변국들과 "선린우호를 견지해 나가며, 상호협 력하며, 상대의 마음을 얻기 위해 노력하며 친화력, 호소력, 영향력을 늘린 다. 성심성의껏 주변국을 대함으로써 친구와 동반자를 만든다. 호혜호리의 원칙에 입각하여 주변국들과 협력하며, 쌍방의 이익을 융화시켜 함께 높은 수준으로 끌어올리고 주변국가들이 중국발전의 덕을 볼 수 있도록 하여 중 국도 주변국가들의 발전에서 도움과 보탬을 얻고자 하는 것이다. 포용하는 사상을 제의함으로써 포부와 적극적 태도로 지역 간 협력을 이루어내는 것 이다."[27]

　중국은 평화롭고 안정적인 주변정세를 만들어가고 주변국가들과 상호 공 영할 수 있는 구도를 조성하기 위해 노력하겠다는 것이다. 또한 지역안보협 력을 추진하고 중국과 주변국가들 간에 사회적 기반을 공고히 하겠다는 것 이다. 이는 "너 안에 내가 있고, 내 안에 네가 있는 이익공동체"를 만들어 간다는 것이다.[28] 분명한 것은 후진타오 시기 중국의 주변국외교와 비교해 보았을 때 시진핑 시기의 주변국외교 이념은 더욱 구체적이며 바로 실행가 능하다는 것이다. 새로운 외교이념에 맞춰 중국 정부는 주변국들과의 상호 교류에 더욱 박차를 가하고 있다. 2013년 9월과 10월에 시진핑은 또다시 "일대일로(一帶一路)"라는 새로운 개념을 제안했으며 이것은 "새로운 실크 로드의 경제벨트와 21세기 해상실크로드"를 뜻하며 이를 통해 주변국을 기

---

27)「習近平在周邊外交工作座談會上發表主要講話强調: 爲我國發展爭取良好周邊環境」,『人 民日報』 2013年 10月 26日.

28) 위와 같음.

반으로 무역지역을 조성하고 확대하려는 전략을 보이고 있다.[29] 중국의 무역과 투자협력 공간을 늘려서 주변지역을 바탕으로 삼아 서쪽으로 나아가려는 이익공동체를 구축하고자 하는 것이다. 이러한 계획들이 순조롭게 이루어지면 미국 등 강대국들이 중국의 주변지역에서 영향력을 확대하려는 것을 약화시킬 수 있을 것이다. 일본과 중국이 지역의 주도권을 다투는 형세는 점차 사라질 것으로 보인다.

4. 강건책과 유화책의 동시 사용

강대국과 중건국가와의 관계에 있어 시진핑 시기 중국의 외교 전략은 이미 분명한 특징이 드러나고 있다. 종합해보자면 우선 미국과 EU국가들에 대한 외교기조는 "안정"을 기본으로 하며 미중관계는 "안정 속에 발전하는" 방향으로 가기를 기대한다. 대 러시아의 기본기조는 "견실함"이며 "견실함 속에서 더욱 발전하는" 방향으로 나아가고 있다. 일본에 대한 기조는 "투쟁"이나 "투쟁을 하더라도 충돌은 하지 않는" 방향으로 정책을 추진하고 있다.

중국은 그간 미국 유럽(EU)의 관계에서 이미 많은 어려움을 겪었으며 그 원인은 다음과 같다. 1)정치제도와 정치이념의 상이함으로 인해 쌍방 간 합일점을 찾기가 힘들었다. 2)정치적 상이함과 관련된 타이완, 티베트, 신장(위구르자치구) 등 문제이다. 3)무역, 시장화폐 등의 경제적 이익의 충돌 문제이다. 중국 경제가 급격히 격상되며 경제적 이익을 둘러싼 분쟁도 증가하였다. 4)아프리카와 라틴아메리카와 같은 제3의 지역에서의 경쟁이 늘어났다. 2012년 2월 미중관계의 안정화를 위해 시진핑은 국가부주석의 신분으로 미국에 방문한 동안 기존의 협력적 동반자관계를 "21세기 새로운 강대국관계"로 격상시키자는 제안을 이미 제시한 바 있다. 시진핑은 집권 후에도

---

29) 「習近平提戰略構想: "一帶一路"打開 築蒙空間」, 『中國經濟網』 2014年 8月 11日, http://news.xinhuanet.com/fortune/2014-08/11/c_1112013039.htm(검색일: 2014.10.2).

미국과 "새로운 강대국 관계"의 구축에 힘쓰고 있다.[30] 2013년 6월 시진핑이 미국을 재방문하며 이러한 개념에 구체적 의미를 부여하였으며 그 내용은 "충돌하지 않으며, 대항하지 않으며, 상호간에 존중하고, 협력하여 공동번영을 이룬다"였다.[31] 그럼에도 불구하고 미중관계는 시진핑 취임 후 2년 동안 별다른 진전을 이루지 못하였고 심지어 가장 기본적인 부분에서도 어려움을 겪고 있다. 즉, 미중관계에서 전통적인 안보 문제도 해결하지 못한 상태에서 새로운 구조적 문제들까지 연달아 나오고 있는 것이다. 미중 간 협력이 가능한 분야를 확대시키는 것은 한계가 있으며 이견도 나날이 늘어나고 있는 추세이다.

　미국에게는 중국의 도전이 다음과 같이 나타날 것이다. 중국 경제가 글로벌 차원에서 확대되고 있으며 중국의 해외시장과 자원수요가 늘어나면서 현행의 경제 질서는 이미 현실을 충분히 반영하지 못하는 상태이다. 이러한 상황에서 다자적인 국제관계에서 중국의 역할이 확대되면서, 중국의 발언권과 투표권도 확대를 요구하고 있다. 그러나 이러한 노력이 별다른 결과를 얻지 못하자 중국은 러시아, 인도, 브라질, 남아공 등과 손을 잡고 소위 말하는 BRICS 협력 체제를 구축하였다. 그외에도 중국은 자국이 주도하는 아시아 인프라투자은행(AIIB)을 제의하였고, 세계은행과 아시아개발은행에 도전장을 내놓았다.

　둘째, 중국은 "우선 분쟁을 내려놓고, 협력하여 개발하자"는 기존의 원칙을 바꾸어 영토 분쟁이 일어났을 경우 강력하게 주권을 수호한다는 입장을 보여주고 있다. 중국의 동해방공식별구역의 선포는 중국에게 전략적 공간을 확대시켜주었으며 미국과 일본을 견제하려는 의도를 가지고 있다.

　셋째, 미국이 중국에 가하는 압박에 대해 시진핑 주석은 "아시아 신안보관"의 제의로 답하였다. 아시아 신안보관의 주요내용은 아시아 지역 내의

---

30)「習近平在美國友好團體歡迎午宴上的演講」,『新華網』2012年 2月 16日, http://news. xinhuanet.com/politics/2012-02/16/c_111532782_2.htm(검색일: 2014.10.15).

31) 儲信艶,「習近平槪括中美新型大國關系: 不沖突, 不對抗, 相互尊重, 合作共榮」,『新京報』2013年 6月 10日.

업무는 아시아인이 직접 처리한다는 것으로 아시아의 안보 또한 아시아인이 지키겠다는 것이다.

넷째, 국제경제 분야에서 리커창이 내놓은 인도-미얀마-뱅골-파키스탄 중부를 잇는 경제회랑의 건설 외에도 시진핑은 "일대일로"라는 제안을 내놓았다. 이는 중국의 경제발전의 이익을 추구하면서 주변지역과 그 외 광활한 지역과 많은 국가를 포함한 경제공동체를 조성하겠다는 의지를 볼 수 있는 것이다.

중국과 EU의 관계는 미중관계처럼 복잡하게 얽혀 있지는 않지만 여전히 변화무쌍하다. 달라이라마의 유럽 방문으로 중국과 EU 사이에 정치적인 냉담기를 거친 후 중국은 프랑스, 독일, 영국 등 국가들과의 관계를 안정시켰다. 미국이 재균형 전략을 내놓은 후 중국에게는 EU의 전략적 가치가 높아졌다. 중국은 미국과 EU가 손을 잡고 중국에 대응하는 상황을 피하고 EU와 일부 EU 구성국들이 중국 쪽에 가까워지도록 노력하고 있다. 중국의 EU외교는 EU 내 주요 국가들과의 관계를 강화시키는 데 주안점을 두고 있으며 일부 분야에서는 괄목할 만한 진전을 이루고 있다. 중국과 독일은 "3단계 도약"을 실현시키고 양자관계는 전면적인 전략동반자 관계로 격상되었다. 중국은 독일과 정치적으로 "신뢰할 수 있는 친구"로 경제적으로는 "깊이 있는 전략적 협력을 펼쳐나가는" 관계를 형성하기 위해 노력하고 있다.[32]

영국과 중국의 관계는 캐머룬과 리커창이 각기 상호 방문을 통해 그간 서먹해졌던 관계를 회복하였으며, "함께 성장하고 포용하며 발전하는" 길로 나아가기로 인식을 같이 하였다.[33] 중영 간에는 이미 인민폐와 파운드화의 직접교환이 시작되었으며 영국은 일본, 뉴질랜드, 호주에 이은 제4대 인민폐 직접교환국이 되었다. 2014년 9월 중국 공상은행이 런던에 지점설립을 인가받았다. 이는 중국계 은행이 영국 내에서 지점설립을 할 수 없었던 제

---

32) 史明德, 「全力打造中德關系升級版」, 『人民日報』 2014年 10月 8日.

33) 康志强, 「習近平同默克爾擧行會談宣布建立中德全方位戰略huo伴關系」, 『新華網』 2014年 3月 29日, http://news.xinhuanet.com/world/2014-03/29/c_1263 30406.htm(검색일: 2014.10.15).

약을 넘어, 금융 분야에서 새로운 입지를 다지게 되었다. 올해 10월 영국 정부는 공식적으로 30억 인민폐에 달하는 국채를 발행하였고 이는 중국을 제외하고 인민폐로 국채를 발행한 첫 번째 국가가 되었다. 런던은 중국의 해외 금융업무의 중심지라는 지위를 부여받게 되었다.

러시아는 중국의 전략적 협력(協作)동반자로서 오랫동안 중국외교에서 중요한 위치에 있었다. 시진핑이 집권한 후 첫 번째 방문 국가가 러시아였으며, 시진핑 시기 중·러관계는 한층 더 공고해졌다. 시진핑은 이를 지칭하여 "유례없이 가장 좋은" 단계에 들어섰다고 하였다.[34] 외교적으로 중국과 러시아는 상호지지하며 호흡이 잘 맞는 편이다. 국제 주요 이슈와 상호간 핵심 문제에 있어 양국은 강력한 지지를 보내면서 한 목소리를 내고 있다. 안보 문제에 있어 세 가지의 사악한 세력으로 규정한 테러리즘과 분열주의와 극단주의에 대한 공조를 강화하였다.

양국은 육·해상 대규모의 군사훈련을 통해 양국관계를 군사동맹에 준하는 수준으로 격상시켰다. 경제적 차원에서 보면 양측은 무역관계가 다소 지체되어 있다는 인식을 함께하면서 4,000억 달러에 달하는 무역협력에 서명을 하였다. 중국과 러시아는 정치안보에서의 협력을 경제적 성과로 연결시켜보려 하는 것이다. 양측은 향후 2015년에는 미화 1,000억 달러, 2020년에는 2,000억 달러 규모의 무역액을 달성한다는 구체적 목표를 세우기도 하였다.[35] 중러관계는 과거 2년 동안 탄탄한 기초 위에 돌파구를 마련한 셈이다. 시진핑은 중러관계를 "세계에서 가장 중요한 양자관계이자 가장 중요한 강대국관계"라고 평가한 바 있다.[36]

일본은 중국의 이웃국가며 중일관계는 1972년부터 2001년까지 어려움은

---

34) 陳靑, 「習近平談訪俄: 我是累幷快樂着」, 『中國新聞周刊』 605輯, 2013年 3月.

35) 楊春雪, 王攀, 「中俄雙邊貿易額計2020年將達兩千億美元」, 『新華網』 2013年 4月 16日, http://news.xinhuanet.com/world/2013-04/16/c_115412689.htm(검색일: 2014.10. 15).

36) 「習近平在莫斯科國濟關系學院的演講」, 『新華網』 2013年 3月 24日, http://news.xin huanet.com/world/2013-03/24/c_124495576_5.htm(검색일: 2014.10.15).

있었으나 전반적으로는 평온한 상태였다. 그러나 고이즈미 총리가 집권한 후 중일관계는 신사참배 문제로 싸움이 그치지 않았고 양자관계는 매우 골치 아픈 시기에 들어섰다. 중일관계는 2006년 아베 총리의 "얼음을 깨는 여행" 후에 다소 개선되는 듯 했으나 일본 내 민주당이 집권한 후 발생한 2010년 9월 일본의 중국어선 체포로 인해 다시 긴장 국면에 빠져들었다.37) 노다 요시히코 정부는 조어도(센카쿠)의 일부 도서를 국유화시키면서 중국을 자극하였다. 조어도 분쟁을 둘러싸고 중일관계는 대립과 대치의 시기에 접어들었다. 중·일 양국은 역사 문제에서도 첨예한 대립을 하고 있으며 양국 간에는 동해방공식별구역과 남중국해 문제 등 새롭게 등장한 사안에 있어서도 잡음이 끊이지 않고 있다. 쌍방은 이러한 문제들로 인해 양국 간 무역이 부정적 영향을 받지 않도록 노력하고 있으나 실제로는 이미 영향을 받고 있다.

2012년 중·일 간 무역은 동년 대비 3.9% 하락하였으며 일본은 중국의 4번째 무역동반자에서 5번째로 순위가 떨어졌다. 2013년에는 중일 간 무역이 5.1%까지 하락하였다.38) 정치적으로 중일관계는 더 이상 나빠질 수 없을 만큼 어려운 단계에 접어들었다. 고위급 교류는 이미 중단되었고 중국의 반일정서는 상당히 심각하다. 일부 학자는 일본과 다시 한번 장기적인 전쟁을 치러야 한다고 주장할 정도이다.39) 조어도 문제를 두고 중국은 투쟁의 방법을 택하였지만 극단적인 충돌은 억제하려는 정책을 펴고 있다. 중국은 동 분쟁지역을 일본의 단독 통제에서 중·일 양국의 공통 통제 상태로 전환

---

37) 2010년 9월 7일 중국어선이 댜오위다오 해역에서 일본순찰선과 충돌하는 사건이 있었다. 일본해상방위청은 공무방해라는 혐의로 중국어선의 선장을 체포하였으며 〈어업법〉을 위반하였다는 혐의로 중국어선에 대한 조사를 진행하였다. 중국 정부의 강력한 항의로 같은 달 13일 일본은 구금하였던 14명의 중국어민을 석방하였고 25일에서야 선장은 푸저우로 돌아올 수 있었다.

38) 「中日兩國貿易關系穩步發展需要日本方面以史爲鑒」, 『中國政府網』 2013年 1月 18日, http://www.gov.cn/wszb/zhibo548/content_2315083.htm(검색일: 2014.10.15).

39) 「海關總署: 2013年我國對日雙邊貿易額下降5.1%」, 『新華網』 2014年 1月 10日, http://news.xinhuanet.com/fortune/2014-01/10/c_125985411.htm(검색일: 2014.10.24).

시키고자 하고 있다. 그러나 투쟁은 파괴하지 않는 정도로 제한되어야 하며 일본과는 어떠한 대규모의 군사적 충돌을 일으키지 않겠다는 생각이다. 왜 냐하면 중국이 일본과 전쟁을 치른다는 것은 미일 동맹에 기인하여 미일과 동시에 전쟁을 치르는 것과 마찬가지이기 때문이다. 중국에게는 미일과 동 시에 전쟁을 치르는 것은 매우 현명하지 못한 행위가 될 것이기 때문이 다.[40]

중일 간의 경쟁이란 단순히 중일 간의 문제만이 아니며, 미중관계에 영향 을 받으면서, 동시에 미중관계를 더욱 복잡하게 만들 수 있는 사안이 된다. 미국 국력의 상대적 쇠퇴와 미중 간의 경쟁 국면에서 일본은 미국의 대중 외교 전략에서 보다 중요한 전략적 지위를 갖게 되었다. 미국은 일본을 의 지하면서 중국을 견제하는 수밖에 없는 상황이다. 그러므로 조어도 분쟁과 중국의 방공식별구역에 대응하는 방법에 있어 미국은 일본 편에 설 수밖에 없었다. 일본의 국가정상화 과정에서 미국은 일본을 지원하고, 일본이 무기 금지의 3원칙을 해제하도록 지원하였고, 집단적 방어권을 획득하여 중국의 힘에 맞서도록 할 수밖에 없는 것이다. 중일 간의 문제는 미중관계라는 큰 틀로 봐야 이해할 수 있다. 미중관계를 강화시켜야 미국의 일본 지지를 약 화시키고 일본의 보통국가화를 지연시킬 수 있다.

IV. 결론

중국의 부상으로 인해 미국이 주도하는 기존 국제 체제와 충돌은 피할 수 없게 되었다. 세력 전이의 중요한 전환기에, 시진핑은 집권 후 역대 정권 과는 다른 외교 전략과 방침을 내놓았다. 그 내용으로는 거점국가를 구축하

---

40) 陳向陽, 「全力打好e制日本右傾化的'新持久戰'」, 『瞭望周刊』 2014年 第2期.

고 일부 특정 영역에서 서방의 기존 체제에 도전하는 것이었다.

시진핑의 강대국외교 전략이 아직 완전히 구체화된 것은 아니나 기본적인 맥락은 이해할 수 있다. 미중관계는 여전히 매우 중요하며, 상호간 경쟁하는 영역이 증가하고는 있으나 협력의 여지 또한 공존한다는 것이다. 중국은 "새로운 강대국 관계"를 제시하면서 미국이 중국의 부상을 받아들이고 미국이 기존에 주도해 왔던 국제정치경제 체제를 개혁하여 중국이 새로운 역할을 발휘할 수 있는 여건을 함께 조성해주기를 기대하고 있다. 중국은 미국이 어느 정도 양보할 경우 공세적인 모습에서 수세적인 방향으로 태도를 전환할 수도 있을 것이다. 미중 간 구도의 추세는 정치적 결단과 리더십에 달려 있다.

중·EU 간의 관계는 안정적으로 발전하고 있으며 양측의 갈등과 이견은 미중관계와 비교하면 심각하지 않은 수준이다. 양측은 경제·무역 분야에서의 긴밀한 관계를 맺고 있으며 이를 통해 중국은 유럽이 미중 경쟁의 구도에서 중립을 지켜주길 희망하고 있다. 중러관계는 우크라이나 사태로 인해 또 한 단계 발전하는 모습을 보여주었다. 예측 가능한 미래에 양국의 관계가 동맹까지 격상될 가능성이 없더라도, 양국은 정치, 군사, 외교 영역에서 언제든 동맹에 버금가는(준동맹) 수준의 관계로 격상될 수 있는 조건을 이미 갖추고 있는 것이다. 중러관계에서 가장 큰 도전은 어떻게 하면 정치적 우호관계에 걸맞게 경제·무역 영역에서도 발전을 이루어나가느냐이다. 중일관계는 전쟁 후 가장 심각한 시기에 이르렀다. 양국은 현재의 대립과 반목이 양측 모두에 엄청난 국가적 손실을 불러일으킬 것이라는 것은 알고 있지만 양측 모두 이러한 난국을 먼저 나서서 타파할 의지가 없어 보인다. 양국관계 발전의 미래는 쌍방이 얼마나 전략적으로 잘 관리할 수 있는가와 향후 미중관계의 변화에 달려 있다고 할 수 있다.

주목할 만한 것은 시진핑과 그의 싱크탱크가 짧은 시간에 내정과 외교부문에 벌여놓은 일이 너무 많고 제안한 개념이 너무 광범위하기 때문에 이념과 실제 행위 간에 괴리가 존재하는 현상이 일어난다는 것이다. 국가안전위원회가 2013년 11월에 정식 설립된 후 거의 일 년이란 시간이 지났다. 그러나 이렇게 중요한 국가안보의 정책결정협의기구가 기본구조, 인력충원, 운용과정과 기획 그리고 유관부문과의 공조(협력) 등조차 공표되지 않고 있는 상황이다. 시진핑의 외교 구상에 꽤나 큰 문제가 있다는 것을 말하지 않을 수 없다. 이를 통해 시진핑의 강대국외교 정책은 아직도 한 단계 조정이 필요하다는 것을 알 수 있다. 향후 중국외교는 어떤 식으로든 급작스레 입장을 바꾸거나 중대한 조정을 할 가능성도 존재한다는 것을 배제할 수 없다.

【참고문헌】

康志强. 「習近平同默克爾擧行會談宣布建立中德全方位戰略huo伴關系」. 『新華網』 2014
        年 3月 29日, http://news.xinhuanet.com/world/2014-03/29/c_126330406.
        htm(검색일: 2014.10.15).

『國別貿易報告·러시아』(中國商貿部) 2013年 第1期. http://countryreport.mofcom.
        gov.cn/record/view110209.asp?news_id=32868(검색일: 2014.10.15).

『國別貿易報告·미국』(中國商貿部) 2013年 第1期. http://countryreport.mofcom.
        gov.cn/record/view110209.asp?news_id=33266(검색일: 2014.10.15).

『國別貿易報告·인도』(中國商貿部) 2013年 第1期. http://countryreport.mofcom.
        gov.cn/record/view110209.asp?news_id=32986(검색일: 2014.10.15).

『大湄公河次區域經濟合作部長級會議召開』(중국외교부 홈페이지, 2003年 9月 19日).
        http://www.fmprc.gov.cn/chn/wjb/zzjg/yzs/xwlb/t25964.htm(검색일:
        2014.10.15).

鄧小平. 1993. 「세계평화의 수호와 국내건설 잘하기」. 『鄧小平文選 第3卷』. 北京:
        人民出版社.

_____. 1993. 「시기를 잘 이용하여 "발전" 문제를 해결하는 데 능함」. 『鄧小平文選
        第3卷』. 北京: 人民出版社.

毛澤東. 1977. 「10대 관계를 논함」. 『毛澤東選集 第5卷』. 北京: 人民出版社.

方樂迪. 「中國籌設國安委江澤民時代曾有此提議」. 『大公網』 2013年 11月 12日. http:
        //news.takungpao.com/mainland/focus/2013-11/2033054.html(검색일:
        2014.10.15).

裴堅. 1994. 『中華人民共和國外交史 1949-1956』. 北京: 世界知識出版社.

史明德. 「全力打造中德關系升級版」. 『人民日報』 2014年 10月 8日.

商西. 「習近平出訪曾持續工作15小時」. 『京華時報』 2013年 4月 1日.

徐進. 「동아시아 안보정책의 조정, 전략적 거점 국가의 조성」. 『中國日報』 2014年
        10月 11日.

成曉河. 2014. 「이익교환의 균형실패: 중소동맹해체의 근원탐색」. 『外交觀察』第3卷.

「習近平談改革: 맛있는 고기를 다 먹고 나면 남는 것은 딱딱한 뼈이다」. 『新華網』.

「習近平在莫斯科國濟關系學院的演講」. 『新華網』 2013年 3月 24日. http://news.
        xinhuanet.com/world/2013-03/24/c_124495576_5.htm(검색일: 2014.10.15).

「習近平在美國友好團體歡迎午宴上的演講」. 『新華網』 2012年 2月 16日. http://news. xinhuanet.com/politics/2012-02/16/c_111532782_2.htm(검색일: 2014.10. 15).

「習近平在周邊外交工作座談會上發表主要講話强調: 爲我國發展爭取良好周邊環境」. 『人民日報』 2013年 10月 26日.

「習近平提戰略構想: "一帶一路"打開 築蒙空間」. 『中國經濟網』 2014年 8月 11日. http: //news.xinhuanet.com/fortune/2014-08/11/c_1112013039.htm(검색일: 2014.10.2).

楊奎松. 2009. 『마오쩌둥과 모스크바의 은원』. 南昌: 江西人民出版社.

楊春雪, 王攀. 「中俄雙邊貿易額計2020年將達兩千億美元」. 『新華網』 2013年 4月 16日, http://news.xinhuanet.com/world/2013-04/16/c_115412689.htm(검색일: 2014.10.15).

王泰平. 1999. 『中華人民共和國外交史 第2卷 1957-1969』. 北京: 世界知識出版社.

儲信艷. 「習近平槪括中美新型大國關系: 不沖突, 不對抗, 相互尊重, 合作共榮」. 『新京報』 2013年 6月 10日.

錢其琛. 2003. 『外交十記』. 北京: 世界知識出版社.

周方銀. 「중국은 어떻게 전략적 거점 국가를 조성하는가?」. 『鳳凰周刊』 2014年 10月 5日.

朱書緣. 「퍼스트레이디 펑리위안의 '매력외교' 四國行全程圖集」. 『人民網』. http:// theory.people.com.cn/n/2013/0401/c148980-20984130.html(검색일: 2014.10.15).

『中共中央關于全面深化改革若干重大問題的決定』 2013年 11月 15日.

『中國的和平發展白書』. http://politics.people.com.cn/GB/1026/15598619.html(검색일: 2014.10.15).

「中日兩國貿易關系穩步發展需要日本方面以史爲鑒」. 『中國政府網』 2013年 1月 18日. http://www.gov.cn/wszb/zhibo548/content_2315083.htm(검색일: 2014. 10.15).

陳青. 「習近平談訪俄: 我是累幷快樂着」. 『中國新聞周刊』 605輯. 2013年 3月.

陳向陽. 「全力打好e制日本右傾化的'新持久戰'」. 『瞭望周刊』 2014年 第2期.

「海關總署: 2013年我國對日雙邊貿易額下降5.1%」. 『新華網』 2014年 1月 10日. http: //news.xinhuanet.com/fortune/2014-01/10/c_125985411.htm(검색일: 2014.10.24).

胡錦濤. 「전략적 기회의 시기라는 유리한 기세를 몰아 발전속도를 높이기」. 『新華社』

2003年 4月 15日, http://www.people.com.cn/GB/shizheng/16/20030415/972637.html(검색일: 2014.10.15).

_____. 2004. 『胡錦濤在中央人口資源環境工作座談會上的講話』. 北京: 人民出版社.

「胡錦濤在全國政協新年茶話上講話」. 『新華網』 2003年 1月 1日.

胡芳欣. 「중국 주변 안보의 전략적 거점 국가의 조성」. 『世界知識』 2014年 15期.

http://news.cnr.cn/native/gd/201402/t20140209_514806817.shtml(검색일: 2014.10.15).

http://news.xinhuanet.com/newscenter/2003-01/01/content_676434.htm(검색일: 2014.10.15).

http://www.sn.xinhuanet.com/2013-11/16/c_118166672.htm(검색일: 2014.10.15).

http://www.stats.gov.cn/tjsj/tjgb/ndtjgb/qgndtjgb/200203/t20020331_30003.html(검색일: 2014.10.24).

제**3**장

중국의 주변국외교 전략

왕쥔성 | 중국 사회과학원 아태·전구연구소

I. 연구 포인트와 분석구조

중국공산당 제18차 당대회가 개최된 이래, 시진핑을 필두로 새롭게 출범한 중국의 새 정부는 주변국외교 정책에 있어 새로운 접근방법과 대응조치를 보이고 있다. 그 예로써 2013년 10월에는, 1949년 건국 이래 처음으로 주변국외교업무 좌담회가 개최되기도 하였다. 그렇다면 다음과 같은 질문이 제기된다. 시진핑 시기의 주변국외교 전략은 무엇인가? 중국의 전체 외교 전략에서 차지하는 주변국외교의 지위와 역할은 무엇인가? 주변국외교 전략은 어떠한 방향으로 발전해 나갈 것인가? 그리고 이것은 중국 스스로와 주변국가에 어떠한 영향을 미칠 것인가? 본 장에서 위와 같은 질문에 대한 답변을 시도해 보고자 한다.

일반적인 중국 정치의 특성이 고도의 연속성을 가지고 있는 것처럼, 중국의 외교 전략 역시 고도의 연속성을 가지고 있다. 따라서 제18차 당대회 이후 중국의 주변국외교 전략과 향후 중국의 주변국외교 전략의 추세를 심도있게 이해하기 위해서는 다음과 같은 작업이 필요하다. 우선 1949년 중화인민공화국 건립 이후의 중국의 주변국외교 전략을 회고하고 분석하는 것이다. 건국 이래 제18차 당대회까지 중국의 주변국 전략은 대략적으로 마오쩌둥 시기, 덩샤오핑 시기, 장쩌민과 후진타오 시기라는 3단계로 나누어 살펴볼 수 있다.

분석과 비교를 위해, 다음과 같은 작업이 필요하다. 그것은 서로 관련 있는 분석 지표가 무엇이 있는지를 명확히 하고 과학적인 분석틀을 정립하는 것이다. 주변국외교 전략을 결정하기 위해서는 중국 주변에 존재하는 제약 조건을 명확히 하며, 그 틀 안에서 무엇을 할 것인지 생각해야 한다. 이를 위해서는 주변환경이 직면하고 있는 모든 요소에 대한 분석이 필요하다. 이를 기반으로 하여, 명확한 전략적 목표를 정해야 한다. 그리고 구체적인 전략적 수단을 선택하고, 효과적인 전략 구현 능력을 발전시켜야 할 것이다. 따라서 본 논문에서는 위에서 언급한 분석틀을 기반으로 하여, 우선 전략적 환경에 대한 필자의 판단을 기술할 것이다. 그리고 필자가 생각하는 주변국 전략에 있어 지향해야 할 목표는 무엇인지, 전략 구현 능력을 어떻게 발전시켜갈 것인가 등 몇 가지 방면에 대한 의견을 개진하고자 한다.

또한 중국공산당 제18차 당대회 이후, 시진핑 정부의 주변국 전략을 분석하는 데 있어서 본 논문은 주로 세 가지 방면에 대한 분석을 집중적으로 진행시키고자 한다. 첫 번째 분야는, 역사적 계승성이다. 이것은 기존의 주변국외교 전략의 연속성을 이해하는 것이다. 두 번째 분야는, 변화의 국면이다. 여기에서 주변국외교 전략의 변화를 생성하고 있는 국내외적 배경을 서술하고자 한다. 마지막 분석 대상은 미래 중국 주변국외교 전략의 발전 방향에 관한 것이다.

II. 제18차 당대회 이전의 중국의 주변국외교 전략

앞서 말했다 시피, 건국 이래 제18차 당대회까지 중국의 주변국외교 전략은 대략적으로 마오쩌둥 시기, 덩샤오핑 시기, 장쩌민과 후진타오 시기라는 3단계로 나누어 살펴볼 수 있다.

1. 마오쩌둥 시기 주변국외교 전략

중화인민공화국 건립 직후, 중국이 직면한 상황은 다음과 같았다. 경제적으로는 곤궁하였으며, 외교적으로는 서방 국가들의 전면적인 고립 정책으로 인해 중국은 봉쇄된 상태였다. 특히 미국은 아시아 지역에 대중국 포위권을 구축하였다. 그중 상당 부분은 중국의 주변국들이 포함되어 있었다. 그 예로써, '동남아시아 조약 기구' 및 '중앙아시아 조약기구'의 일부 회원국들을 들 수 있다. 이 시기 중국의 주변국외교는 중대한 압력에 직면했다.[1] 뿐만 아니라, 이 시기 중국은 주변지역에 미국이 직접적으로 개입을 하게 되는 상황까지 맞닥뜨리게 되었다. 특히 미국의 한국전쟁 개입은 중대한 중국의 안보에 대한 위협으로 받아들였다. 이와 같은 국면에 직면하여, 마오쩌둥을 대표로 하는 당대의 중국지도부는 주변환경에 대해 다음과 같은 평가를 내렸다. 그것은 "제3차 세계대전 발발의 위험이 여전히 존재"하며, "혁명이 지금 세계의 추세"라는 것이었다. 이를 기반으로 하여 당대 중국지도부는 다음과 같은 세 가지 전략적 목표를 세웠다. "첫째, 국제사회의 승인을 얻는다. 둘째, 국가안보를 수호한다. 셋째, 경제를 발전시키고, 신속하게 국력을 증강한다"는 것이다.

---

1) 趙干城, 「塑造身分認同與鞏固戰略基礎 ─ 中國與發展中國國家關系的演進」, 『國濟問題研究』 2010年 第1期, p.17.

이와 같은 전략적 목표를 실천하기 위해, 마오쩌둥은 "일변도(一边倒)" 정책을 채택하였다. "일변도" 정책의 내용은 다음과 같다. 그것은 외교적으로 완전히 소련과 연계하고, 업무 구성과 수행 방식에서 구체적인 입장에 이르기까지 모두 소련과 고도의 일치를 이루도록 추진하는 것이었다. 이로써 중화인민공화국의 외교는 예전 중국이 보여 왔던 외교 구도, 개념, 스타일과는 완전히 다른 양상을 보이게 되었다. 이와 같이 "일변도" 정책이 채택된 배경에는, 한편으로는 소련의 '힘을 빌려' 장제스가 이끄는 대만을 지지하는 미국에 대항하고자 하는 노력이었으며, 다른 한편으로는 소련과 그 밖의 사회주의 국가들로부터 신생 중국에 대한 국가 승인을 얻어내기 위함이었다. 중국은 소련과의 국교 수립 이후, 1950년 1월까지 북한, 몽골, 베트남 등 주변의 사회주의 국가들과 국교 수립을 진행하였다. 또한 일변도 정책을 채택한 것은, 건국 이후 국내에서 건국과정에 필요한 조치들에 대한 외부의 원조를 얻어내는 데에도 목적이 있었다. 외부의 원조는 제도적 관리 체제, 기술적, 그리고 인재 양성 및 훈련 등의 '소프트 인프라 원조의 성격도 포함하고 있었다. 그 예로써, 1949년 7월 류샤오치(刘少奇)가 이끄는 중국 대표단은 모스크바를 방문하여 다음을 상의한 바 있다. 그것은 "소련으로부터 배운다"는 것을 목표로 하였다. 구체적 내용으로는 중국으로 소련 전문가들을 대거 초청하여 그들로 하여금 신생국인 중화인민공화국의 건국 과정을 지도하고, 인재를 양성하는 전문학교(現중국인민대학의 전신)를 건립하는 등의 문제가 포함되어 있었다.

이외에도 중국은 '제1차 5개년 경제개발계획'을 제정하는 과정 중에도 스탈린 등 소련공산당 지도자들과 경제전문가들로부터 직접적으로 조언과 원조를 제공받았다. 이것은 당시 경제적 기초가 빈약하였던 중화인민공화국이 국민경제 체제를 구축하는 데에 큰 도움을 주었다. 뒤이어 소련과 기타 사회주의 국가들이 중국에 대해 "154항 공정(협의 156항)"을 원조하였다. 이로부터 중국은 소중한 지식과, 경험, 교훈을 얻었다. 1950년대에 소련은 약 1만 명의 전문가를 중국에 파견하였다. 또, 중국은 소련으로 약 5만여 명의 엔지니어와 인턴, 유학생들을 파견하여 지식을 습득하도록 하였다. 소련은 중국에 수천 부의 공업 설계도를 넘겨주었고, 수백만 권의 서적을 수출하였으며, 그중 수천 권이 중국어로 번역되기도 하였다.[2]

하지만, 1950년대 중반에서 70년대 초반까지 중소관계는 지속적으로 악화되었다. 중국은 당시 '반미제국주의, 반소수정주의'를 모토로 하는 소위, '양 주먹으로 타격을 가한다'는 정책을 강조하였다. 이것은 당시 양대 강대국이었던 소련과 미국을 모두 적으로 돌리는 것이었고, 이로써 중국의 주변 지정학적 환경은 위기감으로 가득 차게 되었다. 그 당시의 상황을 묘사하면 "거의 모든 방향에서 수많은 어려움이 있었다"라고 할 수 있다.[3] 중국은 동남부 연안에서 한반도에 이르기까지 광범위한 지역에서 미국과 일본에 의한 봉쇄와 전쟁의 위협을 받았다. 또, 동남아와 남아시아에서는 인도와 베트남 등에 의한 포위와 압력을 받았다. 그리고 동북에서 서북지역에 이르는 광대한 내륙지역에서는 소련이 병력 백만 명을 배치함으로써 중국에 강력한 침공위협을 가했다.

이렇듯 악화되는 주변 안보환경에 직면한 중국 제1세대 지도부는 일찍이 수많은 전쟁을 경험한 바 있고, 또한 군사적 수단에 대해서는 자신감을 가지고 있었다. 중국과 주변국 사이에는 수많은 군사적 충돌이 발생하게 되었다. 통계에 의하면, 건국 이후 중국은 총 9차례의 주변국과의 전쟁이나 국경분쟁을 경험하였다. 그리고 그중 대다수가 이 시기에 일어난 것이었다.[4] 하지만, 이 시기 중국 주변국외교에 있어 긍정적인 성과도 존재했다. 그중 단연 돋보이는 것은 중일관계 개선이었다. 중국은 일본과의 국교정상화 이전에, "민간 교류를 활발히 함으로써, 정부 간 교류를 촉진한다"라는 외교 전략을 채택하였고, 그 결과 양국 간 사회적 교류관계는 매우 밀접하게 되었다. 이러한 일정한 배경하에서 중국과 일본은 양국 사이에 무역 사무처를 개설하였다. 이를 통해 무역 대표에 외교적 특권을 부여하였는데, 이것은

---

2) 薄一波, 「若干重大決策與事件的回顧 上卷」(北京: 中共中央黨校出版社, 1993), p.37, pp. 285-288, pp.296-297, pp.299-300.

3) 葉自成, 『地緣政治與中國外交』(北京: 北京出版社, 1998), p.8.

4) 閻學通, 「中國掘起的國際安全形勢」, 『國際經濟評論』 1998年 1-2期, p.27.

국제관계 역사상 처음으로 이루어진 시도이기도 하였다. 그리고 이 모든 과정을 바탕으로 하여 1972년 일본 다나카 가쿠에이가 일본 총리는 중국을 방문하였고, 양국 국교정상화가 이루어졌다. 1970년대에서 1980년대 초에 이르기까지, 소련은 중소 접경지역에서 긴장 국면을 조성하였다. 또, 국제적으로는 중국을 고립시키고자 하였으며, 심지어는 중국의 핵시설에 선제공격을 가하겠다고 큰소리를 치기도 하였다. 이렇듯 중국의 미소 적대 정책은 중국 국가안보를 고도의 위험 국면으로 몰아갔다. 이러한 위기에 직면하여 중국은 1970년대 초반부터 기존의 미소 적대 정책을 반패권 통일 전선 구축을 목적으로 하는 '일선일면(一线一面)' 정책으로 조정해 나가기 시작했다. 복잡한 상호간의 공통적인 이해에 기초하여 미중 양국 지도자들은 '반소(反蘇)연대'를 위해 힘을 합치게 되었고, 두 국가 간 전략적 화해 국면을 열었다. 역사학자들이 소위 말하는 "미중소 삼각관계"라고 지칭하는 형세가 만들어지게 되었다.[5] 미중 관계개선 국면은 주변환경으로부터의 가해지는 중국안보에 대한 압력을 대대적으로 완화시켰다.

미중관계 개선의 추세와 더불어 1971년 중국은 유엔 안보리 상임이사국 지위를 회복하였고, 1972년 닉슨 대통령의 중국을 방문이 이루어졌다. 이로써 중국은 국제사회로부터 승인을 받고, 국가의 주권을 수호한다는 목표를 실현하게 되었으며, 중국의 국가안보도 대폭 강화되었다. 하지만 경제영역에서의 성적은 그리 좋지 못했다. 중국은 완전한 공업 체제와 국민경제 체제를 성공적으로 완성시켰음에도 불구하고, 경제적으로 여전히 큰 도전에 직면하였다.[6] 이런 와중에 1976년 마오쩌둥과 저우언라이가 잇따라 사망하였다. 그리고 1977년 덩샤오핑이 복권함으로써, 중국은 덩샤오핑 시기에 진입하였다.

---

5) 「中美聯合公報」, 『人民日報』 1972年 2月 28日.

6) 1980년 세계은행 데이터에 따르면 당시 중국의 GDP는 1,894억 달러, 일본은 10,870억 달러, 미국은 28,625달러였다. 중국의 GDP는 일본의 17%, 미국의 6.6%에 불과하였다.

2. 덩샤오핑 시기의 주변국외교 전략

덩샤오핑은 중국을 둘러싸고 있는 주변환경을 다음과 같이 판단했다. 그것은 세계평화의 요인이 증가하여 그 형세가 전쟁 발생 요인을 넘어섰으며, 그 결과 장기간 세계 규모의 전쟁이 발발할 가능성은 낮다는 것이었다. 주변환경 인식이 기존의 "세계대전은 피할 수 없다"에서 "세계대전은 장기간 발생하지 않을 것이다"라고 변화한 것이다. 이것은 덩샤오핑 시기 중국의 주변국외교 전략을 포함한 전반적인 대외 전략에 큰 조정이 일어날 수 있다는 것을 알리는 서막이었다. 덩샤오핑은 당시 정황을 "국제적으로 두 가지 문제가 특히 두드러진다. 하나는 평화의 문제이며, 또 다른 하나는 남북(발전) 문제이다. 이 두 개의 문제는 세계적, 그리고 전략적 성격을 지니고 있으며 전체 국면과 관련될 만큼의 의의를 가지고 있다"라고 파악하였다.[7] 이 시기 중국과 미국, 그리고 중국과 소련관계는 비교적 안정적이었다. 특히 미중 간에는 이미 국교정상화가 이루어진 상태였다. 당시 미국 전략의 핵심은 소련과의 패권경쟁에서 유리한 환경을 조성하는 것에 있었기에 대중국 정책을 안정적으로 이끌어갈 필요가 있었다. 한편, 당시 소련은 필요에 의해 전략적 조정을 하고자 하였고, 그 결과 소련의 대중국 정책에는 매우 큰 변화의 기미가 보였다. 1982년 브레즈네프는 중국은 사회주의 국가이며, 대만에 주권행사를 할 수 있고, 소련이 중국에 위협을 가할 의도는 전혀 없다고 명확히 표명하였다.[8]

덩샤오핑은 주변국 전략의 목표를 "국가이익을 최대화한다"라고 설정하였다. 그 주요 내용은 경제를 발전시키는 데 필요한 안정적인 주변환경 조성이었다. 평화롭고 우호적인 주변환경을 만들어나가는 것은 덩샤오핑의 국제 전략 사고에 매우 중요한 부분이었다.[9] 이 시기에 덩샤오핑은 중국의

---

7) 鄧小平, 『鄧小平文選 第2卷』(北京: 人民出版社, 1993), p.96.
8) 謝益顯, 『當代中國外交思想史』(南昌: 河南大學出版社, 1996), pp.39-40.
9) 梁守德, 『鄧小平理論與中國國際關系學』(北京: 北京大學出版社, 2003), p.341.

대외 정책 목표는 "평화로운 환경을 조성하여, 네 개의 현대화를 실현해 나가는 것이다"라고 여러 차례 지적했다.[10] 그 밖에 덩샤오핑은 다음과 같이 말하였다. "안정적인 국제환경을 만들어나가기 위해서는 우선 평화로운 주변환경을 조성해야 한다. 이를 위해 아시아 국가들과 선린우호의 관계를 발전시켜 나가는 것이 필요하다. 중국은 세계평화와 지역의 평화를 원하며, 특히 아시아 국가들과 우호관계를 발전시켜나가고 그들과 더욱 좋은 친구가 되기를 희망하며 이는 눈앞의 이익을 쫓지 않는 장기적인 전략과 정책이다."[11]

이로써 다음과 같은 일련의 조치들이 이루어졌다. 첫째, 혁명 수출 반대와 자율적인 주변국 전략을 실시해나가는 것이었다.[12] 1982년 중국공산당 제12차 당대회 보고서는 다음과 같이 서술하고 있다. "중국은 평화공존의 5가지 원칙이 정한 바에 따라, 다른 국가들과 관계를 발전시켜나가고 혁명의 수출을 결사적으로 반대하며 중국공산당은 독립자주, 완전한 평등, 상호존중, 내정불간섭의 원칙에 따라 각국 공산당과 그 외 각 계층의 정당 간의 관계를 발전시킬 것이다." 이와 같은 대국면의 전환은 중국과 동남아 국가들 간의 관계 안정화에 기여하였다.

두 번째, 이데올로기 영역을 제외하고, 국제무대에서 미국이나 소련 중 어느 강대국과도 동맹을 맺거나, 전략적 이해관계를 명시적으로 같이 하지 않겠다는 방침을 채택하였다. 이러한 방침은 1982년 개최된 제12차 당대회와 1983년 전국인민대표대회, 그리고 제12차 5중전회 이후, 정식으로 당의 강령과 새 헌법에 반영됨으로써 확정되었다. 또한, 중국공산당은 다른 국가 내 정당들 간의 관계 발전에 있어서도 이데올로기를 제외시킨 4가지 원칙을 포함시켰다. 또 소련을 더 이상 제국주의 국가로 보지 않았다. 그 외에 수정헌법에서 중국은 그 어떠한 초강대국과 동맹을 형성하거나, 전략적 이해관

---

10) 鄧小平, 『鄧小平文選 第2卷』(北京: 人民出版社, 1993), p.104.

11) 梁守德, 『鄧小平理論與中國國際關系學』(北京: 北京大學出版社, 2003), p.342.

12) 馮維江, 「給東北亞一個'暖源' ― 從中國周邊戰略角度的審視」, 『世界智識』 2011年 第3期, p.16.

계를 명시적으로 같이하지 않겠다는 것과, 그리고 독립자주원칙을 시행해 나갈 것을 규정하였다.13)

세 번째로 덩샤오핑은 주변국가들과의 영토 분쟁의 경우, 단번에 해결할 수는 없으므로 "분쟁해결은 잠시 보류해놓고, 분쟁대상지역을 함께 개발해 나가자(擱置爭議, 共同開發)"고 제의하였다. 그 실천적 연장선상에서, 1978년 중국과 일본 사이 평화우호 조약 체결 시 덩샤오핑은 일단 조어도 주권 분쟁해결은 잠시 보류하자고 건의하였다. 이에 양국은 순조롭게 조약 체결을 성사시킬 수 있었다. 몇 년 후, 덩샤오핑이 건의한 분쟁해결의 방식은 "분쟁해결은 잠시 보류한다"라는 것을 기초로 하여, "공동개발" 구상 건의로까지 나아갔다. 이것을 구체적으로 풀어쓰자면 다음과 같다. 즉, "몇몇 국제적 영토 분쟁 문제를 접근하는 데에 있어, 먼저 주권 문제를 논하지 않고 우선 공동 개발을 행한다. 이것은 현실을 존중하는 데에서 출발하여, 새로운 길을 모색함으로써 해결책을 찾는다는 데에 있다."14)

앞에서 서술한 노력의 연장선상에서, 제2세대 중국지도부는 이전 중소관계 악화 당시, 냉랭해졌던 주변국가들과의 관계를 적극 개선해 나갔다. 그 결과 베트남, 라오스, 몽골과의 국교정상화가 이루어졌고, 중국은 인도네시아와 '양해각서'를 체결하였다. 이로써 중국은 주변국가들과의 국교회복을 위한 중요한 한 걸음을 내디뎠다. 적대관계에 있었던 중인, 한중관계도 개선이 되었고 중소 간에도 국교정상화가 이루어졌다. 그 결과 1980년대 말에 이르러, 중국과 공식적으로 적대관계를 형성하고 있는 주변국가는 존재하지 않게 되었다. 또 사회주의 현대화 건설이라는 국가적 목표 달성을 위한 안정적 주변환경을 조성할 수 있게 되었다.15) 덩샤오핑 시기의 이러한 주변국외교 방침은 중국의 크다면 클 수도, 또 작으면 작다고 할 수 있는 당시 중국 국력에 상응하는 국제정치상의 전략적 역할을 수행하였다. 특히 그 역할은

---

13) 李小華, 『中國安全觀分析 1982-2007』(上海: 上海人民出版社, 2008), pp.87-89.
14) 鄧小平, 『鄧小平文選 第3卷』(北京: 人民出版社, 1993), p.49.
15) 顔聲毅, 『當代中國外交』(上海: 復旦大學出版社, 2004), p.316.

아·태 지역을 기점으로 하는 지정학적인 전략적 역할을 포함했다.

3. 장쩌민 시기와 후진타오 시기의 주변국외교 전략

장쩌민과 후진타오 집권 시기의 주변국외교 전략은 상당 부분 덩샤오핑 집권 시기 전략의 연장이라고 할 수 있다. 장쩌민은 1989년 중국공산당 총 서기와 중앙군사위원회 주석으로 선출되었다. 이 시기에 중국이 직면한 국 제환경은 먹구름 속에 갇힌 형국과 같이 매우 어려운 상황이었다. 그 배경 은 다음과 같다. 첫째, 동유럽의 사회주의 국가들이 연이어 정권을 교체하고 사회주의 체제로부터의 전환을 꾀하였다. 그리고 소련이 내적 위기에 처한 상황에서, 미국의 주도하에 서방 진영의 연이은 중국 국내 정치에 대한 간섭 의 정도가 점점 심해졌다. 중국 내부에서도 서구화 운동의 영향력이 확대되 었으며, 베이징 등지에서는 심각한 정치풍파가 야기되기도 했다. 둘째, 중국 정부가 국내법에 의거하여 위기 상황에 대응하고, 중국 사회의 안정에 혼란 을 야기하였던 "천안문 사태"에서 중국 정부의 단호한 대응에 대해서, 미국 과 기타 서방 강대국들은 일제히 중국의 정치와 경제 방면에 있어 제재를 가했다. 중국은 재차 국제적 고립에 직면하였다. 당시 중국의 경제발전 수 준은 주변 몇몇의 중소 국가에 비해서도 낙후되어 있었으며, 전체적 낙후 국면 역시 변화하지 않은 상태였다. 이러한 상황에서, 당시 중국이 지향했던 전략적 목표는 다음과 같았다. 첫째, 중국의 정치적 안보를 보장하는 것이었 으며 이것이야말로 국가 전략의 근본이었다. 둘째, 계속해서 덩샤오핑 시기 추진된 주변국외교 전략은 안정적으로 추진해나가고, 국내 경제 발전을 촉 진시키는 것이었다.

앞에서 상술한 국가적 목표를 달성하기 위해, 첫째, 중국은 우선 주변국 외교에 있어 탈이데올로기화를 지속해나갔고, 도광양회(정책)를 견지해나갔 다. 소련의 해체 이후, 일부 주변국가들은 중국이 나서주기를 바랐지만, 중 국은 이를 단호히 거절했다. 이것은 중국의 실질적인 국가 역량과, 동원할 수 있는 수단, 그리고 영향력에 있어 여전히 한계가 존재했기 때문이었다. 따라서 주변국외교에 있어서도 계속해서 도광양회의 낮은 자세를 유지해나갔다. 그 예로 1992년 제1차 북한 핵 위기가 발생했음에도 불구하고, 중국은 이에 개입하지 않겠다는 입장을 견지했다.

둘째, 중국지도자들은 주변지역을 더욱 중시하여, 보다 명확한 주변국외교 전략을 내놓았다. 그 주요 내용은 주변국가들과 선린적이고, 상호신뢰에 기반하여 보다 협력적인 관계를 구축해 나간다는 것이었다. 중국공산당은 1997년 제15차 당대회에서 선린우호에 기반한 주변국외교 정책을 추진해 할 것을 밝혔다. 2001년 개최된 중국 주변안보좌담회에서 장쩌민 주석은 "주변국은 중국의 중요한 전략적 바탕이다"라고 명확히 지적하였다.[16] 원자바오 총리도 2001년 10월에 참석한 아세안정상회담에서 "선린, 안린, 부린(睦邻, 安邻, 富邻: 이웃국가와 화목하게 지내고, 이들을 안심시키며, 이웃국가를 부유하게 한다라는 뜻)"의 주변국외교 정책기조를 명확히 밝혔다. 또, 2002년 개최된 제16차 당대회에서 "계속하여 선린우호를 강화해 나갈 것이며, 이웃국가를 선량하게 대하고, 이웃국가를 동반자로 여기며(与邻为善, 以邻为伴) 지역협력을 강화함으로써, 주변국가들과의 교류와 협력을 새로운 수준으로 격상시킬 것이다"라고 밝혔다.

제17차 당대회에서도 계속하여 "이웃국가를 선량하게 대하고, 이웃국가를 동반자로 여기는(与邻为善, 以邻为伴) 주변국외교 정책 방침을 관철시키고, 주변국가들과 선린우호의 실무적 협력을 강화해 나가며, 적극적으로 지역협력을 추진해 감으로써, 지역국가들과 공동으로 평화롭고 안정적이며 평등호혜에 기초한 협력을 통해 상호 원원(win-win)할 수 있는 지역을 만들어 나갈 것이다"라고 선언하였다. 시진핑 당총서기가 선출된 2012년 제18차 당대회에서는 주변국외교 정책에 대한 서술을 진일보시켜, 다음과 같이 선언하였다. "이웃국가를 선량하게 대하고, 이웃국가를 동반자로 여기는(与邻为善, 以邻为伴) 주변국외교 정책 방침을 견지하고, 교린우호관계를 공고히

---

16) 江澤民, 『江澤民文選 第3卷』(北京: 人民出版社, 2006), p.317.

하며, 상호 이익이 되는 협력을 심화하고 중국의 발전이 더욱더 이웃국가에게 혜택을 가져다 줄 수 있도록 노력할 것이다."[17]

셋째, 중국의 국력이 신장하고, 국제정세가 변화함에 따라 중국은 책임의식을 강조하기 시작하였다. 이에 주변지역에 다자기구를 창설하고, 이에 적극적으로 참여함으로써 주변국가에게 공공재를 제공하고자 했다. 그 일환으로 1990년대 후반기에, 아시아 금융위기가 발생하자 중국은 책임 대국으로서의 화폐 정책을 견지했으며, 아시아 지역에서 적극적으로 화폐 및 금융 분야에서의 협력 구상을 추진함으로써 해당 지역의 경제안정화와 회복 촉진에 상당 부분 기여하였다. 이로써 중국과 주변국 사이의 경제 체제는 공생관계로 접어들었다고 할 수 있다.[18] 또한 중국은 냉전 이후, 자국 발전에 유리한 주변환경을 조성하기 위해 적극적으로 다자외교 기제를 창설하고 참여하기 시작했다.[19] 그 일환으로 중국은 러시아 및 중앙아시아 국가들과 상하이협력기구(SCO)를 창설하고, 상하이협력기구를 구성하는 회원국들과 장기적인 선린우호협력조약을 체결함으로써 SCO는 전면적이고 실질적인 협력 단계에 진입하였다. 그 밖에 중국은 비ASEAN 국가로서, 〈동남아우호협력조약〉에 가입하였다. ASEAN+중국(10+1)과 ASEAN+한중일(10+3)의 성과는 주목할 만한 것이었다. 또 중국은 북핵 문제해결을 위해 6자회담을

---

17) 『中共十五大報告』, http://news.xinhuanet.com/zhengfu/2004-04/29/content_1447 509.htm; 『中共十六大報告』, http://news.xinhuanet.com/ziliao/2002-11/17/content _693542.htm; 『中共十七大報告』, http://news.xinhuanet.com/newscenter/2007-10/24/content_6938568_10.htm; 『中共十八大報告』, http://news.xinhuanet.com/ newscenter/2007-10/24/content_6938568_10.htm(검색일: 2014.11.2).

18) 黃仁偉, 『中國掘起的時間和空間』(上海社會科學院出版社, 2002), pp.100-101; 謝益顯 主編, 『中國當代外交史 1949-2001』(北京: 中國青年出版社, 2002), p.548.

19) SCO를 예로 들어 설명하자면 중국은 1993년에 처음으로 에너지 수입국이 되었으며 서부에너지를 안전하게 개발하고 운송하는 것이 급선무였기에 러시아, 카자흐스탄 등의 중앙아시아로부터 석유를 수입하는 데 송유관 도입이 필요하였다. 석유관 확보를 위해 1996년 중국은 "분열주의, 극단주의, 테러리즘"이라는 세 개의 세력에 대항하는 것을 모토로 하는 "상하이 5개국"을 주도하여 발족시켰으며 2000년에는 중앙이 중서부지역 경제발전을 위한 "서부대개발" 계획을 제안하였다. 2001년 6월 "상하이협력기구(SCO)"가 정식 설립되었으며 세 개의 세력 타도가 여전히 핵심주제였다.

적극적으로 주도함으로써, 중국은 주변안보관련 의제를 대하는 태도에 있어 "단순 추종"에서 "적극적 주도"라는 부분적 입장전환을 하게 되었다.

위와 같은 노력으로 중국의 주변국외교 전략은 새로운 진전을 이루게 되었다. 1989년 하반기, 일본과 미국 사이에 틈이 벌어지게 되었다. 그리고 각각 앞 다투어 중국과 관계를 개선하려 하면서, 중국에 대한 서방 국가들의 제재국면은 타파되었다. 그리고 90년대 초에 이르러서 중국은 한국, 싱가포르, 브루나이와 수교를 하였고, 인도네시아와 29년간 중단되었던 외교관계를 정상화하였다. 이로써 중국은 주변의 모든 국가들과 관계정상화 및 정식 외교관계를 수립하였으며, 주변국가들에 대하여 전방위적인 외교 정책을 펼쳐나가게 되었다.

III. 제18차 당대회 이래 중국의 주변국외교 전략

1. 계승성

2012년 11월 중국공산당은 시진핑을 필두로 한 새로운 지도자들을 선출하였다. 그리고 주변국외교 전략을 수립하는 데 있어, 시진핑은 기존의 주변국외교 전략을 계승하는 것을 주요내용으로 하였다. 1949년 건국부터 제18차 당대회에 이르기까지 중국의 역대 지도자들은 주변국을 매우 중시 여겼고, 선린우호 정책을 고수했다. 그 최초의 실천은 마오쩌둥 시기로 거슬러 올라갈 수 있다. 그 일환으로 소련 일변도 정책, 사회주의 진영 일변도 정책에서 중국은 1960년대 들어 남아시아, 동남아시아 신흥 독립국가들을 중간지대로 인식하고 이를 활용하려는 정책과 1970년대에 세계를 세 지대로 나누는 제3세계론으로 발전시켰다.[20] 이러한 정책들은 모두 마오쩌둥을 중심으로 한 제1세대 중국지도자들의 주변국 중시와 선린 정책을 최초로 실천한 것이라 할 수 있다. 제18차 당대회 이래, 시진핑은 중국 주변국외교의 기본 방침을 다음과 같이 천명하였다. 그것은 이웃국가를 선량하게 대하고, 이웃국가를 동반자로 여기며(与邻为善, 以邻为伴), 선린, 안린, 부린(睦邻, 安邻, 富邻: '이웃국가와 화목하게 지내고, 이들을 안심시키며, 이웃국가를 부유하게 한다'라는 뜻)을 견지해 나가는 것이다. 또 친(親), 성(誠), 惠(혜), 容(용)의 이념을 뚜렷하게 구현해나가는 것이다'라고 말했다.[21] 그리고 이것은 기존의 선린우호 정책과 일맥상통하다.

동시에, 역대 지도자들은 주변국외교 전략에 있어 모두 실용성을 중시하였다. 마오쩌둥 시기의 주변국외교 전략을 포함한 외교 전략은 이데올로기의 지배를 받았다고 과거에 발표된 많은 글들은 서술하고 있다. 하지만 사실은 그렇지 않다. 주변의 안보환경을 위해 마오쩌둥은 고도로 실용주의에 입각한 '연미항소(聯美抗蘇)' 전략을 채택하였다. 그 밖에 마오쩌둥이 '항미원조(抗美援朝)'와 '베트남을 원조하고 미국에 대항한다(援越抗美)'는 전략을 구사했는데, 그 가장 중요한 이유는 이와 같은 전략들이 국가안보측면에 있어 국가 이익을 실현한다고 여겼기 때문이다. 마오쩌둥의 이와 같은 구상은 한국전쟁 참전의 마지노선이 왜 중국과 북한 사이의 국경선이 아니라 38선이었었는지, 또 베트남 문제에 있어 마지노선이 왜 중국과 베트남 사이의 국경선이 아닌 북위 17도 선이었는지를 설명해주는 중요한 요인이다.

이외에도 덩샤오핑이 주장한 "분쟁은 잠시 미루어두고 공동으로 개발한다"라는 방침, 또 장쩌민과 후진타오 정부가 주변국과의 국경선 분쟁 문제 해결 시 나타난 모습들은 모두 중국지도부가 주변국외교에 있어 실용성을 매우 중시한다는 것이었다. 시진핑 주석은 집권한 이래, 필리핀, 베트남과의 영토 분쟁을 처리하는 데 있어 극도의 자제하는 모습을 보여주었다. 또, 일본과의 영토 분쟁에 있어서는 '맞서지만 전체 국면을 망가뜨리지는 않는다

---

20) 1974년 2월 22일 마오쩌둥은 잠비아 대통령 카운다와 회견할 때 "3개의 세계"이론을 내놓았다.

21) 習近平, 「讓命運共同體意識在周邊國家落地生根」, 『新華網』 2013年 10月 25日, http://news.xinhuanet.com/2013-10/25/c_117878944.htm(검색일: 2014.11.2).

(斗而不破)'라는 모습을 보여주는데 이 모두가 고도의 실용적 태도에 기반한 것이다.

2. 변화와 조정

시진핑이 집권한 2년여 시간 동안 주변국외교 전략에도 새로운 특징이 나타났다. 첫째, 주변국외교가 중국의 전체 외교 전략에서 차지하는 지위 순서에 변화가 생겼다. 시진핑 정부는 역사상 유례를 찾아볼 수 없을 정도로 주변국외교 전략을 중시하고 있으며, 주변국외교와 강대국외교에 동일한 전략적 지위를 부여하고 있다. 중국외교 전략에 있어서의 중심축이 "강대국외교"에서 "강대국외교와 주변국외교"라는 양축으로 옮겨간 것이다. 오랫동안 중국외교 전략은 "강대국 관계가 제일 중요하며 주변국가와의 관계는 우선적으로 다루어야 하고, 발전도상국과의 관계는 외교의 기초가 되고, 다자외교는 중요한 외교적 무대를 제공한다"라는 방침하에 '주변국가와의 관계가 우선'함에도 불구하고, 실제로 주변국외교는 오랫동안 강대국외교 특히 대미외교에 뒤처져 있었다. 당시 중국지도자들은 강대국외교, 특히 대미외교가 가장 중요하다고 여겼기 때문이었다. 주변국외교도 중요하지만, 대미외교가 훨씬 더 중요하다는 것이었다.

하지만 여기에서 스인홍(时殷弘) 교수의 언급을 상기할 필요가 있다. 그는 중국의 지난날 외교에 대해서 반성하며 다음과 같이 말한 바 있다. "우리는 과거 몇 년 동안 외교에 있어서 큰 실수를 저질렀다는데, 그것은 미중관계만이 가장 중요하다고 한 것이다. 우리 중국은 강대국으로서 오로지 미중관계만이 가장 중요하다고 해서는 안 된다. 이제껏 중국의 전략과 외교에 있어서 매우 중요한 것이 있다는 것을 잊고 있었는데, 그것은 바로 복잡하지만 매우 중요한 중국과 주변국가와의 관계이다."[22]

---

22) 時殷弘, 「中國過往强調中美關系是外交失誤」, 『鳳凰網』 2013年 10月 25日, http://

시진핑 주석은 집권한 2년여의 시간 동안 이미 주변국외교와 강대국외교를 똑같이 중요시하는 조짐을 보이고 있다. 2013년 3월 시진핑이 국가주석이 된 이후 첫 방문국은 중국의 가장 큰 주변국인 러시아였다. 이는 중국의 새로운 지도자가 "주변국이 우선한다"는 외교 방침을 실현시켜나갈 것이라는 것을 보여주는 예이다. 같은 해 중국은 필리핀, 일본, 북한을 제외한 모든 주변국가와 정상회담을 가졌다. 2013년 10월 24일에서 25일까지 중국은 유례없이 높은 권위의 주변국외교 업무좌담회를 개최했다. 좌담회에서 시진핑은 "지리적 위치, 자연환경, 상호관계에 관계없이 주변국은 중국에 모두 중요한 전략적 의의를 가지고 있다"라고 강조하였다.[23]

두 번째로, 주변국외교 전략 목표에 변화가 생겼으며, 주변지역도 점차적으로 독립적인 외교영역이 되었다는 점이다. 건국 초기 마오쩌둥은 만신창이가 된 국내환경과 고립된 국제환경에 직면하였고, 따라서 주변국외교 전략 목표는 당면한 국가생존 문제 해결에 있었다. 그리고 1970년대가 되어서야 국제적 고립에서 벗어나 유엔에서의 안보리 상임이사국 지위를 회복하였으며, 미중 간에도 국교정상화가 이루어졌다. 개혁개방 시기 직전 가장 큰 어려움은 국내 경제였다. 따라서 개혁개방 시기의 주변 전략은 국내 경제발전을 위한 평화로운 주변환경을 조성하는 것이었다. 장쩌민·후진타오 시기에 이르러 중국 경제는 신속한 발전을 이루었지만 당시 중국의 상황은 국가적 기초는 빈약하였고, 인구는 많았으며, 경제는 여전히 낙후되어 있었다. 이에 중국은 경제발전을 위한 평화로운 주변환경을 여전히 필요로 했다. 이 시기 소련해체와 동유럽의 급변이라는 상황을 맞닥뜨리면서, 중국의 사회주의 체제는 외부 세계의 거대한 위협을 받게 되었다. 이 시기에 중국의 주변국외교 목표는 정권의 안정을 지키는 것이었다. 시진핑 시기에 이르러 중국은 국내총생산(GDP) 등의 많은 수치(지표)에서 세계 2위의 지위를 차지하

---

news.xinhuanet.com/2013-10/25/c_117878944.htm(검색일: 2014.11.2).

23) 習近平, 「讓命運共同體意識在周邊國家落地生根」, 『新華網』 2013年 10月 25日, http://news.xinhuanet.com/2013-10/25/c_117878944.htm(검색일: 2014.10.24).

였고 과학, 사회, 교육 국방 등의 영역에서 큰 발전을 이룩하면서 중화민족은 이례 없는 민족부흥을 실현시켜 갈 희망을 갖기에 이르렀다. 이런 상황에서 중국의 지도자들은 "중국의 꿈", "두 개의 백 년(兩個二百年)"이란 개념들을 제시하였다. 중국의 주변 전략 목표는 경제발전뿐만이 아닌 중화민족의 위대한 부흥을 위한 기초로서 주변지역을 전략적으로 활용한다는 것을 포함하게 되었다.

이런 과정에서 중국의 주변은 점차 중국외교의 독립된 영역이 되어갔다. 마오쩌둥 시기에 중국은 미국과 소련이라는 두 개의 요인에 의해서 많은 제약을 받았다. 물론 주변국외교에 있어서도 강대국 관계에 제약을 받으며, 중국은 독립적(주체적)으로 주변을 운영해 나갈 수 있는 역량을 갖추지 못했다. 그리고 덩샤오핑 시기에 강대국 관계가 어느 정도 개선이 되었다. 하지만 외부 세계는 여전히 냉전 시기 상황의 제약을 많이 받을 수밖에 없었고 국내 경제도 매우 낙후되어 있는 실정이었다. 그렇기에 '주변국외교'라는 개념을 명확히 밝혔다 하여도 실제로는 주변국외교를 능동적으로 운영해나갈 여건을 갖추지 못했다. 전술한 바와 같이 장쩌민과 후진타오 시기는 덩샤오핑 시기의 주변국외교 정책을 계승하였다. 그러나 새로운 국내외 환경에 직면하여 중국의 주변국외교 전략은 더 중요한 위치를 점하게 되고 명확한 목표를 제시하였다. 그 이전인 장쩌민과 후진타오 시기 주변국외교는 여전히 독립적인 외교영역으로는 자리 잡지 못하였다. 마오쩌둥부터 후진타오 시기까지 중국의 주변국외교 전략의 총체적 사고의 방향은 "강대국과의 일을 해결하면, 주변국과의 일도 해결할 수 있다"였다. 이러한 의미에서 주변국외교는 줄곧 강대국외교를 보완하는 역할을 하였을 뿐 독립된 영역은 아니었다.

시진핑 시기에 이르러, 중국이 부상하자 미국은 중국 주변국을 통해 중국을 억제하는 전략을 이례적으로 강조하고 있다. 미국은 '아시아로의 복귀', '아태지역 재균형론' 등의 전략을 내놓으며 중국의 주변지역에서 발생하는 일에 더 빈번하고도 깊게 개입하고 있다. 중국과 주변국가 간 거의 모든 영토 분쟁에는 미국의 그림자가 도사리고 있다. 다시 말해, 최근 들어 미국은 중국의 주변국들을 이용하여 중국을 억제하려 하고 있다. 따라서 기존처럼 "미국과의 일을 해결하면, 주변지역의 일도 처리할 수 있다"는 방식은 통하지 않게 되었다. 중국의 몇몇 주변국가(필리핀, 베트남, 일본: 역자 주)는 중국과의 분쟁을 해결하는 데 미국을 끌어들이고 있다. 그러므로 주변국 외교는 중국의 독립된 외교영역으로 중시되어야 했다. 역사적으로 보았을 때, 그 어떤 강대국도 부상하는 데 있어 우호적인 주변환경을 필요로 하였다. 중국의 국력이 증강하면서, 중국이 주변 형세를 제어할 수 있는 능력도 증대되고 있다. 과거 오랜 기간, 중국의 주변 전략은 '어떠한 수단을 쓰더라도 대응할 방법만 갖춘' 소극적인 대응 전략이었다. 이것은 당시의 국제환경과 국력 상의 제약으로 인한 것이었다.[24] 현재 미중관계와 주변환경을 제어하는 중국의 능력은 크게 향상되었다. 이는 객관적으로 주변국을 전략상 독립된 영역으로 다룰 수 있는 능력을 갖추었다는 것으로도 이해할 수 있다.

세 번째로, 시진핑은 주변 전략을 중시할 뿐만 아니라, 구체적인 계획과 정책을 기반으로 전략적인 사고를 구현해내었다. 과거 역대 정부들 역시 주변국외교에서 일련의 이념들을 제시해왔다. 그렇지만 국내외환경에 제약을 받아 전반적으로는 거시적 원칙과 구상으로 그칠 뿐, 정책적 뒷받침은 결여되어 있었던 것이 사실이다. 시진핑은 집권 이후 거시적 전략을 내세웠을 뿐만 아니라 구체적인 정책의 추진 및 진행을 계획했다. 시진핑은 2013년에 열린 주변국외교 사무좌담회에서 "우리는 대세적 국면을 모색하고, 전략을 논하며 방책을 중시하여 주변국외교 업무를 제고해야 한다"고 지적했다. 시진핑은 "새로운 형세에서 주변국외교 업무는 고도의 분석을 기반으로 문제를 처리하는 방식으로 행해져야 한다. 그리고 전체 국면을 컨트롤하고, 계획을 총괄하며, 업무 수행능력을 제고함으로써 주변국외교를 전면적으로 추진해야 한다"고 강조했다. 또한 이번 주변국외교 업무좌담회에서 시진핑은 주변국가들 사이에 운명 공동체 의식이 자리 잡게 해야 한다고 제안하였다.

---

24) 林立民, 「周邊戰略輿大戰略: 在'想干什麼'輿'能干什麼'之間尋求'再平衡'」, 『現代國際關系』 2013年 第10期, p.42.

운명공동체를 구축하는 것은 주변국외교 전략이 추진하는 구체적인 방안 중 하나가 될 것이다.

중국의 지도자들은 주변국외교업무 좌담회가 개최되기 전 잇따라 운명공동체를 구축하기 위한 구체적인 정책을 내놓았다. 2013년 5월 19일에서 27일까지 리커창 총리는 남아시아를 방문하여 중국-인도 간의 '뱅골, 중국, 인도, 미얀마 경제회랑'의 창설을 제안하고, 파키스탄에 '중-파키스탄 경제회랑'의 창설을 제안하였다. 한편 2013년 9월 3일부터 13일까지 시진핑 주석은 중앙아시아를 방문하여 '실크로드 경제벨트'를 제안하였다. 또 시진핑 주석은 2013년 10월 2일부터 9일까지 ASEAN 국가들을 방문하여 "21세기 해상 실크로드를 건설하자"고 제안하였다. 그 후 리커창 총리가 2014년 3월 5일에 열린 정부업무보고에서 '실크로드 경제벨트'와 '21세기 해상 실크로드'를 서둘러 계획하여 구축해야 한다고 제안함으로써 '하나의 벨트, 하나의 로드(一帶一路)' 구상이 이미 중국의 국가 전략으로 상승하였음을 보여주고 있다.

이외에도 2013년 10월 2일, 시진핑 주석은 인도네시아를 방문하여 이 지역의 상호네트워크 구축과 경제통합을 위해 아시아 인프라투자은행(AIIB: Asian Infrastructure Investment Bank)의 건설에 대한 중국 측의 견해를 제시하였다. 그리고 ASEAN 회원국을 포함한, 이 지역의 발전도상국들에게 인프라 건설에 필요한 투자비용을 제공하겠다고 하였다. 아시아 인프라투자은행은 아시아 발전도상국들이 인프라 영역에서 보이고 있는 부족함을 보완할 것이다. 또 경제성장 엔진이라고 할 수 있는 인프라 구축을 강화할 것이며, 아시아 자본의 이용효율과 지역발전에 큰 기여를 할 것이다. 더불어 아시아 자금의 외부유출을 줄일 것으로 예상된다. 이는 중국이 주변국과의 공동성장을 취지로 구축한 외교 전략에서 자본운영 역시 시도하고 있음을 보여주고 있다.

네 번째로, 시진핑 정부는 주변국가들과의 영토 분쟁에 있어서 합당한 대응의 방식 즉, "부드러운 것은 더 부드럽게, 단단한 것은 더 단단하게(软的更软, 硬的更硬)"라는 방식으로 대응한다는 점을 분명히 하고 있다. 그와 동시에 국익을 지켜나가기 위해서는 모든 필요한 수단을 동원할 것도 천명하고 있다. 시진핑의 집권 이후, 중국은 영토 분쟁에 있어 한편으로는 성의 있는 태도로 대화에 호소하며 해결을 도모하면서도 다른 한편으로는 "핵심이익"의 침해에 대해서는 전례 없이 확고한 태도를 취하고 있다. 후자의 예로 조어도와 난하이(南海) 주권을 수호하기 위한 조치들을 들 수 있다. 2012년 9월 일본 정부가 조어도를 국유화하기로 결정한 후, 중국은 10월 16일 조어도에서 80킬로미터 떨어진, 가장 가까운 거리에서 최초로 군함을 운행시켰다. 또 12월 12일, 중국은 처음으로 조어도 상공에서 순찰비행을 실시하기도 하였다. 그리고 현재 중국의 조어도 상공에서의 순찰비행은 일상적인 것이 되었다. 한편, 2013년 11월 23일, 중화인민공화국은 동쪽 해양 방향으로 방공식별구역 설치를 선포했다. 이는 난하이 분쟁에 초점을 맞춘 것으로, "황옌다오(黃巖島)" 방식을 실현한 것이다. 황옌다오 방식이란 분쟁해결에 있어, 현장에서의 법 집행을 우선적 방법으로 하며, 외교적 수단을 보조적 방법으로 하고, 군사적 수단으로서 이를 뒷받침한다는 방식이다. 2012년 6월 21일에는 행정구역으로서 산샤시(三沙市)를 설치하였고, 서사군도와 남사군도, 중사군도에 대한 행정관리에 들어갔다.

다섯 번째로, 주변지역의 업무에 더욱 적극적으로 개입하는 것이다. 그 기조에는 국가이익을 수호하는 데 이중적 잣대는 불가하다는 원칙이 존재한다. 이것은 한반도 문제 처리에 있어서 전형적으로 드러났다. 1993년 제1차 북핵 위기가 발발한 후, 중국은 개입하지 않겠다는 입장을 고수하고 주유엔 중국대사를 통해서 성명만 발표했다. 2003년 제2차 북핵 위기가 발발한 당시 중국은 3자회담을 주최하였다. 하지만 이것은 중국이 주도적으로 주선했다기보다는 북한과 미국이 중국에 도움을 요청한 상황에서 개최된 것이었다. 하지만 2013년 북한의 제3차 핵실험을 전후하여 한반도에 전쟁발발 위기가 촉발된 이후,[25] 중국은 적극적인 관여 정책으로 그 위기를 막고자 하였다. 일촉즉발의 전쟁 위기가 발생한 상황에서 왕이(王毅) 외교부장

---

25) 王俊生, 『亞太地區發展報告2014』(北京: 社會科學文獻出版社, 2014).

은 "중국의 대문 앞에서 그 어떤 누구도 일을 벌리는 것을 허용하지 않겠다" 라고 경고하였다.26) 시진핑 주석 역시 "어떤 국가라도 자국의 이익을 위해 세계를 혼란 속에 빠뜨리는 것에 반대한다"라고 재차 경고하였다.27) 그 밖에 아래와 같은 조치들을 통해 중국은 북핵 위기의 해결을 위해 노력하였으며, 국제사회에 책임있는 강대국으로서의 면모를 보여주려 노력하였다. 그것은 중국 고위급 인사들의 강력한 대북 경고, 미국과 제한적 북한 제재 조치에 합의한 것, 미국에 북한을 위협하지 말 것을 권고한 것, 또 북중관계의 손상을 감안하면서까지 대북 제재를 엄격히 시행한 것 등을 들 수 있다. 한반도 문제에서뿐만 아니라, 국가 이익을 수호하는 데 이중적 잣대는 불가하다는 중국의 입장은 북한에게도 분명히 전달되었다.

3. 미래발전추세

첫째, 국제정치의 전체 국면에서 보았을 때 주변지역은 부상하는 강대국에게는 부상을 실현하는 중요한 의미를 갖는다. 한편, 기존 패권국(원문에서는 수성국(守成國)으로 표현)에게 있어서 주변지역은 부상하는 강대국을 봉쇄, 견제하는 특별한 지정학적 의미를 갖는다. 이러한 측면에서 보았을 때, 중국의 주변지역은 향후 미중경쟁이 벌어지는 중요한 지역이 될 것이며, 중국외교 전략 실현과 중화민족 부흥이라는 목표 구현에 있어서도 더욱 의미를 갖게 될 것이다. 중국은 향후에도 지속적으로 주변국외교 전략을 중요시할 것이다. 시진핑 주석을 필두로 한 새 정부가 이미 일련의 중요한 전략 계획과 구체적인 정책설계를 내놓은 상황이다. 앞으로 상당히 오랜 기간에 걸쳐 주변국외교에 있어 중점적으로 다루어야 할 것은 이러한 전략 계획과

---

26) 王毅, 「不允許在中國家門口生事」, 『新華日報』 2013年 4月 7日.

27) 習近平, 「不能爲一已之私把一個地區乃至世界搞亂」, 『新華每日電訊』 2013年 4月 8日 第1版.

정책설계를 어떻게 실행해나가느냐에 있을 것이다. 그 구체적 방안으로서 "일대일로" 전략과 아시아 인프라투자은행의 설립 방안이 포함되어 있으며, 또 구체적 노력의 일환으로 주변국 유학생 육성과 청년 교류 등의 영역 확대를 추진할 수도 있을 것이다.

둘째, 시진핑 정부는 주변국외교 전략을 어떻게 실현해 나가는가에 있어서 이미 적극적인 성격을 구현하고 있다. 한편으로 전략적 시각 역시 필요하다. 비록 주변정세가 변화무쌍하여 예측하기 어려워도 중국은 주변국가들과 선린우호 정책을 오랫동안 지속해나가야 한다. 또, 주변국가들은 중국의 부상에 절대로 큰 장애물이 될 수 없다는 것을 인식하여야 한다. 그리고 정책적 실책으로 인해 주변국가가 중국의 주요한 적이 되는 상황을 절대 방지해야 할 것이다. 현존하는 문제는 다음과 같이 정리할 수 있다. 주변국가들이 중국의 부상에 대해 아직 심리적으로 적응하지 못한 것, 또 주변국가들의 배후에 미국의 영향력이 존재한다는 것이다. 그리고 그 주변국가들의 배후에 있는 미국의 존재감은 어느 정도 미중 경쟁구도에 영향을 받을 것이다. 근본적인 형세는 미중관계가 큰 흐름을 형성한다는 것이며, 중국의 국력이 신장할수록 중동이나 유럽 등 기타 영역에 있어서도 미국은 중국의 협조가 필요하다는 것이다. 이에 중국의 핵심이익이 매우 깊게 연계되어 있는 중국의 주변지역에서 미국이 중국의 합리적 요구를 점진적으로 존중해나가는 것은 매우 필연적인 추세가 될 것이다.

다른 한편으로는 시진핑 정부는 주변국외교 전략을 실현하는 데 있어서, 규칙을 정해 핵심이익에서의 마지노선을 고수하고 있다. 그리고 주변국들에게 중국의 핵심이익에 관계되는 마지노선이 무엇인지 분명히 알릴 필요가 있다. 이는 중국과 주변국가 간에 점차적으로 상호신뢰를 쌓고 잘못된 판단을 하지 않기 위한 중요한 기반이기도 하다. 한편 중국과 주변국가들 간의 관계는 중대한 조정이 이루어지는 시기에 놓여 있기 때문에, 일부 주변국가들이 미국의 엄호하에 정책판단을 잘못하여 중국의 마지노선을 넘어설 수 있는 가능성이 존재한다. 이러한 상황에서 중국의 대응방식은 어떠한 이익을 희생시켜서라도 결단력 있는 조치를 취하게 될 것이다. 여기에는 경제적 제재도 포함되어 있으며, 이러한 조치의 배경에는 중국이 핵심이익의 마지 노선에 대한 규칙을 수립하고 그 규칙 수호에 대한 신뢰성을 형성하기 위한 목적이 존재한다.

셋째, 중국 주변 4개 지역 간에 상황의 차이가 매우 크며 이웃국가들의 숫자도 많아서 중국은 도처에 적극적인 정책을 취하기 어렵다. 또한, 도의적 으로도 국제사회와 주변국의 지지를 얻어낼 필요가 있기에 중국은 주변지역 에서 우호국들을 전략적 거점으로 삼으려 한다. 이러한 전략적 거점들과 함 께 주변을 운영함으로써 진정한 의미의 윈-윈(win-win)을 실현해나갈 수 있 을 것이다. 이러한 과정에서 중국은 여전히 '동맹을 맺지 않는' 전략을 고수 해 나가면서도, 객관적으로는 주변국가들을 '친소원근(亲疏远近)'으로 구분 하여, 더 친하고 더 가까운 주변국가들과 중점적으로 관계를 발전시키는 방 식으로 먼저 윈-윈을 실현할 수도 있다. 그 후에 최종적으로는 일부 소원하 고 먼 국가들을 움직여서 중국 주변의 전체적인 안정과 번영을 도모하는 것이다.

넷째, 중국의 주변국외교가 지속적인 추진과 중국의 힘이 계속적인 증대 에 따라 일부 이웃국가들이 기존에 시행해 왔던 '경제영역에서는 중국에 의 존하고, 정치안보영역에서는 미국에 의존하는' 전략의 공간은 점점 작아질 것이다. 향후 10년 내, 이런 국가들은 심리적 전환을 겪으면서, 이들 내에 존재하고 있는 "경제적으로는 중국에 의존하나, 정치·안보영역에서는 중국 과 거리를 유지하고 심지어 중국에 대항하고자 하는" 상황은 점점 줄어들 것이다. 이러한 국가들이 이익에 대해 객관적 사고를 한다면, 정치·안보영 역에서도 천천히 중국과 가까워지고, 결국 중국과 함께 경제적·인문적 이 익을 포함한 긴밀한 정치·안보이익을 만들어 갈 수 있을 것이다. 이렇게 된다면 중국 주변형세와 관련된 쟁점들도 점차적으로 해결되어 나가고 아시 아 지역에는 발전적이고 안정된 시기가 도래할 것이다.

IV. 맺음말

예로부터 중국과 주변국가는 밀접한 운명공동체였다. 중국이 강대해질 때 주변국가도 함께 번영 발전하는 시기를 맞이할 수 있었고, 반대로 주변국가가 강대해질 때 중국도 함께 번영과 발전을 이룰 수 있었다. 중국 및 중국 주변의 일부 국가들이 함께 발전하고 있다 하더라도 아시아 전체로 보았을 때, 여전히 많은 국가들이 매우 낙후되어 있다. '중국과 주변국가들이 어떻게 함께 번영하고 발전해나가는가'의 문제는 절대 중국이란 한 국가만의 일이 아니며, 주변국가들이 함께 노력해나가야 할 일이다. 중국은 과거처럼 국가 간 '종속관계'로 돌아가려는 것이 절대로 아니며, 스스로도 이런 일이 발생하지 않도록 노력할 것이다. 상호평등, 상호존중, 상호내정불간섭, 평등호혜, 평화공존의 5가지 원칙은 중국 정부가 중시하고 있는 기존 중국외교의 가장 큰 유산이다. 이것은 중국이 주변국가와의 관계를 맺어나가는 데 있어 존중해야 할 원칙이기도 할 것이다.

중국은 이 지역의 강대국으로서 이 지역을 공동발전 시켜나가는 데 더 큰 책임을 질 것이다. 그렇지 않을 경우 과거 몇 년간 주변 일부 지역에서 그랬던 것처럼, '모두가 잃는' 상황이 계속해서 반복적으로 발생할 수 있다. 과거 중국은 주변지역에 공공재를 제공하고자 하는 의도는 충만했으나, 역량이 부족한 상황에 처해 있었다. 하지만 최근 중국은 급속한 발전을 이루고 국제적 지위도 상승하였기에 주변국가에 더 많은 공공재를 제공하고자 한다. 주변국가들의 안정과 번영이 결국에는 중국에도 수혜를 가져다 줄 것이기 때문이다. 이것이 바로 제18차 당대회 이후 중국이 이례적으로 주변국외교를 중시하고, "일대일로" 구상을 적극 추진하며, 아시아 인프라투자은행을 설립을 제안한 배경이다. 중국은 근본적으로 주변국가의 관계에서 이웃국가들과 생존공간을 놓고 경쟁하며, 중국만의 공간을 확장해 나가고자 하는 탐욕이 없다. 또, 민족우월감이나 폐쇄적인 민족주의 정서를 바탕으로 주변관계를 다뤄 나가지 않을 것이다. 중국의 자국 경제발전에 필요한 자원도 중국이 시장 경제를 통해 글로벌 시장에서 획득한 윈-윈의 결과물로 조달될 것이다. 그러므로 주변국가는 중국이 주변국외교에 더 힘쓰는 것에 대해 경계심을 곤두세울 필요는 없다. 만약 중국이 더욱 적극적으로 새로운 주변국 전략을 실현해나가고, 주변국가 역시 중국과 함께 아시아의 번영과 발전에 노력을 경주한다면, 중화민국의 부흥과 주변국가들과 상생하는 윈-윈 전략이 완성될 수 있을 것이다.

【참고문헌】

江澤民. 2006. 『江澤民文選 第3卷』. 北京: 人民出版社.

鄧小平. 1993. 『鄧小平文選 第2卷』. 北京: 人民出版社.

_____. 1993. 『鄧小平文選 第3卷』. 北京: 人民出版社.

梁守德. 2003. 『鄧小平理論與中國國際關系學』. 北京: 北京大學出版社.

林立民. 「周邊戰略與大戰略: 在'想干什麼'與'能干什麼'之間尋求'再平衡'」. 『現代國際關系』 2013年 第10期.

薄一波. 1993. 「若干重大決策與事件的回顧 上卷』. 北京: 中共中央黨校出版社.

謝益顯 主編. 2002. 『中國當代外交史 1949-2001』. 北京: 中國靑年出版社.

謝益顯. 1996. 『當代中國外交思想史』. 南昌: 河南大學出版社.

習近平. 「不能爲一已之私把一個地區乃至世界搞亂」. 『新華每日電訊』 2013年 4月 8日 第1版.

_____. 「讓命運共同體意識在周邊國家落地生根」. 『新華網』 2013年 10月 25日. http: //news.xinhuanet.com/2013-10/25/c_117878944.htm(검색일: 2014.11.2).

_____. 「中國過往强調中美關系是外交失誤」. 『鳳凰網』 2013年 10月 25日. http:// news.xinhuanet.com/2013-10/25/c_117878944.htm(검색일: 2014.11.2).

顔聲毅. 2004. 『當代中國外交』. 上海: 復旦大學出版社.

閻學通. 「中國掘起的國際安全形勢」. 『國際經濟評論』 1998年 1-2期.

葉自成. 1998. 『地緣政治與中國外交』. 北京: 北京出版社.

王毅. 「不允許在中國家門口生事」. 『新華日報』 2013年 4月 7日.

王俊生. 2014. 『亞太地區發展報告2014』. 北京: 社會科學文獻出版社.

李小華. 2008. 『中國安全觀分析 1982-2007』. 上海: 上海人民出版社.

趙干城. 「塑造身分認同與鞏固戰略基礎 ─ 中國與發展中國國家關系的演進」. 『國濟問題 研究』 2010年 第1期.

『中共十五大報告』. http://news.xinhuanet.com/zhengfu/2004-04/29/content_144 7509.htm; 『中共十六大報告』. http://news.xinhuanet.com/ziliao/2002-11/ 17/content_693542.htm; 『中共十七大報告』. http://news.xinhuanet.com/ newscenter/2007-10/24/content_6938568_10.htm; 『中共十八大報告』. http: //news.xinhuanet.com/newscenter/2007-10/24/content_6938568_10.htm (검색일: 2014.11.2).

「中美聯合公報」. 『人民日報』 1972年 2月 28日.

馮維江. 「給東北亞一個'暖源' ─ 從中國周邊戰略角度的審視」. 『世界智識』 2011年 第3期.

黃仁偉. 2002. 『中國掘起的時間和空間』. 上海社會科學院出版社.

제**4**장

중국의 발전도상국외교 전략*

이춘복 | 중국 남개대학교

I. 서론

시진핑 시기 중국외교는 대내적으로 '중국의 꿈'을 지침으로 '두 개의 백년' 목표와 중화민족의 위대한 부흥을 위해, 대외적으로 '국가주권, 안전과 발전이익을 확고히 수호하고 소강사회 실현을 위한 양호한 국제환경'을 쟁취하는 것을 목표로 하고 있다.[1] 이를 위해 '새로운 강대국 관계'를 필두로 하는 강대국외교, '친·성·혜·용(親·誠·惠·容)'의 주변국외교, '정확한 의리관(義利觀)'을 원칙으로 하는 발전도상국외교, 다자외교, 공공외교와 인문외교를 동시에 중시하고 체계화하는 전방위외교(全方位外交)를 실행하고 있

---

* 본고에 대해 세심하고 건설적인 토론과 의견을 주신 문홍호 교수님, 이동률 교수님, 방혜정 박사님께 감사드립니다.

1) 『胡錦涛在中国共产党第十八次全国代表大会上的报告』(2012.11.18), http://www.mlr.gov. cn/tdzt/hygl/sbd/wxhb/201211/t20121120_1158245.htm(검색일: 2014.10.22).

다.[2]

이러한 전방위외교 구도하에서 발전도상국외교가 어떠한 위상을 차지하고 어떠한 수단과 목표하에서 구체화되고 있는지 분석이 필요하다. 시진핑 시기 들어 발전도상국외교가 질적인 강화가 이루어지고 있다는 평가가 있는 반면, 강대국외교와 주변국외교에 비해 위상이 하락하는 것이 아닌가 하는 상반된 평가가 이루어지고 있다. 본고는 발전도상국외교를 중국외교의 스펙트럼에서 시진핑 시기 이전 종적 비교와 현재 주변국외교나 강대국외교 등과 횡적 비교를 통해 발전도상국외교의 상황을 진단하고 분석하고자 한다.

이를 위해 본고는 우선, 중국의 발전도상국외교의 우선 순위와 중요성이 어떻게 변화되어 왔는지 구체적 정책의 발전과정과 특징을 진단하고, 시진핑 시기 중국의 정체성 변화에 따른 발전도상국외교의 변화와 특징을 분석하고자 한다. 마지막으로, 시진핑 시기 중국의 발전도상국외교의 위상과 구체적 정책은 무엇이고 어떠한 특징을 띠고 있는지, 이러한 변화를 추동한 원인을 구체적으로 분석하고자 한다.

중국에서 발전도상국의 명칭과 범주는 시기에 따라 변화를 겪어왔다. 혹자는 현재 중국에서 지칭하는 발전도상국(Developing Country)은 "경제적으로 낙후하고 전통경제에서 현대화한 경제로 전화하고 있는 국가"로서 주로 아시아, 아프리카, 라틴아메리카에 집중되어 있다고 인식하고 있다.[3] 그러나 상당 부분은 경제뿐만 아니라 사회, 문화, 정치적 의미를 내포한 개념으로 인식하고 있다. 반둥회의, 비동맹운동, 77개국 집단은 각기 탈식민지, 정치적 중립, 경제적 측면에서 그 의미를 잘 나타내고 있다고 할 수 있다.[4] 1970년대까지만 하여도 경제적 의미보다 정치적인 색채가 강한 제3세계(第

2) 专家解读习近平首次海外行 体现全方位的中国外交部局, http://gb.cri.cn/27824/2013/03/21/6611s4060448.htm(검색일: 2014.10.22).

3) 钱其琛, 『世界外交大词典』(北京: 世界知识出版社, 1995).

4) 罗建波, "中国与发展中国家关系的历史演变" 门洪华 主编, 『中国外交大布局』(2013), pp. 134-136.

三世界)라는 용어로 더욱 많이 쓰인 바 있다.[5] 1980년대 중국이 개혁개방을
실행하면서 제3세계라는 정치적 용어에서 발전도상국가라는 용어를 더욱
많이 사용하게 된다.[6] 발전도상국과 제3세계는 포괄하고 있는 범주 면에서
일치하다고 할 수 있으나 제3세계는 주로 소련, 미국 그리고 그 우방국과
대조되는 개념으로 마오쩌둥 시기 정치적 의미를 많이 내포하고 있는 반면,
발전도상국은 개방개혁 이후 중국이 처한 발전단계를 칭하는 것으로 최근까
지 많이 사용되고 있다. 본고에서는 시기별로 정치적 의미가 강조된 부분에
서는 제3세계, 그 외에는 발전도상국으로 사용함으로써 양자를 혼합하여 사
용하고자 한다.

발전도상국의 범주도 분류법에 따라서 다양하다. 넓은 의미에서 발전도
상국은 아시아(일본과 한국 등 아시아 네 마리 용 제외), 아프리카, 라틴아
메리카 국가들을 지칭하고 있다.[7] 여기에는 아시아 주변 발전도상국들인
아세안, 중앙아시아, 아랍중동국가들은 물론, 최근 신흥시장국가로 분류되
는 강대국인 브릭스 국가들, 지역강대국인 파키스탄, 멕시코, 파키스탄과 아
르헨티나, 그리고 탈 냉전기 체제전환을 겪은 중동유럽국가, 남태평양 군소
도서 국가들도 포함하고 있다. 이들 국가는 기본적으로 비 서구국가들로서
중국이 주창하는 기존 미국과 서구 주도의 국제정치경제질서의 개혁과 재건
을 바라는 국가들이다. 작은 범주의 발전도상국에는 신흥시장국가인 브릭스
(BRICS)와 지역강대국, 주변국가들을 제외한 범주로 볼 수 있다. 이는 제18
차 당대회에서 중국외교를 강대국, 주변국, 발전도상국, 다자외교, 공공외교
와 인문교류외교로 분류하는 데 기인하고 있다.[8] 본고는 최근 발전도상국

---

5) 제3세계 용어는 1970년대 마오쩌둥이 '3개 세계'이론을 만들 때 "일본을 제외한 아세
   아, 아프리카 전체, 라틴아메리카국가들은 제3세계에 속한다"고 강조하면서 유래되
   었다. 中华人民共和国外交部,中共中央文献研究室, 『毛泽东外交文选』(北京: 中央文献出
   版社, 1994).

6) 张清敏, "中国对发展中国家政策的布局," 『外交评论』(2007).

7) 赵干城, "塑造身份认同与巩固战略基础:中国与发展中国家关系的演进," 『国际问题研究』
   2010年 第一期.

8) 이는 2002년 16차 당대회에서 '강대국은 관건, 주변국은 우선, 발전도상국은 기초, 다

외교의 사례로는 주로 좁은 의미에서의 발전도상국(아프리카, 라틴아메리카)에 초점을 맞추어 분석하고자 하나, 추진원칙이나 목표 면에서 대(對)신흥시장국가(브릭스, 신흥지역강대국)나 주변국외교와 유사하다는 점을 감안하여 발전도상국 범주를 넓은 의미에서 포괄하여 분석하고자 한다.

II. 중국외교와 발전도상국외교 발전

1949년 중화인민공화국 성립 이후 중국외교는 지속되는 두 가지 속성이 있었는데, 하나는 혁명외교 관성의 영향이고, 다른 하나는 외교 정책과 도의적 원칙(道義原則)을 연계시키는 것인데 발전도상국외교에서 집중적으로 나타나고 있다. 이는 중화인민공화국이 국제사회에서 평등한 지위는 혁명으로 취득한 것이었고, 이에 기반한 중국외교는 상당 기간 혁명외교(확고히 반대하는 대상이 존재)의 특징을 띠게 된 것이었다.[9] 또한 사회주의국가로서 중국의 외교는 제3세계 민족국가의 민족독립과 국제적 위상제고를 대변하는 도의적 성격과 국제주의 성격을 지니게 된 것이었다.[10] 구체적으로 1950년대 반미제국주의, 1960년대 반제반수정주의(소련)와 1970년대 반패권주의(소련), 그리고 1980년대 이후 "모든 형식의 패권주의와 강권정치를 반대하는 정책"으로 나타났었다. 그러나 1980년대 들어 이러한 혁명외교와

자는 무대'라는 외교원칙의 분류의 연장선에 있다.

9) 이는 1949년 9월 제정된 임시헌법 기능의 『공동강령』에서 중화인민공화국이 대외사무를 처리하는 정책과 기본원칙(제11조)에서도 분명하게 나타나고 있다. "중화인민공화국은 세계 모든 평화와 자유를 사랑하는 국가와 인민을 연합하여 …… 공동으로 제국주의침략을 반대하고 세계의 항구적인 평화를 보장한다." 謝益显 主编, 『中国外交史(中华人民共和国时期1949-1979)』(河南人民出版社, 1988), p.11.

10) 罗建波, "中国与发展中国家关系的历史演变," 门洪华 主编, 『中国外交大布局』, pp.124-125.

도의적 외교는 점차 약화되었으며, 다수의 발전도상국들이 제기한 "새로운 국제정치경제질서 구축을 지지하는 것"으로 나타났다.

중국 정부는 중국과 발전도상국 간의 관계는 중국외교의 중요한 구성부분으로서 1949년 중화인민공화국 성립 이후 역대 정부는 모두 발전도상국과의 단결과 협력을 강조하였고 이를 중국외교의 확고부동한 근본원칙으로 계속 견지하여 왔다고 강조하고 있다.[11] 또한 이는 중국이 실행하고 있는 독립자주적인 평화외교 정책의 중요한 구성내용이라고 반복적으로 천명되고 있다. 그러나 이러한 외교적 수사(rhetoric)에도 불구하고 중국과 발전도상국 간 관계는 중국의 국가목표의 조정과 강대국 간 관계, 주변환경에 대한 인식변화 등 중국이 인식하는 국가이익의 변화와 더불어 여러 요인들의 영향, 특히 중국이 인식하는 정체성 변화의 영향을 받으면서 변화와 조정을 겪은 것이 사실이다. 중국과 발전도상국 간의 관계는 최초의 정치적 관계에서 전방위적인 관계로, 단일차원에서 여러 차원으로, 양자관계에서 양자와 다자의 병행이라는 발전과정을 겪어왔다. 시진핑 시기 이전까지의 중국의 발전도상국외교는 아래 몇 단계로 나눌 수 있다.

첫째, 1949년 정권수립 이후 1960년대 말까지 중국은 국가적 생존과 외교적 승인을 위해 제3세계외교를 중요시하였다. 이 시기 외교적인 상호승인과 도의적 지지를 확보하는 것은 중국의 제3세계외교의 주요내용이었다. 특히 아시아, 아프리카, 라틴아메리카 인민들의 반식민주의, 반제국주의 투쟁을 적극 지원한 바 있다. 정권수립 초기 중국은 자신을 "사회주의국가로서 피압박민족과 제3세계 국가들이 민족독립을 쟁취하고 수호하며 민족경제를 발전시키는 정의로운 투쟁을 지지할 책임과 의무가 있다"고 천명하였다.[12] 이는 국제질서의 '혁명적 해방자'나 '해방의 지지자'로 인식하는 정체성과 밀접하게 관련되어 있다.[13] 1955년 반둥회의에서 구동존이(求同存異)를 핵심

---

11) 张清敏, "国家不同平等互利," 『科学决策月刊』 2007年 第1期.

12) 石林, 『当代中国的对外经济合作』(北京: 中国社会科学出版社, 1989), p.14.

13) 张清敏, "中国的国家特性, 国家角色和外交政策思考," 『太平洋学报』(2001).

으로 하는 평화공존 5원칙을 주창하여 외교기조로 정립된 것이나 미국의 반대를 무릅쓰고 유엔의석을 회복한 것은 제3세계외교의 대표적인 성과로 꼽을 수 있다. 특히 구동존이의 외교 방침을 견지하여 정권 수립 초기 제3세계 국가들과 이데올로기를 둘러싼 모순을 기본적으로 해결하면서 기타 제3세계 나라들과의 외교관계를 수립하는 데 의견 차이를 해소하고자 노력하였다. 정치적으로는 비동맹운동에 대한 지지, 경제적으로는 77개국 집단으로 대표되는 남남협력과 남북대화에 대한 발전도상국의 입장에 대한 지지로 나타났고 이는 향후 중국의 제3세계외교를 관통하는 정책으로 지속되어 왔다. 그러나 보다 선명하게 나타난 것은 '제3세계의 리더'로서 '혁명과 이데올로기의 수출'이라는 측면에 집중되었다. 이는 제3세계외교에서 무상원조, 반패권과 반수정주의외교로 나타났다.[14]

　　1955년 이전 중국과 수교한 25개 나라 가운데 대다수 나라들은 소련을 대표로 한 사회주의국가들이었다.[15] 1955년 이후부터 중소갈등이 점차 노정되면서 중소관계의 파탄은 반패권주의 범주를 확장시킴으로써 객관적으로 중국과 제3세계 나라들 간 관계를 추동하였다. 중국은 미국과 소련 양대 진영 간 '중간지대'를 확보하기 위해 다자외교를 위한 문화, 언론, 체육, 청년 등 인민외교(다자 간 트랙 2 외교)를 적극 추진하였고, 이러한 약소국을 주요대상으로 한 다자외교 전략은 1960년대 아프리카와 라틴아메리카 국가들 다수가 독립하면서 중국이 유엔에서 의석을 회복하는 데 결정적인 일조를 하게 된다. 1971년 10월 26일 유엔총회는 '2758호 결의'를 압도적인 다수로 통과하여 중화인민공화국의 유엔에서의 의석을 회복하고 타이완(중화민국)의 의석을 박탈하였다.[16]

---

14) 1960년대 후반부터 1970년대 중반까지 제3세계국가들에 대한 원조는 범위, 수량, 형식 면에서 모두 절정에 달했다. 특히 1973년 제3세계 국가들에 대한 무상원조는 중국 재정지출의 6.92%를 차지한 바 있다. 石林, 『当代中国的对外经济合作』(北京: 中国社会科学出版社, 1989), p.69.

15) 인도는 일찍 중화인민공화국을 승인한 비사회주의국가로서 1950년대 초반 중국이 유엔에서의 합법적 의석을 회복해야 한다는 결의안을 수차례 제기한 바 있다.

둘째, 유엔에서 합법적 의석을 회복한 이후 중국은 '혁명과 이데올로기의 수출'이라는 명목하에 여전히 발전도상국외교를 중시하였으나, 지도부가 바뀌면서 점차 선진국의 자본과 기술을 수입하면서 제3세계외교는 점차 소원기를 맞게 되었다. 국제적으로도 탈식민지화가 마무리되면서 경제발전이 제3세계 나라들의 급선무가 된 것도 중요한 요인이다. 국내적으로 문화대혁명이 끝나고 경제건설을 중심으로 하는 정책을 실시하면서 기존 국제질서의 도전자에서 외교가 국내 경제발전을 위해 복무하는 발전자(developer)로서 발전도상국 정체성으로 변화하였다. '도광양회' 전략은 외교가 국내발전을 위해 양호한 국제환경을 조성하는 것을 목표로 하고 있고 이러한 정체성 인식의 변화를 반영하고 있다.

이 시기 중국의 제3세계외교도 주변국, 아프리카-아랍국가, 아프리카국가 등 대상에 따라 미묘한 차이가 있었다.[17) 주변국에 대해서는 이들 국가들이 중국의 신생 사회주의 정권에 대한 우려를 불식하고 영토 문제 등을 해결함으로써 안정적인 주변관계를 구축하는 데 중점이 있었다. 다른 한편으로 주변국(미국과 소련 동맹을 맺은 국가들)으로부터 위협으로부터 안보를 지키는 것이다. 이는 1970년대 미중관계 데탕트와 1980년대 말 중소관계 정상화로 근본적으로 해소되었다. 아프리카와 아랍 국가들은 1970년대 말부터 1980년대 초 탈식민지화와 더불어 발전이 주요한 임무로 부상하였다. 이 시기 중국의 제3세계외교도 과거 원조를 위주로 하던 협력방식에서 "평등호혜, 실효성 추구, 다양한 형식, 공동발전"의 4가지 원칙으로 전환되었다. 이는 발전도상국외교의 중요한 전환이라고 할 수 있다. 한편 라틴아메리카국가들은 미국의 '뒷마당'으로서 장기간 미국의 통제와 영향력하에 있었고 발전이 완만하였다. 미중관계가 완화되면서 1970년대 들어 라틴아메리카 국가들과 외교관계(쿠바는 제외, 1959년 수교)를 수립하면서 큰 발전을 이룩

---

16) 중국을 지지한 국가들로 알바니아를 필두로 하는 23개 제안국과 기타 찬성한 54개 국가 중 대다수가 제3세계 국가들이었고 이 중 아프리카 신생독립국가만 26개에 달하였다.

17) 张清敏, "中国对发展中国家政策的布局," 『外交评论』 2007年 第1期, pp.22-28.

하였다. 특히 1985년 중국 총리가 라틴아메리카를 방문하고 "평화우호, 상호지지, 평등호혜, 공동발전" 4가지 원칙을 제기하면서 협력이 큰 발전을 이룩하였지만 여전히 기타 지역에 비하여 발전이 완만하였다.

이 시기까지 중국외교는 시종 명확한 반대의 목표가 있었다. 1950년대의 반미제국주의에서 1960년대 반제국주의·반수정주의(미국, 소련), 1970년대 반패권주의(소련) 그리고 1980년대의 모든 패권주의를 반대하는 독립자주의 평화외교 정책으로 나타났다. 그러나 1980년대 들어 개혁개방을 본격적으로 시작하면서 반제, 반패권은 점차 약화되었다.

셋째, 천안문 사태와 탈냉전 이후 미국과 서구의 제재와 국제적 고립에 직면하여 주변국과의 관계개선과 더불어 발전도상국과의 유대를 재차 강조하는 발전도상국 중시 정책으로 선회하였다. 특히 발전도상국의 입장을 대변하는 '국제정치경제 신질서' 구상을 제기하고 유엔이나 국제무대에서 발전도상국의 이익을 수호하고 강하게 대변한 것은 이러한 맥락이라고 할 수 있다. 유엔안보리 개혁 문제에서 중국은 발전도상국이 유엔회원국의 2/3를 차지하고 있지만 안보리에서 대표성이 부족한 상황에서 발전도상국의 대표성을 우선 증가할 것을 주장하였다.[18] 안보 문제에서 중국은 유엔이 발전도상국지역의 평화와 안정을 수호하는 역할을 적극적으로 강조하였고 정책적 실천으로 5개 상임이사국 중 가장 많은 평화유지군을 파견하였다.

이 시기 발전도상국외교는 주변 발전도상국을 중점으로 선린우호적 협력관계를 수립하고 대다수 발전도상국들이 제기한 국제정치경제 신질서 구상을 지지하고 주창하는 것으로 나타났다. 그럼에도 국력의 한계와 외교의 대내지향성으로 상당수는 정치적 수사에 가까웠고 실제로 경제무역과 인권 등 국제무대에서 실질적 협력은 여전히 상당히 제한적이었다. 발전도상국과의 협력은 점차 호혜협력, 실리주의 원칙하에서 국가이익과 국제주의 간 균형을 추구하는 방향으로 선회하였다. 특히 1995년 이후 중국의 발전도상국

---

18) 新华网, "中国政府发布关于联合国改革问题的立场文件"(2005年 08月 31日), http:// www.china.com.cn/chinese/MATERIAL/956754.htm(검색일: 2014.12.18).

경제기술원조의 방식은 중대한 개혁을 이룩하였는데 주로 대외원조 방식의 다양화로 나타났다. 구체적으로 무이자 차관과 무상원조를 계속하면서 우대 차관과 합자형식의 차관을 대폭 늘리는 것이었고, 핵심은 대외원조항목의 효율을 높이는 것이었다.

마지막으로, 21세기 후진타오 시기 들어 발전도상국외교는 중국이 주창하고 있는 국제구도의 다극화와 국제관계의 민주화, 공정하고 합리한 국제 정치경제 신질서를 건설하는 중요한 세력으로서 강조되고 있다.[19] 2002년 16차 공산당대회보고 외교부분에 대한 논술에서 "강대국은 관건, 주변국은 우선, 발전도상국은 기초, 다자외교는 중요한 무대"라는 원칙을 천명하였다. 과거 중국외교는 상당 기간 강대국 특히 미국, 소련과 관계설정을 가장 우선순위에 놓고 외교 전략의 전환이 이루어졌던 것이 사실이다. 그럼에도 상당 기간 레토릭으로 발전도상국과의 관계를 외교의 최우선순위에 놓는다고 천명하여 양자 간 간극이 존재하였다. 16차 당대회에서 처음 명시적으로 강대국, 주변국에 이어 발전도상국과의 관계를 언급함으로써 이러한 괴리가 상당 부분 해소하였다. 실제로 전략적 차원에서 중국은 발전도상국외교를 여전히 중시하였지만 구체적인 정책에서는 과거의 여러 발전도상국들에 대한 천편일률적인 정책을 바꾸어 다차원적인 관계를 정립하게 되었다.[20]

중국이 급속도로 부상하고 경제적 이익의 확대에 따른 자원과 에너지 수급과 자본수출, 대외투자가 늘면서 발전도상국은 중국의 영향력 확대와 자원의 안정적 확보, 그리고 대외투자의 주요대상국이 되었다. 발전도상국 가운데 강대국과 자원부국, 그리고 국가연합체(예를 들면 아프리카연합, 남태평양 군소도서 국가연합, 이슬람회의기구, 아랍연맹 등)와 지역협력기구(남아시아 지역협력연합) 등과 여러 형식의 동반자관계를 건립하였다. 1992년 중국은 옵서버 형식으로 인도네시아 자카르타에서 열린 제10차 비동맹국가

---

19) 杨福昌, "发展中国家及其与中国的关系,"『西亚北非』 2005年 第四期.

20) 중국의 발전도상국에 대한 획일적인 정책에 대한 연구로 张清敏, "对众多不同国家的一个相同政策,"『当代中国史研究』(2001).

정상회의에 참석하였고 77개국 그룹 + 중국의 협력 메커니즘을 구축하였다. 이는 후진타오 시기 중국의 강대국화와 더불어 중국-아프리카 포럼의 창설을 비롯한 아프리카 중시 정책에서 대표적으로 나타났다. 이 시기 발전도상국외교가 복합화되고 다층화되었는데 주로 발전도상국 무역과 투자의 급속한 성장으로 나타났다. 구체적으로 중국-아프리카 무역도 2000년의 105.9억 달러에서 2011년 1,663억 달러로 증가하여 연평균 30%를 초과하였다. 이로써 2009년 중국은 미국을 초과하여 아프리카의 가장 큰 무역파트너로 자리매김하였다. 또한 중국의 대 아프리카 투자액도 2003년 말 4.9억 달러에서 2010년에는 130.4억 달러로 급증하였다. 대 아세안 무역도 2010년 2,927.8억 달러로 연평균 20% 이상 증가하였고 중국은 아세안의 가장 큰 무역파트너, 아세안은 중국의 제3대 무역파트너로 성장하였다.[21]

　그럼에도 이 시기 중국의 발전도상국외교는 여전히 상당 부분 경제외교와 자원외교에 초점이 맞추어졌다. 단적으로 2004년 중국 정부는 전국적 차원에서 발전도상국경제외교공작회의를 개최하였는데 당시 원자바오 총리는 외교의 대 전략과 전반적 방침에 근거하여 "상호존중하고, 서로 평등하게 대하며, 정치로 경제를 추진하며, 정경결합, 호혜호리, 공동발전, 다양한 형식, 실효중시"의 원칙에 따라 발전도상국외교를 강화할 것을 강조하였다. 주목할 점은 발전도상국외교가 과거 냉전기 주로 전략적 고려에 의한 원조에서 점차 인도주의적 차원에 따른 원조를 증가하고 있다는 점이다.

---

21) 中国外交部, 『中国 — 东盟合作: 1991-2011』, 罗建波, "中国与发展中国家关系的历史演变," 门洪华 主编, 『中国外交大布局』, pp.130-131에서 재인용.

III. 시진핑 시기 발전도상국외교의 전개

시진핑 시기 들어 중국의 발전도상국외교는 정치적 수사와 실제 정책 간 괴리가 현저하게 좁혀지고 있다. '중화민족의 위대한 부흥'이라는 중국몽을 강조하면서 "현재 중국은 그 어느 때보다 이 꿈의 실현에 가까이 와 있다"고 강조하고 있다.[22] 제18차 당대회 보고서에 따르면 시진핑 지도부 집권 향후 10년은 중국이 세계적인 초강대국으로 부상을 실현할 수 있는 중차대한 임무를 부여받고 있는 "전략적 기회의 시기(重大戰略機遇期)의 마무리단계"라고 인식하고 있다.[23] 이를 위해 대외적으로 평화롭고 안정적인 주변환경을 확보하는 '안정 유지'에서 점차 영향력 확대를 추구하는 방향으로 정책을 선회하고 있다. 과거 미국 중심의 외교에서 탈피하여 주동진취(主動進取), 적극유위(積極有爲)로 대표되는 전방위외교(全方位外交)를 추진하고 있다.[24]

전방위외교는 강대국은 물론 주변국, 신흥시장국과 발전도상국 등 전 세계 국가를 대상으로 하고 있다. 특히 아시아-아프리카-라틴아메리카로 이어지는 주변국과 발전도상국, 신흥시장국에 더욱 많은 외교자원을 투입하고 있다. 특히 신흥시장국가와 발전도상국들이 집중된 지역을 자주 방문하는 것은 중국외교 전략의 탈미국화(去美国化)를 강하게 내포하고 있다.[25]

---

22) "习近平深情阐述中国梦," http://news.sina.com.cn/o/2012-12-02/045925709695.shtml (검색일: 2014.10.20).

23) 2002년 16차 당대회에서 21세기 첫 20년 즉 2021년 중국공산당 창건 100주년이 되는 2021년까지 '중대한 전략적 기회의 시기(重大戰略機遇期)'로 규정한 바 있다.

24) "王毅就中国的外交政策和对外关系答记者问," http://news.xinhuanet.com/politics/2014-03/08/c_119669879.htm(검색일: 2014.10.20).

25) 한 학자는 중국외교의 새로운 3환(環)외교, 외부(선진국)-중간(발전도상국)-내핵(주변국가)을 주창하고 있다. 주변국 대다수가 발전도상국임을 감안할 때 중국외교의 새로운 방점을 엿볼 수 있는 대목이다. 王义桅, "中国的"新三环外交"," 『联合早报』 2014年 07月 24日.

이는 중국이 인식하는 국제정세인식과 밀접히 관련되어 있다. 2012년 제 18차 당대회의 정치보고 외교 분야에서는 "신흥시장국과 발전도상국의 종합적인 실력이 증강되면서 국제구도의 역량에 변화가 발생했다"는 서술이 강조되고 있다. 2008년 글로벌 금융위기 이후 미국과 유럽연합을 필두로 한 기존 선진국들이 쇠퇴한 반면 브라질, 러시아, 인도, 중국과 남아프리카 공화국 등 브릭스를 중심으로 하는 신흥시장국은 안정적인 성장을 유지하면서 영향력이 확대된 사실에 기반하고 있다. 금융위기 이후 해결책으로 G7을 대체하여 만들어진 G20 회의는 신흥시장국과 기존 선진국 간 세력균형에 변화가 있음을 보여주는 대표적 사례라고 인식하고 있다.[26]

이러한 의미에서 시진핑이 국가주석 취임 이후 첫 방문지로 러시아와 아프리카 국가를 선택한 것은 그 의미를 찾을 수 있다. 바로 외교 정책의 중점을 러시아, 아프리카와 브릭스를 대표로 하는 신흥시장국가와 발전도상국으로 전환하고 있음을 보여주고 있다. 시진핑 시기 발전도상국과 신흥시장국의 새로운 전략적 가치를 발굴하고 만들어가는 과정이라고 볼 수 있다. 신흥시장국은 발전도상국의 대표적 주자로서 중국과 더불어 기존 미국과 서구 중심의 국제정치경제질서를 개혁하고자 하는 세력으로 인식하고 있는 것이다.[27]

시진핑 시기 발전도상국외교의 중요한 특징은 발전도상국들이 집중된 지역과 중국+N(발전도상국연합)형식의 포럼외교 형식을 취하고 있다는 점이다. 중국은 이미 발전도상국이 집중된 중동(아랍국가연합), 아세안, 아프리카연합, 라틴아메리카, 상하이협력기구 등지역과 정기협력 시스템을 마련하였다. 이는 발전도상국들과의 정치, 외교, 경제협력관계를 강화하여 미국 주도의 기존국제질서를 견제하고자 하는 데 초점이 맞추어져 있다. 구체적으

---

26) 실제로 G7에서 G20으로의 전환은 이를 잘 보여주고 있다. 기존 선진국 7개, 브릭스 5개국, 그리고 한국을 포함한 기타 지역강대국을 포함하고 있다. "王毅: 谱写全方位外交新篇章,"『人民论坛』2014年 08月 06日.

27) 人民网, "把握新机遇 开启新里程 谱写新篇章," 2014年 07月 25日, http://politics.people.com.cn/n/2014/0725/c1001-25344753.html(검색일: 2014.12.7).

로 상대방이 선택한 발전도로를 확고히 존중하고 상대방의 국가주권과 안보와 영토완정 등 핵심이익 문제에서 확고히 지지하며, 국제사회에서 발전도상국이 정당한 권익을 발전시키고 확대하는 것을 확고히 지지한다는 점을 강조하고 있다.[28]

또한 제도적으로 발전도상국을 대상으로 하는 국제금융기구를 만들어 영향력을 확대하고자 시도하고 있다. 대표적으로 중국이 주도적으로 추진 중인 아시아 인프라투자은행(AIIB: Asia Infrastructure Investment Bank)과 브릭스개발은행(BRICS Development Bank)은 모두 발전도상국과 저개발국을 지원해주는 다자은행의 성격을 띠고 있다. 우선 AIIB는 아시아에서 인프라건설을 지원해주는 것이 목적이다. 현재 아시아에서 아세안과 중동 산유국가들을 포함하여 22개국이 참여할 예정이다. 현재 아시아에 아시아개발은행(ADB)이 비슷한 역할을 하고 있으나 일본(15.7%)과 미국(15.6%)인 반면 중국은 5.5%에 불과하지만 중국의 지분을 늘이는 데 일본과 미국은 동의하지 않고 있다. 중국은 아시아 각국이 2020년까지 연간 8천억 달러 인프라 투자가 필요한데 현재 연간 100억 달러도 이루어지고 있지 않고 있는 상황에서 1천억 달러 자본금을 목표로 하는 AIIB의 설립은 아시아발전도상국들에게 상당히 필요한 부분이라고 주장하고 있다.[29]

브릭스개발은행은 5개 신흥시장국(브라질, 러시아, 인도, 중국, 남아공)이 2012년 설립에 합의한 바 있다. 브릭스개발은행은 초기 자본금 500억 달러 규모에 위기대응기금 1천억 달러에 합의하였다. 브릭스는 일찍 미국과 서구(G7)이 주도해온 기존 국제정치경제질서를 비판하면서 신흥시장국으로서 발전도상국의 이익과 입장을 대변할 수 있는 질서를 주창해왔다. 중국이 주장하는 발전도상국이 국제사무에서 대표성과 발언권을 확대하도록 적극 추

---

28) 이는 시진핑이 평화공존 5항 원칙 발표 60주년 기념대회에서 연설에서 집약적으로 나타나고 있다. "弘扬和平共处五项原则 建设合作共赢美好世界," http://news.xinhua net.com/world/2014-06/28/c_1111364206.htm(검색일: 2014.12.10).

29) 중국의 입장에 대해 아래 글 참조. 赵江林, "勿将亚投行泛政治化,"『环球』2014年 12月 25日.

진하고자 하는 새로운 세계정치경제질서와 일맥상통하는 부분이다. 시진핑 시기 들어 중국은 "'문제'가 아닌 '해결방안'의 주체가 되어야 하고 중국은 실제로 국제 문제 해결책을 제시할 수 있는 능력과 의지를 가지고 있다"는 점을 여러 차례 강조한 바 있다.[30] AIIB와 브릭스개발은행의 설립 추진은 바로 이러한 의지를 정책적 실천으로 옮기고 있는 것이다.

발전도상국외교의 목표는 탈미국화[31]이고 그 수단은 전방위외교를 통해 나타나고 있다. 전방위외교는 구체적으로 주변국외교 강화, 해양주권 수호, 브릭스 국가들과의 안정적인 협력관계 구축, 발전도상국외교 강화, 유럽연합과의 관계강화 등 5가지로 나타나고 있다. 또한 시진핑 시기 주변국, 발전도상국과의 외교 강화의 원칙으로 '정확한 의리관(正确的义利观)'을 들 수 있다.[32] 발전도상국에 입각하여 진·실·친·성(真实亲诚)의 이념으로 공동 이익을 주장하고 공평정의를 수호하고 확산하여 발전도상국들과 운명공동체를 만들어 나간다는 이념이다. 중국이 '책임지는 대국'으로서 높아진 국제적 위상에 걸맞은 발전도상국들의 이익을 고려하고 배려할 것을 강조하고 있다. 과거 중국이 경제외교에 치중되어 있었던 점에 반해 의리관은 경제적 이익보다 정치적 의리를 강조하고 있다. 브릭스 등 신흥시장국가와 협력을 실질적으로 강화함으로써 연계시켜 추진하고 있다. 신흥시장국가의 대표 주자로서 이들 국가들과 협력을 강화하면서 국제사회에서 발전도상국의 입장을 대변하고 발언권을 강화하겠다는 것이다.

2013년 3월 인터뷰에서 시 주석은 이어 중국과 브릭스 국가들과의 관계와 관련, "세계 경제 체계가 변화상을 반영, 신흥 국가와 발전도상국의 대표성과 발언권을 더욱 보장해야 한다"며 브릭스 국가의 연대를 강조했다. 아울러 시 주석은 "중국이 부단히 국력이 커짐에 따라 힘이 닿는 범위에서

---

30) "习近平: 将在国际上更多提出中国方案," 2014年07月16日, http://sd.people.com.cn/ n/2014/0716/c356086-21679545.html(검색일: 2014.10.22).

31) 탈미국화 외교는 중국에서 '국제관계의 민주화'라는 표현으로 순화되어 표현되고 있다.

32) 杨洁篪, "在纷繁复杂的国际形势中开创中国外交新格局," 『国际问题研究』 2014年 1月 20日.

더욱 많은 국제적 책임과 의무를 짊어질 것"이라며 자신의 재임 기간 '대국외교'를 펼쳐나가겠다는 뜻을 피력했다.[33] 시진핑 시기 역점을 두고 추진하고 있는 발전도상국외교로 아프리카와 라틴아메리카 지역을 들 수 있다.

우선, 아프리카는 중국 발전도상국외교의 중요한 초석으로서 일찍이 2000년 중국-아프리카 포럼을 창설하였다. 중국외교의 전통적 우세는 발전도상국이고 아프리카는 발전도상국이 가장 많은 대륙이다. 지정학적으로 아프리카는 중국이 세계 강대국들과 세력균형의 지렛대로 활용해온 지역이다. 시진핑 주석은 취임 직후 첫 방문으로 아프리카 등 3개 국가를 방문하였고 리커창 총리는 2014년 아프리카연합(AU) 본부에서 가진 특별강연에서 "'461 구조' 개념(4대 원칙, 6대 공정, 하나의 중요한 무대)을 제시하였다.[34]

구체적으로 4대 원칙은 평등대우, 상호신뢰단결, 포용발전, 창의적 합작을 견지하고, 6대 공정으로 산업·금융·빈부감축·생태환경·인문교류·평화안전 합작공정 등 '6대 공정'을 추진해 중국과 아프리카 협력을 통한 '하나의 중요한 무대'를 구축한다는 것이 핵심이다. 이어 세계경제포럼 아프리카 정상회의에서는 아프리카 도시를 잇는 고속철·고속도로·항공노선 등 이른바 '3개 연결망' 구축을 제안한 바 있다. 통계에 따르면 2013년 중국과 아프리카 교역 규모는 전년 대비 5.9% 증가한 2,102억 달러로 역대 최대치를 기록하였고 중국은 5년 연속 아프리카의 최대 무역 파트너로 자리매김하게 되었다. 2013년 말 기준 중국의 아프리카 직접투자액은 250억 달러를 돌파하였고, 아프리카에 투자한 중국 기업 수만 2,500여 개에 달하고 있다.[35]

실제로 아프리카는 중국의 투자를 필요로 하고 있지만 문화나 가치관에

33) "新兴市场国家合作成绩斐然 — 专家谈习近平主席拉美之行," 2014年 07月 30日, http://news.xinhuanet.com/2014-07/30/c_1111865287.htm(검색일: 2014.10.22).

34) 李克强, "开创中非合作更加美好的未来 — 在非盟会议中心的演讲," 2014年 5月 5日, 亚的斯亚贝巴, http://news.xinhuanet.com/world/2014-05/06/c_1110547295.htm(검색일: 2014.12.20).

35) 新华网, "中非双边贸易额2013年突破两千亿美元," 2014年 4月 22日, http://news.xinhuanet.com/fortune/2014-04/22/c_1110359145.htm(검색일: 2014.12.20).

서 구미의 영향을 더욱 많이 받고 있다. 따라서 중국이 일각에서 주장하는 이윤만 추구하는 '신식민주의' 이미지에서 벗어나기 위해 경제무역관계를 위주로 하던 관계에서 보다 전방위적·다차원적 여러 주체들과 관계를 발전시켜나갈 필요가 있다. 이를 의식하여 리커창 총리는 순방 전 아프리카 언론과 인터뷰에서는 논어의 '기소불욕 물시어인(己所不欲 勿施於人: 자기가 하기 싫은 일은 남에게도 하게 해선 안 된다는 뜻)'을 인용하며 중국이 '신식민주의'를 추진하고 있다는 일각의 의심에도 반박한 바 있다. 시진핑 시기 들어 중국의 전방위외교와 강대국외교의 구도에서 아프리카의 가치를 재발견하고 아프리카의 지지를 떠날 수 없다고 인식하고 있다. 아프리카를 공동의 역사적 경험, 공동의 발전임무에 더해 공동의 전략적 이익을 가진 운명공동체로 간주하고 있는 것이다.

다음으로, 중국은 일찍 2008년 처음으로 라틴아메리카와 카리브국가들에 대한 정책문건을 공포한 바 있다. 2011년 라틴아메리카공동체가 설립되는 계기를 맞으면서 가속화되어 2014년 들어 라틴아메리카와 카리브해 연안 국가들과 중국-라틴아메리카 포럼을 창설하여 장관급회담을 가졌다. 포럼의 창설은 발전도상국이 집중된 지역에 중국이 주도하여 만든 지역다자협력구도가 전 지구적으로 완비되었음을 의미한다.[36] 향후 정례화, 시스템화를 거치면서 고위층 교류 왕래를 통해 경제협력과 인문교류의 분위기를 마련하고 브릭스개발은행 등을 통해 라틴아메리카 인프라 건설과 투자에 힘을 쏟고 있다. 중국과 수교하지 않은 12개 국가들조차 포럼의 창설을 지지하는 등 지역 내 광범한 지지를 얻고 있다. 이로써 중국과 라틴아메리카 33개 나라들을 아우르는 관계가 형성되었다. 아프리카 발전도상국들과 비교할 때 경제사회발전수준이 보다 높아 중국과 양자 경제무역과 인문교류협력을 광범위하고 심도 있는 협력이 가능하다.

중국과 라틴아메리카는 자원과 시장 면에서 상호보완성이 강하고 경제무

---

36) 新华网, "打造中国特色大国外交," http://world.people.com.cn/n/2014/1228/c1002-26288701.html(검색일: 2014.12.18).

역협력은 상호협력의 중요한 추동력이 되고 있다. 2001년 중국과 라틴아메리카 무역액은 100억 달러에 지나지 않았지만 2013년 양자 무역액은 2,600억 달러에 달하고 있다.[37] 중국은 경제발전속도가 빠르고 시장이 광활하여 라틴아메리카 국가들이 에너지와 농산품을 수출하는 중요한 목적지가 되고 있다. 또한 라틴아메리카는 6억 인구와 광대한 시장을 갖고 있으며 이는 중국 기업이 '밖으로 진출(走出去)'의 중요한 목표국가이다. 중국-라틴아메리카 포럼의 창설은 이러한 협력을 제도화·정례화하고 브릭스개발은행을 통한 향후 인프라 건설과 투자확대, 경제지원을 통한 영향력 확대를 꾀하고 있다. 미국 주도의 국제질서를 견제하면서 중남미 등 발전도상국들과 협력관계를 강화하려는 포석이다.

주목할 것은 시진핑 시기 들어 야심차게 추진되고 있는 '일대일로(一帶一路)'외교[38] 관련 국가들이 상당 부분 중국의 주변국들이고 발전도상국들이라는 점이다. 시진핑 시기 중국외교는 큰 구상과 목표를 갖고 체계적으로 추진하고 있는 것이 특징이고, 시진핑이 취임 후 방문한 국가의 상당수는 중국이 추진 중인 대규모경제협력구상인 일대일로와 관련이 큰 국가들이다. AIIB 설립 또한 이러한 일대일로 외교의 연장선에서 제도적·금융적 지원의 성격이 짙다. 단순한 경제외교를 넘어 상대적으로 낙후한 발전도상국에는 중국이 '세계 최대의 발전도상국'을 자처하면서 대규모 원조와 투자를 아끼지 않고 있다. 발전도상국과 신흥 시장국을 바탕으로 미국 중심의 기존 세계경제금융질서를 재편하고 공정하고 공평한 질서수립을 주도하겠다는 의지도 보이고 있다. 시진핑 시기 중국이 추진하고 있는 발전도상국외교는 신흥시장국, 주변국, 그리고 경제발전의 자원과 시장 등 3가지 측면에서 중국

---

37) 中国经济网, "商务部: 2013年中拉双边贸易规模是2000年近21倍," 2014年 07月 15日, http://intl.ce.cn/specials/zxxx/201407/15/t20140715_3163185.shtml(검색일: 2014. 12.18).

38) 일대일로는 중국의 중서부 개발을 통해 중앙아시아로의 진출을 추진하는 '실크로드 경제지대'와 중국의 남부와 해양을 개발하여 동남아시아와 인도양 진출을 꾀하는 '21세기 해상실크로드'를 망라하고 있다.

식 강대국외교의 중요한 전략을 구성하고 있다.[39]

Ⅳ. 시진핑 시기 발전도상국외교 강화의 요인

21세기 들어 중국의 발전도상국외교는 완만하지만 지속적인 변화과정을 겪어왔다. 이러한 경향은 중국이 본격적으로 강대국화의 의지를 보이면서 더욱 극명하게 나타나고 있다. 시진핑 시기 이전 역대 중국의 지도자들과 외교부장은 "중국은 여전히 발전도상국이다"라는 입장을 고수하고 이러한 중국의 기본국정과 발전단계, 실제능력에 맞추어 이에 걸맞은 국제의무를 수행할 것이라고 강조하였다. 세계은행과 IMF는 1인당 국민소득이 6,500달러에 그치고 2.5억 명 인구가 하루 2달러 미만의 생활비에 생계를 유지하는 데 근거하여 중국을 여전히 발전도상국으로 분류하고 있다. 그러나 새로운 지도부 등장 이후 반복적으로 강조되고 있는 것은 강대국 정체성이나 '정확한 의리관'으로 표출되는 외교 정책이 중국의 신장된 국력과 자신감을 바탕으로 세계적 차원에서 강대국으로 발돋움하기 위해 강대국외교를 실행하고 있음을 뒷받침해주고 있다.

외교의 중점이 안정 유지(維穩)에서 영향력 확대에 적극 나서는 것으로 나타나고 있다. 시진핑 주석은 "중국이 책임 있는 대국으로서 광대한 발전도상국들의 국제 문제에 대한 대표성과 발언권도 적극적으로 추진할 것"이라고 강조함으로 미국패권을 견제하고 미국과 서구 주도의 기존국제질서를 점진적으로 개혁하고자 하는 데 있다. 중국이 주장하는 세계 경제의 형평성과 글로벌 거버넌스의 효율성을 제고하고 국제관계의 민주화를 위한 새로운

---

39) 赵干城, "塑造身份认同与巩固战略基础: 中国与发展中国家关系的演禁," 『国际问题研究』 2010年 第一期.

세계정치경제질서의 건립을 추구하고 있는 것이다.[40] 리커창 총리는 2013년 취임 후 첫 기자회견에서 "중국은 '발전 중인 대국'으로서 국제사회에서 부여한 의무를 과감히 감당할 것"이라고 강조하였다.[41] 이는 과거 정부가 사용했던 상용적인 '가장 큰 발전도상국'이라는 표현과 다르다. '발전 중'이란 표현에서 여전히 발전도상국 요인을 포함하고 있으나 핵심은 강대국으로의 정체성에 방점이 있다고 볼 수 있는 것이다.

중국이 강조하고 있는 발전도상국 정체성은 중국이 발전도상국의 입장에서 신흥시장국과 함께 국제사회에서 발전도상국의 입장과 이익을 대변하고 실천하겠다는 의지를 강하게 표명하고 있다는 점이다.[42] 이는 후진타오 시기 중국 스스로 발전도상국으로 인식하고 정책을 추진해온 것과 대조된다. 특히 중국은 미중관계 측면에서 양국이 세계에서 가장 큰 선진국 vs 세계 최대의 발전도상국으로서 입장을 강조하고 있다. 다시 말해 발전도상국의 신분으로 발전도상국을 대변하는 세계적 강대국을 지향하는 정체성을 보이고 있다. 특히 제18차 당대회보고서 '국제공평과 정의를 공동으로 지키자'고 강조―중국적 담론과 가치를 제시하고 있다. 중국이 천명하고 있는 발전도상국 정체성은 스스로 발전도상국이라고 인식하는 것과 달리 중국이 과거 발전도상국들과 유사한 반식민과 반침략의 반제반패권의 역사적 경험, 미국과 서구 주도의 국제질서에 대한 개혁과 재건에 대한 열망 등 국제무대에서 유지해온 '동질성'을 강조하는 데 있다.

우선, 세계정치경제 신질서 건립에 대한 같은 입장을 들 수 있다. 중국의 입장에서 발전도상국들은 중국이 믿을 수 있는 정치적 동반자라고 인식하고 있다. 향후 10년 중국은 지역강대국에서 세계적 강대국으로 전환하는 과도기에 놓여 있다고 할 수 있는데 중국은 더욱 적극적으로 새로운 국제질서의 수립에 나서야 하고 외교 전략도 과거의 '충격-반응'모델에서 새로운 질서구

---

40) 习近平, "巴西议会上的演讲," 2014年 7月 16日.

41) 人民网, "李克强答记者问(全文实录)," 2014年 03月 13日, http://sc.people.com.cn/n/2014/0313/c345167-20770155.html(검색일: 2014.12.18).

42) 陈向阳, "习近平"开局外交开创中国外交自信从容新气象"," 中国网 2014年 1月 26日.

축에 적극 참여하는 강대국외교로의 전환을 필요로 하고 있다.

제18차 당대회 정치보고에서는 패권주의와 강권정치, 그리고 신간섭주의가 여전히 지속되고 있으며 중국은 "각종 패권주의와 강권정치를 반대하고 책임지는 대국의 역할을 발휘하여 전 지구적인 도전에 공동으로 대응할 것"이라고 강조한 바 있다. 특히 발전도상국과의 협력을 강화하여 '국제사무에서 발전도상국의 대표성과 발언권이 확대'될 수 있도록 지지하며 '발전도상국의 영원히 신뢰할 수 있는 친구이자 참된 동반자'가 될 것이며, 지역 및 국제다자기구와 제도에 적극 참여하여 '국제질서와 국제체계가 공정하고 합리적인 방향으로 발전할 수 있도록 추동할 것이다'고 강조한 바 있다.

현재 브릭스 5개국은 발전도상국의 대표국가로서 세계 인구의 1/3, 국내총생산액의 1/4, 외환보유고의 1/2을 차지하고 있지만 세계은행에서의 비중은 13%, IMF에서 비중은 11%로서 미국보다도 비중이 낮다. 중국의 입장에서 이는 미국과 서구 선진국들이 기존질서의 수혜자로서 거부하고 있기 때문이라고 인식하고 있다. 따라서 향후 5~10년은 국제정치와 국제질서에서 서구의 영향력이 쇠퇴하고 세계 신흥시장국가와 발전도상국들이 대규모 부상하는 관건적 시기라고 인식하고 있다. 중국은 브릭스와 발전도상국들은 국제관계의 중요한 힘으로서 국제 체제의 적극적 건설자로서 이들 국가들과 같은 입장을 취할 것이고 협력을 강화할 것이라고 강조하고 있다.[43] 중국은 국제사회에서 발전도상국, 신흥시장국과 협력을 강화하는 것은 국제관계의 민주화를 실현하는 데 전략적 의미가 있다고 주장하고 있다.

다음으로, 발전도상국과 신흥시장국가의 부상에 따른 중요성의 증가이다. 냉전이 결속된 이후 미국, 유럽과 일본 등 서구국가들이 세계경제총량 비중은 75%, 무역비중은 80%를 차지하였다. 그러나 9·11 테러 이후 10년간 3대 선진국 경제는 불황과 정체를 겪는 반면, 브릭스와 아프리카 국가를 포함한 비서구국가들의 경제는 큰 발전을 이룩하였다. 2012년 비서구국가가 세계 경제에서 비중은 40%로 상승한 반면, 서구국가의 비중은 냉전 직후

---

43) "习近平揭开中国外交新布局,"『环球』第8期, 2013年 4月 16日.

75%에서 60%로 하락하였다. 무역과 금융방면에서의 지위변화도 대체로 이러하다. 과거 서구 선진 7개국회의가 주도하던 데로부터 주요 20개국회의로 확대되었다. 증가된 나라들 대다수가 브릭스 등 신흥시장국가와 한국을 제외한 멕시코, 아르헨티나 등 지역강대국들은 다수가 발전도상국의 대표 주자이다. 발전도상국들의 집단부상은 세계 역학구도를 크게 바꾸고 있다. 특히 발전도상국의 경제발전속도는 선진국가보다 2~3% 빠르고 세계 경제 성장의 70%가 신흥시장국가와 발전도상국의 발전으로부터 비롯되고 있다. 브릭스를 비롯한 신흥시장국가가 세계 경제 성장의 50% 이상을 추동하고 있다. 이러한 구도에서 중국이 발전도상국과 관계를 강화하는 남남협력은 중국 경제의 성장과 무역대국에서 무역 강국으로 전환을 실현하는 중요한 돌파구로 될 수 있다.

마지막으로, 실천 면에서 중국 주도의 국제금융기구 등 다자협력기구를 통해 국제사회에서 중국의 영향력과 발언권을 확대할 수 있다. 중국이 발전도상국과의 관계를 강화하는 것은 반서구 특히 반미동맹을 결성하고자 하는 것은 아니다. 브릭스 국가들 그리고 발전도상국과의 관계 강화를 통해 중국은 자신이 발전도상국을 대표하여 발전도상국들이 높아진 위상에 걸맞은 세계에서 발언권을 강화하고자 요구하고 있다. 일례로 중국은 IMF에 신흥국가(브릭스와 지역강대국)에 더욱 많은 의결권을 줄 것을 요구하였지만 미국 의회가 부결함으로 무산된 것을 경험한 바 있다. 중국이 발전도상국과의 관계를 강화하여 국제사회에서 발전도상국의 입장을 보다 대변하고자 하는 것은 자신의 전통적 영향력을 공고히 하고 확대하는 데 유리하다. 서구 선진국들이 IMF와 세계은행의 개혁에 미온적인 태도를 비판하면서 브릭스개발은행 설립은 IMF와 세계은행에 대한 대안을 찾는 과정에서 이루어진 것이고 기타 발전도상국에도 금융지원을 할 것임을 강조하고 있다.

이 밖에 중국은 아시아지역에서 미국과 일본 주도의 아시아개발은행(ADB)의 한계를 극복하고자 아시아 인프라투자은행(AIIB) 설립을 적극 추진하고 있으며 중앙아시아국가들과 함께 상하이협력기구(SCO)개발은행 설립도 추진하고 있다. 이러한 행보는 현행 국제금융기구의 지원에 불만이 많은 발전도상국이 집중되어 있는 지역에 집중되고 있다. 브릭스개발은행이 브릭스 내부의 불협화음 우려에도 불구하고 발전도상국에 IMF의 대안이 될 가능성이 충분히 있고 AIIB 역시 아시아 국가들의 지지를 받고 있다는 점에서 주목할 필요가 있다. 특히 두 금융기구를 통해 중국이 브릭스 국가 내부와 아시아 역내 국가들 간 신뢰증진과 더불어 국제사회에서 발전도상국과 신흥시장국의 역할을 대변하는 지도자적 지위강화라는 전략적 효과를 포석에 두고 있다. 특히 현재 IMF나 세계은행이 발전도상국들에 인권, 환경보호 및 금융시장 개방 등 가혹한 조건을 제기하고 있는 것과 달리 AIIB나 브릭스개발은행이 문턱을 낮출 경우 아시아와 발전도상국 사회 인프라건설 투자에 큰 도움이 될 것으로 전망되고 있다.

V. 결론

이상 중국의 발전도상국외교의 발전과정과 시진핑 시기 들어 전략적으로 강화되고 있는 발전도상국외교의 현황과 그 원인을 분석하였다. 흥미로운 현상은 시진핑 시기 들어 중국이 추진하고 있는 전방위외교와 강대국외교의 가장 중요한 특징은 탈미국화라는 점이다. 이러한 연장선 위에서 미국과의 관계를 여전히 매우 중시하면서도 횡적으로 주변국외교나 발전도상국외교, 기타 강대국과의 외교를 질적으로 강화하고 있다는 점이다. 발전도상국외교는 큰 범주에서 주변국 발전도상국, 브릭스 등 신흥시장국, 일반발전도상국으로 나눌 수 있고 3자는 범주나 내용, 정책적 추진 면에서 상당 부분 연동되고 일맥상통한다는 점이다.

특히 신흥시장국으로 불리는 브릭스 국가들은 발전도상국의 대표 주자로서 기존 세계정치경제질서에서 소외되고 불합리한 대우를 받고 있는 국가들로서 중국과 함께 강한 개혁의지와 실천의지를 지니고 있다. 과거 중국이 발전도상국과 함께 국제질서의 개혁을 요구한 것이 정치적 수사에 가까운 실천을 동반하지 못한 것이었다면, 현재 중국이 추진하고 있는 AIIB나 브릭스개발은행은 신흥시장국의 지지와 발전도상국의 호응을 얻어내면서 점차 정책적·전략적으로 추진되고 있다는 점이다.

더욱이 세계적 강대국을 추구하고 있는 상황에서 중국이 강조하고 있는 발전도상국 정체성은 중국이 스스로 발전도상국이라고 인식하는 것과 달리 중국이 과거 발전도상국들과 유사한 반식민과 반침략의 반제반패권의 역사적 경험, 미국과 서구 주도의 국제질서에 대한 개혁과 재건에 대한 열망 등 국제무대에서 유지해온 '동질성'을 강조하는 데 있다. 다시 말해 중국이 발전도상국의 리더로서 기존 국제질서의 구축자이자 수혜자인 미국과 서구에 대해 국제질서의 개혁을 강하게 요구하고 발전도상국의 입장과 이익을 대변하고 실천하는 강대국외교의 일환인 것이다. 따라서 시진핑 시기 현재 추진되고 있는 발전도상국외교는 완만하고 점진적이지만 중국이 강대국으로서 국제규범과 제도 건설자로서의 전략적 특성을 강하게 띠고 있고, 이는 이전의 단순한 경제외교나 자원외교의 차원의 발전도상국외교와 질적으로 다른 점이다.

시진핑 시기 중국이 현행 권위주의 체제를 유지하면서 급속한 부상이 이루어질 가능성 큰 상황에서 정치적 권위주의와 경제적 시장경제, 대외개방을 결합한 중국모델은 발전도상국들에게 매력 있는 선택으로 다가올 것이다. 중국 역시 인권과 타이완 문제, 부패 등 문제를 안고 있는 발전도상국에 대한 외교적 중시와 정책은 지속될 것이다. 다만 발전도상국과 강대국 정체성이 혼합되어 나타나고 있지만 강대국 정체성이 증대되는 추세를 보이고 있다. 중국이 미국과 견줄 수 있는 과거 '질서 적응자(適應者)'에서 '조정자(調整者),' 다시 '질서 구축자'로 적극적이고 주도적으로 전환되는 과정에서 새로운 국제규범과 국제질서의 창출 의지도 강하게 담고 있으며 이러한 주장이 발전도상국외교에서 어떻게 나타날지 지켜보아야 할 대목이다. 이는 궁극적으로 시진핑 시기 중국이 안고 있는 강대국, 발전도상국과 사회주의 세 가지 정체성의 조화를 통해 나타날 것이다.

【참고문헌】

김애경. 2008. "중국의 부상과 소프트파워 전략: 대 아프리카 정책을 사례로."『국가전략』.

罗建波. 2013. "中国与发展中国家关系的历史演变." 门洪华 主编.『中国外交大布局』.

谢益显 主编. 1988.『中国外交史(中华人民共和国时期1949-1979)』. 河南人民出版社.

石林. 1989.『当代中国的对外经济合作』. 北京: 中国社会科学出版社.

习近平. "巴西议会上的演讲." 2014年 7月 16日.

"习近平揭开中国外交新布局."『环球』第8期, 2013年 4月 16日.

新华网. "中国政府发布关于联合国改革问题的立场文件"(2005年 08月 31日).

杨洁篪. "在纷繁复杂的国际形势中开创中国外交新格局."『国际问题研究』2014年 1月 20日.

杨福昌. 2005. "发展中国家及其与中国的关系."『西亚北非』2005年 第四期.

"王毅: 谱写全方位外交新篇章."『人民论坛』2014年 08月 06日.

王义桅. "中国的'新三环外交'."『联合早报』2014年 07月 24日.

人民网. "李克强答记者问(全文实录)." 2014年 03月 13日.

_____. "把握新机遇 开启新里程 谱写新篇章." 2014年 07月 25日.

张清敏. 2001. "对众多不同国家的一个相同政策."『当代中国史研究』.

_____. 2001. "中国的国家特性, 国家角色和外交政策思考."『太平洋学报』.

_____. 2007. "国家不同平等互利."『科学决策月刊』2007年 第1期.

_____. 2007. "中国对发展中国家政策的布局."『外交评论』.

钱其琛. 1995.『世界外交大词典』. 北京: 世界知识出版社.

赵干城. 2010. "塑造身份认同与巩固战略基础: 中国与发展中国家关系的演禁."『国际问题研究』2010年 第一期.

_____. 2010. "塑造身份认同与巩固战略基础: 中国与发展中国家关系的演进."『国际问题研究』2010年 第一期.

赵江林. "勿将亚投行泛政治化."『环球』2014年 12月 25日.

中国经济网. "商务部: 2013年中拉双边贸易规模是2000年近21倍." 2014年 07月 15日.

中国外交部.『中国 — 东盟合作: 1991-2011』.

中华人民共和国外交部, 中共中央文献研究室. 1994.『毛泽东外交文选』. 北京: 中央文献出版社.

陈向阳. "习近平"开局外交开创中国外交自信从容新气象"." 中国网, 2014年 1月 26日.

『胡锦涛在中国共产党第十八次全国代表大会上的报告』(2012년 11월 18일).

『联合早报』.

『人民论坛』.

人民网.

中国经济网.

中国网.

제**5**장

중국의 다자외교 전략

이영학 | 한국국방연구원

I. 서론

세계적 강대국으로 부상 중인 중국은 '중화민족의 위대한 부흥'이라는 '중국의 꿈'을 실현하기 위해 대내적으로는 지속가능한 경제발전과 정치사회적 안정을 추구하면서 대외적으로는 평화적 발전과 영향력 확대를 모색하고 있다. 현재 중국이 추구하고 있는 외교 전략의 기본 구도(布局)는 "강대국이 관건, 주변국을 우선, 발전도상국은 기초, 다자를 무대로(大國是關鍵, 周邊 是首要, 發展中國家是基礎, 多邊是重要舞臺)" 짜여져 있다. 어느 하나의 영역도 소홀히 하지 않고 동시에 병행 발전시키고자 하는 전방위외교를 표방하고 있는 것이다.

2012년 말 시진핑을 중심으로 하는 제5세대 지도부가 출범한 이후, 중국 외교는 미국과의 '새로운 강대국 관계(新型大國關係)'와 주변외교를 더욱 강조하고 있다. 이는 미국의 아시아 재균형 전략 및 대중국 견제 강화, 그리고 주변국과의 영토 주권 및 권익을 둘러싼 분쟁 격화에 대한 대응과 관리의 필요성, 그리고 자국의 부상에 필요한 핵심이익을 수호하기 위해서이다. 그런데 중국은 이러한 강대국외교와 주변외교를 효과적으로 수행하기 위해서 다자외교, 특히 아시아를 중심으로 하는 지역 다자외교를 적극적으로 활용하고 있다.

다자외교란 일국이 자국의 외교적 목표를 실현하기 위해 다자주의를 대외 전략으로 활용하는 것을 의미한다.[1] 다자주의란 러기(John Ruggie)의 정의에 따르면, "3개 이상의 국가들이 일반화된 행위원칙(generalized principles of conduct)에 따라 국가관계를 조정하는 제도적 형태(institutional form)"를 의미한다. '일반화된 행위원칙'은 특정 국가의 이익과 상황에 따른 임기응변적 대응이 아닌 불편부당성, 일관성, 국제법에 대한 존중의 요소들을 포함한다.[2] 또한 다자주의는 이러한 원칙 이외에도 참가국들이 손실과 이익을 공유하며, 대략적인 이익균형을 유지하는 것도 포함한다.[3] 이렇게 볼 때, 다자주의란 원칙(규범)을 기반으로 이익을 공유하는 제도(틀)라고 간단하게 정의할 수 있고, 다자외교란 이러한 원칙과 이익을 포함하는 제도를 외교적으로 활용하는 것을 의미한다고 볼 수 있다. 이 글에서는 다자주의와 다자외교를 이러한 의미로 사용할 것이다.

중국의 다자외교에 대한 입장은 과거 수동적 반응(response)에서 적극적 참여, 더 나아가서는 제도를 건설하고 의제를 주도할 만큼 적극적이고 주도적으로 변화하여 왔다. 특히 시진핑 지도부 집권 이후에는 과거와는 또 다른 새로운 변화들이 나타나고 있다. 기존의 미국 주도의 다자제도에 대한

---

1) 秦亞靑, "多邊主義硏究: 理論與方法,"『世界經濟與政治』2001年 第10期.
2) John Gerald Ruggie, "Multilateralism: The Anatomy of an Institution," John Gerald Ruggie, ed., *Multilateralism Matters: The Theory and Praxis of an Institutional Form* (New York: Columbia University Press, 1993), pp.6-8; 박재영,『유엔과 국제기구』(2007), pp.619-625.
3) 신봉수, "다자주의와 계서체계: 헤게모니의 중국적 함의,"『중국학논총』2009년 제26집, p.313.

참여는 유지하되, 아시아 지역을 중심으로 자국이 주도하는 새로운 다자안
보 및 경제 제도를 적극적으로 추진하면서 역내 국가들의 참여를 촉구하고
있다. 여기에서는 탈냉전기 중국의 다자외교의 전개과정을 살펴보고, 시진
핑 지도부 집권 이후 중국의 다자외교 전략이 어떠한 변화들을 보이고 있는
지를 검토한 후, 그러한 변화의 원인과 배경을 종합적으로 분석할 것이다.
이러한 분석에 기반하여 향후 시진핑 지도부 집권 기간 중국의 다자외교
전략 및 정책의 방향을 전망한 후, 우리에 대한 정책적 함의를 살펴보고자
한다.

II. 탈냉전기 중국 다자외교의 전개

중국은 19세기 중엽 서구 열강이 주도하는 국제체계에 강제로 편입된 이
래, 국제기구에 대해 시범적 수용, 상대적 배척, 제한적 참여를 거쳐 적극적
참여 입장으로 점진적인 변화를 보이고 있다.[4]
특히 냉전 종식 이후에 중국이 적극적으로 국제기구에 참여하고, 이를 활
용하게 된 결정적 계기는 1989년 6·4 천안문 사태로 인한 서방 국가들의
대중국 제재였다. 중국은 서구로부터의 제재와 고립에서 벗어나서 경제 발
전을 추구하고, 또한 90년대 초중반 중국 위협론 등으로 확산되기 시작한
국제사회에서의 부정적인 이미지를 개선하기 위해 국제사회에 적극적으로
참여할 필요가 있었다.
또한 1990년대 중후반 이후에는 중국의 급속한 경제적 성장을 기반으로
한 종합국력의 증대에 따라 '책임지는 대국(負責任的大國)' 외교를 선언하면
서, 주로 지역을 중심으로 한 다자기구에 적극 참여하고 공공재를 제공하는

---

4) 劉宏松, "中國的國際組織外交: 態度, 行爲與成效," 『國際觀察』 2009年 第6期.

〈표 1〉 탈냉전기 이전 중국의 국제기구 참여에 대한 입장 변화

• 첫째, 시범적 수용 단계: 1949년 중화인민공화국 수립 이전까지의 시기
  - 서구 열강이 주도하는 국제체계에 강제로 편입된 중국은 19세기 말, 20세기 초에 국제기구와 조우
  - 그간 서구 열강과의 양자간 접촉에서 불평등한 대우를 당하던 중국은 국제기구를 비교적 동등한 발언권이 부여되는 장으로 인식
  - 만국우편연합 가입(1897), 헤이그 평화회의 대표단 파견(1899, 1907), 파리강화회의 참여(1919), 국제연맹 창립 회원국 등

• 둘째, 상대적 배척 단계: 중화인민공화국 수립 이후부터 1969년까지의 시기
  - 미국을 중심으로 한 서구국가들은 신생 중화인민공화국에 대한 승인 거부, 중국은 대소련 일변도(一邊倒) 전략 채택
  - 중국은 미국이 주도하는 UN 및 국제기구에 대해 배타적인 태도 견지

• 셋째, 제한적 참여 단계: 1970년대부터 1980년대까지의 시기
  - 중국은 소련의 군사적 위협에 대응하기 위해 미국 등 서방 국가와 관계 개선 시도
  - 1971년 UN 총회에서 중국은 대만이 가졌던 UN에서의 '합법적' 지위 획득
  - 1976년 마오쩌둥의 사망과 문화대혁명의 종결, 1978년 개혁개방 채택에 따라 중국은 경제발전 추구, 이에 따라 국제기구에 대한 참여 확대
  - 국제통화기금, 세계은행, 아시아개발은행 등 국제경제기구에 가입하고, 관세 및 무역에 관한 일반협정에 가입 신청

동시에 자국의 발언권과 영향력을 강화하기 위해 노력하였다. 한편, 중국 스스로의 힘으로 해결하기 힘든 여러 가지 지역 및 글로벌 이슈들이 부각되면서, 이를 해결하기 위해서라도 다자간 대화와 협력의 틀인 국제기구에 대한 적극적인 참여가 필요하게 되었다.

중국은 정치, 경제, 사회, 안보, 환경 및 인권 등 다양한 영역의 국제기구에 적극적으로 참여하였다. 특히 아시아태평양경제협력체(APEC), 아세안지역포럼(ARF) 등 지역 내 국제기구에 적극적으로 참여하였을 뿐만 아니라, 아세안+한중일(10+3), 상하이협력기구(SCO), 북핵 문제 해결을 위한 6자회담 등 지역 내 국제기구와 레짐을 실질적으로 주도하기 시작하였다. 중국은 또한 다수의 다자조약에 서명 및 비준하였는데 핵확산금지조약, 유엔해양법협약, 생화학무기협약, 유엔기후변화협약, 생물다양성협약, 그리고 인권규

약 등이 그것이다.

한편, 1990년대부터 현재까지 국제기구를 중심으로 한 다자제도에 대해서 중국이 적극적으로 참여하고 있는 시기에도 중국의 입장은 지속적으로 변화하였다. 이는 중국의 주요 공식 문건을 통해서 확인할 수 있다. 1992년에 개최된 중국공산당 제14차 전국대표대회의 정치보고에서 중국의 다자외교에 대한 입장이 처음 등장한 이래, 역대 당대회 정치보고에서는 중국공산당 지도부의 다자외교에 대한 변화된 인식을 반영하여 명시하고 있다. 14차 당대회에서는 "중국은 UN안보리 상임이사국으로서 UN의 역할을 중시하고, UN사무에 적극 참여할 것이며, UN과 안보리가 세계평화 수호 등의 방면에서 적극적으로 역할을 발휘하는 것을 지지한다"라고 하고 있고, 1997년 15차 당대회에서는 중국이 다자외교 활동에 적극 참여할 것임을 밝히면서, UN 및 국제기구에서 역할을 충분히 발휘할 것임을 주장하고 있다.

또 2002년 16차 당대회에서는 중국이 UN과 기타 국제 및 지역 내 기구에서 역할을 발휘할 것임을 주장하고 있으며, 2007년 제17차 당대회에서는 다자사무에 적극적으로 참여하고 상응하는 국제적 의무를 부담하면서 건설적인 역할을 발휘할 것이라고 표명하였고, 2012년에 개최된 제18차 당대회에서는 UN과 함께 G20, SCO, 브릭스(BRICS) 등을 특정하고 있다. 이렇게 볼 때, 중국은 UN에서 기타 국제기구로, 다시 지역 내 기구를 포함시키면서 다자외교에 대한 참여 범위를 확대해 나가는 한편, 특정 기구를 강조함으로써 선택과 집중하려는 의지를 보여주고 있다. 또한 중국의 역할 발휘에 대한 표현도 "적극 참여 및 지지"에서 "역할을 (충분히) 발휘"로 변화하고 있음을 확인할 수 있다.[5]

중국이 이처럼 적극적이고 주도적으로 다자외교를 추진하게 된 배경 및 원인으로는 첫째, 시대관 및 국제정세 인식의 반영을 꼽을 수 있다. 1990년

---

5) 이영학, "중국공산당 대외전략의 전개, 특징 및 전망: 역대 당대회 정치보고에 대한 분석을 중심으로," 이정남 편저, 『개혁개방기 중국공산당: 구조·권력관계·대외정책』 (아연출판부, 2014), pp.284-285.

대 냉전 종식 이후 중국은 여전히 평화와 발전이 시대의 추세라는 시대관(時代觀)을 견지하면서, 세계화와 다극화가 장기적으로 발전하고 있고, 특히 중국의 부상을 위한 기회요인이 도전 요인보다 크다고 판단하였다. 이러한 정세 판단하에 2002년 중국지도부는 향후 20여 년을 중국이 평화적 발전을 실현할 수 있는 '전략적 기회기'로 상정하였고,6) 이를 활용하기 위한 중요한 수단으로서 중국은 적극적인 다자외교를 추진하게 되었다.

또한 중국은 탈냉전기 세계정치의 새로운 현실은 냉전 시기와는 다른 새로운 규칙과 규범을 필요로 한다고 인식하였다. 즉, 경제세계화의 발전과 글로벌 이슈의 등장으로 인해 국가들이 상호의존해야만 하는 상황이 되었고, 경제이슈뿐만 아니라 안보 이슈에서도 국가 간 상호의존이 심화되었다고 인식하였다. 즉, 국가 간 안보는 상호의존적이기 때문에 제로섬이 아니며, 윈-윈을 추구해야 한다고 주장하였다. 이에 따라 중국은 1996년 상호신뢰(互信), 호혜(互利), 평등(平等), 협력(協作)을 핵심 개념으로 하는 '신안보관(新安全觀)'을 제시하고 공동안보, 협력안보 및 종합적 안보를 강조하는 등 국가안보에 대한 개념을 발전시켰다. 이와 같은 새로운 인식을 바탕으로 중국은 다자안보제도에도 적극적으로 참여하게 되었다. 한편, 중국은 군사적 수단 이외에도 경제, 환경 등에서의 국제협력이 중국의 안보를 증진시킬 수 있다고 인식하면서, 다자안보기제뿐만 아니라 포럼, 학술 대화 등 다양한 협력기제에도 참여하였다.

둘째, 국가목표(이익) 실현을 위한 대외 전략 및 정책으로서 다자외교의 유용성을 인식하게 되었다. 1989년 천안문 사태와 1990년대 초반 냉전의 종식 등 대내외 정세의 급격한 변화 속에서 중국은 미국을 비롯한 서방 국가들의 제재와 봉쇄를 뚫고, 지속적인 경제발전을 실현해나가기 위해서 다자외교를 더욱 중요시하게 되었다. 이는 1992년에 개최된 중국공산당 제14

---

6) Jianwei Wang, "China's Multilateral Diplomacy in the New Millennium," Yong Deng and Fei-Ling Wang, eds., *China Rising: Power and Motivation in Chinese Foreign Policy* (Roman & Littlefield Publishers, 2005), pp.159-200.

차 당대회에서 이전 당대회의 정치보고와는 달리 처음으로 중국이 유엔 안
보리 상임이사국으로서 유엔의 역할을 중시하고 유엔 사무에 적극적으로 참
여할 것을 강조하고 있는 데에서도 드러난다. 또한 1990년대 중반에는 제3
차 대만해협 위기와 남중국해에서의 영토 분쟁 등으로 인해 중국 위협론이
확산되었고, 중국은 이를 불식시킬 필요성을 절감하게 되었다. 이와 동시에
중국이 추구하는 다극화를 실현하기 위해서도 미국의 패권과 일방주의를 견
제하고 밸런싱(check and balance)할 수 있는 효과적인 도구로서 다자주의
를 인식하게 되었고,[7] 더 나아가서 중국은 다자제도에 적극적으로 참여하여
공공재를 제공하는 동시에 자신의 발언권과 영향력을 확대하려 하였다. 다
자주의는 이처럼 중국이 국가이익을 실현하고 영향력을 투사할 수 있는 매
력적이며, 덜 위협적인 수단으로 인식되었다.

셋째, 중국의 국력 증대가 다자외교를 효과적으로 수행할 수 있도록 물적
기초를 제공하였고, 국제사회에 편입과 수용이 진행된 결과로서 중국은 다
자외교 수행에 확신을 갖게 되었을 뿐만 아니라, 국제기구와 레짐을 주도하
면서 새로운 의제와 규범을 만들기 위한 노력의 중요성을 인식하게 되었다.
대표적인 사례로서 북핵 문제 해결을 위한 6자회담을 꼽을 수 있다. 중국은
6자회담을 주도하면서, 정치 어젠다를 조율 및 통제하여 북미 핵심당사국
간 이견을 조율하고 상호 양보를 이끌어냈을 뿐만 아니라, 〈9·19 공동성
명〉, 〈2·13 합의〉 등 6자회담 참가국 모두가 받아들일 수 있는 중요한 성
과를 창출해내는 데 크게 기여하였다. 동시에 중국은 6자회담을 동북아의
다자간 안보대화 기제로 발전시켜 나갈 가능성을 모색하기도 하였다. 이를
통해 중국은 국제사회로부터 높은 평가를 받게 되었고, 국제사회가 중국을
바라보는 시각을 한층 업그레이드시키는 계기로 작용하였다.[8] 그러나 다자

---

7) Jianwei Wang, "China's Multilateral Diplomacy in the New Millennium," Yong
Deng and Fei-Ling Wang, eds., *China Rising: Power and Motivation in Chinese
Foreign Policy* (Roman & Littlefield Publishers, 2005), pp.159-200.

8) 이영학, "중국 소프트파워 외교의 전개, 성과 및 한계,"『동서연구』2009년 제21권
1호, pp.152-153.

제도에 참여하고 있는 국가는 제도로부터 이익을 얻을 수 있는 동시에 제도의 규범을 따라야 하는데, 국가이익이나 국가주권의 문제에 있어서도 때로

〈표 2〉 냉전 종식 이후 중국의 주요 국제기구 가입 현황

국제기구	가입 시기	비고	국제기구	가입 시기	비고
아시아태평양 경제협력체 (APEC)	1991		인도양 해양국 지역협의회 (IOR-ARC)	2000	대화 관계 (dialogue partner)
핵확산금지조약 (NPT)	1992		국제이민기구 (IOM)	2001	옵서버 자격 (observer state)
국제전람국 (BIE)	1993		보아오 아시아 포럼 (BAF)	2001	창립 주도
아세안지역포럼 (ARF)	1994		상하이협력기구 (SCO)	2001	창립 주도
South Centre (발전도상국 국제연대체)	1995		세계무역기구 (WTO)	2001	
아시아유럽 정상회의 (ASEM)	1996		경제사회문화권리 국제공약	2001	
국제청산은행 (BIS)	1996		중국-아랍국가 협력포럼	2004	창립 주도
포괄적 핵실험금지조약 (CTBT)	1996		원자력공급국그룹 (NSG)	2004	
화학무기금지기구 (OPCW)	1997		동아시아정상회의 (EAS)	2005	
쟁거위원회 (Zangger Committee)	1997		세계동물보건기구 (OIE)	2007	
공민권과 정치권리 국제공약	1998		자금세탁방지국제기구 (FATF)	2007	
G20	1999		국제재생에너지기구 (IRENA)	2013	

출처: 신종호, "중국과 국제기구," 성균중국연구소 엮음, 『차이나핸드북』(김영사, 2014), p.195

는 양보를 해야 한다.[9] 따라서 절대적 주권 개념을 고수해 온 중국은 탈냉전 시기 유엔 평화유지활동의 인도주의적 개입에 대한 결정 등에 있어서 내정불간섭 원칙과 책임 대국으로서 국제적 개입 사이에서 곤혹스러운 모습을 보이고 있다.

III. 시진핑 시기 중국 다자외교의 전개

시진핑 시기 중국의 다자외교는 새로운 특징을 보이고 있다. 첫째, 중국은 여전히 미국과 서구가 주도하는 기존의 다자제도의 중요성을 강조하면서 참여하고 있으나, 실질적으로는 아시아 지역을 중심으로 자국이 주도하는 새로운 지역 다자기제를 적극적으로 만들어 나가면서 역내 국가들의 참여를 촉구하고 있다. 안보 영역에서는 "아시아 교류 및 신뢰구축 회의(CICA: Conference on Interaction and Confidence-Building Measures in Asia)"[10]를 아시아 지역의 새로운 다자안보기제로서 그 위상과 역할을 격상시키기 위해 노력하고 있다. 2014년 5월 중국 상하이에서 개최된 CICA에서 시 주석은 "아시아인의 안보는 아시아인이 수호해야 한다"면서 공동·종합·협력·지속 가능한 '아시아 안보관(亞洲安全觀)'을 주창하였다. 동시에 CICA는 "아시아에서 범위가 가장 크고, 구성원 수가 가장 많으며, 가장 광범위한 대표

---

9) 秦亞靑, "多邊主義硏究: 理論與方法," 『世界經濟與政治』 2001年 第10期.

10) CICA는 1992년 카자흐스탄 발의로 2002년 창설된 회의체로서 외교장관 회의 등의 대화채널이 있으며, 4년 주기로 정상회의를 개최하고 있다. 한국, 중국, 러시아, 몽골, 인도, 파키스탄, 캄보디아, 태국, 베트남, 아제르바이잔, 카자흐스탄, 키르기스스탄, 타지키스탄, 우즈베키스탄, 이란, 이라크, 아프간, 이스라엘, 팔레스타인, 요르단, 바레인, 이집트, UAE, 터키, 카타르, 방글라데시 등 26개 회원국으로 구성되어 있으며, 일본, 미국 등 7개국 및 UN 등 4개 기관의 옵서버를 두고 있다. 중국은 2016년까지 의장국을 맡는다.

성을 지닌 지역안보포럼"으로서, 중국은 CICA가 "아시아 전체를 포괄하는 안보대화 플랫폼이 되도록 추진하고, 이 기초 위에서 지역안보협력의 새로운 틀 구축을 논의"할 것을 공식적으로 제안하였다.[11] 1992년에 창설된 CICA가 아시아 26개국을 포괄하는 광범위한 대화체임에도 불구하고, 기존의 역내 안보를 주도하던 미국과 일본이 불참하고 있음을 고려할 때, 중국은 CICA를 통해 기존에 미국이 주도하던 아시아 안보 질서를 대체할 수 있는 새로운 안보협력의 틀을 구축하려 하고 있는 것으로 보인다.

또한 중국은 소다자협력기제 구축도 추진하고 있다. 2014년 9월 11일 시 주석은 타지키스탄에서 개최된 상하이협력기구(SCO) 정상회의 참석 계기에 러시아의 푸틴 대통령 및 몽골 엘벡도르지 대통령과 함께 최초로 중·러·몽 3국 정상회의를 개최하였다. 시 주석은 "중·러·몽 3국은 좋은 이웃이며 좋은 파트너로서, 현재의 복잡하고 다변하는 국제 및 지역 정세에서 3국 정상이 함께 모여 서로의 관심사와 관련된 협력에 대해 소통하고, 상호 신뢰를 증진하는 등 동북아 지역의 협력을 추진하는 데 매우 중요한 의미가 있다"고 강조하였다.[12] 중국은 우크라이나 사태로 미국과 불편한 관계에 있는 러시아와 전략적 협력을 강화하는 동시에 러시아와 우호적 관계를 맺고 있는 몽골이 함께 참여하는 3국 정상회담 기제를 구축함으로써 미국의 대중국 견제에 대한 카운터 밸런싱을 강화하고 있다. 더 나아가서는 중국이 최근에 제안한 '아시아 안보관' 및 신(新)실크로드 경제권 구상을 설명하면서 자국의 역내 안보 및 경제 질서 이니셔티브에 대한 협력을 구하고 있는 것으로 보인다.

경제 영역에서는 실크로드 경제권 구상으로 일컬어지는 실크로드 경제벨트와 21세기 해상 실크로드(一帶一路), 경제회랑과 더불어, 최근에는 아시아 인프라투자은행(AIIB) 설립을 적극 추진하고 있다. 2013년 9월과 10월,

---

11) "習近平: 積極樹立亞洲安全觀 共創安全合作新局面," http://news.xinhuanet.com/world/2014-05/21/c_126528981.htm

12) "習近平出席中俄蒙三國元首會晤," 중국외교부 홈페이지(2014.9.11).

시 주석은 카자흐스탄과 인도네시아 방문 시 각각 실크로드 경제벨트와 21세기 해상 실크로드 구축을 제안하였다. 중국은 실크로드 경제권 구상을 통해 초기에는 도로, 철도, 공항, 항구, 석유 및 가스 수송로 등을 건설하고, 무역과 투자의 편리성을 확보한 후, 거점 경제권을 형성하면서 자유무역지대를 구축하고, 최종적으로는 거점 자유무역지대를 서로 연결해 아시아와 중동, 아프리카, 유럽을 하나의 자유경제지대로 통합한다는 장기 전략을 갖고 있는 것으로 보인다.[13] 특히, 아시아 인프라투자은행은 2013년 10월 시 주석이 인도네시아 대통령과의 회담에서 제시한 것으로서, 아시아 지역의 대규모 기반 시설 구축 프로젝트의 투자금을 지원한다는 목표하에 설립을 추진하고 있다. AIIB는 기존의 미국 주도의 세계은행과 일본 주도의 아시아개발은행과 때로는 경쟁하고 때로는 이들을 보완해 나가면서 점진적으로 중국이 주도하는 새로운 아시아 금융질서를 구축하려는 시도라고 할 수 있다.

또한, 중국은 2014년 11월 10일부터 11일까지 베이징에서 개최된 제22차 아시아태평양경제협력체(APEC) 정상회의에서 자국이 주도하는 '아태자유무역지대(FTAAP)' 실현을 위한 지역경제통합 로드맵을 채택하였다. 회의 기간 중(8일)에도 비회원 국가 7개국─몽골, 라오스, 캄보디아, 미얀마, 방글라데시, 파키스탄, 타지키스탄─정상을 초청하여 '소통과 동반자 관계 강화를 위한 대화'를 개최하고, 실크로드 기금 조성 및 400억 달러 투자를 발표하였다. 이 회의에서 중국은 "아시아 국가를 중점 대상으로 삼고, 경제회랑을 주요 수단으로 하며, 교통인프라를 돌파구로 하고, 금융 플랫폼을 구축하며, 인문교류를 연결 고리로 삼고, 실크로드 경제권을 위한 실무 협력을 강화하며, 아시아 국가 간 소통과 동반자 관계를 심화해서 운명공동체를 건설할 것"임을 강조하였다.[14]

한편, 앞에서 언급한 중·러·몽 3국 정상회의에서 시 주석은 3국의 발전

---

13) 이지용, "중국 일대일로(一帶一路) 전략의 정치경제적 함의와 시사점," 『주요국제문제 분석』 2014.11.25.

14) 이영학, "베이징 APEC 정상회의와 중국의 대외전략," 한국국방연구원, 『동북아안보 정세분석』 2014.12.3.

〈그림 1〉 중국의 실크로드 경제권 구상

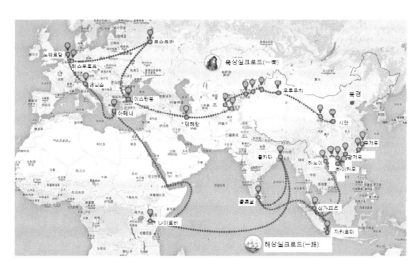

출처: 이지용, "중국 일대일로(一帶一路) 전략의 정치경제적 함의와 시사점," 『주요국제문제분석』
(2014.11.25)

전략이 고도로 합치된다고 강조하면서, 중국이 제시하고 있는 실크로드 경제벨트를 러시아의 유라시아 횡단 철도, 몽골의 초원의 길 구상과 연계하여 중-몽-러 경제회랑을 구축하고, 철도 및 도로 등 상호연계 구축을 강화하는 등 3국 간 협력을 제안하였고, 이는 러시아와 몽골의 적극적인 호응을 얻은 것으로 알려지고 있다.[15] 또한, 2013년 리커창 총리가 방글라데시-중국-인도-미얀마(BCIM) 경제회랑 건설을 제안한 데 이어서, 시진핑 주석 역시 2014년 9월 17일부터 19일까지 인도 방문 계기에 모디 총리와 회담을 갖고, BCIM 경제회랑을 함께 개발하기로 합의하였다.[16]

둘째, 자국의 증대된 경제력을 핵심 수단으로 아시아 지역의 통합을 촉진시킴으로써 역내 지역 질서에 대한 중국의 영향력을 제고하기 위해 노력하

---

15) "習近平出席中俄蒙三國元首會晤," 중국외교부 홈페이지(2014.9.11).
16) "習近平南亞之行闡明政策新思路,"『新京報』2014年 9月 17日.

고 있다. 중국은 자국이 지역 및 국제사무에 참여할 때 누릴 수 있는 전략적 우위는 경제력에 있다고 인식하고 있다. 세계적 강대국으로 부상 중인 중국은 아시아 지역을 기반으로 '평화적 발전'을 추구해야 한다. 무력이나 전쟁 수단을 사용할 수 없으며, 또한 역내 대다수 국가들이 서구 민주제도를 채택하고 있는 상황에서 중국의 이데올로기와 사회제도를 쉽게 받아들이기 어렵다. 따라서 중국이 미국이나 기타 국가와 비교할 때 전략적 비교우위에 있는 부문은 고도로 성장하고 있는 경제와 끊임없이 확대되고 있는 시장 규모라고 인식하고 있다. 중국은 이미 대다수 주변국가들의 최대 무역상대국, 최대 수출 시장인 동시에 최대 투자유치국이다. 특히, 아태 지역 내 미국과의 경쟁이 심화되고 있는 상황에서 중국은 경제적·지정학적 우위를 통해 역내 국가 간 상호 교류 및 소통(互聯互通), 국경을 초월하는 기초 인프라 시설 구축 협력, 아시아 인프라투자은행 등을 추진하면서,[17] 이번 베이징 APEC 회의를 통해 합의된 아태 자유무역지대 구축과 같은 역내 경제통합 실현을 위해 노력하고 있다.

셋째, 중국은 아시아 지역을 넘어서는 글로벌 차원에서는 G20과 브릭스를 통해서 미국과 서구 중심의 국제경제질서의 개혁을 압박하고, 보다 적극적으로 발전도상국에 대한 지원 강화와 같은 대안을 제시하는 동시에 자국의 입지와 역할을 강화하고 있다. 또한 이러한 다자기제를 활용해서 글로벌 정치·안보 이슈에 대한 자국의 입장과 정책을 국제여론에 반영하기 위한 노력도 병행하고 있다. 중국은 미국과 서구가 주도하던 기존의 국제경제 체제가 2008년 금융위기를 통해 그 한계를 여실히 드러냈음에도 불구하고, 국제통화기금과 세계은행의 개혁조치가 여전히 부진하다고 인식하고 있다. 따라서 중국은 기존 국제경제 체제의 개혁을 통해서 자국을 포함하는 신흥 경제대국들이 증대된 국력에 따라 새로운 지위에 부합하는 역할을 해야 한다고 주장하고 있다.

근래에 중국이 G20을 특히 주목하고 있는 것은 IMF나 세계은행과 같은

---

17) 李向陽, "中國周邊戰略目標與面臨的挑戰," 『現代國際關係』 2013年 第10期, pp.37-38.

국제금융시스템의 개혁에 대한 협의와 결정이 G20에서 이루어지고 있기 때문이다. 2008년 금융위기를 계기로 G20 정상회담이 세계 경제의 새로운 최고 논의기구로 부상하였다.[18] 중국은 선진국과 신흥국이 함께 참여하는 새로운 세계적 협력기제인 G20이 단지 위기해결을 위한 메커니즘이 아니라 향후 국제경제협력을 촉진하는 주요 플랫폼으로 발전하여, 향후 기타 국제기구와 다자간 협력 체제 속에서 핵심적인 역할을 해야 한다고 주장하고 있다. 사실 G20의 형식은 이미 1999년 G20 재무장관회의라는 형태로 시작되었다. 중국은 이에 대해 이미 긍정적인 평가를 하고 있었으나, G20의 역할을 적극적으로 평가하기 시작한 것은 2009년 4월의 제2차 런던 정상회의부터이다. 중국은 "광범위한 대표성을 가진 G20은 국제사회가 공동으로 국제경제금융위기에 대응하는 데 있어서 중요하고 유효한 틀"이라고 그 역할을 높이 평가하였다. 나아가 2009년 9월에 개최된 제3차 피츠버그 정상회의에서는 향후 G20이 위기대응뿐만 아니라, 세계 경제 질서의 재편에서도 적극적인 역할을 해야 한다고 강조하였다. 2010년 3월 전국인민대표대회의 정부공작보고에서는 "G20 등 다자활동을 주요 무대로 하여 적극적으로 국제 체제의 개혁과정에 참여하고, 발전도상국의 이익을 수호한다"라고 G20을 명시적으로 언급한 데 이어서, 2012년 11월 중국공산당 제18차 당대회의 정치보고에서도 다자활동에 적극적으로 참여할 것을 밝히면서 UN과 함께 처음으로 G20을 명시하였다.

그간 중국은 G20을 통해서 경제위기의 원인으로 선진국 중심의 경제 질서를 지목하고, 글로벌 불균형의 원인으로 남북 간 경제격차를 지적하였다. 이러한 중국의 주장은 또한 자국의 경제적인 이익을 확보하는 데 주력한 것이었다. 기존 시장경제 질서의 취약성을 강조함으로써 인민폐 절상 등 중국의 책임에 대한 국제사회의 압력을 경감시키고, 국제금융 체제 재편 과정에서 의사결정 과정에 대한 참여권과 발언권을 확대하는 데 주력하였다. 동시에 세계 경제 회복과 지속가능하면서도 평등한 발전을 위해 자국의 책임

---

18) 강선주, "G20 정상회의의 미래와 중견국의 역할," 『정세와 정책』 2013년 10월호.

〈표 3〉 역대 G20 개최 일람 및 중국의 평가

구분	일자	장소	중국의 평가
제1차	2008. 11.15	미국 워싱턴	.
제2차	2009. 4.2	영국 런던	광범위한 대표성 보유 및 국제경제금융위기 대응에 유효한 플랫폼
제3차	2009. 9.24~25	미국 피츠버그	충분한 이용 필요성과 적극적 성과를 얻었음을 강조
제4차	2010. 6.26~27	캐나다 토론토	국제금융위기 대응의 효과적 기제에서 국제경제협력의 주요 플랫폼으로 전환할 필요. 국제경제협력과 글로벌 경제 거버넌스에서 핵심적 역할 발휘 필요
제5차	2010. 11.11~12	한국 서울	국제금융위기 대응의 효과적 기제에서 국제경제협력의 주요 플랫폼으로 전환 중
제6차	2011. 11.3~4	프랑스 깐느	국제경제협력의 주요 플랫폼
제7차	2012. 6.18~19	멕시코 로스카보스	UN 및 국제금융기구들과의 협력 강조
제8차	2013. 9.5~6	러시아 상트페테르부르크	선진국과 발전도상국 간 협상의 중요 플랫폼. 세계 경제 안정, 국제금융안전망 구축 및 글로벌 경제 거버넌스 개선의 중요한 역량
제9차	2014. 11.15~16	호주 브리즈번	국제경제협력의 주요 포럼. 세계 경제 안정 및 성장 촉진에 있어서 중요한 사명 담당

출처: 중국 국가주석의 G20 정상회의 연설문

과 의무를 약속하고 이행하면서 '책임지는 대국'으로서의 위상을 제고하였다.[19]

한편, 2013년 9월 러시아에서 개최된 제8차 G20 정상회의에 국가주석

---

19) 지만수, "G20 정상회의에서 나타난 중국의 전략과 경제적 이해관계," 『현대중국연구』 제12집 1호(2010).

취임 이후 처음으로 참석한 시 주석은 〈개방형 세계 경제를 함께 수호하고 발전시키자〉 제하의 연설을 통해 최근 중국 경제의 발전 전망에 대한 비관론을 불식시키기 위해 노력하였다. 이와 동시에 중국은 미국, 러시아 등 주요 국가의 정상들과 양자 정상회담을 포함하여, 그동안 영토 및 역사인식 문제로 취임 이후 단 한 차례도 만나지 않았던 일본의 아베 신조 총리와도 약식 회담을 갖는 등 주요 외교 이슈를 다루는 무대로서도 G20을 적극 활용하였다. 또한, 2014년 11월 호주에서 개최된 제9차 G20 정상회의에 참석한 시 주석은 자국이 중점적으로 추진 중인 실크로드 경제권 구상과 이를 지원하기 위한 아시아 인프라투자은행 및 실크로드 기금 등이 경제발전을 위한 새로운 동력이 될 수 있음을 강조하면서, G20과 세계은행이 각각 글로벌 인프라센터와 글로벌 인프라기금을 설립하기로 한 것에 대해 지지를 표명하였다. 동시에 신흥 시장국가와 발전도상국의 대표성과 발언권을 제고하기 위해 국제통화기금 개혁 방안이 빠른 시일 내에 실현되어야 하며, 브릭스의 신개발은행 및 위기 대응 기금, 아시아 인프라투자은행 등이 국제금융체계에 대한 보완임을 강조하였다.[20]

브릭스(BRICS: 브라질·러시아·인도·중국·남아공)는 미국 등 서구 중심의 국제경제질서에서 신흥 발전도상국의 대표성과 결정권을 강화하기 위해 노력해 왔다.[21] 중국은 브릭스 내 경제력과 영향력을 확대해나감으로써 미국 주도의 국제금융질서의 개혁을 압박하면서, 자국을 포함하는 신흥국가들의 입지와 역할이 확대될 수 있도록 노력하고 있다. 2013년 3월 남아공 더반에서 제5차 정상회의를 개최하여 브릭스개발은행 설립을 추진하고, 1,000억 달러 규모의 긴급준비자금 설립에 합의하였으나, 세부사항에 대한 회원국 간 이견이 존재하는 것으로 알려지면서 회의적 의견이 대두되었다. 그러나 2014년 7월 15일 브라질 포르탈레자에서 개최된 제6차 정상회의에

---

20) "習近平在二十國集團領導人第九次峰會第一階段會議上的發言," http://news.xinhuanet.com/2014-11/15/c_1113263795.htm

21) 龐中英·王瑞平, "全球治理: 中國的戰略應對," 『國際問題研究』 2013年 第4期, p.64.

〈표 4〉 역대 브릭스 정상회의 일람

형식	일시		개최지
연례정상회의 (공식)	1차	2009.6.16	러시아 예카테린부르크
	2차	2010.4.16	브라질 브라질리아
	3차	2011.4.14	중국 산야
	4차	2012.3.29	인도 뉴델리
	5차	2013.3.25	남아공 더반
	6차	2014.7.15	브라질 포르탈레자
임시정상회의 (비공식)	1차	2008.7.9	일본 홋카이도(G8 회의 계기)
	2차	2011.11.3	프랑스 깐느(G20 회의 계기)
	3차	2012.6.18	멕시코 로스카보스(G20 회의 계기)
	4차	2013.9.5	러시아 상트페테르부르크(G20 회의 계기)
	5차	2014.11.15	호주 브리즈번(G20 회의 계기)

출처: 김치욱, "네트워크 이론으로 본 브릭스 협력메커니즘의 특징과 국제정치적 함의,"『국제정치
논총』제54집 3호(2014), p.262

서 'BRICS판 IMF'로 불리는 '신개발은행(NDB)'을 설립하기로 합의하고 관
련 협정에 서명하였다. 이 합의에서 5개국 정상은 초기 자본금 500억 달러
를 출자하고 5년 내 자본금을 1,000억 달러로 증액하기로 하였으며, NDB
본부는 중국 상하이에 두고, 초대 총재는 인도 출신 인사가 맡기로 하였
다.[22] 더불어 금융위기 상황에 대비해 1,000억 달러 규모의 위기 대응기금
(CRA)을 설치하고, 중국이 410억 달러, 브라질·러시아·인도가 각각 180억
달러를 내고, 나머지 50억 달러는 남아공이 분담하기로 하였다.

브릭스는 성격이 다른 지역 강국들의 연합체로서 중요 사안에 대한 이해
관계가 엇갈릴 가능성이 높음에도 불구하고, 이번에 개최된 6차 정상회의에

---

22) "IMF, 개혁 미루다 … 브릭스 은행에 뒤통수," 『경향신문』 2014년 7월 16일.

서 합의를 이루어내고 이행 방안에 서명함으로써 미국 주도의 세계 금융질
서에 본격적으로 도전장을 내민 것으로 해석되고 있다. 브릭스 신개발은행
의 본부가 상하이에 위치하고, 위기대응기금의 절반에 가까운 금액을 부담
하는 등 브릭스 내 중국의 영향력이 확대될 것임은 분명해 보인다.

IV. 시진핑 시기 중국 다자외교의 변화 분석

이처럼 중국은 시진핑 시기에 들어와서, 자국의 증대된 경제력을 핵심 수
단으로 활용해서 아시아 지역을 중심으로 자국이 주도하는 새로운 지역 다
자기제를 적극적으로 만들어 나가고 있다. 이를 통해, 아시아 지역의 통합을
촉진하고 역내 지역 질서에 대한 중국의 영향력을 제고하기 위해 노력하고
있다. 이와 동시에 글로벌 차원에서는 G20과 브릭스를 통해 미국과 서구
중심의 국제경제질서의 개혁을 압박하는 동시에 자국의 입지와 역할을 강화
하고 있다. 이러한 변화와 특징의 원인과 배경을 분석해보면 다음과 같다.

첫째, 중국은 미국, 일본 등 기존 강대국의 대중국 견제에 대한 대응으로
서, 아시아 지역 내 자국 주도의 다자제도를 구축해야 할 필요성을 인식한
것으로 보인다. 2010년 이후 미국의 아시아 회귀 및 재균형 전략에 따라
미국의 대중국 견제가 강화되었다. 일본, 필리핀 및 베트남 등 중국의 주변
국들은 중국과의 해양영토 분쟁이 격화되면서 중국의 공세적 대외행태와 충
돌하였다. 중국은 이러한 견제에 대한 대응을 하면서도, 이러한 대응이 충돌
이나 위기를 야기하지 않도록 하기 위해, 특히 미중 간 갈등과 경쟁이 심화
되고 있는 아시아 지역에서 새로운 다자기제를 구축할 필요성을 인식한 것
이다.[23] 중국이 적극적으로 참여해왔던 기존의 ARF나 아세안+3 기제 등은

---

23) 傅夢孜, "中國周邊戰略問題思考点滴," 『現代國際關係』 2013年 第10期, p.20.

중국의 안보 이익을 보호해주지 못하였고, 오히려 미국, 일본 및 동남아 분쟁 당사국들과 같은 다자에 의해서 자국의 핵심이익을 포함한 안보 이익이 침해당할 수 있는 상황을 경험하였다.[24]

이러한 상황에 직면하여 중국은 미국과 그 동맹 및 파트너 국가들이 주도하는 기존의 다자기제에는 참여하되, 자국이 주도하고 자국에 우호적인 국가들이 참여하는 새로운 기제를 만들기 위해 노력하고 있다. 이 경우, 중국은 기존의 제도와 질서에 의해 압박받거나 배척당하는 상황을 회피할 수 있을 뿐만 아니라, 자국의 핵심이익을 효과적으로 보호할 수 있다.[25] 중국과 분쟁 중인 주변국들도 이와 같은 중국 주도의 경제 및 안보 다자기제와 같은 네트워크에 참여함으로써 분쟁의 원인을 제거해 나갈 수도 있다.[26] 중국의 한 전략가는 중국의 국력이 지속해서 증대되고, 미국이 중국에 대한 전략적 견제를 포기하기 어려운 배경하에서, 중국은 미국의 동아시아 동맹 체계를 깨트리거나 공존할 수 있는 길을 찾아야 한다고 주장하고 있다.[27] 중국 주도의 새로운 다자기제는 미국의 동아시아 동맹 체계를 깨트릴 수도, 때로는 공존할 수도 있는 전략적 대응인 것이다.

둘째, 중국은 최근 중시하고 있는 주변외교를 효과적으로 수행하기 위해 아시아 지역 내 자국 주도의 새로운 다자기제 구축을 시도하면서, 이를 주변외교와 접목시키고 있다. 중국은 2013년 10월 시 주석을 비롯한 중국공산당 중앙정치국 상무위원 7인 전원이 참석한 가운데 베이징에서 '주변외교 공작 좌담회'를 개최하였다. 시 주석은 동 회의에서 "친·성·혜·용(親·誠·惠·容)"의 새로운 주변부 외교 이념을 제시하였는데, 이는 기존의 선린우호 및 '삼린(睦隣, 安隣, 富隣)' 정책을 유지하는 바탕 위에서 제기된 것이다. 이후

---

24) 張宇燕, "以國家利益設定中國對外戰略," 『現代國際關係』 2013年 第10期, p.40.

25) 傅夢孜, "中國周邊戰略問題思考点滴," 『現代國際關係』 2013年 第10期, p.20.

26) Michael D. Swaine, "Chinese Views and Commentary on Periphery Diplomacy," *China Leadership Monitor*, Summer 2014, Issue 44, p.21.

27) 周方銀, "大國亞太戰略調整與中國的應對," 周方銀 主編, 『大國的亞太戰略』(社會科學文獻出版社, 2013), pp.250-251.

시 주석과 리커창 총리는 동남아 국가 등 해외 순방 시에 주로 중국의 경제력을 활용한 '매력공세(charm offensive)'를 적극적으로 추진하고 있다. 이러한 매력공세가 경제적으로는 실크로드 경제벨트, 21세기 해상 실크로드 및 경제회랑과 더불어 아시아 인프라투자은행과 같은 다양한 이니셔티브로 나타나고 있고, 안보 측면에서는 CICA 및 아시아 안보관의 형태로 나타나고 있다. 물론 동시다발적인 중국 주도의 경제공동체 구축 배경에는 중국의 안전한 원유 수송로 확보와 낙후된 변경 지역 및 산업구조 고도화라는 자국의 국익을 확보하기 위한 의도도 포함되어 있다.[28]

뿐만 아니라 중국지도부는 운명공동체로서의 아시아 정체성을 강화하기 위해 노력하고 있다. 시 주석은 2013년 4월 보아오포럼에서 '아시아 운명공동체' 이념을 제시한 데 이어서, 2013년 10월 인도네시아 방문 시에는 '중국과 아세안간 운명공동체론'을 제안하였다.[29] 뿐만 아니라, 2014년 5월에 개최된 CICA에서는 "아시아의 사무는 아시아인에 의해 처리되어야 하고, 아시아의 문제는 아시아인에 의해 해결되어야 하며, 아시아의 안보는 아시아인이 수호해야 한다", "아시아의 전통, 문화와 가치관의 다양성을 존중해야 한다" 등 아시아의 정체성을 강조한 바 있다. 이처럼 주변외교 및 아시아 정체성을 구현하는 중요한 수단으로서 아시아 지역 내 다자기제를 구축하기 위해 노력하고 있는 것이다.

셋째, 미중 간 아태 지역 및 글로벌 차원에서의 경쟁은 이미 규칙과 규범의 경쟁으로 전환되었으며, 특히 환태평양경제동반자협정(TPP) 등을 추진하고 있는 미국과의 규칙 주도권을 둘러싸고 경쟁이 심화되고 있다.[30] 그간 중국은 신흥 강대국으로 발전하여 왔지만, 국제 규칙과 규범을 제안하는 의지와 능력이 부족하다는 평가를 받아왔다. 동시에, 서구국가들은 중국의 경제규모가 미국을 따라잡고 추월하는 것은 이미 막을 수 없는 추세가 되었지

---

28) 이지용, "중국 일대일로(一帶一路) 전략의 정치경제적 함의와 시사점," 『주요국제문제분석』 2014.11.25.

29) 翟崑, "中國周邊戰略的繼承與創新," 『現代國際關係』 2013年 第10期, p.27.

30) 朱鋒, "中國周邊安全局勢: 問題與挑戰," 『現代國際關係』 2013年 第10期, p.6.

만, 그 이후에 중국이 현행 국제체계를 받아들일 것인지 여부에 대해 우려하고 있다. 따라서 중국이 세계적 강대국으로 발전하기 위해서는 합리적 규칙과 규범을 제안하고 국제사회에 의해 받아들여짐으로써 지역 및 국제질서에 영향력을 행사할 수 있어야 한다는 것이다.[31]

V. 결론: 전망 및 한국에 대한 함의

시진핑 시기 중국은 강대국외교와 주변국외교를 효과적으로 수행하기 위해서 다자외교, 특히 아시아를 중심으로 하는 지역 다자외교를 적극적으로 활용하고 있다. 중국은 여전히 미국과 서구가 주도하는 기존의 다자제도에 참여하고 있지만, 실질적으로는 아시아 지역을 중심으로 자국이 주도하는 새로운 지역 다자기제를 적극적으로 만들어 나가는 데 심혈을 기울이고 있다. 특히, 자국의 증대된 경제력을 핵심 수단으로 아시아 지역의 통합을 촉진하면서 역내 지역 질서에 대한 중국의 영향력을 제고하기 위해 노력하고 있다.

이러한 중국의 노력은 아시아 지역에서 미중 간 안보와 경제의 두 축을 활용한 역내 질서 주도권 경쟁을 가속화하고 있다. 중국은 자국이 주도하는 안보 및 경제 질서에 한국의 적극적인 참여를 촉구하고 있다. 2014년 7월 시 주석이 한국을 방문하였을 때, 아시아 인프라투자은행에 한국의 참여를 제안한 바 있다. 한국이 아시아 인프라투자은행에 참여할 경우 경제적 이익을 얻을 수 있다는 분석이 다수를 차지하고 있다. 한국이 장기적으로 모든 개발은행의 지분을 가지는 것이 한국경제의 취약성을 보완할 수 있다는 것

---

31) 龐中英·王瑞平, "全球治理: 中國的戰略應對,"『國際問題研究』2013年 第4期, p.60; 李向陽, "中國周邊戰略目標與面臨的挑戰,"『現代國際關係』2013年 第10期, p.37.

이다.[32] 그러나 중국은 아시아 인프라투자은행에서 회원국들이 구성하는 이사회를 통한 의사결정보다는 자국 주도로 중요한 결정이 이루어지는 거버넌스를 주장하고 있기 때문에, 한국을 비롯하여 호주 등 참여를 요청받은 국가들이 결정을 유보한 바 있다.[33] 뿐만 아니라 중국이 이러한 경제적 이익을 유인으로 활용해서 한국으로 하여금 미국과 중국 사이에서 선택을 강요하거나, 실질적으로 미국과의 동맹관계를 훼손할 것을 요구한다면 이에 대해서는 분명히 거부할 필요가 있다. 동시에, 미국 역시 자국만의 이익을 고려해서 한국에게 일방적으로 중국이 주도하는 역내 경제협력기제에 불참할 것을 요구하는 것도 우리의 이익에 반한다면 신중하게 대응해야 할 것이다.

안보적 측면에서도 한국은 중국과의 협력을 확대해 나가야 하지만 이것이 미국을 배제함으로써 한미동맹의 근간을 훼손하는 것이어서는 안 되며, 미중 간 전략적 경쟁에 휘말려 들어서도 안 된다. 중국이 제시하는 '아시아 안보관'이 역내 안보질서를 주도해왔던 미국 등을 배제하고 중국의 배타적인 주도권을 확보하는 데 목적이 있다면, 한국은 이에 대한 문제점을 지적해야 한다. 한국은 '개방적'이고 '포용적'인 다자안보협력기제에 참여함으로써 미국이나 중국 등 강대국의 일방적 행태를 견제하는 것이 바람직하다. 결국, 우리에게는 미중 간 역내 질서 주도권 경쟁에서 어느 한편에 가담하기보다는 우리의 경제 및 안보 이익을 고려해서 미중 간 경쟁이 협력으로 전환되어 원-원할 수 있도록 하는 창의적 노력이 필요하다.

---

32) 이희옥, "아시아인프라투자은행, 참여해야 하나?" 『프리미엄 조선』 2014년 8월 5일.

33) "U.S. Opposing China's Answer to World Bank," *New York Times* (Oct. 9, 2014). 이후 중국이 AZZB 거버넌스 관련하여 전향적 자세를 보이면서, 한국, 호주 등이 가입 신청을 한 결과, 57개국이 창립회원국 자격을 얻게 되었다. "중국 주도 AZZB, 한국 등 57개 창립회원국 확정," 『연합뉴스』 2015년 4월 15일.

【참고문헌】

강선주. 2013. "G20 정상회의의 미래와 중견국의 역할." 『정세와 정책』 2013년 10 월호.

김치욱. 2014. "네트워크 이론으로 본 브릭스 협력메커니즘의 특징과 국제정치적 함의." 『국제정치논총』 제54집 3호.

박재영. 2007. 『유엔과 국제기구』. 법문사.

신봉수. 2009. "다자주의와 게서체계: 헤게모니의 중국적 함의." 『중국학논총』 2009 년 제26집.

신종호. 2014. "중국과 국제기구." 성균중국연구소 엮음. 『차이나핸드북』. 김영사.

이영학. 2009. "중국 소프트파워 외교의 전개, 성과 및 한계." 『동서연구』 제21권 1호.

_____. 2014. "중국공산당 대외전략의 전개, 특징 및 전망: 역대 당대회 정치보고에 대한 분석을 중심으로." 이정남 편저. 『개혁개방기 중국공산당: 구조·권력 관계·대외정책』. 아연출판부.

_____. 2014. "베이징 APEC 정상회의와 중국의 대외전략." 한국국방연구원. 『동북 아안보정세분석』.

이지용. 2014. "중국 일대일로(一帶一路) 전략의 정치경제적 함의와 시사점." 『주요 국제문제분석』.

이희옥. 2014. "아시아인프라투자은행, 참여해야 하나?" 『프리미엄 조선』.

지만수. 2010. "G20 정상회의에서 나타난 중국의 전략과 경제적 이해관계." 『현대 중국연구』 제12집 1호.

『경향신문』. 2014. "IMF, 개혁 미루다 … 브릭스 은행에 뒤통수."

『연합뉴스』. 2015. "중국 주도 AZZB, 한국 등 57개 창립회원국 확정."

Jianwei Wang. 2005. "China's Multilateral Diplomacy in the New Millennium." Yong Deng and Fei-Ling Wang, eds. *China Rising: Power and Motivation in Chinese Foreign Policy*. Roman & Littlefield Publishers.

Ruggie, John Gerald. 1993. "Multilateralism: The Anatomy of an Institution." John Gerald Ruggie, ed. *Multilateralism Matters: The Theory and Praxis of an Institutional Form*. New York: Columbia University Press.

Swaine, Michael D. 2014. "Chinese Views and Commentary on Periphery Diplomacy." *China Leadership Monitor*. Summer 2014. Issue 44.

"U.S. Opposing China's Answer to World Bank." *New York Times*, Oct. 9, 2014.

翟崑. 2013. "中國周邊戰略的繼承與創新." 『現代國際關係』 2013年 第10期.

傅夢孜. 2013. "中國周邊戰略問題思考点滴." 『現代國際關係』 2013年 第10期.

李向陽. 2013. "中國周邊戰略目標與面臨的挑戰." 『現代國際關係』 2013年 第10期.

劉宏松. 2009 "中國的國際組織外交: 態度, 行爲與成效." 『國際觀察』 2009年 第6期.

龐中英·王瑞平. 2013. "全球治理: 中國的戰略應對." 『國際問題研究』 2013年 第4期.

秦亞靑. 2001. "多邊主義研究: 理論與方法." 『世界經濟與政治』 2001年 第10期.

"習近平出席中俄蒙三國元首會晤." 중국외교부 홈페이지(2014.9.11).

"習近平: 積極樹立亞洲安全觀 共創安全合作新局面." http://news.xinhuanet.com/world/2014-05/21/c_126528981.htm

"習近平南亞之行闡明政策新思路." 『新京報』 2014年 9月 17日.

"習近平在二十國集團領導人第九次峰會第一階段會議上的發言." http://news.xinhuanet.com/2014-11/15/c_1113263795.htm

張宇燕. 2013. "以國家利益設定中國對外戰略." 『現代國際關係』 2013年 第10期.

周方銀. 2013. "大國亞太戰略調整與中國的應對." 周方銀 主編. 『大國的亞太戰略』. 社會科學文獻出版社, 2013.

朱鋒. 2013. "中國周邊安全局勢: 問題與挑戰." 『現代國際關係』 2013年 第10期.

제**6**장

중국의 공공외교 전략

신종호 | 통일연구원

I. 서론

주권국가가 정부 간 교섭과 담판 및 기타 평화적인 방식을 통해 국제관계 및 국제사무를 처리하는 것을 전통적 외교(Traditional Diplomacy)라고 한다.[1] 하지만 최근 세계화·정보화 시대의 도래에 따라 전통적 의미의 외교수단과 방식 및 주체 등에서 많은 변화가 발생하고 있고, 특히 공공외교(公共外交, Public Diplomacy) 영역에서 가장 두드러지고 있다. 공공외교는 기본적으로 "타국 국민들을 대상으로 하여 그들의 마음을 얻는 일(To win the hearts and minds of people)"이고, 그 범위는 일반적으로 "외국 국민

---

1) Oxford English Dictionary에 따르면, 외교란 "협상을 통하여 국제관계를 다루는 일이며, 국제관계가 大使나 使節에 의하여 조정·처리되는 방법이며, 또한 외교관의 업무 또는 기술"을 의미한다.

들의 여론을 환기시키려는 노력", "각 국가 내 민간단체와 이익집단 간의 상호작용", "외교관과 언론종사자, 해외주재원 등 오피니언 리더들 간의 의사소통" 등을 포함한다.[2]

21세기 외교의 새로운 패러다임으로 떠오른 공공외교는 각국의 국력에 상응하는 국가브랜드 가치 제고 노력에도 부합한다. 탈냉전 이후 미국, 중국, 일본, 프랑스, 영국 등 많은 국가들이 자국의 국가 이미지 제고를 위해 공공외교를 핵심적 수단으로 활용해왔다. 최근에는 외국 국민뿐 아니라 자국민의 이해와 참여 및 지지를 얻기 위한 노력도 공공외교 개념에 포함됨으로써 그 대상이 더욱 확대되고 있는 추세이고, 중요성 또한 더욱 높아지고 있다.

중국 역시 '중국의 부상'에 따른 '중국 위협론'이 여전히 존재하고 있는 현실속에서 자국의 이미지와 평판이 매우 중요한 전략적 자원이 될 수 있다는 점을 인식하기 시작했다. 중국은 개혁개방 이후 30여 년간 연평균 8% 이상의 고속성장과정에서 경제력 등 하드파워(hard power)는 급성장했지만, 그것의 발전을 지원하고 유지할 수 있는 소프트파워(soft power)는 여전히 부족하다는 점을 잘 인식하고 있다. 즉, 세계 제2위 경제대국으로서

---

2) 공공외교는 자국의 정책이나 이미지를 타국에 전달하고 이를 통해 영향력을 미치려는 측면에서 홍보나 선전(propaganda)과 유사한 측면이 있지만, 공공외교가 신뢰 획득에 초점을 두고 있다는 점에서는 반드시 진실에 기초할 필요가 없는 선전전과는 차이가 있고, 상호교감과 쌍방향 소통을 통한 영향력 행사 차원에서는 일방성이 강한 홍보와도 차이가 있다. 공공외교에 대한 기본적인 논의들은 다음을 참조. Nicholas J. Cull, Geoffrey Cowan and Phyllis Kaniss, *Public Diplomacy in a Changing World* (SAGE Publications, 2008); Bruce Gregory, "Public Diplomacy: Sunrise of an Academic Field," *The ANNALS of the American Academy of Political and Social Science*, Vol.616, No.1(2008), pp.274-290; Joseph S. Jr. Nye, "Public Diplomacy and Soft Power," *The ANNALS of the American Academy of Political and Social Science*, Vol.616, No.1(March 2008), pp.94-109; Nicholas J. Cull, *The Cold War and the United States Information Agency: American Propaganda and Public Diplomacy, 1945-1989* (Cambridge: Cambridge University Press, 2008); 얀 멜리센 엮음, 박종일·박선연 옮김, 『신공공외교: 국제관계와 소프트파워』(고양: 인간사랑, 2008).

세계 경제에 기여하고 국제사회의 '책임 대국'으로서 자리매김하고자 노력해 왔으나, 국내외적으로 중국이 직면하고 있는 다양한 문제 — 환경, 인권, 소수민족, 대만, 무역불균형, 위안화 절상, 식품안전 — 등으로 인해 자국의 매력 확산에 걸림돌이 되고 있다는 점을 인식하면서 공공외교의 중용성을 강조하기 시작했다.

중국외교에서 공공외교가 중요한 비중을 차지하게 된 것은 2002년 말 제16차 당대회 및 2003년 3월 전인대를 통해 후진타오(胡錦濤)-원자바오(溫家寶) 체제가 출범하면서부터이다. 2003년 이후 중국이 '저우추취(走出去)' 전략을 전개함에 따라 중국 기업과 중국인들의 해외진출이 급증하게 되자 중국 정부는 이들을 보호함은 물론 외교 역량으로 활용하기 위해 공공외교에 관심을 갖기 시작했다. 특히 2003년 중국 정부가 '평화적 부상(和平崛起)'을 주창한 후 국제사회에서 '중국 위협론'이 제기되자 중국은 다시 '책임 대국' 역할을 강조하기 시작했고, 결국 2004년에 중국 외교부에 공공외교를 전담하는 '공중외교처(公衆外交處)'를 신설했다.[3]

2008년 베이징올림픽 개최를 즈음하여 발생한 올림픽 성화 봉송 사건과 티베트시위 사건 등을 계기로 중국 정부는 공공외교의 일환으로 '인문외교(人文外交)'를 강조하기 시작했고, 공자학원과 중국문화원 설치 등을 통해 중국에 대한 국제사회의 이해와 지지를 확보함은 물론 중국 위협론을 완화하기 위해 노력했다. 급기야 2009년 7월 재외공관장 회의에서 후진타오 주석이 공공외교와 인문외교 강화를 강조하기에 이르렀다.

2012년 말 제18차 당대회 및 2013년 3월 전인대를 통해 새롭게 구성된 시진핑(習近平)-리커창(李克强) 중심의 중국지도부는 산적한 국내 경제·사

---

3) 중국외교부 '공중외교처'는 중국 내에서 공공외교에 대한 명확한 개념 정립이 이루어지기 전에 설립된 것으로서, 이후 공공외교의 개념에 대한 논의를 거쳐 2008년 '공공외교처'로 변경되었고, 2009년 10월에는 외교부 신문사(新聞司) 내에 공공외교판공실(公共外交办公室)을 설치하여 외교부와 재외공관의 공공외교에 대한 통합적 관리와 협조를 담당했다. 2010년 8월에는 공공외교자문위원회(公共外交咨询委员会)가 설립되었고, 2012년 8월에는 신문사 공공외교판공실이 외교부 공공외교판공실로 승격되었다.

회 문제를 해결해야 하는 것은 물론 중국의 국제적 위상 제고와 영향력 확대 등을 통해 글로벌 강대국으로 거듭나야 하는 막중한 임무를 떠안았다. 특히 "중화민족의 위대한 부흥"이라는 '중국의 꿈(中國夢)'을 이루기 위해 시진핑 체제는 전임 후진타오 시기에 본격화되기 시작한 공공외교의 중요성을 지속적으로 강조함은 물론, '강대국으로의 부상'이라는 외교 목표 달성을 위해 이전보다 더 적극적이고 주도적인 공공외교를 추진하고 있다.

본 연구는 시진핑 체제의 중국이 외부 세계에 보여주고자 하는 자신들의 이미지와 평판을 어떻게 만들어내고 관리하며 또한 어떤 수단을 통해 전파함으로써 자신들의 목표와 정책을 이루어내는지에 대한 관심에서 출발한다. 즉, '강대국으로의 부상'을 외교 목표로 설정하고 있는 중국이 추진하는 공공외교의 특징이 무엇인지를 살펴보고, 전임 정부가 추진했던 공공외교와의 차별점은 무엇인지를 지속성 및 변화의 차원에서 고찰함으로써 향후 중국의 공공외교 정책을 전망하고자 한다.

II. 시진핑 이전 시기 중국의 외교 목표와 공공외교

1. 중국외교의 목표

개혁개방 이후 중국은 대내 경제발전을 위한 평화적이고 안정적인 주변 환경 조성을 외교 정책의 목표로 설정했다. 이를 위해 기존의 마오쩌둥(毛澤東)의 '전쟁과 혁명' 노선에 기초한 세계혁명 전략에서 탈피하여 덩샤오핑(鄧小平) 시기에는 '평화와 발전'의 시대에 부합하는 '평화발전 외교'로 전환했고, 구체적으로 대미 협력관계 중심의 강대국외교, 주변국에 대한 3린(隣)(선린, 안린, 부린) 정책, 그리고 발전도상국(아시아·아프리카·중남미 등)외교 등을 강조했다.

2000년대 이후 중국은 자국의 국제적 지위와 영향력 증대에 따라 국제사회에서 나타나기 시작한 '중국 위협론'을 불식하는 것은 물론 지역강대국으로서의 '중국 책임론' 혹은 '중국 역할론'을 동시에 부여받았다. 이를 반영하여 2011년 중국 국무원신문판공실이 발표한 '중국의 평화발전 백서'에서는 '평화발전'을 대외 정책의 핵심기조로 설정했고, 중국의 경제발전을 위해 미국 등 강대국과의 협력적 동반자관계를 안정적으로 유지·발전시키고, 주변국과의 선린우호관계를 강조했다.

또한 중국의 종합국력에 부합하는 국제적 책임과 의무를 수행함으로써 강대국 이미지를 부각시킴은 물론 '중국 위협론'을 완화하기 위해 노력하고 있다. 이미 유엔 평화유지활동(PKO)에 적극 참여하고, 북한 핵 문제 해결과정에서 적극적인 중재자 역할을 자임해 왔으며, 2008년 글로벌 금융위기 이후에도 세계 경제 회복을 위해 적극적인 역할을 수행했다.

하지만 중국이 이미 글로벌 경제강국으로 등극했음에도 불구하고 여전히 정치적으로나 외교적으로는 글로벌 리더로 각인되지 못하고 있다. 가장 중요한 이유는 바로 중국이 여전히 공산당 일당독재 체제를 유지하고 있고, 민주주의와 인권 등 국제규범을 준수하는 국가라는 인식을 국제사회 심어주지 못하고 있기 때문이다. 이로 인해 중국 정부는 국제무대에서 '중국 위협론'을 불식하고 자국의 소프트파워를 강화하기 위해 공공외교를 적극적으로 추진하게 되었다.

2. 중국의 공공외교: 추진배경과 목적 및 추진체계[4]

1) 공공외교의 수용과 전개
1949년 중화인민공화국 수립 이전 중국공산당의 공공외교는 주로 선전

4) 이하 내용은 다음을 참조. 이희옥, "중국 공공외교의 확산 체계와 목표"(2010); 이장원, "중국의 공공외교: 배경, 목표, 전략"(2011); 유상철, "중국의 공공외교 전략과 행태에 관한 연구," 한양대 국제학대학원 박사학위 논문(2013); Rumi Aoyama, "China's

(宣傳)에 치중되었다. 옌안(延安) 시기에 중국공산당은 국민당은 물론 일본과의 전쟁에서 승리하기 위해서는 농민과 노동자 등 대중의 지지를 획득하는 것이 중요했고, 이를 위해 마오쩌둥(毛澤東), 저우언라이(周恩來), 주더(朱德) 등과 같은 중국공산당 지도부는 서방의 기자들을 그들의 근거지로 불러들여 적극 활용하는 선전활동을 전개했고, 공산당 지도부의 선전 전략은 성공을 거두었다. 당시 미국의 아그네스 스메들리(Agnes Smedley)와 에드가 스노(Edgar Snow) 같은 기자들이 중국공산당 근거지에 직접 들어가 중국의 사회주의 혁명운동을 밀착 취재하고 기고와 저술 활동으로 이를 세계에 알렸다. 1937년 에드가 스노가 발표한 〈Red Star Over China〉는 세계적인 열풍을 일으켰고, 외국인 의사와 기자 및 작가들이 옌안으로 몰려들기 시작했으며, 또한 중국 국내의 젊은 청년들과 지식인들은 이상적인 사회 건설을 위해 해방구로 몰려들었다.[5]

중화인민공화국 수립 전후 미소(美蘇) 냉전 체제하에서 전개된 중국의 공공외교는 '인민외교' 혹은 '민간외교'의 이름으로 미국의 봉쇄 정책에 맞서 외교 정책을 전개하는 중요한 수단이 되었으며 중국은 해외언론 정책을 통해 중국에 대한 긍정적 이미지를 확산하는 한편 사회주의 국가의 정당성을 강화하는 데 외교역량을 집중했다. 1949년 6월 마오쩌둥은 최초로 해외공연을 떠나는 '청년문예단(青年文工團)'을 접견하던 자리에서 '宣傳(중국혁명 승리에 대한 선전)', '友誼(각국 청년과의 우의 강화)', '學習(소련을 학습)' 등 3가지 방침을 강조하였다. 1950년대 초·중반 중국은 루마니아·폴란드·동독·체코·알바니아 등의 동구권 사회주의국가들과 문화교류협정을 체결하고 이를 바탕으로 문화사절단의 상호 방문, 유학생 상호 교류 등을 통해

Public Diplomacy"(2007); Hessarbani Anja Lejli, *Public Diplomacy of People's Republic of China* (2011); 王莉丽, "从"智库公共外交"看智库多元功能,"『中国社会科学报』, 2014.04.11; 赵可金·刘思如, "中国侨务公共外交的兴起,"『东北亚论坛』2013年 05期; 莫盛凯, "中国公共外交之理论与实践刍议,"『外交评论(外交学院学报)』2013年 04期; 김명호(2010).

5) 이희옥(2010), p.361.

신생 중화인민공화국의 국가적 정당성과 외교적 지원확보를 위한 문화외교를 전개하였다. 1950년대 후반 이후에는 특정 외신기자의 중국방문을 선별적으로 허용함으로써 친중적 보도를 중국외교에 활용하고자 하였다. 이와 같이 당시 혁명기와 국가건설기의 공공외교는 대체적으로 평화애호국가, 외세침략의 희생자, 사회주의 국가, 반패권주의 강대국, 발전도상국의 이미지를 다른 나라의 국민에게 보여주기 위한 것이었다.6)

개혁개방 이후 중국의 공공외교는 개혁개방의 이미지를 만들고 전파하는 데 주력했다. 외문국(外文局)중심으로 다양한 외국어 정기간행물을 출판했고, 외신기자의 취재범위도 상대적으로 넓어졌다. 하지만 1989년 천안문 사태 이후 중국은 국제적 고립 심화를 탈피하기 위해 서방이 민주화, 인권, 종교 등을 통한 평화적 전복(peaceful evolution)을 꾀한다고 비판하는 한편 중국인들에게는 사회주위 체제의 자신감을 심어주는 방식으로 공공외교를 전개했다.

1992년 덩샤오핑(鄧小平)의 남순강화(南巡講話)와 사회주의 시장경제 수립을 통해 새로운 활로를 모색하게 된 중국은 새로운 형태의 공공외교를 모색하게 되었고, 1997년 중국공산당 선전부의 영문 명칭을 'Department of Propaganda'에서 'Department of Publicity'로 변경했으며, 특히 장쩌민(江澤民) 집권 시기에는 과거 대외홍보 행태나 공공외교 경시 풍조에 대한 반성 분위기가 조성되면서 중국의 국제 이미지 개선의 필요성이 제기되기도 했다.

후진타오(胡錦濤) 시기인 2003년 이후 사스, 올림픽 성화 봉송 사건, 티베트 사건, 독극물 우유 사건 등에서 나타난 중국 이미지의 실추를 막기 위해 정부 차원에서 적극적인 공공외교를 수행했다. 이와 달리 개혁개방으로 인한 체제에 대한 자신감은 중국 중심적 지식구조로 전환하면서 중국모델을 확산시키는 방식의 공공외교도 추진했다. 이런 변화를 반영하여 2010년에

---

6) Hongying Wang, "National Image Building and Chinese Foreign Policy," *China: An International Journal*, Vol.1, No.1(March 2003), pp.42-72.

는 전국대외선전공작회의를 개최해 중국 공공외교의 전략적 목표를 중국이 원하는 이미지 형성, 중국에 대한 왜곡보도에 대한 반론, 중국을 둘러싼 국제환경을 개선하고, 상대국의 정책결정에 영향력을 발휘하도록 했다.[7]

2) 공공외교의 목표와 자원

일국(一國)의 외교 도구로서 공공외교의 목표는 그 나라의 외교 정책을 집행하는 것이다. 하지만 '정부외교'가 국가이익을 추구하는 것과 달리, 공공외교는 사람의 마음을 움직이는 외교라고 할 수 있다. 중국의 공공외교 목표는 크게 중국공산당의 합법성을 강조하고 중국 기회론을 확산하고 중국위협론을 불식하고 잘못된 이미지를 교정하는 것이다.[8] 즉, 합리적 국가 이미지 구축, 중국에 대한 우호적 국제환경 확보, 다른 국가의 대중국 정책결정에 대한 영향력 확보, 중국에 대한 해외의 왜곡된 정부를 적극적으로 반박, 책임 있는 국제정치의 공동체의 일원으로 세계평화에 기여하는 이미지 구축, 유구한 역사를 지닌 문명국가로 존경받는 이미지 구축 등이다. 이런 의미에서 볼 때 중국 공공외교의 핵심적인 메시지는 '중국문화는 매력이 있고, 중국의 의도는 선하다'는 것이다. 이는 외교영역에서 평화부상, 평화발전, 조화세계 등의 공식담론을 확산하고 중국이 비동맹과 다자협력을 추구하는 평화국가라고 강조한다.

중국이 보유하고 있는 공공외교의 자원(resources)은 매우 다양하다. 첫째, 중국의 고대문화는 가장 중요한 공공외교 자산의 하나다. 특히 중국영

---

7) 『人民日報』 2010年 6月 1日.

8) 최근 발간된 보고서 역시 중국의 공공외교는 '중국 위협론의 완화'에 목적이 있는 것으로 분석됐다. 즉, 중국의 경우 급속한 부상에 대한 국제적 우려와 주변국의 경계심을 줄이기 위해 중국이 평화롭게 부상한다는 메시지를 대외적으로 전파하는 한편, 중국 문화를 확산시켜 중국에 대한 호감을 증가시키는 데 목적이 있다는 것이다. 다음을 참조. 싱크탱크 미래지, "한중일 공공외교 협력방안 연구" 용역보고서(2014년 5월 5일) (http://www.ajunews.com/view/20140505132228484). 동 보고서에 따르면 한국의 공공외교는 하드파워와 소프트파워의 불균형을 해소하는 것이 목적이고, 일본은 중국의 급부상 등에 따라 흔들리고 있는 자국의 국제적 위상을 유지하는 것이 공공외교의 목적인 것으로 나타났다.

화, 회화, 서예, 노벨문학상, 의학, 침술, 무예, 요리 등은 중국 정부의 적극
적인 보급노력 없이도 긍정적인 중국 이미지를 형성하는 데 기여한다. 둘째,
중국이 개혁개방 정책을 통해 성취한 발전모델 역시 공공외교의 중요한 자
산이다. 소위 '중국적 발전모델'은 동아시아 발전모델이나 신자유주의 발전
모델과는 다른 독특한 성격을 가지고 있다. 특히 권위주의와 시장경제를 효
과적으로 결합하고, 외자를 유입해 경제를 발전시키고 효과적인 산업 정책
을 수행한 중국모델은 발전도상국이나 저개발국에는 참고할 만한 가치가 있
는 중국의 공공외교 자산이다. 셋째, 중국이 그동안 수행해 온 적극적인 국
제개발원조(ODA) 역시 공공외교의 자산이다. 이미 중국은 빈곤국에 대한
채무탕감, 이자감면, 차관제공 등을 제공하면서 해당 지역에 진출했고 국제
적 자원봉사활동이나 국제기구에서의 협력을 강화하면서 매력을 발산하고
자 노력했다. 넷째, 중국은 다른 나라와 마찬가지로 언론, 인터넷, 각종 행사
간행물 등을 공공외교의 도구로 활용하고 있다. 최근 중국의 공공외교는 국
내미디어를 넘어 국제적인 미디어를 점차 더 많이 활용하고 있는 추세이고,
인터넷 역시 중국의 공공외교를 추진하는 효과적인 도구 역할을 수행하고
있다.

3) 공공외교 방식과 주체

중국의 공공외교는 문화외교, 교류외교, 매체외교 등 다양한 방식으로 전
개되고 있다. 첫째, 중국은 자신들의 유구한 중화문명이 세계에 통용될 수
있는 매력을 지니고 있다고 평가함으로써 적극적인 문화외교(Cultural Di-
plomacy)를 펼치고 있다. 이러한 이유로 인해 중국은 이미 2008년 베이징
올림픽과 2010년 상하이엑스포를 개최하면서 과거와 현대의 '중국적'인 매
력을 발산했다고 인식하고 있다. 둘째, 중국은 정부 차원 및 반관반민 단체를
통한 교류외교(Exchange Diplomacy)나 세계 싱크탱크회의(Global Think
Tanks Summit), 아프리카 정상회담 등 포럼외교를 개최하는 데 적극적이
며, 이러한 고위 교류를 뒷받침하기 위해 민간 교류를 활성화하고 있다. 특
히 매년 외국 유학생이 20%씩 증가하는 등 인적 교류의 확산은 중국어의

국제화와 외국인들 중국여행을 촉진하는 기폭제 역할을 수행하고 있다. 셋째는, 매체외교이다. 전통적으로 중국은 〈라디오베이징〉을 통해 해외에 중국 뉴스를 전달해왔다. CCTV-9의 영어방송이 세계적으로 송출되고 있으며 CCTV 채널을 8개국 언어로 송출하기 시작했다. 넷째는, 기여외교이다. 이는 자원, 개발, 목표가 내재된 투자를 포함하고 있는데 중국은 베네수엘라의 TV 채널과 짐바브웨에서 라디오 청취를 가능하게 했다.[9]

중국 공공외교의 행위주체는 정부 기구, 사회엘리트, 일반대중으로 구분할 수 있다. 먼저, 정부 기구를 보면, 혁명과 국가건설기의 선전 활동은 국제신문국이 대외뉴스 전파사업을 총괄했지만 이후 당 중앙 외사소조가 이끌었다. 개혁개방 이후 공공외교만을 전담하는 공공외교처를 만들었고 현재 중국 공공외교의 컨트롤타워는 중국공산당 선전부와 국무원 신문판공실 (SCIO)이라고 할 수 있다. 신문판공실의 가장 주요한 기능은 각종 매체의 대외적 보도태도에 대한 지도감독, 기자회견 개최, 서적 및 영상물 제공, 외신기자에 대한 취재 지원, 중국 문제에 대한 해외매체의 합리적 보도 요구 등이다. 또한 각종 정부백서의 편찬과 발행을 통해 정보를 제공하는 기능도 하고 있다.

국가 수준의 공공외교를 지원하는 또 하나의 조직은 중국인민정치협상회의이며 활발히 공공외교에 대한 활동을 하고 있다. 국무원의 경우 이들 기관의 관할 속에서 업무를 분담하고 있는데 외교부는 공공외교에 대한 조직개편을 통해 주도권 회복을 꾀하고 있고, 문화부는 국제경쟁력을 갖춘 문화기업 육성을 위해 주력하고 있다. 교육부는 외국인을 상대로 한 중국어 전문가를 육성하고 국제교류를 담당하고 있다. 미디어는 중국 국제방송국(China Radio International)과 상하이미디어그룹(SMG: Shanghai Media Group) 이 여러 국가에서 영역을 넓히고 있다. 둘째, 공공외교의 비정부영역은 반관반민 조직과 순수한 민간조직으로 구분할 수 있다. 반관반민의 1.5트랙조직은 외교부 산하의 중국국제우호연락회, 민정부 산하의 중국국제경제교류중

---

9) "走进外交部, 走近中国外交 — 2013中国外交纵横谈," 『人民網』 2013年 12月 25日.

심 등이 있고 민간조직으로는 다양한 NGO, 화교단체, 학술기구 등이 있다.

4) 공공외교 사례: 공자학원

중국은 2002년부터 본격적으로 해외 중국어 확산에 관심을 기울였고, 2004년 중국어 확산기구 설립 제의를 통해 공자학원이 탄생했다. 공자학원은 비영리성조직(NPO)으로 이윤추구를 목표로 하지 않고 준공공재를 제공하는 독립적인 기구다. 공자학원의 목적은 해당국가의 실정에 부합하는 중국어 교육을 실시하고 이를 보급하는 것이다. 구체적으로 중국어 교육에 대한 교사 연수, 중국어능력검정시험 및 중국어 교수능력검정시험 실시, 중국어 능력코스의 설치 등이다. 하지만 공자학원은 장기적으로 중국적 가치와 문화를 전파하는 역할을 하고 있다. 공자학원은 2004년 6월 우즈베키스탄에서 시범운영한 후 2004년 서울에 처음으로 설립했다. 이후 2009년 12월 세계 88개국에 281개소의 공자학원과 272개소의 공자교실이 개설되었다. 2013년 말 현재 세계 440개의 공자학원과 646개의 공자교실(孔子課堂)이 있다. 공자학원에는 중국의 대학과 연구기관이 해당 국가의 대학이나 기관과 자매관계를 구축하고 '한반(漢辦)'이 중개역할을 하는 경우, 자매학교 없이 단독으로 공자학원을 해당국가의 대학 내에 개설하는 경우, 대학이외 장소에 개설하는 경우로 나뉜다. 공자학원 개설비, 건설비 등의 비용은 해당국가에서 부담하고 중국은 중국어 교사를 파견하고 강좌운영을 지원하는 방식으로 운영된다. 한편 공자학원과 별개로 규모가 작은 곳이나 중국 국제방송국의 시청자그룹을 중심으로 공자교실을 설치해 운영하고 있으며 케냐 나이로비 등에 설치되어 있고 터키, 몽골 등으로 확대하고 있다.

5) 공공외교 추진의 한계

중국의 공공외교 수행과정에서 많은 문제가 생성되었는데, 목적과 전달수단의 괴리, 과도한 정부주도 현상, 소프트웨어의 차원에서 중국의 핵심가치관의 불명료함, 지역별·영역별 맞춤형 모델 구축 미비 등이 있다. 무엇보다 사회주의라는 체제 자체, 특히 사회주의적 발전이 '위협론'으로 확산되는 문제가 있다.[10] 여기서 파생된 인권 문제, 민주화 지체, 소수민족 정책, 대만과의 통일 문제, 종교자유 문제가 있고 경제발전과정에서 나타난 무역 불균형, 위안화 평가절상 문제, 기후변화, 식품안전 등이 중국의 매력을 확산하는 데 부담으로 작용하고 있다. 또한 중국은 구시대 공산주의 체제의 악습에서 완전히 벗어나지 못한 채 사회에 대한 완전한 통제를 시도하고 있는 듯하며 체제에 우호적이지 않은 정보로부터 대중을 격리시키려는 시도를 지속하고 있다. 이로 인해 중국의 소프트파워의 성장을 저해하게 되었고, 보다 공개된 사회로 진화하고 있다고 느끼기 시작한 국제사회의 인식에 확신을 주지 못했다.

III. 시진핑 시기 중국 공공외교의 변화와 새로운 추세

1. 제18차 당대회 이후 중국외교의 변화와 지속

중국의 그동안의 경험으로 볼 때, 새로운 지도부가 전임 지도부의 정책기조를 급격하게 변화시킬 가능성이 높지는 않다. 중국공산당은 집단지도 체제이며, 중국에서 권력승계는 개인이 아닌 '세대' 혹은 '집단'에 대한 승계로서 집단지도 체제 내에서 지도자 간 '합의'와 '조정'이 갈수록 중요해지고 있기 때문이다. 하지만 새로운 지도부는 자신들의 지도력 과시와 새로운 권위 형성을 위해 자신들이 처한 대내외적 환경에 대한 정확한 인식을 통해 전임 지도부와 차별되는 새로운 정책과 기치를 드러낼 가능성이 있다. 시진핑 시기 중국외교는 2012년 11월에 개최된 제18차 당대회를 기점으로 새로운 정책적 변화가 시작되었다.

---

10) 이희옥(2010).

제18차 당대회에서는 시진핑 총서기를 포함한 새로운 지도부를 선출하고, 중국의 경제사회 발전은 물론 대외관계에 대한 향후 5~10년간의 국정운영 방향을 제시했다. 시진핑 체제 10년은 중국의 국가발전 목표인 "전면적 소강사회 건설"을 위해 매우 중요한 전략적 기회의 시기(战略机遇期)이지만, 새로운 지도부의 앞에는 시급하게 해결해야 할 국내외 현안도 적지 않다. 국내적으로는 지난 30년 동안 지속된 중국 경제의 고도성장 둔화와 개혁개방에 따른 빈부격차 확대와 부패 심화 및 정치 체제 개혁에 대한 요구 등이 증대하고 있다. 대외적으로도 미국의 아시아 중시 정책에 따른 중국에 대한 견제, 일본과 동남아시아 등 주변국가들과의 영토 분쟁 등과 같은 도전과 위협이 도사리고 있다.

제18차 당대회와 2013년 전인대 이후 시진핑 중심의 새로운 지도부가 언급한 발언 등을 종합할 때, 몇 가지 차원에서 지속성을 관찰할 수 있다. 첫째, 그동안 중국외교를 이끌어 온 기본 방침이자 핵심 기조인 '평화와 발전, 상호호혜, 공동번영의 조화(和諧)세계 건설' 등은 앞으로도 변화하지 않고 지속될 것이라는 점을 알 수 있다. 둘째, 국가주권과 안보 및 발전이익 수호라는 중국외교의 근본목표가 변하지 않았고, 전면적 소강사회 건설과 중화민족의 부흥 실현에 유리한 외부환경과 조건을 구비한다는 중국외교의 임무역시 변하지 않았다. 셋째, "도광양회, 유소작위"의 외교 전략 방침과 독립자주적 평화외교 정책 실시, 평화공존 5항 원칙의 기반위에서 각국과 전면적인 우호협력 발전 등과 같은 외교원칙과 방침 역시 지속성을 유지하고 있다.

제18차 당대회 이후 중국외교에서 나타난 변화 역시 다양한데,[11] 가장 뚜렷한 변화는 바로 중국외교가 좀 더 적극적이고 주동적으로 변화하고 있

---

11) 제18차 당대회 이후 중국외교의 변화에 대한 논의는 다음을 참조. 倪世雄·潛旭明, "十八大以来的中国新外交战略思想初析,"『人民论坛·学术前沿』 2014年 06期; 赵可金, "新理念引领中国新外交,"『学习时报』 2014年 01月 06日; 赵可金, "中国外交3.0版: 十八大后的中国外交新走向,"『社会科学』 2013年 07期; 鲁世巍, "新时期中国外交的'变'与'不变',"『国际问题研究』 2013年 03期; 高小升, "十八大后中国外交的新变化,"『党政论坛』 2013年 12期.

고, 새로운 지도부 역시 자신감있는 외교 행보를 보이고 있다는 것이다.[12] 제18차 당대회 '보고'에서 중국은 기존의 '평화적 발전' 기조를 유지함과 동시에 중국의 국제적 위상 제고와 글로벌·지역적 영향력 확대에 걸맞고 국가안보와 발전이익에 상응하는 외교 정책을 강조한 바 있다. 이러한 인식에 기반하여 중국은 적극적이고 자신감있는 외교 정책을 추진하기 시작했다. 즉, 중국의 외교 정책은 덩샤오핑의 개혁개방 정책 추진 이후 줄곧 경제이익을 추구했으나, 최근 들어 전략이익을 추구하기 시작하면서 점차 적극적이고 주도적으로 변화하고 있는 것이다. 가장 대표적인 사례가 바로 미국과의 관계를 고려하여 제기한 '새로운 강대국 관계(新型大國關係)'이며, 일본과 동아시아에서 벌이고 있는 세력 경쟁 역시 중국외교의 자신감을 잘 표현하고 있다.

특히 중국지도부는 평화적 발전이라는 방식을 통해 '중국의 꿈'을 달성하려는 의지를 표명함은 물론, 중국의 정당한 권익을 방기하거나 국가의 '핵심이익'을 희생할 수 없다는 강경 입장도 동시에 강조하고 있다.[13] 이는 결국 '핵심이익' 수호가 곧 중국의 평화적 발전의 전제이자 기반임을 강조하는 것이다. 중국이 제18차 당대회 '보고'에서 "그 어떤 외부적 압력에도 절대 굴복하지 않고 국가 주권과 안보, 발전 이익을 단호히 수호할 것"이라고 천명했다는 점에서, 결국 시진핑 체제는 기존의 '평화적 발전' 전략은 기본적으로 유지하겠지만, 일본과의 영토 분쟁이나 필리핀·베트남과의 남중국해 영유권 갈등 해결 등과 같은 '핵심이익'에 대해서는 강경한 태도를 견지할 가능

---

12) 옌쉐통(閻學通)은 향후 10년간 중국외교에서 나타날 수 있는 3가지 변화 가능성을 다음과 같이 제시했다. 첫째, 외교 정책 목표는 과거의 경제이익 추구에서 전략이익 추구로 변화할 것이다. 둘째, 외교 정책 관념 역시 과거에는 모든 것을 반대하고 어떤 것도 하지 않았으나 이제 어떤 것을 시도하는 정책으로 변화할 것이다. 셋째, 외교 전략은 '대응(应对)'에서 '주동(主动)'으로, '국제체제 편입(融入)'에서 '국제체제 창출(塑造)'로 변할 것이다. 閻學通, "聚焦中国外交转型, 清华国际安全论坛热议外交未来变化" (http://www.tsinghua.edu.cn/publish/iis/7246/2012/20121121091020795914489/20121121091020795914489_.html).

13) "习近平: 承前启后 继往开来 继续朝着中华民族伟大复兴目标奋勇前进," 『人民網』 2012年 11月 30日.

성이 높다.

이러한 시진핑 시기 중국외교의 대변화 추세는 중국의 공공외교 전략에 가장 큰 영향을 미치는 요인으로 작용한다. 즉, 시진핑 시기 들어 중국외교가 "중화민족의 위대한 부흥"이라는 '중국의 꿈'을 달성하기 위한 강대국외교로 변화하는 과정에서, 중국의 공공외교 역시 외교 목표 달성에 기여하기 위해 이전보다 더 적극적이고 주도적으로 추진될 가능성이 증대되고 있는 것이다.

2. 공공외교의 새로운 변화 추세

1) 추진방식과 조직기구의 다양화

제18차 당대회 '보고'에서 처음으로 공공외교와 인문교류 추진 및 해외에서의 합법적인 권익 보호가 명확하게 제시되었다. 이는 곧 중국의 '종합국력' 증대에 따른 국제사회에 대한 자신감의 표현이자 중국외교의 새로운 방향을 제시한 것이며, 중국이 자국의 이미지를 자각하는 단계로 진입했다는 점을 보여주는 것이라 할 수 있다. 중국이 공공외교를 강조하게 된 핵심적인 이유는 바로 세계를 향해 중국에 대해 설명하기 위해서이고, 이것이 바로 중국의 공공외교와 인문교류의 새로운 방식이다. 제18차 당대회 '보고'에서 강조된 공공외교는 그동안 중국외교가 중시해왔던 인본주의외교(以人爲本, 外交爲民)가 구체적으로 체현된 것이다. 즉, 공공외교는 일반대중의 외교에 대한 참여를 강조함과 동시에, 광범위한 일반대중이 공공외교의 대상임을 강조한다. 또한 공공외교는 쌍방향 교류의 과정이다. 최근 들어 중국이 베이징올림픽, 상하이박람회, 보아오포럼, 타이후(太湖)문화포럼 등과 같은 공공외교 플랫폼을 구축하는 등 중국의 공공외교는 새로운 형태로 다양한 방식으로 추진되고 있다.

제18차 당대회 '보고'에서 공공외교를 강조한 것뿐만 아니라, 중국의 최고 지도자들 역시 다양한 장소에서 공공외교의 중요성을 강조하고 있다. 2013

년 8월 19일 개최된 전국 선전 사상 공작회의(全国宣传思想工作会议)에서 시진핑은 "대외선전업무를 제대로 수행하기 위해서는 대외선전방식을 창조해야 하고, 외국과 소통할 수 있는 새로운 개념의 새로운 표현방식을 만들어야 하는데, 특히 중국의 고사를 잘 설명하고 중국의 목소리를 잘 전파해야 한다(讲好中国故事, 传播好中国声音)"고 강조했다. 2013년 10월 24일 개최된 주변외교공작좌담회(周边外交工作座谈会)에서도 시진핑 국가주석은 "주변국가에 대한 선전업무, 공공외교, 민간외교, 인문교류 등을 강화해야 한다"고 강조함으로써, 주변외교 업무 중에서 공공외교의 중요성을 전략적으로 강조했다. 최고지도부들의 공공외교 업무에 대한 중시는 구체적인 외교활동에서도 잘 드러나는데, 해외순방 시 해당 국가의 국민들과의 접촉을 중시하는 것 이외에 연설 방식이 크게 달라지고 있다. 2013년 3월 시진핑 국가주석은 취임 이후 처음으로 러시아와 아프리카 3국(탄자니아, 남아프리카공화국, 콩고공화국)을 방문했을 때, 기존의 단조롭고 재미없는 정치이념 선전 강연이 아니라 고사를 활용한 연설을 진행함으로써 현지 국민들의 마음을 얻음과 동시에 국제사회의 지지를 얻었다.[14]

시진핑 중심의 새로운 지도부 출범 이후 공공외교의 중요성에 대한 강조

---

14) 후진타오와 장쩌민이 중국의 현실과 역사를 소개하는 데 치중하는 것과 달리 시진핑은 방문국 현지에 대한 이야기로 강연을 시작하는 스타일로 평가받는다. 후진타오는 2006년 4월 미국 예일대 강연에서 중국의 인류문명에 대한 역사적 공헌을 소개하고 양국의 협력 필요성을 주장했다가 설득력이 떨어진다는 현지 언론의 비판을 받았다. 한시를 자주 인용한 장쩌민 역시 1997년 하버드대에서 중국 인권 등 현실 문제만 얘기하다 한 학생이 중국 인권을 비판하자 "소음에 개의치 않는다"며 강연을 계속함으로써 현지 언론의 비판을 받은 적이 있다. 하지만 시진핑은 현지 청중과의 소통을 중시한다는 메시지가 담긴 공공외교 기법을 사용하는 것으로 평가받는다. 3월 러시아 국제관계학원 강연 때는 청년 시절 문학에 심취했다는 자신의 경험을 소개하고 톨스토이와 솔제니친 등 세계적인 러시아 문호들을 일일이 거명해 러시아 여론의 지지를 받았다. 그는 이어 "큰 배가 멀리 간다"는 러시아 속담을 인용하며 양국의 전면적 협력관계를 이끌어냈다. 콩고공화국 의회연설에서는 '전진하자 아프리카, 우리가 너의 승리의 노래를 듣게 해다오'라는 내용의 아프리카 시인의 시를 인용하며 중국과 아프리카의 새로운 우호시대 개막을 선언했다. "방문국가 민심부터 녹였다. 시진핑 '강연외교'," 『중앙일보』 2013년 9월 10일.

는 공공외교와 관련된 각종 조직과 기구의 설립 증가로 이어짐으로써 중국의 공공외교 발전을 위한 기초를 마련했다. 2012년 12월 31일 중국 공공외교협회(中国公共外交协会)가 베이징(北京)에서 성립되어, 전국인민대표대회 외사위원회 주임위원이자 전임 외교부장인 리자오싱(李肇星)이 회장으로 당선되었다. 중국 공공외교협회는 주로 공공외교의 이념 연구 및 실천 방향 모색, 각국 외교 전문가나 청소년·민간단체 등과 토론회 등을 통한 교류, 해외 공공외교협회나 대학·연구기관과 교류 및 협력, 공공외교 인재 양성 등 크게 4가지 임무를 수행한다. 동 협회는 2013년 9월 서울에서 한국국제교류재단과 공동으로 한·중 공공외교 포럼을 개최하여 한중 인문교류 확대와 강화방안을 논의하기도 했고, 2014년 10월에는 유럽의 싱크탱크와 외교 전문가들을 초청해 후난(湖南)성 창사(長沙)에서 '21세기 육·해상 실크로드 경제권 구축'을 주제로 포럼을 개최하는 등 민간차원의 공공외교를 주도하고 있다.

특히 중국 공공외교협회는 현재까지 중국에서 상하이(上海), 톈진(天津), 광둥(广东), 항저우(杭州), 양저우(扬州), 난징(南京), 광저우(广州) 등 15개의 지방 공공외교(인민외교, 도시외교) 협회가 성립되어 각자의 특색과 자산(resources)에 부합하는 공공외교 방식을 발굴하고 있다. 예를 들어, 2013년 9월 2일 성립된 광저우도시외교협회(广州城市外交协会)는 공공외교를 도시외교 차원에서 추진하고 있고, 2013년 10월 17일 성립된 양저우공공외교협회(扬州公共外交协会)는 양저우와 관련있는 역사인물을 발굴하여 해당 국가와의 공공외교활동을 적극 전개하고 있다. 광저우와 하이커우(海口)와 같은 도시들 역시 UCLG(세계도시 및 지방정부연합체) 등과 같은 플랫폼을 통해 도시외교를 전개하고 있다.

중국에서 공공외교에 대한 연구 역시 심화되고 있다. 2009년 중국 공공외교 사업 발전을 추동하기 위한 민간 싱크탱크인 차얼학회(察哈尔学会, Charhar Institute)가 성립되었고, 이후 학술지(『公共外交季刊』) 발행, 총서(察哈尔公共外交丛书) 발간, 각종 공공외교 활동 등을 진행했다.[15] 또한 대학과 연구소에 공공외교 연구기관이 설립되기 시작했고,[16] 공공외교와 관

련된 다양한 국제 학술세미나와 토론회 등이 진행되었다.[17]

중국 내 비국가행위자의 공공외교 활동 역시 늘어나고 있다. 제18차 당대회 이후 최고지도부의 공공외교에 대한 중시와 공공외교 관련 조직의 설치 및 학술연구활동 심화 등으로 인해 사회 각계 각층에서의 공공외교 활동도 점차 활발해지고 있고, 대상 역시 출국 여행객과 화교 등으로 확대되고 있다. 2013년 7월, 중앙문명위원회(中央文明委)가 "중국 공민 출국 여행객의 문화적 소양 제고를 위한 회의(提升中国公民出境旅游文明素质电视电话会议)를 개최했다. 2013년 9월 중공중앙은 ≪2013~2017년 전국 간부 교육훈련계획(全国干部教育培训规划)≫을 만들어, 국방과 군대건설, 공공외교, 민족종교, 안전과 비밀보장, 심리 건강 등 각종 지식교육을 실시할 것을 규정했다.

2) 공공외교와 이민(Diaspora) 정책[18]

시진핑 지도부가 특히 주목하고 있는 중국 공공외교의 목표 집단은 화교 사회다.[19] 미국에만 240만 명이 존재하는 화교는 중국 문화 보급에 상당한

---

15) 자세한 내용은 홈페이지(http://www.charhar.org.cn) 참조.

16) 상하이 정법학원 공공외교 연구센터(2013년 2월), 지린대학 공공외교학원(2013년 4월), 화교(华侨)대학 화교 공공외교 연구소(2013년 5월) 등이 설립되었고, 현재까지 칭화대학(清华大学)과 베이징외국어대학(北京外国语大学) 등 8개 대학에 공공외교 전문 연구기관이 설립되었다.

17) "저우언라이 공공외교 사상과 실천(周恩来公共外交思想与实践)" 세미나(2013년 3월 베이징외국어대학 개최), "세계로 나아가는 중국도시: 신형도시화발전전략 하에서의 도시외교(走向世界的中国城市 — 新型城市化发展战略下的城市外交)" 세미나(2013년 9월 광저우에서 개최), "중국 특색의 민간외교 이론과 실천(中国特色民间外交理论与实践)" 세미나(2013년 9월 중국국제교류협회와 중국평화발전기금회 등 공동으로 베이징에서 개최), "제1차 한중 공공외교포럼"(2013년 9월 서울에서 개최), "중국 기업의 유럽 진출(中国企业走进欧洲)" 포럼(2013년 10월 중국공공외교협회와 국가개발은행 공동으로 상하이에서 개최) 등.

18) Sheng Ding(2014), "Chinese Soft Power and Public Diplomacy: An Analysis of China's New Diaspora Engagement Policies in the Xi Era" 참조.

19) 1999년 이후 세계 각지에서 중국 화교 인구는 매년 약 1.8% 증가했고, 2012년 말 현재 중국 본토를 제외한 화교인구는 4,135만 명이다. 새로운 중국 이민자들의 대부분은 학생들이었던 사람들이 이민을 하거나(student-turned-migrants) 전문직에 종

제6장 중국의 공공외교 전략 **177**

역할을 수행하고 있고 정치적 이익을 위한 로비활동도 전개하고 있다. 중국도 화교사회에 80개 이상 친중국단체를 조직하고 이를 세계적 네트워크로 묶기 위한 지역별 조직결성을 후원하고 있다. 이러한 중국 공공외교 목표는 장기적으로 단순한 우호증진을 넘어서 경제적으로 중국시장 확대와 외교적으로 새로운 관계를 설정하는 한편 대만의 고립화를 통한 통일국가 완성과 세계대국으로서의 중국의 이미지를 강화하기 위한 것이다.

중국 정부는 시진핑의 새로운 공공외교를 바탕으로 새로운 이민자 정책을 적용하고 있다. 2014년 3월 국무원화교판공실(国务院侨务办公室) 부주임인 허야페이(何亚非)는 중국의 이민자 포용 정책에 대해 언급하면서 중국 이민자들을 활용한 문화교류 및 문화전파를 강조하였다.[20] 즉, 20,000명이 넘는 국외 중국 학교, 20,000개의 국외 중국인 공동 커뮤니티, 1,000개의 국외 중국인 미디어단체, 그리고 수많은 차이나타운, 중국음식점, 한방병원들은 이미 해당 이민 국가에 중국 문화를 전파하는 중요한 가교가 되었다는 것이다. 또한 국외 중국인들은 막대한 부와 기술력을 보호하고 있고, 능숙한 마케팅 네트워크와 폭넓은 정치적 연고 및 사업적 연결망, 빠르게 성장하는 커뮤니케이션과 미디어 자원을 보유하고 있다. 결국 중국은 이민자에 대한 포용 정책이라는 공공외교를 통해 이민자들과 그들의 자손들의 정체성을 확립하도록 역할을 하고자 한다.

중국의 국외 이민자들에 대한 공공외교는 크게 3가지 차원에서 이루어지고 있다. 첫째, 중국 글로벌 미디어에 대한 관리를 통해 국제방송(inernational broadcasting)을 강화하고 있다. 신화통신과 중국 국영 라디오, 중국 중앙방송, 인민일보와 같은 중국의 국영 미디어들은 '현지화'를 통한 중국의 소프트파워 증진을 위해 노력하고 있다. 예를 들어, 중국 CCTV-4 채널은

사하는 이민자와 그들의 가족들이다. 다음을 참조. OCAC(2013); Ding(2007).

20) 즉, "중국 이민자를 상대로 한 공공외교 정책은 전통적인 공공외교의 사상과 관습을 적용해야 하며, 문화와 문화교류, 국제방송, 중국의 문화와 언어를 전파하는 것에 초점을 맞춰야 한다. 또한 국외의 중국인들에게 체계적·제도적으로 접근하여 교류해야 한다." CNS(2014).

화교를 목표로 하여 베이징시간, 그리니치표준시(GMT), 동부표준시(East Standard Time)의 세 가지 각기 다른 시간대를 운영하고 있고, 무료 방송인 CCTV뉴스는 24시간 영어채널을 가동해 100개 이상의 국가와 지역에서 8,500만 명 이상의 시청자들이 시청할 수 있도록 하고 있다. 또한 CCTV-E 와 CCTV-F 채널은 스페인어 사용 시청자와 불어 사용 시청자를 대상으로 한다. 이러한 TV 플랫폼을 이용해 최근에는 아랍어, 러시아어, 한국어 TV 채널을 추가했고, 2012년에 설치된 CCTV America는 워싱턴 DC에 근거지를 두고 많은 베테랑 미국 기자들을 고용하고 있다. 2013년 9월에는 58개 국가와 지역에서 온 450명의 중국 미디어 기구의 해외 대표자들이 '중국의 꿈(Chinese Dream)'이라는 주제의 제7회 세계 중국 미디어 포럼(World Chinese Media Forum)에 참여하였다. 이처럼 해외에 있는 중국의 글로벌 미디어가 중국 정부 및 국영매체들과 긴밀한 관계를 유지하는 이유는 중국에서의 사업 특혜와, 국영기업 광고권 등 다양한 경제적·정치적 이점이 존재하기 때문이다.

둘째, 이민자들의 마음을 사로잡기 위한 이민관련법과 규제를 개정하고 있다. 중국 정부는 이민자들을 활용하기 위해 그들의 마음을 얻기 위한 새로운 포용 정책을 구상했다. 2012년 출입국법을 개정하고 이민시스템에 대한 규제 개혁을 단행한 것이 대표적이다. 2013년 7월부터 실시된 새로운 이민법에서는 외국인에 대한 강제추방, 외국인의 입·출국 비자, 임시거주, 영주권 등을 포함 '외국인 출입 규제안(RAEEA: Regulations on the Administration of the Entry and Exit of Aliens)'을 규정했고, 첨단기술을 보유한 사람들에게 이민을 허락하는 선택적 이민제도를 도입했다.[21] 또한 중국은 화교들이 중국에서 일자리를 구하고 거주할 수 있도록 거주허가발급의 확대

---

21) Ding and Koslowski(2014). 새로운 이민법에 따라 Q비자가 만들어졌는데, Q1 비자는 중국 시민권이 있는 친척으로서 중국에 가족을 만나기 위한 목적으로 방문한 경우, 중국에 영구 거주할 수 있는 자격이 있는 사람의 친척인 경우, 중국에 입양을 위해 방문한 경우에 발급된다. Q2 비자는 중국 시민권을 보유한 사람과 중국에 영구 거주 자격을 보유한 사람의 친척으로 짧게 친척을 방문했을 때 발급된다.

와 중국 취업허가증 발급 등과 같은 특혜 정책을 실시하였다. 2012년 12월부터는 중국에서의 취업허가증을 가진 사람들은 중국 공민들과 고용, 투자, 주거, 사회보험, 심지어 교육과 아이들까지 똑같은 대우를 받는다. 중국 정부가 발급한 외국인에 대한 취업허가증 수는 2012년도에 1,202개가 발급되었는데, 이는 2011년보다 83%p 증가된 수치이다. 결국 시진핑 시기의 새로운 이민과 관련된 규제들, 정책, 실천적 조치들은 중국의 새로운 이민자 포용 정책의 일환이며 화교들의 마음을 사로잡기 위한 것이다.

셋째, 국제 교육 중심지를 만들기 위한 교육 교류(Education exchange)를 촉진한다. 국제 교육 교류는 국가의 소프트파워를 알리기 위한 가장 효과적인 방법으로서, 현지 국가에서의 지식획득 과정과 일상적인 경험들은 유학생들에게 높은 문화적·정치적 가치를 전수할 것이다. 그리고 그들이 고국으로 돌아오면 그들이 직접 경험한 것을 바탕으로 경제와 사회발전 및 문화와 정치적 가치를 전하는 중요한 정보 제공자가 될 것이며 나아가 국외에 유학했던 국가의 소프트파워를 알리는 데 도움이 될 것이다. 중국 교육부는 2010년 9월 "Studying in China Scheme"을 발표했다. 이는 주로 중국과 타국 간 국제교류를 강화하고 중국 교육시스템의 국제공조를 발전시키며, 유학생들에게 중국이라는 국가의 매력도를 높이기 위함이었다. 동 계획에 따라 중국은 2020년까지 중국에 500,000명의 유학생들을 유치함으로써 중국을 아시아에서 가장 거대한 국제교육의 중심지(hub)로 만들고자 하고 있다. 이와 같은 국제 교육 교류 활성화 노력 과정에서 4,100만여 명에 달하는 화교들은 매우 중요한 자산이다. 중국에서 공부하는 외국인 유학생의 숫자는 2011년 290,000명에서 2012년에 328,000명으로 증가했다. 이러한 외국인 유학생들 중 다수는 중국인 외국 학생으로 외국으로 이민을 간 중국 국민의 자손이다. 새로운 세대의 중국인 후손들은 커리어와 초(超)국가적인 문화적 정체성을 향상하기 위해 중국 문화와 언어를 배우고자 한다.

3) 싱크탱크 공공외교

싱크탱크 설립과 교류 강화는 시진핑 시기 중국의 새로운 공공외교 방식의 중요한 사례이다. 싱크탱크 공공외교는 국가 간 관계에서 상호이해를 증대시키고 정책적인 방안을 제공하는 것은 물론 세계 여론 흐름을 형성하고 전파하며, 특히 고위층 대화를 위한 플랫폼을 구축함으로써 각국의 여론 주도자들에게 영향을 준다.[22]

미국에서 발표된 ≪2013 세계 싱크탱크 발전 보고≫에 따르면, 현재 세계적으로 약 6,828개의 싱크탱크가 존재하는데, 미국이 1,828개로 가장 많고, 중국이 425개로 두 번째다. 영향력 측면에서 볼 때, 중국은 6개 싱크탱크(중국사회과학원, 중국국제문제연구중심 중국현대국제관연구원, 국제전략연구중심, 상하이국제문제연구원, 국무원발전연구중심)가 100위 안에 포함되어 있다. 중국의 425개 싱크탱크 중에서 대학 산하 싱크탱크가 절반 이상을 차지했으며, 민간 싱크탱크는 5% 수준이고 나머지 200여 개는 관영 싱크탱크였다. 특히 당·정·군 싱크탱크 10여 곳을 빼면 대부분이 중앙정부와 성급 지방정부에 소속된 중소규모의 싱크탱크라는 점에서 체계적인 역량이 쉽지 않은 문제가 있는 것으로 나타났다.

이러한 상황 속에서 중국의 시진핑 지도부가 싱크탱크 공공외교의 중요성을 강조하기 시작했다는 점은 공공외교와 관련하여 매우 중요하다. 2013년 6월 26일 개최된 제3차 세계 싱크탱크회의에서 리웬차오(李源潮) 국가부주석은 폐막식 연설에서, 각국의 싱크탱크들이 국제관계의 발전 과정에서 중요한 역할을 수행하고 있다고 평가했고, 리커창(李克强) 국무원총리 역시 세계적인 싱크탱크들의 영향력과 역할을 중시하고, 글로벌 문제 해결 및 국가 간 상호이해와 협력에 건설적인 역할을 수행할 것을 강조했다.[23]

시진핑 국가주석 역시 2014년 10월 '중앙전면심화개혁영도소조' 제6차 회의를 주재한 자리에서 "과학적이고 민주적인 정책결정을 통해 전략적으로 국가통치 시스템과 통치능력을 현대화하고 중국의 소프트파워를 제고하기

22) 王莉丽, "从'智库公共外交'看智库多元功能," 『中国社会科学报』 第A04版, 2014年 4月 11日.
23) 자세한 내용은 다음을 참조. http://www.china.com.cn/zhibo/2013-06/28/content_29237600.htm

위해 중국 특색의 새로운 싱크탱크를 설립해야" 한다고 주장했다.

4) 지방정부의 공공외교

중국의 지방정부(도시) 국제화가 가속화되면서 갈수록 많은 도시들 역시 각자의 특색에 맞는 공공외교 활동을 전개하고 있다. 2013년 10월 후난 성(湖南省) 창사(长沙)에서 개최된 "世界休闲农业与乡村旅游城市(城区)联盟" 제1차 총회에는 46개국의 중국주재 외교사절과 26개국의 지방정부 지도자 들이 참여했다. 이 외에도 상하이와 원저우(温州) 공공외교협회는 2년 연속 공공외교 이론 고급 연수반을 공동 운영했고, 광둥과 후이저우(惠州) 공공 외교협회는 외교학원에서 공공외교 학습 훈련반을 공동 운영했다.[24]

2011년 미중 지방정부 지도자 포럼(中美省州长论坛)[25]의 출범 역시 중국 의 공공외교 정책에서 지방정부가 중요한 역할을 수행하고 있다는 점을 반 증하는 중요한 사례다. 일반적으로 지방정부 지도자 교류는 정부 간 고위급 외교와 민간외교의 중간에 해당하는 것으로서, 해당 지방정부의 이익 확보 에 직접적인 영향을 미친다. 중국과 미국은 1980년 베이징과 뉴욕 간 우호 도시 협력관계 수립 이후 현재까지 36개의 우호성(省)과 주(州), 165개의 우호도시 간 교류협력 관계를 맺고 있다. 특히 미중 양국 모두 지방정부 지도자들이 중앙정치무대에 진출하는 경우가 잦다는 점에서 미래 양국의 외 교 정책 형성에도 영향을 미칠 가능성이 높다. 미국의 카터, 레이건, 클린턴,

---

24) 지방정부 공공외교에 대해서는 다음을 참조. 察哈尔学会 主编, 『地方公共外交工作分析 评估报告』(2013), http://www.charhar.org.cn/newsinfo.aspx?newsid=6300

25) 미중 간 지방정부 지도자 포럼(中美省州长论坛; China-US Governors Forum) 개최는 2011년 1월 후진타오 방미 시 양국 지도자 간 합의한 사항으로서, 1차 포럼은 2011년 7월 중국인민우호협회와 전미주지사협회 주도로 미국 유타주에서 개최됐다. 1차 포 럼에서는 저장성, 안후이성, 윈난성, 칭하이의 당서기·성장이 이끄는 중국 지방정부 대표단이 미국의 30개 주와 경제·무역·투자·환경·에너지 분야 등에서 교류협력을 진행했다. 2013년 4월 15~16일 베이징과 톈진에서 개최된 2차 포럼에서는 미국 3개 주(아이오와, 위스콘신, 버지니아)와 중국 5개 지방정부(톈진시, 허베이성, 헤이룽장 성, 푸젠성, 광시좡주자치구) 지도자가 참석하여 주로 경제협력과 환경 문제에 대한 논의가 이루어졌다.

부시 대통령이 모두 주지사를 경험했고, 중국 역시 대부분의 최고지도부가 지방정부 수장을 경험한 바 있다. 최근 중국주재 미국대사관은 '허난(河南)소조', '샨시(陝西)소조', '산둥(山东)소조'를 만들어 해당 중국 지방정부에 대한 업무를 전담하고 있다.

IV. 시진핑 시기 중국 공공외교의 변화 요인 및 전망

1. 중국외교의 대변화 추세에 조응

시진핑 시기 중국의 공공외교가 이전에 비해 좀 더 적극적이고 주동적으로 변화하게 된 가장 중요한 요인은 바로 최근 중국외교의 대변화 추세라고 할 수 있다. 즉, 덩샤오핑(鄧小平)의 개혁개방 정책 실시 이후 후진타오 집권 초중반까지의 중국외교가 줄곧 '경제발전(經濟建設)'을 위한 평화롭고 안정적인 주변환경 조성을 목표로 했다면, 시진핑 체제 출범 이후에는 이른바 "중화민족의 위대한 부흥"이라는 '중국의 꿈(中國夢)'을 달성하기 위한 외교로 서서히 변화하고 있다. 이처럼 강대국으로서 지위와 영향력에 걸맞은 외교로 진화하는 과정에서 시진핑 시기 중국의 공공외교 역시 공공외교 역시 강대국 중국의 외교 목표 달성에 기여하기 위해 이전보다 더 적극적이고 주도적으로 추진되고 있는 것이다.

최근 중국외교의 대변화를 추동하게 된 가장 중요한 이유는 '중국의 부상'에 따른 중국의 국제적 위상 제고와 글로벌·지역적 영향력 확대라고 할 수 있다. 즉, 개혁개방 이후 고도성장을 지속해 온 중국이 시진핑 체제 집권 시기인 향후 10년 사이에 경제규모 면에서 미국을 추월하여 세계최대 경제대국으로 등장할 것으로 예상되는 가운데, '강대국화'를 꿈꾸고 있는 중국이 좀 더 자신감 있고 공세적인 외교 정책을 추진하고 있는 것이다. 이처럼

'중국의 부상'이 갈수록 현실화됨으로 인해 시진핑 시기 중국의 총체적인 외교가 이전에 비해 적극적이고 주동적으로 추진되고 있고, 이는 다시 공공외교 전략에도 영향을 주었다.

시진핑 시기 들어 공산당 내부 집체학습이나 해외 방문 등을 통해 이전보다 더 적극적으로 중국 특색의 사회주의와 사회주의 핵심가치관을 강조하고 있다는 점 역시 중국의 공공외교가 새로운 형태로 변화하고 있다는 것을 잘 드러내고 있다. 시진핑은 2014년 4월 유럽 순방 시 벨기에 유럽대학교에서의 공개강연에서 "중국 정부가 입헌군주제와 의회제도 및 대통령제 등을 고려한 적이 있고 도입도 했지만 결과적으로 성공적이지 않았다"는 점을 강조하고 "강남에 심은 귤을 강북에 옮겨 심으면 탱자가 된다(橘化爲枳)"고 표현한 바 있다. 2014년 11월 APEC회의에서도 시진핑은 중국식 '인민민주'제도가 서방의 민주주의보다 더 우월하다는 점을 강조함으로써 중국 특색의 사회주의 제도를 고수하겠다는 입장을 강조했다.[26] 이는 곧 중국공산당 일당 독재 체제를 비판해 온 미국과 유럽을 향해 중국의 정치 체제에 대한 '내정 간섭'에 반감을 드러냄과 동시에 중국 특색 사회주의가 중국에 가장 적합한 제도라는 점을 강조하고 있는 것이다. 이러한 이유로 인해 중국지도부는 이전보다 적극적이고 주도적인 공공외교를 추진하고 있는 것이다.

2. 국제규범 경쟁에 공공외교 활용 전망

향후 시진핑 시기 중국의 공공외교는 과거의 경험을 바탕으로 하여 좀 더 세분화되고 체계적이며 전방위적으로 추진될 것이다. 이미 앞에서 기술한 바와 같이 시진핑 시기의 공공외교는 최고지도부의 인식 수준 제고, 공공외교 관련 조직과 기구 설립 증가, 연구기관 설립 및 관련 학술활동 증대, 비국가행위자의 공공외교 활동 증대 등 체계적인 공공외교 추진을 위한 인

---

26) 『人民日報海外網』 2014年 11月 14日.

적·제도적 기반을 마련했다. 아울러 공공외교 추진 분야에 있어서도 화교 사회를 활용한 공공외교, 싱크탱크를 활용한 공공외교, 지방정부가 주도하는 공공외교 등 이전 시기에 비해 훨씬 다양하게 공공외교를 추진할 것으로 전망된다.

물론 여전히 당과 국가주도로 공공외교가 추진되는 등 한계도 분명히 존재하지만,27) 동시에 많은 성과를 거두고 있는 것도 사실이다. 실제로 '중국의 부상'에 대한 국제사회의 '위협' 인식은 줄어든 대신, 중국의 경제발전이 자국에게 '기회'로 작용할 수 있다는 국제사회의 인식이 늘어나고 있다. 또한 실제로 중국은 다양한 방식을 통해 국제사회에 중국을 적극적이고 주도적으로 이해시키고자 노력하고 있다. 대표적인 예로, 기자 간담회와 각종 백서(白皮书) 발표 및 최고지도자의 국제무대에서의 연설 등을 통해 국제사무와 관련된 중국의 입장과 원칙 등을 설명하기도 하고, 각종 언론 방송매체와 인터넷 등을 통해 중국의 실상을 소개하기도 한다. 특히 시진핑 시기 들어서면서 중국의 '문화' 자원을 활용한 공공외교 활동이 좀 더 주목을 받고 있다는 점에서 기존의 공공외교 추진의 핵심 주체인 외교부와 함께 중국 문화부 및 관련 민간단체 등을 포함한 다양한 행위주체들의 역할이 갈수록 중시될 것이다.

이를 통해 이전처럼 '중국 위협론' 완화라는 소극적 의미의 공공외교를 추진하기보다는 소위 '강대국외교'를 추진하기 위한 적극적이고 주도적인 공공외교를 추진하고자 할 것이다. 특히 강대국으로의 평화적 부상이라는 외

---

27) 중국은 2004년 이후 2014년 9월까지 전 세계 123개국에 465개의 공자학원을 설립하여 중국어와 중국문화를 전파하는 역할을 수행해왔으나, 일부 국가에서는 공자학원이 중국 정부의 입장을 획일적으로 전파하는 등 중국의 선전도구로 활용되고 있다고 비판하기도 한다. 실제로 2009년 공자학원을 유치한 바 있는 미국 시카고대학이 2014년 9월 "중국공산당에 민감한 이슈에 대한 토론도 허용하자"는 제안을 했으나 공자학원 중국 본부 측이 거절했고, 이에 시카고대학 측은 "공자학원이 미국대학의 학문적 자유를 억압하고 중국공산당의 이념과 정치선전 도구에 불과하다는 점을 보여준다"고 주장하고 공자학원의 캠퍼스 내 운영을 중단시키기도 했다. 비슷한 시기에 미국 펜실베이니아대학과 캐나다 맥마스터대학 역시 비슷한 이유로 공자학원 퇴출을 결정했다.

교 전략을 뒷받침할 수 있는 논리개발 차원에서 자국의 공공외교 자원인 '문화'를 적극적으로 활용할 가능성이 높다. 최근 시진핑이 방한 시 '한중 인문유대 강화'를 강조했다는 점은 시진핑 시기 중국 공공외교의 새로운 구성요소가 될 수도 있다는 점에서 앞으로의 전개 방향에 주목할 필요가 있다.

V. 결론

공공외교는 기본적으로 '외교' 영역으로서, '전통적 외교'의 보충적인 차원에서 이루어진다는 점에서, 중국외교의 변화 추세는 중국의 공공외교 전략에 영향을 주는 가장 중요한 요인이다. 따라서 시진핑 시기 중국의 공공외교 전략을 파악하기 위해서는 중국의 총체적인 외교 목표의 변화 및 그에 따른 공공외교의 변화 여부를 살피는 것이 중요하다.

중국은 개혁개방 이후 30여 년 동안 고속 경제발전을 이루었고 국제적 위상과 영향력이 날로 증대되었다. 하지만 '중국의 부상'에 대한 국제사회의 우려로 인해 '중국 위협론'이 팽배했고, 이는 곧 중국의 국가 이미지에 부정적 영향을 주었으며, 중국의 '평화적 발전'을 위한 국제적 공간을 제한해왔다. 이러한 중국에게 불리한 부정적인 영향을 해소하고 중국의 국가 이미지를 제고하며 국제사회의 중국에 대한 이해를 증진시키기 위해 중국은 광범위한 공공외교를 전개해왔다. 하지만 후진타오 시기까지의 공공외교는 '중국 위협론' 불식을 목표로 하여 시작되었다는 점에서 일종의 방어적이고 수세적인 공공외교라고 할 수 있다.

시진핑 시기 중국외교의 대변화 추세가 가속화되면서 공공외교 역시 이전보다 더 적극적이고 주동적으로 변화하고 있다. 개혁개방 정책 추진 이후 '경제발전'을 위한 평화롭고 안정적인 주변환경 조성이 중국외교의 목표였으나, 최근 시진핑 시기 들어서면서 "중화민족의 위대한 부흥"이라는 '중국의 꿈'을 제시하면서 '강대국으로의 부상'을 위한 외교로 서서히 변화하고 있다. 즉, 시진핑은 전임 후진타오 시기에 제기된 기존의 '평화적 발전' 전략 노선은 지속적으로 유지하되, 소위 '중국의 꿈'을 이루기 위해서는 '핵심이익'을 적극적으로 수호해야 한다는 점을 강조한다.

향후 중국의 공공외교는 총체적인 외교 목표 달성에 기여하기 위해 이전보다 더 적극적이고 주도적으로 추진될 것으로 전망되는데, '중국 위협론' 불식과 이미지 제고를 통해 중국에 대한 호감을 증가시키고자 하는 1차적 목표를 넘어, '중국식 스탠다드'를 강조하는 형태로 진화할 가능성도 배제할 수 없다. 최근 미국과 캐나다 등에서 공자학원이 퇴출된 사례에서 보듯이, 강대국 중국이 자국 문화를 전파하는 과정에서 중국적 가치를 일방적으로 선전할 경우 해당 국가와의 갈등이 나타날 수도 있는 것이다. 실제로 중국의 공공외교 자원으로 '문화'와 '베이징 컨센서스' 등이 자주 거론된 바 있으나, 글로벌 차원의 매력으로 인식될 수 있는 콘텐츠(인권, 시민의식, 봉사정신 등)가 매우 부족하거나 개발되지 못하고 있다는 점은 여전히 중국 공공외교 추진의 한계로 지적되고 있다. 따라서 시진핑 지도부는 이러한 한계를 극복하기 위해 '중국 특색을 지닌 가치관'을 제시하는 방식으로 공공외교를 전개할 가능성이 높다.

중국의 공공외교는 총체적인 외교 목표 달성을 위해 중국 정부가 취할 수 있는 다양한 외교전술 중의 하나라는 점에서 한국에 대한 정책적 함의도 적지 않다. 따라서 현재 중국 정부가 취하고 있는 한국에 대한 공공외교 전술이 언제든지 변화될 수 있다는 점을 인식할 필요가 있다. 최근 한중 양국이 정상회담을 통해 양국 간 인문유대 강화에 합의하고 '한중 인문교류 공동위원회' 및 '한중 공공외교 포럼'을 출범시키는 등 많은 진전을 이루어냈지만, 한중 양국의 공공외교에 대한 이해가 반드시 일치하지 않는다. 이는 곧 중국이 강조하는 인문교류와 한국이 강조하는 인문유대의 개념상의 차이와 한중 공공외교의 목적과 방향의 차이 등으로 이어진다. 따라서 향후 한중 양국의 공공외교 추진과정에서 '체계성', '쌍방향성', '민간주도', '다양화' 등을 기본 방향으로 하여 좀 더 세밀한 전략적 대응이 필요하다.

특히 한반도가 처한 지정학적·지전략적 특수성을 고려할 때 주변 강대국
으로부터 한국 주도의 통일에 대한 이해와 지지 및 협력을 얻어내는 것 역
시 통일기반 조성을 위해 매우 중요하다. 특히 중국은 이미 한국 외교안보
전략의 최대 영향요인으로 등장했고 향후 한반도의 통합 및 통일 과정에서
가장 큰 영향력을 발휘할 것으로 예상된다는 점에서 대중국 통일 공공외교
가 중요하다. 즉, 통일한국의 건설이 중국의 안보 불안을 의미하는 것이 아
니라 오히려 한반도 분단 관리의 기회비용이 줄어들고 통일 편익은 증대될
수 있다는 점을 각인시킬 필요가 있다. 이 밖에도 중국 내 지역별·소득계층
별·세대별로 구분된 공공외교, 전문가와 여론주도층 및 일반 대중과 차별
화된 공공외교, 한류 및 중국진출 글로벌 기업 등을 활용한 공공외교, 대중
매체를 통한 공공외교, 민간이 주도하고 정부는 지원하는 공공외교, 국내거
주 중국인 대상의 공공외교, 인터넷과 SNS를 활용한 공공외교 등 좀 더 세
분화되고 전문화된 공공외교를 추진해야 한다.

【참고문헌】

"방문국가 민심부터 녹였다. 시진핑 '강연외교'." 『중앙일보』 2013년 9월 10일.

싱크탱크 미래지. 2014. "한중일 공공외교 협력방안 연구" 용역보고서(2014년 5월 5일)(http://www.ajunews.com/view/20140505132228484).

얀 멜리센 엮음. 박종일·박선연 옮김. 2008. 『신공공외교: 국제관계와 소프트파워』. 고양: 인간사랑.

유상철. 2013. "중국의 공공외교 전략과 행태에 관한 연구." 한양대 국제학대학원 박사학위 논문.

이장원. 2011. "중국의 공공외교: 배경, 목표, 전략."

이희옥. 2010. "중국 공공외교의 확산 체계와 목표."

Aoyama, Rumi. 2007. "China's Public Diplomacy."

Cull, Nicholas J. 2008. *The Cold War and the United States Information Agency: American Propaganda and Public Diplomacy, 1945-1989*. Cambridge: Cambridge University Press.

Cull, Nicholas J., Geoffrey Cowan, and Phyllis Kaniss. 2008. *Public Diplomacy in a Changing World*. SAGE Publications.

Ding, Sheng. 2014. "Chinese Soft Power and Public Diplomacy: An Analysis of China's New Diaspora Engagement Policies in the Xi Era."

Gregory, Bruce. 2008. "Public Diplomacy: Sunrise of an Academic Field." *The ANNALS of the American Academy of Political and Social Science*, Vol.616, No.1, pp.274-290.

Hessarbani Anja Lejli. 2011. *Public Diplomacy of People's Republic of China*.

Nye, Joseph S. Jr. 2008. "Public Diplomacy and Soft Power." *The ANNALS of the American Academy of Political and Social Science*, Vol.616, No.1 (March 2008), pp.94-109.

Wang, Hongying. 2003. "National Image Building and Chinese Foreign Policy." *China: An International Journal*, Vol.1, No.1(March 2003), pp.42-72.

高小升. 2013. "十八大后中国外交的新变化." 『党政论坛』 2013年 12期.

鲁世巍. 2013. "新时期中国外交的'变'与'不变'." 『国际问题研究』 2013年 03期.

莫盛凯. 2013. "中国公共外交之理论与实践刍议." 『外交评论(外交学院学报)』 2013年 04期

"习近平: 承前启后 继往开来 继续朝着中华民族伟大复兴目标奋勇前进." 『人民網』 2012年 11月 30日.

阎学通. "聚焦中国外交转型, 清华国际安全论坛热议外交未来变化"(http://www.tsinghua.edu.cn/publish/iis/7246/2012/20121121091020795914489/20121121091020795914489_.html).

倪世雄·潜旭明. 2014. "十八大以来的中国新外交战略思想初析." 『人民论坛·学术前沿』 2014年 06期.

王莉丽. 2014. "从'智库公共外交'看智库多元功能." 『中国社会科学报』 第A04版, 2014年 4月 11日.

『人民日報海外網』 2014年 11月 14日.

『人民日報』 2010年 6月 1日.

赵可金. 2013. "中国外交3.0版: 十八大后的中国外交新走向." 『社会科学』 2013年 07期.

_____. 2014. "新理念引领中国新外交." 『学习时报』 2014年 01月 06日.

赵可金·刘思如. 2013. "中国侨务公共外交的兴起." 『东北亚论坛』 2013年 05期.

"走进外交部, 走近中国外交 — 2013中国外交纵横谈." 『人民網』 2013年 12月 25日.

察哈尔学会 主编. 2013. 『地方公共外交工作分析评估报告』(http://www.charhar.org.cn/newsinfo.aspx?newsid=6300).

제**7**장

중국의 경제외교 전략

권혁재 | 삼성경제연구소
최지영 | 단국대학교

I. 중국의 대전략과 경제외교

이 글은 시진핑 체제(2012년~현재) 경제외교의 주요 정책에 대한 분석을 통해 그 특징을 고찰하고 한국에 대한 정책적 제언을 도출해 내는 것을 목적으로 하고 있다. 시진핑 체제에서 경제외교는 어떠한 발전과 특징을 보여주고 있는가? 경제외교 또한 외교의 한 분야라고 할 때, 이 역시 경제발전의 목표를 넘어 전 지구적 영향력 확대라는 보다 확장된 범위의 지역 및 세계 차원의 대전략을 고려하고 있는가? 이를 확인하기 위해서는 먼저 중국의 대전략이 무엇인지 살펴볼 필요가 있다.

군사용어에서 유래한 '대전략'은 현대에 이르러 1)군사뿐 아니라 외교, 금융, 경제, 정보 등 다양한 수단과 분야로의 확대, 2)국내 전략과 대외 전략의 통합, 3)전시와 평시(平時)를 모두 포괄하는 '국가 전략'으로 범용되고 있다 (Murray, 1994: 1-23). 어떤 경우이든 대전략은 국가의 최고 정치 전략으로 일국의 궁극적 목표를 달성하기 위해 가용한 모든 방법과 수단을 사용하는 정책과 행동의 방침이라 하겠다. 물론 현재 중국의 대전략이 특정 문서로 공식화되어 있는 것은 아니다. 그러나 '이론과 실제'가 합치되는 사회주의 국가에서는 사상(이론)이 정책행위를 규정한다(Wang, 1994: 483-486). 따라서 중국지도부의 세계를 인식하는 전략적 사상, 즉 마오쩌둥의 '전쟁과 혁명,' 덩샤오핑의 '평화와 발전'론이 외교 정책과 행위의 지도방침이며 대전략의 이론적 근거가 된다 하겠다. 또한 세계정세에 대한 인식하에 한발 더 나아가 '어떻게 세계를 바꾸는가?'를 고민하는 마르크스·레닌주의적 철학관에 기반할 때(張蜀誠, 2005: 73), 중국 또한 그러한 세계 인식에 기반하여 전략적 행위와 정책을 취할 가능성이 높다.

그렇다면 중국의 국가 전략이 추구하는 궁극적인 목적은 무엇인가? 이는 바꿔 말하면 어떠한 국가이익을 위해서 국가 전략을 운용하는가?라고 할 수 있다. 국제정치학의 현실주의 전통은 안보 딜레마의 해결을 통한 자국의 생존을 국가의 가장 중요한 목표(혹은 국가이익)로 보고 있다(Waltz, 1979: 103-128; Baldwin, 1993: 5-7). 중국학자 또한 '생존'을 중국의 가장 중요한 국가목표이자 핵심이익으로 보고 있다(閻学通, 1996: 2). 개혁개방 이후에는 공식적으로 주권과 영토의 수호가 가장 중요한 국가이익이라 할 수 있는데(邓小平, 1998: 346-349), 이는 사실상 공산당 체제 유지를 포함하는 개념이다(Roy, 1998: 42; 许志嘉, 2004: 71). 결국 국가안보, 공산당 체제 유지가 중국의 가장 중요한 국가목표이자 핵심이익이라 하겠다.

중국 주도의 새로운 경제·정치질서로의 재편을 의미하는 신(新)국제정치경제질서의 구축은 사회주의 중국이 건국 이후 줄곧 추구해온 중국외교의 최종목표이자 국가 대전략이다. 중국의 생존과 안보는 궁극적으로는 이를 위협하는 패권주의와 힘의 정치(power politics)가 주도하는 기존질서를 재편함으로써만이 확보될 수 있기 때문이다. 그렇다면 어떠한 방식으로 신(新)국제정치경제질서를 구축할 수 있는가? 이는 기존 국제 체제 질서를 어떻게 보는가 하는 당대 지도부의 세계인식과 관련이 있다. 마오쩌둥 시기에는 미소 두 초강대국 사이에서 '전쟁'은 피할 수 없다고 보았고, 이에 건국 초기에는 소련에 무조건적으로 의탁하는 외교 정책(一边倒)을 취함으로써 안보를 확보하고자 하였다. 그러나 소련과의 관계가 악화되면서 새롭게 추진한 정책이 제3세계 비동맹 국가들과의 반(反)패권통일전선의 구축이다 (Armstrong, 1977: 48-56). 중국의 안보는 전쟁을 막아야 확보되며 이를 위해서는 전쟁의 근원인 제국주의·수정주의·패권주의를 타도해야 한다. 그리고 이는 아시아·아프리카·라틴아메리카 제3세계 국가들과의 연대를 통한 '혁명'을 통해서 만이 가능하다고 본 것이다. 이것이 바로 개혁개방 이전 중국 국가 전략의 중심 사상이었던 마오쩌둥의 '전쟁과 혁명'론이다. 이에 따라 1960년대 중국외교는 사회주의(수정주의)와 자본주의(제국주의)진영 사이의 제3세계 비(非)동맹국가들과의 관계강화에 초점이 맞춰졌다. 이는 단순한 관계강화가 아니라 이들 국가에 '혁명'을 수출하여 국제혁명에 대한 공감대를 형성하고 연대하여 궁극적으로 기존질서를 전복하기 위한 반(反)패권통일전선을 구축하는 것을 목적으로 하였다. 이와 같은 혁명적 국제연대 전략은 1970년대에도 이어져 미국과의 관계 회복 후에는 소련을 주적(主敵)으로 동쪽으로는 일본, 서쪽으로는 중동과 서유럽, 남쪽으로는 호주와 뉴질랜드까지 이어지는 더욱 포괄적인 반(反)패권통일전선(一條線) 전략을 구상하기도 하였다(许志嘉, 2004: 42-43).

개혁개방 이후 국가 전략의 중심 사상으로 알려진 덩샤오핑의 '평화와 발전'론 또한 본질적으로는 마오쩌둥의 '전쟁과 혁명'론과 그 맥을 같이 한다. 즉, 중국의 생존과 안보를 위해서는 국제정치경제질서에 대한 변화가 필요하다는 점에서 양자가 동일하다는 것이다. 그러나, 세계대전은 피할 수 있다는 국제정세('평화'의 시대)에 대한 인식의 전환하에 안보를 확보하기 위한 방식도 '혁명'에서 '(경제)발전'으로 바뀐다는 점에서 차이가 있다. 중국의 안보를 확보하기 위해서는 '평화'를 수호해야 하고, 이는 '(경제)발전'을 통해 가능하다는 덩샤오핑의 '평화와 발전'론은 두 단계의 의미가 있다. 하나는 평화적 힘, 즉 중국과 제3세계국가(발전도상국)[1]들 각각의 경제력 증강이

---

1) 제3세계는 냉전 시기 정치적으로 중립, 경제적으로 낙후된 국가를 지칭하였으며, 통상

다. 중국의 경우 '종합국력의 제고'라 표현되고 있다. 그러나 이는 곧 한계에 부딪히게 되는데, 현존 국제 체제가 본질적으로 패권과 힘의 정치(power politics)에 의한 억압과 착취의 구조이기 때문이다. 따라서 지속적 발전을 위해서는 기존질서를 재편해야 하며, 이는 두 번째 단계, 즉 각각 발전한 평화적 힘(중국과 제3세계국가)들 간의 '연대와 협력(団結与合作)'이 필요한 것이다(丁永康, 2000: 35-36).

사실 자국에 유리한 국제질서를 구축하고자 하는 것은 중국의 국가 전략에만 국한되는 것이 아니다. 일반적으로 국제 체제의 전환 시에는 자국에 유리한 질서를 배치하기 위한 강대국들 간의 각축이 극심하였다. 나폴레옹 전쟁 이후 유럽의 비엔나 체제, 2차 대전 이후 미소 중심의 얄타회의 체제, 냉전 후 미국 중심의 단극 체제와 중국이 추진하는 다극 체제 등 자국에 유리한 질서를 구축하고자 하는 노력은 결과적으로는 일정한 세력균형으로 봉합되곤 하였다. 홀스티(Holsti, 1988: 108)는 다소 차이는 있을 수 있으나 대부분의 경우 국가목표는 1)국가안보, 2)경제와 시장의 발전, 3)영토의 확장, 4)가치관 혹은 이념 전파의 4가지 측면을 벗어나지 않는다고 본다. 즉 대부분의 국가는 최소한의 안보가 확보된 상황에서 경제적·군사적 권력을 추구하며 자국의 유형·무형의 영향력을 확대하려는 목표하에 국가 전략을 운영한다고 하겠다. 가장 안전한 상태는 자국의 영향력이 구조에까지 미쳤을 때라는 점을 감안한다면, 안보가 확보된 상태에서 권력을 극대화하고자 하는 것은 대부분 국가 전략의 당연한 발전경로라 하겠다.

'경제외교(Economic Diplomacy)'는 함의나 외연이 명확한 학술적 개념이라기보다는 실무에서 사용되는 실재적 용어이기에 연구에 어려움이 존재하는 것이 사실이다. 그러나 외교의 한 분야로서 경제외교를 상술한 국가이

적으로 개발경제학에서의 발전도상국이나 저(低)개발국가를 의미한다. 중국은 건국 이후 미소 진영 어디에도 속하지 않는 아시아·아프리카·라틴아메리카국가를 제3세계로 칭하였으나 2007년 17차 당대회 〈보고〉부터 제3세계국가 대신 발전도상국이라는 용어를 사용하고 있다(柯玉枝, 2008: 153-153). 이 글은 편의상 제3세계와 발전도상국을 유사한 개념으로 사용한다.

익(국가목표), 국가 전략, 전략적 수단과의 관계에 대입해 보면 다음과 같다. 일반적으로 경제외교는 냉전 시기 아시아 신흥발전도상국들의 수출주도형 경제 정책이나 개혁개방 직후 중국의 현대화 정책 등과 같이 경제적 이익, 그 자체를 목적으로 하는 외교행위를 의미하는 경우도 있지만(Naughton, 1994: 65-69; 서승원, 2012: 19), 대부분 여타 외교와 마찬가지로 국가이익(혹은 국가목표)을 달성하기 위해 수단적으로 운용되는 외교행위를 의미하는 경우가 많다. 이때 최소한의 안보, 즉 '생존'이 당면한 국가목표일 경우, 경제외교는 정치안보적 시각에 더해 경제적 접근을 통해 안보 문제를 해결하려는 외교적 행위라 할 수 있다(周永生, 2004: 378-379).[2] 쿤즈(Kunz, 1997: 5-7)는 마샬계획, 브레튼우즈 체제, 동맹국 경제지원 등 미국의 경제외교는 안보실현에 있어 무력을 앞세운 정책보다 효율적이었다고 주장한다.

반면 기본적 안보가 어느 정도 해결된 상황에서는 자국의 영향력 확대에 관심을 가지게 된다. 경제원조(혹은 제재)를 통한 영향력 강화(서승원, 2012: 24-26), 2차 대전 후 미국적 국제질서, 80년대 일본의 팍스 니포니카(Vogel, 1986), 그리고 경제관계를 이용한 중국의 전 지구적 영향력(Skilias & Roukanas et al., 2012; Heilmann & Schmidt, 2014: 83-110; Helleiner & Kirshner, 2014) 확대 등 대부분의 경우, 이는 국가의 체제에 대한 전략과 맞닿게 된다.[3]

물론 이와 같은 경제외교의 각 측면은 현실에서는 시대와 국내외 환경, 대상에 따라 한 국가에서도 다양하게 운영되어 나타난다고 할 수 있다. 중국의 경우, 마오쩌둥(毛泽东) 시기 '세계혁명'이라는 대전략하에 연대의 대상인 제3세계국가(발전도상국)들을 포섭하기 위해(Armstrong, 1977; Van

---

2) 이 점에서 경제외교는 '상호의존론(interdependence)'과도 맥을 같이 한다(张雅君, 2003: 2-5).

3) 이 경우 경제외교는 국제정치경제와 관련이 있다. 다만 후자는 경제활동을 통해 획득하는 상대적 권력, 그러한 권력 간 관계(구조)가 각국의 정책에 미치는 영향에 주목한다면(Gilpin, 2001: 77; Wu, 2012: 151-152), 전자는 그 결과물인 구조하 국가들의 정책과 활동을 연구한다. 따라서 정부뿐 아니라 국제(경제)기구(IMF, OECD, APEC, WTO 등), 다국적 기업 등이 모두 경제외교의 연구 대상이 된다(Wu, 2012: 152-154).

Ness, 1970) 맹목적 원조와 같은 형태의 경제외교가 진행되었다면 개혁개방 이후에는 경제 발전, 그 자체가 경제외교의 목적이 되어 외교적으로는 오히려 타국의 내정에 철저히 개입하지 않는 외교적 행태를 보였다고 할 수 있다(何中顺, 2007: 108-109).

이 글은 중국이 시진핑 체제에 들어 평화와 발전론의 두 번째 단계, 즉 신(新)국제정치경제질서를 위한 결속을 모색하고 있으며 이에 경제외교가 주된 전략적 수단으로 활용되고 있음을 보여주고자 한다. 무엇보다 이 시기 경제외교는 개혁개방 이후 후진타오 체제까지의 경제외교 정책을 기본적으로 계승하면서 이를 인접국과 발전도상국들과의 협력과 연대로 묶음으로써 마오쩌둥 시기 국가 전략을 창조적으로 계승하고 있다는 점에 주목할 것이다. 시진핑 체제에 이르러 중국의 경제외교는 경제적 이익 그 자체에 대한 고려를 넘어 보다 근본적인 국가 전략을 도모하고 있다 하겠다.

〈중국의 新국제정치경제질서 구상〉

중국의 新국제정치경제질서에 대한 구상은 마오쩌둥 시기 77개 발전도상국(Group 77)들과 함께 〈77국 UN선언〉('64)에서 불평등한 국제경제관계(구질서)를 타파하자는 취지의 선언 발표 등에서 단초가 보였다 할 수 있다. 이후 덩샤오핑 시기에는 1989년 천안문 사태와 소련 및 동구 사회주의권의 몰락을 겪으면서 '독립자주 외교정책'의 궁극적 목표로 공식화된다('91 제7기 전인대 4차 회의 〈정부공작보고〉). 즉 냉전 이후 미국 중심의 단극 체제하에서 유일한 사회주의 대국인 중국에 대한 압박이 강화되는 가운데, 중국은 소극적 대외 전략(韬光养晦, 有所作为)을 유지하는 한편, 기존질서 타파를 목적으로 한 국제통일전선 전략을 채택한 것이다. 이는 '新국제정치질서'와 '新국제경제질서'로 구분되며, 전자는 1)각국이 국제사회의 평등한 일원으로 국제의제에 참여, 2)자국의 사회·정치·경제제도와 발전 방식에 대한 선택권, 특정 이데올로기와 가치관, 발전모델을 타국에 강요할 수 없으며, 3)영토와 주권 불가침, 4)평화적 방식에 의한 분쟁과 갈등의 해결을 포함한다. 후자는 1)자국에 맞는 사회제도와 경제발전모델을 선택할 수 있는 권리, 2)자국의 자원과 개발권에 대한 보호, 3)국제경제 의제에 대한 각국의 동등한 참여, 4)경제지원 시 정치적 조건의 부가 불가, 5)남북대화와 협력 강화, 상품·무역·자본·채무·화폐·금융 등 분야에서 필요한 개혁과 조정 등을 주요 내용으로 하고 있다.

II. 중국 경제외교 발전의 역사적 배경과 특징

1. 경제외교 발전의 역사적 배경

시진핑(习近平) 체제 들어 중국은 '신개발은행(이하 NDB)'과 '아시아 인 프라투자은행(이하 AIIB)' 설립 추진, '역내경제동반자협정(이하 RCEP)'과 '아시아·태평양자유무역지대(이하 FTAAP)' 등 다자주의적 FTA 정책 강화, 신(新)실크로드 경제벨트(一帶一路) 구상 제기 등 아시아와 세계 통상 및 금융질서에서 심상치 않은 움직임을 보이고 있다. 16차 당대회 이후 중국외교 정책의 기본 구도를 "대국관계는 핵심, 주변국관계는 먼저, 발전도상국관계는 토대, 다자외교는 (상술한 외교활동이 이뤄지는) 무대"라고 할 때(张清敏, 2009: 38-40), 시진핑 체제하에서 '경제'는 가히 각 외교활동의 핵심내용을 이루고 있다 하겠다. 실제 외교부 신년 브리핑에 따르면 '경제외교'는 2014년 중국외교의 핵심으로 명기되어 있다(外交部, 2013/12/26).

그러나 기실 중국에서 '경제외교'는 건국 초기, 마오쩌둥 시기부터 국가 전략의 운용 수단으로 활용되어 왔다. 앞서 언급한 바와 같이, 마오쩌둥 집권 시기 국가 전략은 중국의 안보 확보를 위한 국제적 혁명 연대(反패권통일전선)를 구축하는 것이었다. 연대의 대상은 상황에 따라 일본이나 서유럽 국가들, 심지어 미국까지 고려되기도 하였으나 궁극적으로는 비(非)동맹으로 대변되는 제3세계국가들이었다. 제국주의와 패권주의에 의한 억압과 착취의 경험을 공유하는 이들 국가들이야말로 기존질서를 타파할 수 있는 잠재력과 의지를 지니고 있기 때문이다. 따라서 이 시기 경제외교 또한 이들 국가들의 경제발전과 혁명을 지원하기 위한 목표에 충실하여 진행되었다. 대표적인 것이 아시아·아프리카 비(非)동맹국가를 대상으로 한 공적개발원조(ODA)이다. 1956~57년 마오쩌둥의 지시에 의해 무조건적 ODA가 시작되어, 1961년에는 발전도상국 ODA만을 전담하는 대외경제연락총국(对外经济联络总局)이 설립되었다(何中顺, 2007: 91). 심지어 70년대 초에는 대부분 무상원조나 장기저리대출인 ODA가 전체 재정의 5~7%를 차지할 정도로 무리하게 진행되었다. 그러나 저우언라이(周恩來)가 발표한 '경제원조 8개항 원칙'을 살펴보면, 이 시기 중국의 제3세계 ODA 정책이 그 이상의 목적을 위해 강력한 의지를 가지고 추진되었음을 알 수 있다(何中順, 2007: 93-97).

그렇다면 이와 같은 경제외교는 과연 소기의 성과를 거두었는가? 물론 개혁개방 이후에도 2000년대 초까지 경제외교가 소극적 상태에 머물렀음을 감안한다면, 이 시기 목적과 수단이 분명한 경제외교가 진행되었다는 점은 의미가 있다. 또한 이때 다져둔 아프리카 국가들과의 관계가 2000년대 대(對)아프리카 자원외교의 밑거름이 되었음도 부인할 수 없다. 하지만 정책의 목적과 결과를 비교해 보면 당초에 목표로 한 반(反)패권통일전선의 구축과 이를 통한 안보위협 감소는 성공적이지 못했다고 할 수 있다(何中順, 2005: 52). 베트남과 알바니아와는 막대한 ODA 지원에도 불구하고 전쟁 혹은 관계악화를 피하지 못했다(何中順, 2007: 101-102). 결국 마오쩌둥 시기 경제외교는 미소(美蘇) 양대 진영하에서 안보를 확보하지 못한 불안감이 대외적으로 표출된 것일 뿐, 상대국에 대한 고려 및 신뢰가 부족한 상황에서 경제력 이상으로 무리하게 추진된 결과 오히려 목적 달성에는 실패했다고 할 수 있다.

마오쩌둥 사후 권력을 잡은 덩샤오핑은 국제정세에 대해 이전 지도부와는 다른 판단을 내린다. 1, 2차 세계대전과 같은 세계대전은 피할 수 있는 상황, 즉 중국의 최소한의 안보가 확보된 상황에서 이러한 '평화'를 유지하기 위해서는 평화적 역량의 증강, 즉 중국과 발전도상국들의 발전이 중요하며, 이는 경제적 발전을 통해 가능하다고 본 것이다(邓小平, 1998: 104-106; 56-57). 이에 경제발전이 중국의 국가이익과 목표로 대두되고 외교 또한 '독립자주 평화외교(独立自主的和平外交)'로의 일대 전환을 맞이하게 된다(韩念龙, 1987: 337-340). 따라서 개혁개방 이후 경제외교의 중요성이 부각되기 시작한 것은 일견 당연한 수순이라 하겠다.

그러나 경제외교가 공식화된 것은 후진타오(胡錦濤) 집권 시기에 이르러

서였다. 2002년 16차 당대회 〈보고〉에서 '기업의 해외진출(走出去)' 전략을
제시한 이래(江澤民, 2002/11/08), 공식회의와 문건, 당 기관지 등에서 '경
제외교'라는 용어가 등장하기 시작하였다(何中順, 2007: 5). '경제외교'가 처
음 공식화된 것은 국무원의 〈발전도상국 경제외교에 대한 전국공작회의〉('04)
인 것으로 알려져 있으며 현재 외교부(國際經濟司) 주관하에 매년 외교 동태
에서 주요하게 다뤄지고 있다(http://www.fmprc.gov.cn/mfa_chn/wjb_
602314/zzjg_602420/gjjjs_612534/). 또한 칭화(淸華)대학교 경제외교연구
센터(http://www.tsinghua.edu.cn/publish/iis/7225/index.html)와 외교학
원에서도 2005년 이래 매년 경제외교 동태보고서를 발간하고 있다.

그렇다면 경제외교가 국가 전략의 거시적 전환에도 불구하고 어째서 후
진타오 체제에 이르러서야 비로소 '중국외교의 새로운 초점(김재철, 2007:
43-46)'으로 등장하게 된 것인가? 이는 다음과 같은 국내외 요인을 배경으로
하고 있는 것으로 보인다.

첫째, 중국 국내정치, 즉 공산주의 정권의 안정이다. 앞서 언급한 바와
같이, 중국의 안보는 주권과 영토의 수호뿐 아니라 체제안정을 포함하는 개
념이다(Roy, 1998: 42). 개혁개방 이후 중국은 천안문 사태('89), 소련 해체
('91) 등을 겪으며 당-국가 체제 유지에 위협을 느끼게 되고, 대외 정책도
매우 소극적으로 진행되었다. 이는 1990년대 외교 전략의 기본 지침이었던
'절대로 앞장서지 않는다(絶不当头)'는 덩샤오핑의 '16(혹은 28)자 방침'에서
도 확인할 수 있다(江澤民, 2002: 527). 그러나 2000년대 들어 덩샤오핑 사
후(死後)의 권력 승계와 집단지도 체제가 안착되고(寇健文, 2005: 246-257),
이후 적극적 대외 정책이 가능한 국내적 환경이 조성되었다 하겠다.

둘째, 대미(對美)관계 개선이다. 소련 해체 이후 미국은 중국의 안보를
위협하는 유일한 국가였다(張蘊嶺, 2001: 서문). 천안문 사태 이후 악화일로
를 걷던 미중관계는 특히 부시(George W. Bush) 정부 들어 전통적 대립각
외에도 NATO의 주(駐)유고 중국 대사관 오폭('99), 미 정찰기(EP-3)의 하이
난(海南)섬 추락('01) 등으로 최악의 시기를 보냈다(Bachman, 2001: 261).
그러나 2001년 발생한 9·11 테러는 미중관계를 획기적으로 전환시키는 계

기가 된다(許志嘉, 2004: 207-210). 테러리즘 척결에 세계의 역량을 결집시키던 미국에 중국이 공조에 나선 것이다. 2004년 원자바오 총리의 〈정부보고〉에서는 전통적으로 반대해온 패권주의와 힘의 정치(强权政治) 외에도 테러리즘(恐怖主义)이 추가된다(人民日報, 2004/03/06). 즉 대미관계 개선으로 중국의 안보위협이 감소하여 경제외교의 추진공간이 확보되었다 하겠다.

마지막으로 경제 세계화의 확산과 중국의 세계 경제 편입 심화이다. 냉전 종식은 세계대전과 같은 전통적 안보위협의 종언을 고하였다. 이후 WTO의 등장과 세계화의 확산은 각국을 경제외교에 주력하게 하였다. 중국 또한 적극적 외자유치(引進來)와 2001년 WTO 가입 등으로 경제발전을 본격화하는 등 세계 경제에 편입을 가속화하면서, 이 같은 세계적 조류에 적극 대응하게 된 것이다.

이와 같은 배경하에, 후진타오 집권 이후 경제외교는 '평화와 발전'이라는 대전략하에 경제적으로는 무역과 투자확대, 자원 확보, 국제경제질서에 영향력 확대 등이, 전략적으로는 평화적 부상과 소프트파워 확산, 국제적 이미지와 영향력 제고 등을 목표로 추진되었다(김재철, 2007: 48-51; 신종호, 2006: 402-406).

〈덩샤오핑의 '16(혹은 28)자 방침'〉

1989년 천안문 사태와 소련 및 동구 사회주의권의 몰락 등 일련의 국내외적 상황 변화 속에서 개혁개방과 체제의 위기에 직면한 덩샤오핑은 "냉정하게 관찰하고(冷静观察) 땅에 굳건히 발을 디디며(稳住阵脚) 침착하게 응대하며(沉着应付) 때를 기다리며 드러내지 않는다(韬光养晦). 절대 나서지 않으며(绝不当头) 자신의 능력에 맞는 행위를 한다(有所作为)"라는 '28자 전략방침'을 내놓는다. 이는 "冷静观察, 韬光养晦, 绝不当头, 有所作为"의 '16자 방침'으로 간략히 표기되기도 한다. 이 같은 지침은 중국이 덩샤오핑의 남순강화와 개혁개방의 가속화, 장쩌민의 권력승계와 독립자주 외교 정책의 재천명 등 국내 정치 체제가 안정화될 때까지 1990년대 서구의 정치적 공세에 대응하는 중국 대외 전략의 기조를 형성하게 된다.

2. 후진타오 집권 시기(2002~2012) 경제외교의 주요 정책과 특징

시진핑 집권 시기 경제외교의 특징을 고찰해 보기 위해서는, 경제외교가 본격적으로 대두된 이전 시기 주요 정책을 살펴보는 것이 필요하다. 후진타오 집권 시기 추진한 주요 경제외교 정책과 특징은 다음과 같다.

1) WTO 가입

중국은 1986년 GATT 복귀 신청 후 무려 16년 만인 2001년 11월 WTO에 정식으로 가입한다. 중국은 대(對)중국 특별 세이프가드와 15년간 시장경제지위(MES)[4] 불인정 등 까다로운 가입 조건을 감수하면서도 WTO 가입을 추진하였다. WTO 가입은 이 시기 중국이 세계 경제질서에 정식으로 편입하였음을 알리는 대표적 사건이다. 중국은 이를 위해 경제개혁 가속화, 외국인 투자유치, 해외시장 접근 강화 등을 목표로 경제외교를 추진하였다.

충실한 개방 이행 여부에 대한 일부 논란도 존재하나, 중국은 전체적으로 WTO 가입 당시 약속을 무난히 지킨 것으로 평가된다(양평섭·구은아, 2007: 17-52). WTO 가입은 중국의 수출경쟁력을 크게 강화시켜 세계화시대 중국이 최대 수혜자 중 하나로 부각하게 된다. 그 결과로, WTO 가입 이후 중국경제는 고속 성장하여, 2001년 1.5조 달러 수준의 명목 GDP가 2010년에는 5조 달러를 넘어 일본을 제치고 세계 2위 경제대국으로 부상하였다. 또한 WTO에서도 '핵심 이해관계자'로 부상하여, 국제경제질서에 지위와 영향력이 크게 높아졌다는 사실에서도 이를 확인할 수 있다.

---

4) 한 국가의 상품과 서비스의 가격이 시장에서 결정된다고 교역 상대국이 인정하는 것을 시장경제지위(Market Economy Status)라고 하는데, 이를 인정받지 못할 경우 반덤핑 제소에서 덤핑가격 산정 시 피소국이 아닌 제3국 가격을 기준으로 조사가 진행되어 패소율이 높고 고율의 덤핑관세를 부담하게 된다. 중국은 비시장경제국으로 분류되어 미국에서 반덤핑 제소 시 주로 인도나 인도네시아의 국내가격을 적용받고 있다(권혁재·박번순 외, 2012: 37).

2) FTA 정책의 본격화

WTO 출범('95) 전후 등장한 EU('93), NAFTA('92) 등 지역주의 물결에 대해 각국은 무역경쟁력 약화를 우려하여 경쟁적으로 FTA를 추진하게 된다. 중국은 WTO 가입 이후 비교적 늦게 FTA 체결 경쟁에 뛰어드나, 인접국(周边国家)을 중심으로 2000년대 빠르게 FTA 네트워크를 확장한다.

중국의 FTA 정책은 해외시장 접근, 에너지 자원 확보 등 경제적 요인 외에도 전략적 차원의 정치적 관계 강화를 목적으로 추진되었다고 평가된다(吳玲君, 2012: 167-168).

이는 첫째, FTA 체결국이 인접국 혹은 자원부국에 집중되어 있다는 점에서 알 수 있다(정환우, 2008: 266-270). 왜냐하면 교역 규모가 크고 관세율이 높은 국가와 FTA를 체결하면 경제효과를 극대화할 수 있으나 중국은 이와는 다른 행보를 보였기 때문이다. 둘째, 협상방식이나 협상모델을 보면 일괄타결(single-undertaking)[5] 방식보다 일부 상품부터 먼저 개방하는 조

<표 1> 중국의 FTA 추진 현황

구분	상대국	합계
체결완료 (타결 연도)	홍콩/마카오(2003), 아세안(2004), 파키스탄(2005), 칠레(2005), 뉴질랜드(2008), 싱가포르(2008), 페루(2009), 코스타리카(2010), 대만(2010), 아이슬란드(2013), 스위스(2013), **한국**	13건
협상 중 (협상 개시 연도)	남아프리카관세동맹(SACU, 2004), 걸프협력이사회(GCC, 2005), 호주(2005), 노르웨이(2012), ECFA(2010), 한·중·일(2012), RCEP(2012)	7건
준비 중	인도, 콜롬비아, 스리랑카	3건

출처: 中国自由贸易服务网(fta.mofcom.gov.cn) 등을 참고로 필자 정리
주: 한중 FTA는 공식 협상타결(sign-up)이 된 것은 아니나, 실질적 타결로 보되, 타결 연도를 표시하지 않음

---

5) GATT/WTO 이해 무역협상에서 농산품, 공산품, 서비스, 등 전체 협상이슈를 별개의 이슈가 아닌 하나의 패키지로 간주하여 일괄타결하도록 하는 방식을 지칭한다. 이 경우 산업 간 맞교환으로 개방수준을 높이는 장점이 있으나 반면 협상이 장기화될 우려도 있다.

기 수확 프로그램(Early Harvest Program)과 같은 예외적 방식을 사용하여
일단 협정을 체결한 후, 이후 추가로 개방수준을 높이는 모델을 선호한다.
조기 수확 프로그램을 채택한 경우는 대만·아세안·파키스탄과의 FTA가
이에 해당된다(여수옥, 2006: 50-54).

결국 2000년대 중국은 FTA를 통한 무역자유화 효과 보다 협상체결 자체
에 더 주력한 것으로 보인다. 즉 이 시기 중국의 FTA 정책은 WTO 가입
이후 추가적 개방보다는 인접국가들과 양자관계 안정화라는 정치적 목적에
집중했다 하겠다.

3) 해외투자 정책(走出去)

2000년대 중반부터 중국은 기업의 해외투자를 장려하는 정책(走出去)을
추진한다. 이 시기 해외투자는 에너지자원 확보, 위안화 절상 및 통상압력
회피, 산업고도화 등을 목표로(이현주, 2014: 275-276), 국유기업은 자원에,
민간 기업은 제조업 투자에 집중됐다는 점이 특징이다(曹海涛·叶日崧, 2008:
45-49).

그중 국유석유기업(SINOPEC·CNPC·CNOOC 등)이 주도하는 자원확보
형 해외투자는 아프리카 지역에서 두드러졌다(최의현, 2010: 86-88). 이 시
기 중국은 '중·아프리카 협력포럼(FOCAC)'과 같은 정상회담의 제도화, 정
치적 조건 없는 경제지원, 중국식 발전모델 전파 등 대(對)아프리카 경제외
교에 집중하였다(김애경, 2008: 153-155). 그 결과 양자간 무역은 2000년
100억 달러에서 2012년 1,500억 달러를 넘어, 중국은 아프리카 최대 교역국
이 된다. 그중 아프리카산 석유는 전체 수입량의 2~30%를 차지하는 등 자
원 확보를 위한 중국의 대(對)아프리카 경제외교는 일정한 성공을 거둔 것
으로 평가되고 있다(유동원, 2010: 117-118).

4) 환율 정책

2000년대 중반부터 중국의 경상수지 흑자가 급격히 증가하고, 미국의 대
(對)중 무역적자가 심화되면서 위안화 환율이 인위적으로 저평가되었고, 수

출보조금으로 기능하고 있다는 비판6)이 제기되었다. 이에 중국은 무역마찰 회피 등 대미(對美)관계 악화 방지, 수출경쟁력 유지를 위한 적정한 위안화 환율 유지 등을 목표로 환율 문제에 대응한다.

환율 문제에 대해 중국은 제도는 보수적으로 운영하되, 위안화의 대(對) 달러 환율은 점진적으로 절상하는 방식을 취하고 있다. 2000년대 중국의 환율제도는 크게 두 차례 변화하였는데, 고정환율제도7)와 관리변동환율제도8)의 상황에 따른 운용이다. 1997년부터 지속된 사실상 고정환율제도인 페그제(peg system)는 2005년 복수통화바스켓을 통한 관리변동환율제도로 한 차례 전환된 뒤, 2008년 금융위기 시 다시 페그제로 전환하였고, 이후 미국의 압력으로 2010년 다시 관리변동환율제도로 복귀한다(田君美, 2011: 57-58). 반면 위안화의 대(對)달러 환율은 1997~2005년까지 1달러당 8.28위안에서 2014년 상반기 6.14~6.16위안으로 지속적으로 절상해오고 있다. 환율의 일일 변동폭 또한 2007년 5월 ±0.3% → ±0.5%로, 2012년 4월 ±0.5% → ±1.0%로, 2014년 6월 ±1.0% → ±%로 점진적으로 확대되고 있다. 즉 환율제도는 수출경쟁력, 미국의 압력, 글로벌 경제 위기 등 상황에 따라 보수적으로 운용되고 있으나, 위안화의 대(對)달러 환율은 지속적으로 절상되었다 하겠다(戴伦彰·靳玉英 外, 2009: 51-55).

이상과 같이, 개혁개방 이후 경제외교는 '평화와 발전'이라는 덩샤오핑의 세계 전략적 사상하에 후진타오 체제 들어 본격 가동되어, WTO 가입, 에너

---

6) 2010년 환율전쟁 당시 미국의 폴 크루그먼 교수는 위안화 저평가로 향후 미국 내 일자리가 140만 개 감소할 것으로 전망한 바 있다. Krugman, "Chinese New Year," http://www.nytimes.com/2010/01/01/opinion/01krugman.html(검색일: 2010.1.15).

7) fixed exchange rate system. 정부가 특정 통화(예: 달러)에 환율을 고정시키는 제도로서 연동되는 통화의 숫자에 따라 한 나라의 통화에 연동되면 단일통화연동제도(peg system)라 하고 여러 통화에 연동되면 복수통화연동제도라 한다.

8) managed floating exchange rate system: 원칙적으로 환율의 신축적 변동을 허용하되 정책당국이 외환시장에 적극 개입함으로써 환율이 적절한 수준에서 움직이도록 관리하는 제도를 지칭하는데, 현재 전 세계적으로 약 50개국 이상이 채택한 것으로 알려져 있다(김봉한·남수중 外, 2008: 8-9).

지·자원 확보 등과 같은 당면 정책 과제를 적절히 결합한 형태로 추진되었다. 정책 수단에서는 FTA의 경우 '주변국 위주의 양자관계 중심'으로, 해외 투자는 '국유기업, 발전도상국, 에너지·자원 확보 중심'으로 운영되었으며, 환율 정책은 국내 경제적 요인을 우위에 두는 보수적 태도를 보이면서도 미국과의 통상 분쟁을 우려 '점진적'으로 위안화를 절상하였다. 전반적으로 경제외교가 국내 경제발전이라는 목표에 충실한 특징을 보였다 하겠다.

III. 시진핑 시기 경제외교(2012~현재)의 주요 정책 분석

그렇다면 시진핑 체제하 중국의 경제외교는 어떠한 특징을 보이는가? 외교부 신년 브리핑에 따르면 "일대일로 구축, 양자 및 다자간 FTA, 규칙과 담론에서의 주도권 확보"는 2014년 경제외교의 3대 정책 방향이다(新华网, 2013/12/26). 이에 III절에서는 '일대일로'와 다자간 FTA 전략인 'RCEP과 FTAAP,' 그리고 NDA, AIIB 구상을 분석하고 이를 통해 시진핑 체제하 경제외교의 특징을 도출해 보도록 하겠다.

1. 일대일로(一帶一路)

'일대일로'는 2013년 시진핑 주석에 의해 처음 제안된 '실크로드 경제벨트(丝绸之路经济带)'와 '해상실크로드(海上丝绸之路)'의 구축을 의미한다(中国证券报, 2013/12/19). 전자는 중국 서부지역과 중앙 및 서남아시아와 러시아, 유럽으로 연결되는 육상 경제벨트를, 후자는 중국 동남부 해안을 통해 동남아, 중동, 아프리카, 유럽까지 포괄하는 해상 네트워크를 지칭한다. 무엇보다 '일대일로' 구상은 2013년 13기 3중전회의 〈중공중앙의 전면적 개혁

심화에 대한 약간의 중대 문제에 대한 결정〉에서 개방형 경제신체제 형성의 3대 방안 중 하나로 명시되면서(中共中央, 2013/11/12: (7)) 시진핑 체제 경제외교의 최대 야심작으로 부상하고 있다.

그렇다면 '일대일로' 구축을 통해 중국이 추구하는 전략적 목표는 무엇인가?

첫째, '일대일로'는 중국 개혁개방의 심화 및 경제발전의 지속을 위해서이다. 연평균 7%대의 중속(中速) 성장시대에 중국 기업에게 새로운 투자와 시장을 제공하여 지속적 성장의 기회를 부여하는 것이다. 경쟁력 있는 중국의 인프라 및 제조기업은 내륙 및 인접국으로 투자와 시장진출을 할 수 있으며, 경쟁력이 약한 기업은 인건비가 저렴한 이 지역으로 이전이 가능할 것이다. 또한 낙후한 중서부 내륙과 동북, 서남지역의 경제도 활성화될 것으로 기대된다. 이에 지난 8월 중국 정부는 섬서성, 닝샤회족자치구, 간쑤성, 칭하이성, 신장위구르자치구를 실크로드 핵심지역으로 선정한 바 있다(조선비즈, 2014/8/18).

둘째, 에너지 자원의 안정적 확보이다. 이 또한 후진타오 체제부터 중요시된 경제외교의 목표이다. 아프리카의 경우, 차관을 제공하고 그 대가를 원유 또는 가스로 상환받는 방식(loan for oil)으로 경제외교를 진행하였는데, 육상으로 연결되어 있지 않아 해상원유수송로의 안정이 문제가 되었다. 그러나 실크로드 경제벨트는 자원부국을 도로와 철도로 연결하기에, 에너지 자원이 더욱 안정적으로 확보될 수 있다.

셋째, 이웃국가와 경제권을 형성하여 주변지역의 안정화를 도모하는 것이다. 중국은 세계에서 가장 많은 국가(26개국)와 국경선을 접하고 있어 '주변국외교(周边外交)'를 매우 중시하고 있다. '일대일로'는 중국과 인접국을 인프라와 무역으로 묶어 상호네트워크를 강화하고, 이를 바탕으로 함께 발전하는 것을 취지로 하고 있다. 즉 공동발전을 통해 주변국 관계를 안정시키고, 상호신뢰 속에 장기적으로 공동 경제권을 구축하는 것이 목표라 하겠다(习近平, 2014/11/6). 이는 또한 제18차 당대회 〈정치보고〉에서 밝힌 '경제발전의 이익을 공유한다'는 주변국외교의 방향에도 부합한다(胡锦涛, 2012/

11/17).

마지막으로, 미국의 통상 정책(TPP와 TTIP 추진)에 대한 대응이다(宋国友, 2013/9/16). 즉 미국의 영향력이 상대적으로 취약한 신흥국, 특히 낙후한 중국 주변의 중앙 및 서남, 동남아시아 등을 대상으로 경제권을 형성하여 아태지역에서의 미국 주도의 경제 질서에 대응하는 것이다. 물론 이는 아직까지 분명하게 드러난 것은 아니다. 그러나 중국 언론과 고위관계자들의 언급을 종합할 때, 일대일로의 구축은 중국의 서부, 중남부 주변 지역 국가뿐 아니라 장기적으로는 러시아와 유럽을 포함하는 유라시아 경제권 형성이라는 대전략으로 진화할 것으로 예상된다(习近平, 2014/11/16). 또한 '일초다극(一超多極)'이라는 냉전 이후 중국의 세계인식에 따를 때, 러시아와 유럽까지 포함하여 미국 중심의 단극 체제 약화를 추구하는 것이라 할 수 있다. 이 경우 미국 중심의 기존질서와는 경쟁이 불가피하다 하겠다.

현재 중국은 '일대일로'의 상대국과 "상호연계와 소통(互联互通)"의 방침을 수립하고, '정책소통(政策沟通)', '도로관통(道路联通)', '무역상통(贸易畅通)', '화폐유통(贸易畅通)', '민심상통(民心相通)'의 '5가지 방향(5通)'을 제시하고 있다(人民網, 2014/03/25).

가 같은 '5통'은 경제외교라는 측면에서 볼 때, '도로관통(인프라투자)', '화폐유통(역내 금융기구 설립과 위안화 국제화)', '무역상통(자유무역지대 창설)', '정책소통(정책협의 채널 구축)' 등으로 구체화시켜 볼 수 있다. 현재까지 상황으로 볼 때, '5통' 중 '도로관통'과 '무역상통'이 가장 활발하게 진행되는 것으로 보인다. 해상 실크로드 구축의 일환으로 이미 미얀마와 스리랑카, 파키스탄과 탄자니아 등의 주요 항구에 자본과 기술이 투입되었다(조선비즈, 2014/8/18). 또 FTA의 경우 인도양의 전략적 요충지 스리랑카와는 체결이 유력하고, 2013년 출범한 인도-방글라데시-미얀마-중국을 연결하는 '4개국 경제회랑(BCIM Economic Corridor)'도 가시화되고 있다. 또한 아세안과도 2010년 기체결된 FTA를 심화하는 협상이 2014년 8월부터 개시되었다(KOTRA, 2014/9/18).

그렇다면 일대일로 구상에 있어 향후 어떠한 어려움이 존재하는가?

무엇보다 아시아 지역에서 경제적 영향력을 놓고 미국과 경쟁이 더욱 격화될 것으로 예상된다. 특히 미국의 동맹국인 일본과의 경쟁이 더욱 뚜렷해질 전망이다. 현재 일본은 엔 차관을 앞세워 동남아와 인도 등에 막대한 자본을 투자하고 있어 '일대일로' 구축의 주요 경쟁자로 등장하고 있다.

그 다음 인접국과 상이한 경제발전 전략을 어떻게 조정할 것인가의 문제가 있다. 러시아의 '유라시아경제연합(EEU),' 인도의 '인도·남아시아자유무역협정(SAFTA),' 그리고 한국의 '유라시아 이니셔티브' 등이 유사한 경제공동체 추진 전략들이다(이주영, 2014: 48). 자칫 중앙아시아와 남아시아 등에서 이들 국가와 주도권 다툼으로 흘러갈 경우 일대일로가 목표로 하는 인접국과 경제적 이익공유를 통한 안정적 관계가 흔들릴 수도 있다.

끝으로 대부분의 국가들은 세계 최대의 자금력을 가진 중국의 투자는 환영하나 그 의도에는 여전히 두려움을 가질 수 있다. 중국과 영토 분쟁을 벌이는 필리핀, 베트남 등의 경우 새로운 역내 패권국가의 등장이라는 우려도 존재하는 것이 사실이다. 따라서 이웃나라의 두려움을 해소하고 참된 신뢰관계를 형성하는 것이 일대일로 구상의 성공을 위한 핵심적 과제라 할 수 있다.

2. 다자간 FTA 전략

시진핑 체제하 FTA 전략은 양자 및 다자 모두를 추진하나(新华网, 2013/12/26), 사실상 역내 다자간 FTA로 중심이동을 하고 있다고 봐야 할 것이다. 대표적으로 중국이 한국, 일본, 아세안 등 아태지역 국가들과 구상하는 RCEP[9]을 들 수 있다.

---

9) Regional Comprehensive Economic Partnership: 한중일, 아세안 10개국, 인도, 호주, 뉴질랜드 등 아태지역 16개국이 추진하는 다자간 FTA로 2013년 3월 이후 현재까지 6차례 협상이 진행되었다.

아태지역에서 다자간 FTA가 경쟁적으로 촉발된 데는 세계 금융위기 이후 국제통상질서의 변화에서 기인한 바가 크다. 지난 20여 년간 무역자유화 및 경제 세계화를 선도해 오던 WTO의 역할과 기능이 도하개발어젠다(DDA) 협상10)의 오랜 표류로 크게 약화되고, WTO를 통한 다자주의를 선호하던 미국이 2008년 금융위기 극복을 위해 수출확대 정책을 강력히 추진하면서, 지지부진한 WTO 대신 FTA를 주요 수단으로 채택하게 된다(黄智辉·刘盛男 外, 2013: 103-104). 미국이 아태지역을 대상으로 TPP11)를, 그리고 대서양을 사이에 둔 EU와는 TTIP12)를 추진하게 되면서 중국 또한 RCEP을 추진하기에 이른 것이다(宋国友, 2013/9/16).

그런데 최근 주목할 만한 점은 중국이 RCEP에서 더 나아가 FTAAP13)에 대해 매우 긍정적인 입장을 보이고 있다는 점이다(北京報導, 2014/11/12). FTAAP는 아시아태평양경제협력기구(APEC) 21개 회원국을 대상으로 한 다자간 FTA로서 중국이 빠진 TPP나 미국이 빠진 RCEP과 달리 미중 모두를 포함하고 있는 아태지역 경제공동체 구상이다. TPP 참여 12개국은 모두 APEC 회원국이며, RCEP 16개국 가운데 인도·캄보디아·라오스 등을 제외

---

10) Doha Development Agenda: 2001년 카타르 도하(Doha)에서 개최된 WTO 제4차 각료회의에서 합의된 WTO의 새로운 무역협상이다. 1986년부터 1993년까지 지속된 우루과이라운드(UR) 협상결과 탄생한 WTO의 업그레이드를 위해 추진된 무역라운드 이나, 주요국 간 의견 차이로 14년째 표류하고 있다.

11) Trans-Pacific Economic Partnership: 미국, 일본, 캐나다, 멕시코, 호주, 뉴질랜드, 베트남, 말레이시아, 싱가포르, 브루나이, 칠레, 페루 등 아태지역 12개국이 참여하는 다자간 FTA로서 2008년 미국이 참여하였고, 2011년 일본의 참여 선언 이후 협상이 본격화되었다.

12) Trans-Atlantic Trade and Investment Partnership: 즉 미-EU FTA를 말한다. 2013년 협상 개시 이래, 현재까지 7차례 협상이 진행되었다.

13) Free trade Area of th Asia-Pacific: 아시아태평양경제협력체(APEC: Asia Pacific Economic Cooperation) 21개 회원국 간 자유무역협정을 체결한 자유무역지대 건설 구상을 말한다. APEC 출범 직후인 1990년대 중반부터 FTAAP 구상이 언급된 적 있고, 2006년 베트남 회의 이후 지역경제통합의 방안으로 본격 제시된 바 있으며, 2000년대 후반에는 미국이 주도적으로 주창하였으나 2013년 이후 중국이 이를 역내 경제통합의 방향으로 제안하고 있다. 반면 한국은 다른 나라와 달리 십수 년 전부터 일관되게 FTAAP 구상을 지지해왔다.

한 13개국이 APEC 회원국이다. 중국이 FTAAP를 강조하는 목적은 첫째, 자신들은 미국을 배제하지 않는 포용적 역내 경제통합을 추진한다는 명분과 역내 경제질서 재편과정에서 어젠다를 선점하는 것이라 할 수 있다. 둘째, APEC 회원국 내 선진국과 신흥국 간 역학관계를 고려할 때 FTAAP 협상이 실제 추진되어도 WTO의 DDA와 유사하게 미국 등이 추구하는 급진적 자유화를 허용하지 않을 수 있다는 자신감과 계산이 바탕이 되어 있다. APEC 회원국 중 높은 수준의 무역자유화를 추구할 수 있는 선진국은 약 6~7개국에 불과한 반면, 점진적 개방을 선호하는 신흥국은 중국, 러시아, 인도네시아, 타이, 말레이시아 등 나머지 다수를 차지하고 있기 때문이다. 물론 FTAAP는 아직 협상도 개시도 합의되지 않은 구상에 불과하다. 그러나 이를 통해 아태지역 경제공동체 질서와 담론재편과정에서 주도권을 확보하고자 하는 중국의 의지가 명백히 보인다 하겠다.

한편 현재 협상이 진행 중인 TPP와 RCEP은 무역자유화와 통상규범에 있어 일정한 차이를 보이고 있다.

우선, 상품관세철폐율과 같은 시장개방의 측면을 보자. TPP는 2015년까지 예외 없는 관세철폐를 목표로 높은 수준의 무역 및 투자 자유화를 추구하고 있다.[14] 반면 RCEP은 발전도상국이나 신흥국이 주류인 관계로 상대적으로 낮고 점진적인 자유화를 추구하고 있는데, 아직 진행속도가 더디고, 일본 등 선진국과 중국 등 신흥국 간 입장차이로 상품의 관세철폐비율조차 확정하지 못하고 있다. 상품무역 외에 서비스·투자 관련 협상에도 유사한 상황인 것으로 보인다. 중국의 경우 상하이자유무역지대(China(Shanghai) Pilot Free Trade Zone)[15]에서 금융개방을 시범적으로 실시하고 있으나 아

---

14) 단, TPP도 일본의 농산품 개방 범위를 둘러싼 논란 등에 비춰볼 때, 예외 없는 관세철폐 원칙은 사실상 실현되기 어려울 것으로 예상된다.

15) 2013년 9월 29일 상하이에 설치된 자유무역지대로서, 시진핑 시대 제2의 개혁개방의 핵심인 금융개방 및 투자 규제 개선 실험을 선도하는 곳이다. 중국은 상하이자유무역지대의 실험을 통해 금융 및 서비스시장 개방을 점진적으로 전국적으로 확대할 계획이고, 이를 통해 전체 경제시스템의 업그레이드를 추진하고 있다.

직도 은행과 보험업 등에서는 외국인 지분 투자를 최대 25%로 제한하는 등 상당수 서비스산업은 매우 느리게 개방되고 있다. 따라서 이 같은 규제가 RCEP 협상을 통해 완전히 개선되기는 어려울 것으로 보인다.

두 번째로 공기업(state enterprise)에 대한 특혜와 지식재산권(IPR) 보호 등 신(新)통상규범을 둘러싼 입장 차이이다. TPP에서는 자유무역을 가로막는 규제를 혁파할 수 있는 강력한 국제규범을 형성하고자 하나, RCEP은 각국의 특수성을 고려한 점진적 완화를 선호하고 있다. 이미 TPP 협상에서 미국은 공기업 특혜금지, 지식재산권 강화 등을 강력하게 추진하여 베트남 등 발전도상국의 반발을 사고 있는 상황이다. 미국은 신흥국의 공기업이 각종 보조금, 독점적 시장 등 특혜를 통해 성장하기에, 정부 지분 축소를 포함하는 공기업의 지배구조 개선과 (反)경쟁적 행위 금지 등을 요구하고 있다. 그러나 베트남 등 체제전환국과 말레이시아 등 신흥국은 경제 체제와 발전 수준에서 공기업이 가지는 특별한 위상이 존재하므로 반(反)경쟁적 행위는 규제하여도, 완전한 자유경쟁 및 정부와의 관계 약화에는 난색을 표하고 있다.

결국 아태지역 경제공동체 구상과 관련해서는 누가 역내 경제 질서의 재편을 주도하고, 무엇을 그 내용으로 할 것인가를 두고 미중 간에 팽팽한 힘

〈표 2〉 세계 경제공동체 비교(2013년 기준)

구분		EU	NAFTA	TPP	TTIP	RECP	EU-일본	한·중·일	FTAAP
인구	규모(억 명)	5.1	4.7	8.5	8.2	34.2	6.3	15.3	28.4
	對세계비중(%)	7.1	6.6	11.9	11.5	48.0	8.9	21.5	39.9
GDP	규모(조 달러)	17.4	19.9	29.0	34.2	21.3	22.3	15.3	42.9
	對세계비중(%)	23.5	26.9	39.2	46.2	28.7	30.1	20.7	57.5
무역	규모(조 달러)	11.6	5.6	10.6	15.5	10.7	13.2	6.8	15.6
	對세계비중(%)	31.5	15.2	28.7	41.9	29.0	35.6	18.4	42.2

자료: UNCTAD

겨루기가 진행되고 있다 하겠다. 주목할 것은 2001년 WTO 가입 당시만 해도 세계화와 자유화의 초년생이던 중국이 불과 십수 년 만에 거대한 경제규모와 확대된 대외적 영향력, 유연하고 실용적인 태도 등을 바탕으로 자국에 유리한 게임의 규칙과 담론의 주도권 확보를 위해 적극 나서고 있다는 점이다. 또한 아세안 등 주요 신흥국이 비록 실용적 이유에서지만 중국의 행위에 일정하게 동의한다는 점에서, 아태지역에서 중국의 국제경제질서 구축 시도는 상당히 힘을 얻고 있다 하겠다.

3. 규칙과 담론에서의 주도권 확보: NDB와 AIIB

2014년 중국은 2차 대전 이후 미국 등 서방선진국이 주도하는 국제금융질서에 의미심장한 파장을 일으켰다. 바로 신개발은행(NDB: New Development Bank)과 위기대응기금(CRA: Contingent Reserve Arrangement), 그리고 아시아 인프라투자은행(AIIB: Asian Infrastructure Investment Bank) 등 국제금융기관 설립을 주도한 것이다. 이는 기존 경제통상질서와는 다른 금융질서에 대한 중국의 시도라는 점에서 주목을 끌고 있다.

NDB와 CRA는 2014년 7월 브라질에서 개최된 제6차 브릭스(BRICS) 정상회담에서 설립이 결정되었다. NDB는 당초 인도가 2012년 브릭스 정상회의에서 제안한 신흥국 인프라 건설에 대한 금융지원 및 투자를 목표로 하는 브릭스 주도의 국제개발은행을 말한다. NDB의 총 자본금은 1천억 달러이며, 초기 자본금은 브릭스 5개국이 각 100억 달러씩 분담하여 5백억 달러로 책정되었다. CRA는 금융위기 등 유사시에 대비한 지원기금으로 중국 410억 달러, 남아공 50억 달러, 나머지 3개국이 각 180억 달러를 분담하여 총 1천억 달러 규모로 조성이 결정되었다(한국무역협회 국제무역연구원, 2014: 1-2).

또한 중국과 아세안 국가들이 주축이 되어 아시아 발전도상국의 인프라 사업에 자금제공을 목적으로 하는 AIIB는 2014년 10월 베이징에서 설립을 선언하였다. 2015년 말 출범 예정인 AIIB도 총 자본금은 1천억 달러로 설립 초기에는 5백억 달러 규모로 출범할 것으로 알려져 있다(에너지경제연구원, 2014: 2-4).

의도한 것인지는 불분명하나 중국이 주도하는 이들 국제금융기구는 기존 국제금융기관인 세계은행(IBRD), 국제통화기금(IMF), 아시아개발은행(ADB)과 대응을 이루며 역할이 중첩되고 있다. 기실 선진국이 주도하는 금융질서 체제와 중국 등 신흥국 간 불협화음은 상당히 오래된 문제이다.

우선, 기존 국제금융기구들이 신흥국들의 급증하는 인프라 금융수요를 만족시켜 주지 못한다는 점이다. 세계은행에 따르면 현재 전 세계 신흥국의 인프라 투자수요는 1조 5천억 달러이나 기존 국제금융기관이 동원할 수 있는 자금은 2천50억 달러에 불과하다(연합뉴스, 2014/10/28). OECD도 2010~2020년 아시아 전 지역의 인프라 투자 총비용을 8조 2,200억 달러, 연간 7,300억 달러로 추산하며, 이를 ADB와 세계은행이 감당하기 어렵다고 보고 있다(에너지경제연구원, 2014: 10-11). 이에 브라질, 아르헨티나 등 남미 7개국도 2009년 남부은행(Bank of South)을 만들어 자금지원을 조달하려는 자구책을 강구한 바 있다.

둘째, 기존 국제금융기구에서의 '지배구조(governance)'를 둘러싼 갈등이다. 신흥국 경제는 2011년을 기점으로 세계 경제의 50%(PPP 기준)가 넘어 선진국의 경제규모를 추월하기 시작하였다. 세계 무역에서 신흥국이 차지하는 비중은 26.9%('90)에서 44.1%('10)로 증가한 반면(尖雪凌·张猛, 2012: 88), 동 기구들에서의 지배구조는 신흥국 경제 규모에 비례하지 못하고 있다. 브릭스 5개국만 하더라도, 전 세계 GDP의 20%('13)를 차지하고 있으나 IMF에서 투표권은 11%에 불과하다. 뿐만 아니라 기존 국제금융기구들은 자금 지원 시 재정적자 감축, 금리자유화와 같은 경제적 조건 외에도 인권과 민주주의와 같은 정치적 조건을 부가하여 신흥국과 마찰을 빚고 있다(常兵兵, 2013: 53-54).

이와 같은 점에서 볼 때, NDB와 AIIB는 자금력이 있는 중국이 기존 국제금융질서에 불만을 가진 신흥국을 주도하여 '남남(south-south)협력'의 새로운 국제금융질서 수립을 모색하는 것이라고도 할 수 있다(倪建军·王凯,

2012: 54-55). 그렇다면 중국은 어떠한 전략적 목표하에서 이들 국제금융기구 설립을 주도하고 있는가?

먼저, NDB와 AIIB는 중국의 위안화 국제화 및 해외투자 전략과 밀접한 관련이 있다. 위안화 국제화는 중국의 화폐를 달러·유로화와 더불어 세계 3대 기축통화 중 하나로 육성한다는 야심찬 전략이다. 2010년 전인대 이후 본격화된 위안화의 국제화는 기축통화국의 '화폐주조 효과(seigniorage effect)'[16]와 4조 달러에 육박하는 대규모 외환보유고에 따른 손실 방지, 국제금융시장에서 영향력 확대 등이 주요한 추진배경이다(常兵兵, 2013: 54; 黄志勇·谭春技·雷小华, 2013: 5). 일반적으로 통화의 국제화는 무역결제통화 → 투자통화 → 준비자산통화[17]를 거쳐 완성되는데(이윤석, 2012: 7), AIIB와 NDB의 설립으로 위안화의 국제화가 더욱 가속화될 것으로 보인다. 예를 들어 NDB 설립으로 브릭스 국가 간 통화 스와프가 늘어남에 따라, 이들 국가의 외환보유 자산 중 위안화 비중이 제고되고 이에 준비자산통화로서 위안화의 역할이 강화되는 것이다(吳雪凌·张猛, 2012: 89-90).

둘째 AIIB의 경우, '일대일로' 구상에 대한 자금 지원, 아시아지역 영향력 확대 등을 목표로 하고 있다(黄志勇·谭春技·雷小华, 2013: 4). 아직 출자비율이 정해지지는 않았으나 중국이 최대출자국이 될 것으로 예상되며, AIIB는 아시아를 대상으로 하기에 중국의 역내 영향력이 확대될 것은 분명하다. 또한 상업적 성격의 인프라 투자에 집중할 것으로 보이는 AIIB는 중국이 추진하는 '일대일로'의 주요 자금줄이 될 가능성이 높다. 이미 시진핑은 지난 11월 개최된 중앙재경영도소조 제8차 회의에서 일대일로와 AIIB의 연계

---

16) 기축통화를 보유한 국가가 누리는 경제적 이익을 지칭한다. 세뇨리지 효과는 매우 다양하나 최근에는 미국의 양적완화와 같이 기축통화국의 지위를 이용하여 화폐를 무한대로 공급하여 새로운 신용창출을 할 수 있는 능력이 주목받고 있다.

17) 위안화가 무역결제통화(settlement currency)로 활용된다 함은 중국이 다른 나라와 나아가 제3국 상호간에 무역결제 시 위안화로 결제하는 것을 의미하고, 투자통화(investment)는 위안화 표시 자산이 매력적 투자상품이 되어 전 세계 자본을 유인할 수 있어야 함을, 준비통화(reserve currency)는 위안화가 각국의 중앙은행 등에 대외지급준비를 위한 자산으로서 보유되고 있는 것을 의미한다(이윤석, 2012) 참고.

전략을 밝힌 바 있다(习近平, 2014/11/6).

그렇다면 이와 같은 금융기구 설립을 통해 중국은 국제금융질서에서 어느 정도의 영향력을 확보할 수 있을 것인가? 규칙과 담론의 주도권을 확보하고 이를 통해 금융질서 재편을 가능하게 할 수 있을 것인가? 중국의 막대한 자금력으로 인해 NDB와 AIIB의 출범 자체는 큰 무리가 없을 것으로 보이나, 기존 금융질서를 넘어서기는 쉽지 않을 것으로 보인다.

우선, 자본금의 절대적 차이가 그 원인이다. 국제금융기관의 자본금은 IMF 8,374억 달러, IBRD 2,230억 달러, ADB 1,620억 달러이다(박미정, 2014: 4). 반면 NDB, CRA, AIIB는 계획대로 자본금을 충당하여도 총 3천억 달러에 불과하여, 기존 금융질서에 맞서기는 상당 기간 힘들다고 봐야 할 것이다. 그러나 실질적 영향력의 한계는 논외로 하더라도 NDB와 AIIB가 성공적으로 운영되고 더 많은 발전도상국이 참여하게 될 경우, 기존 국제금융기구의 대표성은 타격을 받고 개혁을 요구받을 가능성이 높다. 이미 미국 등 선진국과 국제기구 등에서는 NDB와 AIIB를 둘러싸고 이견이 표출되는 상황이다(에너지경제연구원, 2014: 5-8). 김용 세계은행 총재도 IBRD와 AIIB가 서로 보완적이라 주장하며, 오바마 미 대통령과 다른 의견을 드러낸 바 있다(연합뉴스, 2014/10/28).

두 번째로 중국과 참여국 간 이견 조정이다. NDB의 경우, 브릭스 5개국의 전략과 비전도 상이할 뿐 아니라 지배구조를 둘러싼 분쟁의 가능성이 존재한다. 이미 NDB에서는 중국으로 힘이 쏠리는 것을 막기 위해 자본금 증액에서 균등부담의 원칙을 채택했다. 자본금을 높이는 것보다 5개국 간 힘의 균형을 선택한 것이다(박미정, 2014: 2). 반면 CRA나 AIIB에서는 중국에 일정하게 힘이 집중되는 것은 피할 수 없을 것으로 보인다. 중국은 CRA에 410억 달러의 최대 규모의 자금을 제공하며, AIIB에서는 아직 결정되지는 않았지만 중국이 총자본금의 절반을 부담하겠다는 제안을 한 것으로 알려져 있다(박미정, 2014: 5). 만약 투표권이 자본금 규모에 따라 배분된다면, AIIB는 사실상 중국의 독무대가 될 가능성이 높다. 이에 한국 등은 문제제기를 하며 AIIB 참여를 유보하고 있는 것으로 알려져 있다. 이처럼 중국과 나머지 국가 간 이견 조정과 협력관계 지속이 향후 NDB와 AIIB의 발전에 중요한 과제라 하겠다.

셋째, 금융기관으로서의 역량확보이다. 이는 결국 신흥국 인프라 투자라는 설립목표와 자본금의 안전한 회수 사이에서 어떻게 균형을 잡는가 하는 문제이다. 비록 적지 않은 비판이 있지만 IMF 등이 까다로운 대출조건을 제시하는 것은 대출금의 안전한 회수를 위한 것이다. NDB와 AIIB 또한 자금지원의 대상 선정, 대출기준, 대출회수방안 등에 대한 명확한 기준을 설정하고 관련 전문 인력 및 노하우를 육성 및 축적하는 것이 필요하다 하겠다.

IV. 시진핑 시기 경제외교의 특징과 발전배경 및 향후 과제

이상과 같은 주요 경제외교 정책에 대한 분석을 통해, 시진핑 체제하 경제외교는 전임 후진타오 시기와 비교할 때 다음 몇 가지 특징이 존재함을 알 수 있다. 첫째, 이 시기 경제외교는 대상의 광범위함과 더불어 내용적으로 더욱 고도화되어 복합적으로 추진되고 있다. 대표적인 것이 인프라 건설과 경제협력, 투자지원을 복합적으로 묶은 일대일로 구상이다. 과거에는 해외투자, 자원 확보, 자유무역지대 구축 등이 개별 정책으로 분산되어 추진되었으나, 일대일로 구상에 이르러 이 모든 형태가 하나의 복합개발 전략으로 추진되고 있다. 또한 지역적으로도 여전히 이웃나라, 즉 아시아가 주요 대상이나 이를 통해 유럽과 아프리카로 연결·확장시키는 거대 비전을 보여주고 있다. 이는 또한 중국 국내 개발 경험의 국외 확장이라는 측면에서 특기할 만하다 하겠다.

둘째, 행위적 측면에서 적극적·주도적 성격을 보인다. 양자간 FTA에 주력한 후진타오 시기와 달리, 시진핑 정부 들어서는 대규모 다자간 FTA를 통한 통상 정책이 적극 추진되고 있다. 미국의 TPP에 대해서도 기존의 RCEP

을 넘어 FTAAP를 먼저 제안하는 등 보다 주도적 모습을 보이고 있다. 금융
분야 역시 세계 최대 자금력을 바탕으로 주도적 경제외교의 형태를 보이고
있다. 소극적·방어적 환율 정책에 주력했던 시기와 달리 시진핑 정부에서
는 남남협력을 기반으로 국제금융기관 설립을 주도하기에 이른 것이다.

　마지막으로 시진핑 체제하 경제외교의 3대 정책을 통해 볼 때, 중국이
경제외교를 통해 추구하고자 하는 것은 경제적 이익, 그 이상이라는 것을
알 수 있다. 앞서 살펴본 바와 같이, 중국외교 정책의 최종 목표는 신(新)국
제정치경제질서의 구축이며, 이를 통해서만이 비로소 안보와 발전을 궁극적
으로 확보할 수 있다. 그리고 이는 중국과 발전도상국 각자의 발전을 넘어
서 종국에는 이들 국가들 간의 '연대와 협력'을 통해서만이 가능하다. 이 점
에서 볼 때, 그동안의 경제외교가 중국과 발전도상국이 각자 발전하는 단계
였다면, 시진핑 체제에 이르러서는 연대와 협력이라는 그 다음 단계를 준비
하고 있는 것으로 보여진다. 이는 시진핑 지도부의 '중국의 꿈(中國夢)'에서
도 드러난다. 중국 정부에 따르면 '중국의 꿈'은 '중화민족의 위대한 부활'로
이는 패권적 모습이 아니라 '평화적 발전'을 목표로 한다(北京日報, 2014/7/
14). 그러나 앞서 살펴본 바와 같이, 이와 같은 평화적 발전은 전쟁과 갈등
의 근원이 되는 기존 패권질서를 타파함으로써만이 가능하다. 결국에는 어
떠한 방식이 되었던 중국이 주도하는 새로운 국제정치경제질서 구축이 필요
하다 하겠다.

　이와 같이 시진핑 시기 경제외교는 후진타오 집권 시기와 비교할 때 더욱
적극적이며 광범위하고, 고도화되어 가는 행태를 보이고 있다. 또한 마오쩌
둥 시기의 경제외교와 유사하게 주변국과 발전도상국을 복합적으로 결속시
키고자 하는 목표와 의도를 드러내 보이고 있다. 그렇다면 시진핑의 경제외
교가 이처럼 적극적이고, 광범위하고, 추진방식이 고도화될 수 있는 것은
어떠한 배경과 원인 때문인가? '중국의 꿈'을 향한 시진핑의 추구는 마오쩌
둥의 경제외교와 유사한 전철을 밟을 가능성이 있는가? 먼저 중국이 이전
시기와 다른 경제외교를 추진할 수 있었던 배경과 원인은 다음과 같다.

　첫째, 중국의 경제성장과 국제적 위상 제고이다. 이는 경제외교의 가장

〈표 3〉 시진핑과 후진타오 시기 중국 경제외교 특징 비교

구분	후진타오 경제외교	시진핑 경제외교
전체 방향 및 의의	마오 시기 이후 경제외교 부활 소극적이고 제한적	신국제정치경제질서 수립 본격화 적극적, 고도화, 광범위
FTA (무역 및 투자)	WTO 가입 인접국과 자원부국 중심의 FTA	Mega FTA(FTAAP, RCEP) 추진을 통산 국제무역통상질서 재편 주도 양자간 FTA 체결범위 확대
국제금융 및 환율 등	소극적 환율개혁 임기 말 위안화 국제화 시작	NDB/AIIB 추진으로 국제금융질서 영향 상하이자유무역지대: 금융개방 실험
해외투자 (자원, 인프라)	자원획득 목적의 대규모 차관 제공 국유기업, 아프리카 중동지역 위주	자원/인프라/무역 등을 결합한 복합적 경제개발계획으로 진보 유리사아 대륙을 대상으로 한 거대 전략 구상

큰 자산이자, 시진핑의 경제외교가 결과적으로 마오쩌둥의 경제외교와 차별화를 가질 가능성이 높은 지점이기도 하다. 글로벌 경제위기로 미국과 유럽의 위상이 예전 같지 않은 상황에서 중국 경제는 지속적으로 성장하여 2010년부터 세계 경제 2위, 2013년에는 미국을 제치고 상품무역 세계 1위를 차지하였다. 뿐만 아니라 중국은 주요 경제지표에서 개혁개방 30년 만에 세계의 경제대국으로 발전한 모습을 보이고 있으며,[18] 주요 국제경제기관에서는 중국이 세계 최대 경제대국으로 부상할 것이라는 낙관적 전망[19]도 심심찮게 내놓고 있다. 이 같은 중국 경제의 양적 성장은 경제위기에 처한 선진국조차도 중국을 의식할 수밖에 없게 하는 등 중국의 국제적 위상을 크게

---

18) 2013년 기준으로 중국은 미국에 이은 세계 제2위의 외자유치국(1,240억 달러)이자 포춘 세계 500대 기업보유국(95개)이며, 2014년 9월 기존으로 3조 8,900억 달러에 이르는 외환보유고는 수년째 세계 1위를 달리고 있다.

19) 2014년 10월 IMF 발표에 따르면, 중국의 구매력 기준 GDP는 17조 6,000억 달러로 17조 4,000억 달러인 미국보다 약 2,000억 달러 앞서는 것으로 나타났고, 또한 2014년 기준 중국 명목 GDP는 10조 달러가 넘어 3위 일본과 2배 이상 차이가 벌어졌다.

강화하였다.

둘째, 미국의 대(對)중국 압박 강화이다. 금융위기 이후 미국은 '아시아 회귀(Pivot to Asia)' 전략을 발표하며,[20] 안보적으로는 역내 미군기지 증가와 함께 경제적으로는 TPP와 같은 아태지역 경제공동체 설립을 주도하고 있다. 아시아·태평양 지역의 대다수 국가를 포괄하는 미국 중심의 거대한 정치경제블록은 경제발전을 위해 주변 지역 안정과 역내 영향력 확보를 최우선으로 하는 중국의 전략과 필연적으로 충돌할 수밖에 없다. 따라서 시진핑 시기 적극적 경제외교는 미국의 대중국 전략에 대한 대응의 성격이 강하다.

마지막으로 중국 경제구조 전환 및 산업고도화를 위해서이다. 중국판 경제개발 5개년계획인 12-5계획(規劃) 시기부터 수출 및 투자 중심에서 내수 중심으로 경제구조 전환을 본격화하고 있다. 또한 7대 전략적 신흥산업[21]과 같은 첨단산업과 서비스산업을 신(新)성장동력으로 육성하고, 금융시장 등 대외개방 확대를 통한 경제구조 개혁 작업에 나섰다. 이처럼 중국 경제는 더 이상 저임금과 대규모 투자에 의존해서는 지속성장이 어려운 상황에 도달하였다. 이에 중진국 함정(middle income trap)[22]을 극복하고 중국 경제의 재도약을 위해 시진핑 정권은 18기 3중전회에서 개혁 심화를 최대과제로 제시하고 제2의 개혁개방에 착수한 상황이다. 일대일로 구상이 대표적이

---

20) 2011년 11월 오바마 대통령이 발표한 미국외교 정책 지침으로서 향후 아시아·태평양 지역을 미국외교의 중추로 삼겠다는 내용이 들어가 있다. 미국의 실제 의도는 대중국 전략의 재편에 있는 것으로 보인다. 미국의 아시아 회귀의 전략적 의미에 관해서는 다음을 참조. The Brookings Institution, "Understanding the U.S. Pivot to Asia," http://www.brooking.edu/~/media/Files/events/2012/0131_us_asia/20120131_pivot_asia.pdf(검색일: 2014.12.3).

21) 2011년부터 공식화된 12-5계획과 함께 추진되는 7대 전략적 신흥산업에는 에너지 절약과 환경보호, 신흥정보산업, 바이오산업, 신에너지, 신에너지 자동차, 첨단장비제조업과 신소재 등이 산업 등이 포함된다.

22) 세계은행에 따르면 중진국 함정이란 발전도상국이 중진국 소득 국가(Middle-Income Country) 단계에서 다양한 원인으로 추가적 성장 동력을 잃고, 고소득 국가(High-Income Country)에 이르지 못하고 중진국에 머무르거나 저(低)소득 국가(Low-Income Country)로 후퇴하는 현상을 지칭한다. 중남미나 동남아 국가 등이 주로 해당된다 할 수 있다.

다. 경제적 측면에서 일대일로는 포화상태에 이른 중국 내 건설 및 인프라 업체와 국유기업에게 외부로 새로운 시장을 제공해 줌과 동시에 국내적으로 이들 기업에 대한 구조조정을 촉진하는 의미가 있다. 또한 서부내륙, 동북지역 등 낙후한 지역의 발전을 촉진시켜 전국적 내수시장 형성에 기여하게 된다는 의미도 있다. 즉 시진핑 시기 적극적 경제외교의 추진에는 세계 경제에 깊숙이 편입된 경제대국 중국 경제의 개혁과 지속발전을 위한 전략의 일환으로 파악할 수 있다.

그렇다면 시진핑 체제하 경제외교의 미래는 어떠한가? 이는 마오쩌둥 시기의 세계 전략을 시진핑 체제에 이르러 창조적으로 계승하고 있다고 파악되는 바, 이전 시기의 전철을 밟지 않기 위해 어떤 과제가 있는지 살펴보는 것이 필요하다 하겠다. 일단 중국이 거대경제권 가운데 순조로운 성장을 지속하고 있으므로 '일대일로,' AIIB와 NDB 등은 무리 없이 추진될 것으로 보인다. 또한 예상되는 문제들을 잘 관리할 경우 중국 경제 체제의 발전에도 새로운 기회가 될 것이다. 그러나 동시에 다음 몇 가지 문제는 피해가지 못할 것으로 보인다.

먼저 미국과의 관계는 시진핑 시기 경제외교에서도 여전히 가장 큰 과제이다. 시진핑은 출범 직후 미국에 새로운 양자관계 모델로 '새로운 강대국 관계(新型大國關係)'를 제안한 바 있다. 그러나 중국을 겨냥한 미국의 '아시아 회귀전략'에 별다른 변화가 없자 이후 '일대일로,' NDB와 AIIB, RCEP과 FTAAP 등 다양한 국제관계를 모색하고 있는 것으로 보인다. 물론 협력과 대립이 교차하면서도 극단화되지 않는 미중관계의 속성은 시진핑 체제하에서도 여전히 유지될 것이다. 대표적인 것이 FTAAP에 대한 중국의 적극적 태도이다. 즉 TPP에 대해 RCEP으로 평행선을 달리기보다 먼저 미국을 포함한 건설적 대안을 제시했다는 점은 중국이 미국과의 대립에 여전히 부담감을 가지고 있음을 보여준다. 그러나 중국의 경제외교가 궁극적으로 신(新)국제정치경제질서의 모색과 맞닿아 있다고 판단되는 바, 향후 미국과의 경쟁과 갈등은 피하기 어려울 것으로 보인다.

두 번째 과제는 주변국 및 신흥국과의 관계이다. 중국의 신(新)국제정치

경제질서는 발전도상국과의 단결과 연대를 통한 평화와 발전을 주장하나, 역설적으로 발전도상국으로부터 새로운 패권국의 등장이라는 의구심 또한 여전히 크다. 이는 이전 시기 중국의 '평화적 부상(和平崛起)'이 또 다른 부국강병의 몽상(夢想)으로 비판받았던 것과 같은 맥락이다(張蜀诚, 2005: 79-80). RCEP에 대한 주변국들의 우려, NDB와 AIIB에서의 주도권 다툼, 남중국해에서의 영토 분쟁 등 극단적인 경우 신(新)중국 위협론과 같은 형태로 확장될 가능성도 없지 않다. 이 에 마오쩌둥 시기 ODA 정책 실패를 거울삼아 먼저 주변국과 신흥발전도상국들 사이에서 신뢰를 획득하는 것이 중요하다 하겠다.

마지막으로 경제외교를 통해 이룩할 목표가 무엇이든, 중국의 목표에 대한 보편적 공감대와 국제사회가 공유할 수 있는 발전모델에 대한 고민이 필요하다. 경제력은 중요한 수단이나 동시에 이를 정당화할 수 있는 가치체계와 비전 또한 이에 못지않게 중요하다. 후진타오 시기에는 권위주의 체제 하의 경제발전이라는 '베이징 컨센서스'가 '워싱턴 컨센서스'와 대비되면서 일부 발전도상국에 확산된 바 있으나, 그 기반은 여전히 취약한 것으로 평가된다. 또한 개념적으로나 내용적으로 민족주의적 색채가 강한 '중국의 꿈'이 과연 제3세계 국가에 어느 정도의 보편적 공감대를 끌어 낼 수 있을지도 의문이라 하겠다.

V. 정책적 제언

1. 대중국 경제외교의 원칙

2000년대 중반부터 한국의 대외환경은 경제는 중국과 안보는 미국과 가장 밀접한 현실로 재편되었다. 중국의 경제발전 추세를 볼 때, 이러한 관계는 이변이 없는 한 향후 10여 년 이상 지속될 것으로 보인다. 즉 한국의 이웃나라인 중국이 국제정치경제적 강대국으로 부상하는 것은 이제 일시적 변수가 아닌 현실임을 명심해야 한다. 또한 무역 등 대외의존도가 높은 한국경제에 거대 중국과 이웃하고 있다는 것은 커다란 기회와 위험이 공존하고 있음을 의미한다. 위기의 측면은 중국 기업의 경쟁력 강화로 전자, 철강, 화학, 자동차 등 한국의 주력산업을 둘러싸고 국내외 시장에서 치열한 경쟁을 전개될 것이라는 점이다. 반대로 기회요인은 신흥경제대국으로 성장하는 중국을 이웃하고 있어 거대중국 시장을 내수화할 수 있어, 중국 경제의 발전을 한국경제의 새로운 동력으로 삼을 수 있다는 점이다. 이에 대중국 경제외교 및 대외경제 정책은 향후 한국 경제와 국가 전략에도 핵심적 사항으로 부상한 것이다.

그러나 미중이라는 두 강대국 사이에 위치한 한국의 대외적 행동반경은 제한적인 것이 현실이다. 현재 부상하는 신흥강대국 중국과 기존 패권국 미국은 전면적 대립은 피하면서 경쟁과 협력이라는 이중적 모습을 보이고 있다. 즉, G2는 글로벌 현안을 두고는 상호협력하나, 장기적으로 상호경쟁하고 있다 하겠다. 특히 시진핑 시기 중국이 경제적 힘을 앞세워 국제경제질서의 변경을 추구함에 따라 미중 경제관계에서도 경쟁적 측면이 점차 두드러질 것으로 보인다. 물론 당분간 중국은 경제 고도화, 빈부격차 완화 등 국내 문제 해결에 중점을 두고 있어 미국과 직접 맞서기보다 점진적으로 자신의 영역을 국제적으로 확대하고자 할 것이다. 미국 또한 중국을 지나치게 자극하지는 않으면서도 동시에 중국을 미국 중심의 국제질서에 두기 위해 강온 양면의 정책을 쓰며 관리하려고 하고 있다.

이처럼 미중이라는 불안정한 두 강대국 관계가 한미, 한중관계의 기본환경으로 주어진 상황에서 한국은 양국과 관계를 안정시키고, 국익을 극대화하기 위한 대외 정책을 전개해야 하는 어려운 상황에 직면해 있다. 즉, 21세기 한국외교의 최대 과제는 한국이 미중 두 강대국과 관계를 슬기롭게 조화시켜 나가는 것에 있다. 그렇다면 이러한 세력전환(change of power)의 시기에 한국의 대외경제 정책과 경제외교 원칙은 어떻게 되어야 할 것인가?

먼저 한국은 한중 경제관계의 진전이 한미 간 안보관계 약화를 불러올 것이라는 이분적 시각 혹은 양자택일적 태도에 적극 대응해야 한다. 21세기 한국을 둘러싼 국제환경은 과거 냉전 시기와 같이 단순한 국면이 아니다. 한국의 국익을 위해서는 기존의 한미관계도 새롭게 변화해야 하고, 1992년 수교 이래 단기간에 빠르게 발전한 한중관계에 대한 전략적 고려도 더욱 강화되어야 한다. 특히 한반도가 미일과 중러의 충돌이라는 신냉전의 최전방이 되는 것을 회피하는 데 외교적 총력을 기울이고, 한국의 독자적 활동공간을 마련하는 데 전력해야 한다.

둘째, 경제외교와 대외경제 정책에서는 일정하게 정경분리(政經分離) 원칙을 적용될 필요가 있다. FTA와 같은 통상협정은 기본적으로 경제적 이익을 위해 추진하지만 또한 정치안보적 관계에 대한 고려를 완전히 배제하지는 않는다. 그러함에도 불구하고 경제외교는 일차적으로는 경제적 이익을 매개로 추진된다. 특히 한국과 같이 대외경제적 의존도가 높고, 국내 경제기반이 취약한 국가는 중국이나 미국 등과 달리 정치적 영향력을 이유로 인해 경제적 효과를 포기하는 것은 자칫 국내 경제에 심각한 영향을 가져올 수 있다. 특히 세계에서 가장 역동적으로 성장하는 거대시장인 중국은 한국경제의 지속성장에 다시 없는 기회이며 이를 활용하여 한국경제의 재도약을 일궈내는 것이 한국 경제외교의 최대 과제이다. 따라서 적어도 대중국 경제외교에 있어서는 정경분리의 원칙을 견지하는 것이 필요하다.

이는 내재적 측면에서 보면, 중국은 사회주의 일당 체제이므로 한국의 민주주의 체제와 일정하게 거리가 있다. 즉 한미관계와 같이 민주주의적 가치를 공유하는 관계와는 차이가 있으므로, 정치안보 외교와 경제외교의 발전 정도가 일정하게 온도차이가 있을 수밖에 없음을 의미한다. 동시에 대외적 측면에서 볼 때, 미국과 같은 내수 중심의 경제구조에서는 무역 등 대외경제 정책에서 자국의 정치적 입장을 관철하기 쉬우나, 한국과 같은 대외의존적 경제 체제에서는 이 같은 입장을 취하기가 사실상 어렵다. 교역이나 투자비중이 낮은 국가의 경우에도 쉽지 않은 선택이 될 터인데, 최대 교역국인 중국과 관계에서 이러한 결정을 한다는 것은 사실상 자멸을 의미한다. 즉, 대중 경제외교는 한미안보관계라는 정치안보적 측면과 완전히 일치하지 어려움을 알아야 한다.

끝으로는 경제외교에 있어 한국의 국익을 중심에 놓고 정권이 바뀌더라도 일관된 입장을 견지하여야 한다. 모든 사안에서 미중 양국과 한국의 이익이 일치한다면 문제가 없겠으나 현실은 그렇지 않다. G2를 모두 만족시킬 수 없을 경우 불가피하게 한 쪽이 섭섭해 할 수는 있으나, 이것이 의심으로까지 나아가는 것은 막아야 한다. 여기서 가장 중요한 것이 바로 한국의 일관된 외교 정책이다. 우리가 이성적으로 판단하고 정권의 부침에 따라 일희일비하지 않을 때, 미중 양국도 한국을 진지한 파트너로 대하게 되고, 우리의 주장을 경청하게 될 것이다.

2. 분야별 제언

1) RCEP/FTAAP: 한국의 적극적 대응이 필요

최근 한중 FTA 체결로 인해 한국은 미중 양국과 양자간 FTA를 체결한 유일한 제조강국[23]이 되었다. 한국의 글로벌 FTA 네트워크는 국내논란에도 불구하고 아태지역 경제질서 재편과정에서 주도적 역할을 할 수 있는 공간을 제공하고 있다.

한국 입장에서 아태지역 단일 경제권과 무역질서 형성은 국익에 큰 도움이 될 것으로 기대된다. 경제적으로는 기존의 양자간 FTA 네트워크가 가지는 스파게티 보울 효과(Spaghetti bowl effect)[24]를 극복하여 한국기업의

---

23) 동남아의 싱가포르가 한국보다 먼저 중미 양국과 FTA를 체결하였으나, 중계무역을 중심으로 한 싱가포르 경제구조를 감안할 때 IT, 자동차 등 제조업에서 세계 수준에 도달한 국가 가운데 미중과 FTA를 체결한 것은 사실상 한국이 유일하다고 할 수 있다.

24) 양자간 FTA를 여러 나라와 체결하는 과정에서 협상 상대국마다 서로 다른 원산지규정, 통관절차, 표준 등이 스파게티처럼 서로 얽히면서 오히려 FTA 활용률이 저하되는 현상을 지칭한다.

역내 활동을 더욱 왕성하게 추진할 수 있게 되고, 한국이 이를 주도할 경우, 대외적으로 한국의 역내 위상을 제고할 수 있는 절호의 기회이기 때문이다. 따라서, 자칫 미국과 중국, 선진국과 신흥국 간 파워게임으로 흘러가 장기 공전될 우려가 있는 역내 경제공동체 형성에 한국 등 중견국이 앞장서서 실질적 결과를 도출해내는 것이 중요하다. RCEP과 TPP가 별도로 추진된 이후 2017년 이후 FTAAP가 진행될 것이라는 전망하에 한국 정부의 역할과 과제를 생각하면 다음과 같다.

첫째, RCEP, 한중일 FTA의 경우, 한중 FTA와 유사하게 개방수준이 높지 않은 형태도 진행될 가능성이 높다. 이 경우, 한국 입장에서는 농업 등 국내 민감품목에 대한 영향에 크지 않으므로 적극적으로 이를 추진할 수 있다는 장점이 있다. 반면, 이 과정에서 국내 취약산업 보호에 치중하다가 제조업과 서비스산업에서 상대국 시장개방에 소홀히 해서는 안 될 것이다. 따라서 국내외적 이익의 균형을 고려하면서 한국이 타결을 위한 적극적 역할이 필요한 협정이라 하겠다.

둘째, TPP의 경우 RCEP과 달리 개방수준이 높은 FTA를 지향하고 있다. 한국 정부는 TPP 참여에 여전히 신중한 태도인데, 이는 TPP 참여가 한국이 참여한 가장 수준이 높은 FTA인 한미 FTA보다 더 높은 수준의 개방이 이뤄질 가능성이 높기 때문이다. 그 대표적인 것은 쇠고기 등 농업 분야가 대표적이다. 또한 높은 개방수준으로 대표되는 TPP는 한국의 만성적 무역적자 국가인 일본과 FTA를 의미한다.[25] 따라서 TPP의 경우 참여시 한미관계 개선이라는 대외적 효과에 반해 국내 경제효과 및 산업경쟁력 논란이 발생할 가능성이 높으므로, 이 부분에 대한 대응이 필요하다.

끝으로 TPP와 RCEP이 마무리된 이후 이슈가 될 FTAAP의 경우, 미국 중심의 선진국 진영은 높은 수준의 개방이, 중국 중심의 신흥국 그룹은 제한

---

25) 2013년 대일 무역적자 규모는 253억 6천7백만 달러이다. RCEP과 한중일 FTA도 일본이 참여하고 있으므로 사실상 한일 FTA의 효과가 있으나, 전체 개방수준이 낮기 때문에 한국도 대일본 민감품목(자동차, 부품, 소재산업 등)의 방어에 유리한 상황이므로 TPP와 달리 그 충격이 크지 않을 것으로 예상한다.

적 개방이라는 입장차이가 예상된다. 제조업 경쟁력이 높은 한국 입장에서는 제조업과 서비스산업에서는 높은 수준의 개방이, 농수산업에서는 제한적 개방이 유리할 것이다. 그러나 더 중요한 것은 개방수준의 문제보다 새로운 무역질서 형성이 기약없이 미뤄지는 것에 있다 할 수 있으므로, 한국은 선진국과 신흥국 사이에도 중재자적 역할을 강화하여, 미중 간 입장차이로 협상이 장기표류하지 않도록 하여야 할 것이다. 특히 중국, 미국 모두와 FTA를 체결한 경험을 바탕으로 역내 FTA 협정문 모델을 제시하는 등 선진국과 신흥국 간 입장 차이를 조율하고 FTAAP가 실현될 수 있도록 적극적 대응을 하여야 할 것이다.

2) 일대일로: 한국기업 참여기회 발굴 및 유라시아 이니셔티브와 시너지 효과 창출

일대일로 구상은 기본적으로 중국의 국내 전략에서 출발한 것이므로 FTA나 AIIB와 달리 한국의 참여방안을 제도적으로 구축하기가 쉽지 않다. 그러나 중국도 대외적으로는 한국의 참여를 환영한다는 입장이며, 또한 한국 정부가 추진하는 유라시아 이니셔티브 전략과 중첩되는 측면이 많아 이에 대한 대응필요성은 높다 하겠다. 일대일로와 관련해서는 크게 3가지 정도 대응 방향을 생각해볼 수 있다.

첫째, 한중 FTA 등 기존의 한중 양자관계의 제도적 기제를 통해 중국과 협력을 이끌어 내는 것이라 할 수 있다. 중국 또한 일대일로를 개방적으로 운영하며 상대국을 제한하지 않고, 정책 조정(5통의 정책소통)을 포함하겠다는 입장이므로, 기본적으로 이를 활용할 필요가 있다. 그러나, 일대일로는 중국이 자국의 한계기업에게 새로운 성장동력을 제공한다는 측면과, 기본적으로 중국의 대규모 자본을 통해 추진되는 사업이라는 점을 감안할 때, 외국기업의 참여범위가 얼마나 폭넓게 보장될지는 의문이다. 물론 국제적 시너지 효과 창출을 위해 다양한 외국기업의 참여를 보장하고, 문호를 넓힐 것으로 추정된다. 그러함에도 불구하고 기본적으로는 중국 내 건설 및 인프라 기업에게 우선적 혜택이 돌아갈 것이라고 보아야 한다. 따라서 추가로 다음의 2가지 대응을 통해 중국 측과 협의에 나서야 한다.

두 번째는 AIIB의 지분참여를 통해 일대일로 사업에 참여하는 방안이다. AIIB 결성 자체가 일대일로 구상에 따른 인프라 사업에 자금지원을 목적으로 하고 있는 것으로 알려져 있다. 따라서 AIIB에 한국이 참여할 경우 일대일로 구상으로 펼쳐질 국제적 인프라 시장에 참여 몫을 주장할 여지가 커지는 것이다. 이는 AIIB의 참여를 전제로 하는 방안이나 현실적 실현가능성과 이익의 보장이라는 점에서 가장 검토가능한 방안으로 사료된다.

끝으로는 남북관계 개선이라는 이슈를 매개로 중국을 설득하는 방안을 고려할 수 있다. 앞서 언급하였지만 일대일로 전략 구상의 주요 목표 가운데 하나가 중국과 인접국 간 안정적 관계수립에 있다. 특히 중국의 대한반도 정책은 무력충돌과 같은 불안정한 상황이 발생하는 것에 반대하고, 남북 간 교류협력과 북한의 개혁개방을 주요 내용으로 한다. 따라서 여전히 폐쇄적 북한의 참여를 유인한다는 측면에서 볼 때, 한반도의 안정을 바라는 중국에게도 매력적 제안이 될 것으로 예상된다. 다만, 현재 남북관계의 민감성과 변동성을 감안할 때, 북한의 변화, 한국의 전략적 결단, 관련국과의 조율 등 치밀한 계획과 조건의 형성 없이는 단기적으로 추진이 쉽지 않을 것으로 판단된다.

3) AIIB: 참여를 통한 내부적 개혁 추진 및 대미(對美) 설득논리 개발

AIIB 참여에 따른 한국의 긍정적 효과는 명확하다. 먼저, 경제적 측면에서 보면, 거대 아시아 인프라 시장에 국내기업의 참여기회가 크게 높아질 것이다. ADB만 해도 미국, 일본 등 선진국이 대거 참여하고 있으나, AIIB 참여국 가운데는 중국을 제외하고는 한국만큼 경쟁력 있는 인프라 기업이 존재하는 국가가 없다. 특히 앞서 언급한 일대일로 구상과 연결하여 볼 때, AIIB 참여로 인해 일대일로 사업에 참여가능성도 높여줄 것으로 예상된다. 이 경우 중동 등 전통적 건설시장에서 경쟁심화, 국내 부동산 경기 침체 과정에서 어려움에 처한 건설 등 국내 인프라 기업에게 새롭게 부각되는 아시아 인프라 시장은 부활의 기회를 제공해 줄 것으로 예상된다. 또한 한국의 국내 위안화를 아시아 인프라 투자에 활용함으로써 국내 원-위안화 직거래

시장 및 관련 금융산업 활성화 도움이 될 것으로 기대된다.[26]

대외관계적 측면에서는 아시아 지역 내 한국의 대외적 위상제고의 중요한 기회가 될 것으로 기대된다. 우리나라가 위치한 아시아는 한국외교에 있어 핵심적 활동공간이다. 한국의 ODA 절반 이상이 투자되는 지역이면서 동시에 한국의 사활적 이해관계가 걸린 이 지역에서 한국의 역내 위상 제고 및 역할 강화는 한국외교의 중대한 과제이다. AIIB 참여는 이처럼 중요한 아시아 지역에서 우리나라의 외교적 역량을 제고시켜줄 절호의 기회로 판단된다. 한중 양자관계적 측면에서는 중국의 일대일로 전략과 한국의 유라시아 이니셔티브 구상 간 시너지 효과 창출이 가능해 질 것으로 보이며, 무엇보다 AIIB의 인프라 투자가 북한에 이뤄질 경우, 장기적으로 통일을 위한 비용절감과 기반마련에도 기여할 수 있다.

이러한 측면에서 볼 때, 한국의 AIIB 참여는 필연적인 것으로 생각된다. 다만 미국의 우려표시로 인해 한국의 행동이 제약되는 부분이 존재하나, 이는 미국에 대한 적극적 설득으로 해결해야 할 것이다. 즉, 한국의 AIIB 참여는 한미관계에 영향을 미치지 못하며, 다만 아시아 지역에서 한국과 미국 혹은 일본의 처지가 상호 다르므로 참여가 불가피함으로써 설명할 필요가 있다. 또한 미국 등이 우려하는 AIIB의 조직적 불투명성은 내부에서 한국의 적극적 개선노력으로 해결해 갈 것임을 설명해야 할 것이고, 실제 한국은 AIIB가 국제기구로서 공정하고 투명하게 운영되도록 노력해야 할 것이다.

결론적으로 미중이라는 강대국 사이에서 중견국으로서 한국의 국익실현을 위한 자신의 활동공간을 창출과정에서, 경제외교는 핵심적 수단이다. AIIB의 참여 문제는 한국 대외 정책이 새롭게 도약할 수 있느냐를 가늠할 수 있는 시험대라 생각된다.

---

26) 안유화, "AIIB가 가지는 경제적인 효과와 한-중-미 외교관계에 미치는 영향," http://csf.kiep.go.kr/m/spcolumn_view.csf?vdiv=m&no=695(검색일: 2015.4.15).

【참고문헌】

권혁재·박번순·엄정명·최명해. 2012. "중국의 부상과 미중 통상분쟁." 『SERI 이슈 페이퍼』. 삼성경제연구소.

김봉한·남수중·허찬국. 2008. "중국 위안화 절상 전망과 파급효과 및 대응방안." 『한국경제연구원 보고서』. 한국경제연구원.

김애경. 2008. "중국의 부상과 소프트파워 전략: 대아프리카 정책을 사례로." 『국가전략』 제14권 2호: 143-167.

김재철. 2007. "중국의 경제외교: 경제적 고려를 넘어서." 『국가전략』 제13권 4호: 41-67.

박미정. 2014. "브릭스 개발은행 설립에 대한 평가와 시사점." 『Issue Analysis』 18 July: 1-5.

서승원. 2012. 『북풍과 태양: 일본의 경제외교와 중국, 1945-2005』. 서울: 고려대학교 출판부.

신종호. 2006. "후진타오체제 중국 경제외교와 대외전략적 함의." 『중국연구』 제37권: 397-415.

안유화. 2014.11.25. "AIIB가 가지는 경제적인 효과와 한-중-미 외교관계에 미치는 영향," http://csf.kiep.go.kr/m/spcolumn_view.csf?vdiv=m&no=695(검색일: 2015.4.15).

양평섭·구은아. 2007. "중국의 WTO 가입 5주년 결산: 중국의 대외경제정책과 한중관계 변화를 중심으로." 『KIEP 연구자료』 07-04.

에너지경제연구원. 2014. "동아시아지역 인프라부문의 다자개발은행 설립 움직임과 시사점." 『세계에너지현안 인사이트』 14-2: 1-23.

여수옥. 2006. "중국의 FTA 추진목표와 주요 이슈." 『KIEP 세계경제』 1월호: 46-55.

연합뉴스. 2014/10/28. "오바마-김용, 중국 주도 투자은행 설립에 이견," http://news.naver.com/main/read.nhn?mode=LSD&mid=sec&sid1=101&oid=001&aid=0007212308(검색일: 2014.11.20).

유동원. 2010. "중국의 대아프리카 소프트파워 외교와 경제협력." 『한중사회과학연구』 제8권 제2호: 109-130.

이윤석. 2012. "위안화 국제화 현황과 향후 전망." 『한국금융연구원(KIF) 금융VIP시리즈』 6호: 1-27.

이주영. 2014. "새로운 개혁개방 모델, 일대일로." 『차이나브리프』 제2권 제4호: 44-49.

이현주. 2014. "중국의 최근 해외자원개발 구조 변화 분석 — 중국 3대 국영석유기업의 석유가스 부문 해외투자를 중심으로." 『중국연구』 제60권: 273-295.

정환우. 2008. "중국의 경제통상외교: 변화와 지속." 김태호 외. 『중국외교 연구의 새로운 영역』. 서울: 나남.

조선비즈. 2014/8/18. "21조 경제로드 — 모습 드러내는 중국 新실크로드의 꿈," http://biz.chosun.com/site/data/html_dir/2014/08/18/2014081800101.html (검색일: 2014.10.30).

최의현. 2010. "중국의 자원개발형 해외투자의 특징과 성과." 『중국과 중국학』 제12호: 79-104.

한국무역협회 국제무역연구원. 2014. "신개발은행, 신흥국 성장의 원동력이 될 것인가 — 제6차 BRICS 정상회의 평가와 시사점." 『Trade Brief』 No.45: 1-6.

Armstrong, J. D. 1977. *Revolutionary Diplomacy: Chinese Foreign Policy and the United Front Doctrine.* Berkeley: University of California Press.

Baldwin, David A. 1993. "Neoliberalism, Neorealism, and World Politics." David A. Baldwin, ed. *Neorealism and Neoliberalism: The Contemporary Debate.* New York: Columbia University Press.

Gilpin, Robert. 2001. *Global Political Economy: Understanding the International Economy Order.* New Jersey: Princeton University.

Heilmann S., and H. Dirk Schmidt. 2014. *China's Foreign Political and Economic Relations: An Unconventional Global Power.* Rowman & Littlefield Publishers.

Helleiner, Eric, and Jonathan Kirshner, eds. 2014. *The Great Wall of Money: Power and Politics in China's International Monetary Relations.* Cornell University Press.

Krugman, P. 2010.1.1. "Chinese New Year," http://www.nytimes.com/2010/01/01/opinion/01krugman.html(검색일: 2010.1.15).

Kunz, B. Diane. 1997. *Butter and Guns: America's Cold War Economic Diplomacy.* New York: Free Press.

Murray et al. 1994. *The Making of Strategy: Rulers, States, and War.* Cambridge University Press.

Naughton, Barry. 1994. "The Foreign Policy Implications of China's Economic Development Strategy." Thomas W. Robinson and David Shambaugh, eds. *Chinese Foreign Policy: Theory and Practice*. Oxford: Clarendon Press.

Roy, Denny. 1998. *China's Foreign Relations*. London: Macmillan Press Ltd.

Skilias, P., S. Roukanas, and Victoria Pistikou. 2012. "China's Economic Diplomacy: A Comparative Approach to Sino-Greek and Sino-Turkish relations." *International Journal of Business and Social Science*, Vol.3, No.10: 286-297.

The Brookings Institution. "Understanding the U.S. Pivot to Asia," http://www.brooking.edu/〜/media/Files/events/2012/0131_us_asia/20120131_pivot_asia.pdf(검색일: 2014.12.3).

Van Ness, Peter. 1970. *Revolution and Chinese Foreign Policy*. Berkeley & Los Angeles: University of California Press.

Vogel, Ezra. 1986. "Pax Nipponica?" *Foreign Affairs*, Vol.64, No.4: 752-767.

Waltz, Kenneth N. 1979. *Theory of International Politics*. New York: Random House.

Wang Jisi. "International Relations Theory and the Study of Chinese Foreign Policy: A Chinese Perspective." Thomas W. Robinson and David Shambaugh, eds. *Chinese Foreign Policy: Theory and Practice*. New York: Oxford University Press.

Wu, Chia-sheng. 2012. "Economic Diplomacy." *CHIHLEE Review*, Vol.11: 149-171.

柯玉枝. 2008. "十七大后中共的第三世界政策." 『国际关系学报』 第25期: 153-173.

江泽民. 2002. 『江泽民论有中国特色社会主义(专题搞编)』. 北京: 中央文献出版社.

_____. 2002/11/08. "全面建设小康社会, 开创中国特色社会主义事业新局面," http://news.xinhuanet.com/ziliao/2002-11/17/content_632268.htm(검색일: 2014.12.11).

寇健文. 2005. 『中共精英政治的演变: 制度化与权力转移: 1978-2004』. 台北: 五南.

大纪元. 2014/11/13. "FTAAP尬TPP 中美互别苗頭," http://www.epochtimes.com.tw/p108525(검색일: 2014.12.3).

戴伦彰·靳玉英·万超. 2009. "人民币升值与中美经济外交." 张幼文·刘曙光 主编. 『中

국경제외교논丛』. 北京: 经济科学出版社.

邓小平. 1998. 『邓小平文选(第二卷), (第三卷)』. 北京: 人民出版社.

北京報導. 2014/11/12. "習近平啟動FTAAP進程拚亞太共贏," http://www.chinatimes.com/newspapers/20141112000378-260102(검색일: 2014.12.3).

北京日报. 2014/7/14. "从五个维度把握中国梦的内涵和意义," http://theory.people.com.cn/n/2014/0714/c49150-25276823.html(검색일: 2014.12.3).

常兵兵. 2013. "德班5国蜂会 — 金砖银行的看点与思索."『管理』5月: 52-55.

徐秀军. 2013. "金砖国家开发银行: 借鉴与创新."『中国外汇』4月: 19-21.

关雪凌·张猛. 2012. "成立金砖国家开发银行正当其时."『中国金融』第18期: 88-90.

宋国友. 2013/9/16. "丝绸之路经济带对冲TPP," http://ihl.cankaoxiaoxi.com/2013/0916/272767.shtml(검색일: 2014.10.30).

习近平. 2014/11/6. "加快推进丝绸之路经济带和21世纪海上丝绸之路建设," http://news.xinhuanet.com/politics/2014-11/06/c_1113146840.htm(검색일: 2014.12.13).

阎学通. 1996. 『中国国家利益分析』. 天津: 天津人民出版社.

倪建军·王凯. 2012. "金砖银行: 务实合作还是另起炉灶?"『中国与世界』10月: 54-55.

吴玲君. 2012. "中国推动东北亚自由贸易区策略: 机会与意愿的研究途径."『远景基金会季刊』第13卷 第2期: 143-182.

外交部. 2013/12/26. "三大抓手 — 2014年中国经济外交," http://news.xinhuanet.com/world/2013-12/26/c_118720889.htm(검색일: 2014.12.3).

人民網. 2014/03/25. "一带一路"应优先发展 逐步实现"五通," http://www.cntheory.com/news/Hqsy/2014/325/14325153756905GJE1B7FE7124200AC.html(검색일: 2014.12.11).

人民日报. 2004年 3月 6日. "温家宝总理在十届全国人大二次会议上的政府工作报告," http://www.people.com.cn/GB/shizheng/8198/31983/32185/2376764.html(검색일: 2014.10.30).

张雅君. 2003. "十六大后的中共外交: 相互依赖深化下的利益, 挑战与政策取向."『中国大陆研究』第46卷 第2期: 1-26.

张蕴岭. 2001. 『二十一世纪: 世界格局与大国关系』. 北京: 社会科学文献出版社.

张清敏. 2009. "六十年来新中国外交布局的发展 — 对党代表会政治报告的文本分析."『外交评论』第4期: 32-42.

张蜀诚. 2005. "剖析中共国家战略." *Journal of Crisis Management*, Vol.2, No.2: 71-82.

田君美. 2011. "美中贸易与人民币汇率问题."『经济前瞻』 11月: 53-60.

丁永康. 2000. "中共建构国际政治经济新秩序分析."『中国大陆研究』第43卷 第5期: 31-47.

曹海涛·叶日崧. 2008. "中国大陆企业海外直接投资之分析."『中国大陆研究』第51卷 第1期: 31-65.

周永生. 2004.『经济外交』. 北京: 中国青年出版社.

中共中央. 2013/11/12. "中共中央关于全面深化改革若干重大问题的决定," http://news.xinhuanet.com/politics/2013-11/15/c_118164235.htm(검색일: 2014.12.3).

中国证券报. 2013/12/19. "丝绸之路沿线自贸区建设将加快," http://finance.sina.com.cn/china/20131219/013017678618.shtml(검색일: 2014.12.11).

何中顺. 2007.『新时期中国经济外交』. 北京: 时事出版社.

韩念龙. 1987.『当代中国外交』. 北京: 中国社会科学出版社.

许志嘉. 2004.『当代中共外交政策与中美关系』. 台北: 生智文化事业有限公司.

胡锦涛. 2012/11/17. "在中国共产党第十八次全国代表大会上的报告," http://news.xinhuanet.com/18cpcnc/2012-11/17/c_113711665_12.htm(검색일: 2014.12.11).

黄志勇·谭春技·雷小华. 2013. "筹建亚洲基础设施投资银行的基本思路及对策建议."『东南亚纵横』 10月: 3-9.

黄智辉·刘盛男·郑耀星. 2013. "加入跨太平洋伙伴协议(TPP)的影响及政策思维剖析."『华人前瞻研究』第9卷 第2期: 101-110.

제**8**장

시진핑 시기 중국의 안보전략과 군사력 증강

이창형 | 한국국방연구원

I. 서론

중국의 시진핑 주석은 2012년 중국공산당 제18차 당 대표자 대회를 통해 공산당 총서기와 중앙군사위원회 주석직을 동시에 승계하였다. 이어서 국가 안전위원회주석, 전면심화개혁영도소조 조장, 인터넷영도소조 조장직 등을 통해 집권 초기에 강력한 권력기반을 구축하였다.

시진핑의 강력한 권력은 군사 분야에서도 큰 변화를 추동하고 있다. 시진 핑은 집권 초기 월 1회 정도 인민해방군의 주요 부대를 방문하고, 각 군(軍) 별로 발전 방향을 제시하면서 각 분야에서의 개혁을 주문하였다.[1] 이런 내

---

1) 시진핑의 안보 군사 분야 행보는 집권 이후 1년 만에 대부분의 군종(軍種)과 군구사령 부를 방문함으로써 실질적으로 군권을 장악하였으며 당에 대한 군의 절대 충성을 확보 하였다. 시진핑은 '13년 말까지 제2포병 당대회에 참석하는 것을 제외하고도 중국 인 민해방군 7대 군구 가운데 6개 군구(광저우군구, 란저우군구, 청두군구, 베이징군구,

용들은 시진핑의 국가발전 전략인 '중국몽(中國夢)'을 뒷받침하는 군사 분야의 발전 방향인 '강군몽(强軍夢)'으로 나타나고 있다.

시진핑 집권 2년이 경과한 시점에서 중국 5세대 지도부의 국방정책과 군사력 증강에 대한 방향성을 파악하는 것은 대단히 중요하다. 특히 미국의 재균형 정책과 중·일 간의 갈등이 심화하고 있는 시점에 중국의 국방정책과 군사력의 추세는 세계적·지역적 차원에서도 시사하는 바가 클 뿐 아니라, 한국의 안보에도 직접적인 영향을 미치기 때문이다.

이글에서는 시진핑 시기 중국의 안보전략 및 국방정책과 군사력 증강의 지속요인과 변화 요인을 찾기 위하여 먼저 마오쩌둥으로부터 덩샤오핑, 장쩌민, 후진타오에 이르기까지 각 지도부의 안보정세의 인식을 살펴보았다. 이후 각 지도부의 안보전략 및 군사전략의 변화를 추적한 뒤 이것들이 시진핑 시기와 어떤 연관성이 있는지를 검토하였다. 특히 시진핑 집권 2년이 지난 시점에서 그가 보인 군사 분야의 다양한 활동과 연설, 그리고 실제 국방정책과 군사력 증강의 변화 내용을 추적하였다.

시진핑 지도부는 2020년 초반까지 중국을 이끌어 나갈 것이며, 이 시기 동안 중국은 경제력과 군사력이 크게 증가할 것으로 전망된다. 시진핑 시기 초반 한·중관계는 양국 정상의 우호적인 관계를 바탕으로 현재의 「전략적 협력동반자」 관계 이상으로 발전하겠지만, 안보·군사적인 측면에서는 언제, 어떤 갈등요인이 등장할지 예측하기 어려운 것이 사실이다. 특히 북핵 문제, 한반도 통일, 한·미 동맹, 한·미·일 안보협력 등은 항상 한·중 간의

선양군구, 지난군구)를 시찰했으며, 중국 인민해방군 해군을 3차례 시찰하고 중국 인민해방군 공군 기지를 비롯한 무장경찰 부대와 국방과학기술대학을 시찰했다. 또한 시진핑 주석은 중국의 국방과학력을 대표하는 선저우~10호 발사와 랴오닝 항공모함 항행 등과 같은 행사에 매월 1회 참관했고 대부분의 대군구를 포함하는 범위의 각군과 무장경찰부대를 참관했다. 후진타오 전 주석이 '04년 9월, 군사위원회 주석에 취임해 '05년 9월까지 1년간 부대를 4차례 시찰한 것에 비하면 시진핑 국가주석의 시찰 빈도는 명확하게 증가했다. 또한, 시진핑 주석은 장병들을 위문하고 국방과학연구와 군대 건설에 높은 관심을 나타내는 동시에, 건군이념을 널리 알리고 다양한 개혁을 요구했다. 沈玥如, "習近平掌權後頻密觀察共軍部隊意涵評析,"『中共研究 第48卷 第2期』(臺北, 2014), pp.42-49.

〈그림 1〉 국가전략 체계도[2]

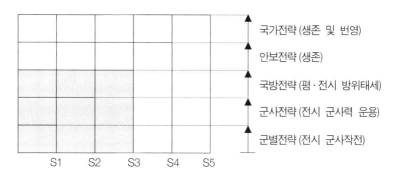

국가전략 (생존 및 번영)
안보전략 (생존)
국방전략 (평·전시 방위태세)
군사전략 (전시 군사력 운용)
군별전략 (전시 군사작전)

S1   S2   S3   S4   S5

주요 현안으로 작용하고 있다. 따라서 시진핑 시기 중국의 안보전략과 국방정책이 한국의 안보에 미치는 함의도 함께 검토하였다.

이글에서 사용되는 전략(strategy)이란 용어는 '제약조건에 상관없이 비전 또는 목표를 달성하고자 상황과 여건을 유리하게 변경시키기 위한 수단체계'로 정의한다. 한편 '전략'도 그 개념체계에서 상호 상·하위 단계를 형성하는 다양한 개념으로 〈그림 1〉에서 보는 바와 같이 구성된다. 여기서는 주로 국가전략과 안보전략을 위주로 다루되 국방정책 및 군사전략도 일부 다루었다.

국가전략은 국가의 생존과 번영전략이며, 안보전략은 국가의 생존과 직결된다. 국방전략은 국가생존을 위한 평시와 전시의 국가방위태세이며, 군사전략은 전시 군사력을 운영하는 방식을 결정한다. 이런 군사전략에 따라 지상군 및 해군, 공군 등 각군(各軍)의 전시 군사작전 수행 형태를 결정하는 것이 군별(軍別) 전략이다.[3] 이런 측면에서 안보전략이 국가적 차원의 대전략을 의미한다면, 국방전략 및 국방정책은 보다 미시적 수준의 현실적인 국

---

2) 전경만 외, 『중장기 안보비전과 한국형 국방전략』(서울: 한국국방연구원, 2004), p.10.
3) 〈그림 1〉에서 S5는 가장 상위 수준의 국가전략이며, S1은 하위 수준의 군별전략 범위를 나타내고 있다.

방 문제를 다루고 있다.

II. 중국지도부의 정세 인식과 안보전략의 변화

1. 세계대전 불가피론(不可避論)과 가피론(可避論)

중국의 안보전략과 국방정책은 중국지도부의 국제 안보환경에 대한 인식에 따라 변화 및 발전해 왔다. 이는 마오쩌둥(毛澤東) 시기의 '세계대전 불가피론'과 덩샤오핑(登小平) 이후 '세계대전 가피론'으로 대변된다. 냉전 시기 중국의 국제정세 인식의 기초를 형성한 것은 마오쩌둥이 중·소(中·蘇) 분쟁이 심화되던 시기에 주장한 '세계대전 불가피론(世界大戰不可避論)'이었다. "세계적 규모의 전쟁은 피할 수 없는 추세이며, 특히 강대국 간 핵전쟁이 필연적으로 발생하게 된다"는 것이다. 이에 대비하여 중국은 지하갱도를 구축하고 중공업을 산간벽지로 소산하였다. 또한 냉전 시기 마오쩌둥은 '세계의 중심지역'에 해당하는 서방 진영을 적화하기 위하여 주변의 제3세계 국가들을 포섭해야 한다는 '중간지대론(中間地帶論)'을 주장하였다. 이에 따라 미·소 간의 세력 다툼에서 중국 자체의 세계혁명 역량을 강화하기 위하여 핵무기를 개발하고 제3세계 국가들에 대해 중국의 영향력을 확대하였다. 마오쩌뚱은 전쟁이야말로 계급과 계급, 민족과 민족, 국가와 국가, 정치집단과 정치집단 간의 모순을 해결하는 유일한 수단으로 인식하였다.[4]

마오쩌둥 사후 1970년대 후반 중국은 미국, 일본, 유럽, 소련과 관계를 개선하여 국제적 고립에서 벗어나면서 중국이 처한 국제 안보환경이 호전되기 시작하였다. 중국은 1970년대 주적(主敵)으로 상정하였던 소련의 위협이

---

4) 劉慶元, 『解析中共國家安全戰略』(臺北: 揚智, 2003), pp.25-27.

감소한 것으로 평가하였고, 초강대국과의 세계대전이 당분간 발생하지 않을 것이라는 인식을 형성하였다. 중국은 당시 초강대국인 미국과 소련이 전략적 균형 상태에 도달해 있기 때문에 핵전쟁이 현실적으로 발발하지 않을 것이며, 국제 안보환경은 평온을 유지할 수 있을 것으로 보았다. 아울러 중국은 세계의 전략적 문제는 더 이상 냉전과 관련한 군사적 대치의 문제가 아니라 경제 문제를 중심으로 하는 남북 문제라는 견해가 다수를 형성하였고, 전쟁과 갈등보다는 평화와 발전을 추구하는 것이 세계가 당면한 근본적인 문제라고 인식하였다.

이러한 인식하에 제기된 덩샤오핑의 '세계대전 가피론(世界大戰可避論)'은 "테러가 인류의 평화를 위협하는 새로운 요소로 등장하고 있으나, 여전히 현재 세계의 양대 조류는 평화와 발전이다. 세계 각처에서 국지 분쟁이 끊이지 않고 있으나, 세계대전으로 확산될 가능성은 희박하고 이러한 추세는 상당 기간 지속될 것이다. 이러한 상황에서 중국의 대외 정책 목표는 세계 평화를 달성하는 것이며, 당면한 국가의 최고 과제는 경제발전을 통해 국가 현대화를 추진하고 중국의 특성을 구비한 사회주의를 건설하는 것이다"라는 것이다.

1982년 9월 후야오방 당시 총서기는 제12차 중국공산당 전국대표대회(中國共產黨 全國代表大會)에서 세계대전 가피론(世界大戰可避論)을 공식적으로 제기하여 "세계대전의 위험은 심각하나, 전 세계 인민이 단결하면 막을 수 있다"고 주장하였다. 이러한 국제안보정세에 대한 평가를 바탕으로 중국 지도부는 경제건설에 재원을 집중하고 미·소(美·蘇) 초강대국에 편향되지 않는 독립적인 외교 정책을 추진하게 되었다. 아울러 주변국가와의 관계 안정 및 기존의 국제질서에 적극 참여하는 방침으로 나타났다.[5]

세계대전 가피론(世界大戰可避論)이 중국의 국제정세 인식의 주류를 형성하는 가운데 90년대 초 중국의 안보환경 인식에 중요한 변화가 초래되었다. 중국은 1991년 소련의 붕괴 및 미국의 걸프전을 계기로 국제 안보환경의

---

5) 劉慶元, 앞의 책, pp.63-66.

불안정성과 위협이 증대되었다고 인식하게 되었으며, 이라크전을 관찰한 이후 중국지도부는 안보관과 군사전략을 수정하였다. 중국은 세계 문제가 냉전 시기보다 더욱 불안정해지고 있다고 인식하게 되었으며, 유일한 군사 강대국인 미국과 미국의 첨단기술에 입각한 전쟁의 위력을 실감하게 되었다. 이후 중국은 미·중·소 간 삼각관계와 다른 메커니즘을 통해 중국의 이익과 안보를 유지해야 한다는 전략을 택하게 되었다. 이에 따라 주변국가들과 선린외교 강화를 통해 안정적 관계를 추구하였고, 미국에 대해서는 대응보다는 협력을 위주로 한 외교 전략을 채택하였으며, 다자 및 국제기구에 보다 적극적으로 참여한다는 방침을 채택하였다.

2. 중국 위협론의 불식과 '신안보관(新安全觀)'[6]의 표방

냉전 종식 이후 중국의 안보전략은 크게 중국 위협론에 대한 우려를 불식하고, 이를 추진하는 과정의 일환으로 다자협력 전략을 구상하였다. 이를 위해 중국은 먼저 중국 위협론의 음모론적 특징을 부각시키고자 하였다.

중국은 미국, 일본, 대만 등의 국가들이 자국의 부상을 못마땅하게 여기고 있다는 인식하에 이들이 중국의 부상과 중국 위협론을 동일시하는 논리를 만들어내고 있다고 주장하고 있다. 즉 중국은 주변국가들이 정말 중국의 강대국화를 위협으로 느끼고 있기 때문에 중국 위협론을 걱정하는 것이 아니라 미국, 일본 등의 국가들이 중국에 대한 위협인식을 조장하고 또 중국 위협의 논리를 만들어내고 있기 때문이라고 보았다. 특히 이들은 미국이 중국의 군사적 부상에 대하여 부정적으로 인식한다는 판단하에 미국의 대중국 정책을 봉쇄 정책의 일환으로 평가하는 경향을 보였다. 따라서 중국은 미국을 비롯한 기타 국가들이 제기하는 중국 위협론에 대하여 적극적으로 대응하고 중국의 군사력 강화를 포함한 중국의 전반적인 부상을 강대국으로서

---

6) 중국은 '안보(安保)'를 '안전(安全)'으로 표현한다.

중국이 당연히 취해야 하는 방어적 수준의 대비라고 주장하였다.[7]

한편, 중국은 자국이 평화적으로 부상하고 있음을 강조하고 다자협력과 소프트파워 전략을 구상하였다. 즉 중국은 과거 독일 및 일본과 같이 국력 신장과 동시에 폭력성을 사용했던 부상국들과는 달리 평화적인 수단을 통한 부상을 이룩하겠다는 의지를 표명하였다. 또한 중국의 부상이 국제사회에 대한 위협이 아니라 오히려 국제사회의 평화를 더욱 강화시킬 것이라고 주장하였다. 이와 같은 중국의 의지를 증명하기 위하여 중국은 주변국들을 상대로 자국의 부상이 '평화적 부상(和平崛起)' 및 '평화적 발전(和平發展)'이라는 점을 강조하고, 중국은 강대국으로 부상함에 따라 강대국으로서의 책임의식을 갖출 것이라는 '책임대국론(負責任的大國)'을 부각시키며, 부국강병 위주의 현실주의론적 안보관보다는 다자협력 위주의 신안보개념(新安全觀)을 제시하였다.[8]

즉 기술의 정보화, 세계 경제의 일체화, 국제 체제의 다극화, 국제관계의 민주화, 군사무기의 첨단화 등으로 세계 각국의 상호의존도를 심화시켰다는 점이다. 이에 따라 "당신 안에 내가 있고, 내 안에 당신이 있으며, 하나가 손해를 보면 모두 손해를 보고, 하나가 이득을 보면 모두 이득을 보는" 국면이 형성된 것으로 보게 되었다. 이와 같은 중국의 국제정세에 대한 새로운 분석이 1993년 외교백서에 명시되었고, 1998년 중국 최초의 국방백서에서도 '신안보관(新安全觀)'으로 명시되었다. 중국의 신안보관은 상호신뢰, 상

---

7) 중국의 입장 및 대응은 다음 자료를 참조. Zhu Feng, "China's Rise Will Be Peaceful: How Unipolarity Matters," Robert S. Ross, Zhu Feng, *China's Ascent: Power, Security, and the Future of International Politics*(Cornell University Press, 2008), pp.34-54; Yong Deng, "Reputation and the Security Dilemma: China Reacts to the China Threat Theory," Alastair Iain Johnston and Robert S. Ross (eds.), *Directions in the Study of China's Foreign Policy*(Stanford University Press, 2006), pp.186-214; A. Rothacher, "The Rise of China and a Changing East Asian Order," Kokubun Ryosei and Wang Jisi (eds.), *Asia Europe Journal*, 4.2(2006), pp.299-304.

8) Sukhee Han, "China's 'Peaceful Development' and the Future of the Six-Party Talks," *Korea and World Affairs*, Vol.14, No.2(Summer 2005), pp.234-248.

호이익, 평등, 협력을 핵심내용으로 하고 있다.

이와 같은 신안보관을 통해 중국은 전략적으로 국가이익을 제고하고자 하였다. 첫째, 제로섬적인 군사안보 중심의 전통적인 안보관에 집착하지 않고, 경제발전과 번영을 추진하기 위한 포괄적인 안보전략에 입각하여 국가정책을 수립하고자 하였다. 이러한 주장의 이면에는 미국의 현실적 군사력 우위를 인정하고 미국에 군사적으로 대응하기보다는 실리적인 정책을 통해 미국과 우호적인 관계를 유지하면서 경제발전을 촉진한다는 의미를 내포하고 있다. 둘째, 주요 국제기구 활동에 적극 참여하여 국제사회의 일원이자 책임 있는 강대국으로서의 위상을 높이고자 하였다. 셋째, 분쟁을 군사적 강압이 아닌 대화와 타협 및 상호주의의 원칙에 따라 해소하며 주변국과 우호관계를 유지함으로써 자국의 경제발전을 위한 유리한 상황을 조성하고자 하였다. 넷째, 단극주의에 입각한 일방적 행위에 대해서는 견제를 하며, 다자주의를 적극 활용하여 위협을 줄이고자 하였다.

3. 군사전략의 변화와 '3단계 국방 발전 전략'

중국지도부의 안보정세에 대한 인식 변화와 안보전략의 변화에 따라 군사전략과 국방 현대화계획도 변화되었다. 세계전쟁 불가피론이 지배적인 시기에는 인민전쟁 전략의 군사전략이 채택되었다. 인민전쟁 전략은 항일전쟁 시기부터 형성되어 대규모 세계대전 및 핵전쟁에 대비하기 위한 개념이었다. 인민전쟁론은 마오쩌둥이 확립한 군사전략으로, 열세한 군대가 우세한 적으로부터 승리하기 위한 전략이다. 광활한 지리조건을 이용하여 적을 자신의 영역내로 유인하여 방대한 인적 요소를 이용하여 적을 포위하고, 지구전 및 비정규전을 통해 적의 전투력을 소모시킨 후 자신의 전력 우세가 보장되면 반격에 나서 적을 섬멸하는 전략이다.

세계전쟁 가피론이 중국지도부의 주류를 이루던 시기에는 기존의 인민전쟁 전략을 포기하고, 제한적 국지전쟁 수행 전략을 수용하게 되었다. 1985

〈표 1〉 중국의 안보인식과 군사전략의 변천과정[9]

구분	1945~1985	1985~1991	1991~2001	2001 이후
국제사건	한국전쟁 및 중·소 충돌	소련의 해체	걸프전	9·11 테러 및 이라크전쟁
안보관	대전불가피론	대전가피론	신안보관(zerosum → 국제협력)	
군사전략	인민전쟁	국지전쟁	첨단기술 조건하 국지전 승리	정보화 조건하 국지전 승리
가상 적국	미군, 소련	주변국	주변국	주변국, 강대국
전략 성격	방어전	방어적 공세전	공세전	적극적 공세전
전장 공간	중국 본토	중국 주변	중국 주변	중국 주변, 역외, 우주
전장 특징	핵전 및 재래전	제한된 국지전	제한된 국지전	고도화, 다차원적 국지전
군비 건설 방향	사상교육 육군 위주	재래무기의 혁신, 대전차미사일, 경헬기, 전투함용사격 통제 장치	해·공군 위주, C31잠수함, SLBM, 중거리 전략폭격기·미사일, 공중급유기, 조기경보기 강화	C4ISR 강화, 나노기술/전자무기, 장거리전략폭격기, 이지스함, 항공모함, 전략핵, 스텔스무기 추가

년 6월 덩샤오핑은 중앙군사위원회 확대회의에서 국제정세 판단과 군사전략 채택과 관련하여 기존 정책의 변경을 요구하였다. 덩샤오핑은 핵전쟁과 재래식 전쟁을 일체화시킨 총체적 전쟁으로서의 인민전쟁론을 매우 비현실적이라고 비판하면서, 가까운 장래에 중국이 치르게 될 전쟁은 대량의 핵공격에 재래식 전쟁으로 이어지는 형태가 아니라 처음부터 비교적 제한된 규모의 지상전 즉 '국지전'이 될 것으로 판단하였다. 1988년 1월 20일 덩샤오핑은 "전쟁의 위험이 상존하나 평화 희구세력이 더욱 강해지고 있어, 중국

---

9) 황병덕 외, 『중국의 G2 부상과 한반도 평화통일 추진전략』(서울: 통일연구원, 2011), p.95 등을 참고하여 작성.

은 경제발전에 역점을 두고 있으며, 4개 현대화 달성을 위해 향후 50년간 세계평화가 유지되기를 희망한다"고 밝혔다. 경제건설을 국가목표 중심에 두고 본격적인 개혁개방을 시행하기 위한 인식의 전환이 이루어진 것이다. 이 시기부터 중국군은 공간적으로는 국지전을, 방법에서는 적극방어 전략을 채택하기 시작하였다.10)

중국이 신안보관을 채택한 시기는 중국이 국내외 적으로 안보에 대한 위기의식이 팽배하던 시기이다. 1989년 천안문 사태 이후 중국의 국제적 고립과, 사회주의권의 몰락 및 1991년 걸프전의 충격은 기존 군사전략과 중국군의 능력에 대한 위기의식을 고조시켜 새로운 군사전략의 채택을 가져왔다. 중국은 걸프전 고찰을 통해 첨단기술이 적용되는 다양한 신무기가 동원된 전쟁의 특성을 인식하여 이후로 첨단기술의 군사적 운용 연구를 본격화하여 1993년 장쩌민 국가주석 겸 중앙군사위 주석이 '첨단기술 조건하 국지전 승리'라는 군사전략을 채택하였다. 이는 첨단기술이 동원되는 현대의 국지전에 대비하기 위하여 해·공군 및 제2포병 강화에 주력하고, 주요 작전 방향을 동남연해와 남중국해로 전환한다는 것이다.

'첨단기술 조건하 국지전 승리 전략'을 정보화 전장에 적용시킨 것이 '정보화 조건하 국지전 승리 전략'이다. 그 핵심내용은 "정보화 조건하에서 발생하는 국부전에 대비하여 첨단무기로 해·공군력을 강화하여, 적극방어를 통해 전쟁에서 승리하여 반침략·통일의 국방목표를 달성한다"는 것이다.

여기서 주목할 대목은 전장을 주도하는 '적극방어 전략'이다. 적극방어 전략은 "방어와 동시에 공격을 실행해 적당한 시기에 방어를 공격으로 전환하며, 적의 침입에 대응하되 필요할 경우 적의 영토에 진입해 위협발생 요인을 제거한다"는 개념이다. 방어를 하더라도 공세적(攻勢的) 방어를 하고, 전쟁 내내 주도권을 장악하려면 당연히 평시(平時)와 초기 대응에서부터 강경 기조를 띠게 됨은 당연한 논리이다.

중국은 정보화 조건하 국지전 승리를 위하여 3단계 국방 발전 전략을 채

---

10) 劉慶元, 앞의 책, pp.88-89.

택하고 있다. 2008년 중국국방백서에서는 "중국은 국가의 총체적 계획에 근거하여 국방과 군 현대화 건설의 3단계 발전 전략을 적용하여 2010년 이전에 현대화 건설의 기초를 수립하였으며, 2020년 전후로 비교적 큰 발전을 이룩하며, 21세기 중엽에 이르러 정보화 부대의 건설과 '정보화 전쟁에서의 승리'라는 전략적 목표를 달성할 것이다"라고 제시하였다.[11]

중국의 군사력 건설 핵심내용은 복합식 발전노선 채택, 과학기술강군 육성, 군 개혁 심화, 군사투쟁 준비 강화, 군사교류협력 확대에 중점을 두고 있다. 중국군은 국방현대화 전략에 따라 육군은 경량화(輕量化)·기동화(機動化)·정예화, 해군은 원거리(遠距離) 투사(投射)능력 확대, 공군은 원거리 작전능력 강화, 제2포병은 생존력과 핵 억지력 강화를 중점으로 삼아 군사력 현대화를 추진해 왔다. 아울러 새로운 전장 환경에서 C4ISR[12] 능력 및 통합 운용전(戰) 능력을 제고(提高)하기 위해 노력하고 있으며, 우주 영역 및 사이버와 정보 분야를 강화하는 데 자원 배분의 중점을 두고 있다.

III. 시진핑 시기 중국의 안보전략과 국방정책

1. 시진핑의 국가발전 전략: 중국몽(中國夢)과 내재적 함의

1) 시진핑의 국가발전 목표: 중국몽(中國夢)

국가안보전략은 국가목표와 발전 전략에 의해 결정된다. 국가목표는 통상 자국이 처해 있는 국제환경에 대한 판단하에 자국의 능력 및 국제지위에

---

11) 國務院, 『2008年 中國的國防』(中華人民共和國 國務院, 2009).

12) 지휘, 통제, 통신, 컴퓨터, 정보, 수색, 정찰(Command, Control, Communications, Computers, Intelligence, Surveillance and Reconnaissance)을 의미한다.

대한 인식에 따라 다양한 국가목표 ─ 생존(안보), 발전, 국제적 위신 등 ─ 를 추구하게 된다. 중국의 국가발전 전략이란 중국의 국가목표 또는 국가이익을 실현하기 위한 총체적인 계획이라고 할 수 있으며, 국가가 추구하는 목표가 무엇인지에 따라서 이를 실현하기 위한 발전 전략이 달라진다.

개혁개방 이전 중국은 사회주의 신생국가로서, 국가 및 정권의 생존과 더불어서 대만 해방을 통한 국가 통일, 위대한 사회주의 국가 건설을 국가목표로 제시하였다. 이를 위해 중국은 미국·소련의 제국주의를 반대하였는데, 미·소 제국주의가 중국의 생존, 통일, 사회주의 체제에 주요 위협이 된다고 판단한 것이다.

개혁개방 이후 중국은 자국이 제3세계 국가로서 사회주의 초급 단계에 처해 있기 때문에 중국의 국가목표는 사회주의 현대화 건설, 즉 경제발전임을 강조하였고, 이에 따라 중국지도부는 국가발전 전략으로서 '세 단계 발전(三步走)' 전략 구상을 제기하였다. 이를 위해 중국의 안보전략 및 대외 정책은 경제발전을 위한 평화로운 국제환경 조성이 제일의 목표가 되었다. 또한, 2002년 제16차 당대회에서는 '중화민족의 위대한 부흥'을 국가목표로서 제시하고 있는데, 90년대 말 2000년대 초 중국의 급속한 경제적 발전에 따른 종합국력 및 국제 지위 제고에 대한 인식을 반영하고 있고, 이를 실현하기 위해 대외 정책 목표로 기존의 '세계평화 수호'에 더해 '공동발전 촉진'을 새롭게 제시함으로써 대외적으로 새로운 메시지를 전달하기 위해 노력하였다.

시진핑 시기 중국의 국가목표는 '중국의 꿈(中國夢)'이다. 2013년 3월 제12기 전국인민대표대회 폐회식에서 시진핑은 '중국의 꿈(中國夢)'과 '두 개의 백 년(兩個一百年)'이라는 국가목표를 제시하였다.13) '중국의 꿈'은 '중화민족의 위대한 부흥'을 실현하는 것이고, 이를 위해서 중국공산당 창당 100주년이 되는 2021년까지 '전면적 소강사회(小康社會)'의 건설을 실현하고, 중화인민공화국 건국 100주년이 되는 2049년까지 기본적인 현대화를 달성해서 부강·민주·문명·조화로운 사회주의 현대화 국가, 즉 사회주의 강대

---

13) "習近平在十二屆全國人大一次會議閉幕會上發表重要講話,"『新華網』2013年 3月 17日.

국이 되겠다는 것이다. 이를 위해 평화발전 노선을 지속해서 견지하고, 국제
사회의 책임지는 대국으로서의 역할과 책임을 다할 것이며, 미국 등 강대국
과의 관계에 있어서 새로운 강대국 관계(新型大國關係)를 구축해서 상호존
중, 호혜공영의 새로운 강대국 관계를 만들어 나갈 것을 제시하고 있다.[14)

그러나 중국몽은 단순히 중국 내부적인 발전만을 위한 국가전략이 아니
며, 중화민족의 자존심과 경제적 발전 및 상상의 영토에 이르기까지 광범위
하게 작용할 것으로 예상된다.

2) 중국몽의 내재적 함의: 역사적 영광의 회복

〈표 2〉 중국 경제의 역사적 부상 과정

경제발전단계	세계 GDP 점유율	1인당 GDP 증가율	인구 증가율	세계무역에서 중국의 비중
전통농업 정체 시기 (1700~1820년)	1위	0%	0.85%	
전통농업 해체 시기 (1820~1950년)	32.9%에서 4.5%로 하락	0%	0.30%	
현대경제 성장 초기 (1950~1978년)	추가 하락 (역사상 최저)	2.34%	2.06%	1% 미만
제1차 경제도약기 (1978~2000년)	5%에서 11%로 도약	6.04%	1.45%	4%
제2차 경제도약기 (2000~2020년)	20%	4.50%	1%	10%
경제강성기 (2020~2050년)	1위	소폭 증가	0%대	2위

출처: Angus Maddison, *The World Economy: A Millennial Perspective* (OECD: Paris 2001);
門洪華 主編, 『中國: 大國崛起』(浙江人民出版社, 2004); 김우준, 『중국의 부상과 지역해양안
보』(세미나 자료)(서울: 연세대학교 동서문제연구원, 2008), p.3에서 재인용

---

14) 堅定不移沿着中國特色社會主義道路前進 爲全面建成小康社會而奮鬪 — 在中國共産黨第
十八次全國代表大會上的報告(2012).

중국은 경기순환처럼 중국의 대국화도 역사적으로 순환한다고 주장한다. 〈표 2〉에서 알 수 있듯이 중국은 역사 이래 1800년경까지 인구대국이면서 경제적으로 세계 최강의 대국이었다는 것이다. 그러나 그 뒤 1800년경부터 1949년까지는 쇠락의 길로 접어들었다. 다시 도약을 준비했고, 1978년 개혁개방 시작 이후 성장을 거듭하면서 또다시 대국화의 기반을 마련했다는 것이다. 궁극적으로는 2020년에서 2050년 사이 기간에 세계 최강의 대국으로 등극한다는 계획이다. 현재의 추세라면 이러한 분석도 타당성이 있어 보인다. 물론 중국사회가 많은 문제점을 안고 있지만 중국의 현 모습은 대국화라는 것은 부인할 수 없는 사실인 것이다.

3) 중국몽의 내재적 함의: 상상의 영토 통제

중국은 과거의 '불평등조약'에 의해 획정된 물리적 국경선(boarder)을 가지고 있다. 2차 세계대전 이후 획정된 이러한 국제법상 국경선의 변화는 군사적·외교적 비용과 타국과의 상호의존성 등으로 인해 매우 어려운 일이다. 하지만 중국의 인구, 이익, 역사 등 다양한 요소들에 의해 정해지는 보다 넓고 유동적인 개념의 변경선(frontier)은 중국의 국력증강과 함께 지속적으로 재정립되어 왔다. 이는 영유권 분쟁(territorial dispute), 국경 분쟁(boundary dispute), 변경지대 분쟁(frontiers dispute)과 같은 전통적 안보 분쟁으로 표면화되기도 하지만 에너지 자원 확보, 무역로 확보 등으로 나타나기도 한다. 그렇다면 시진핑 시기의 중국몽이 함의하는 중국의 변경선(frontier)은 어디까지이며, 중국의 위상과 국익변화는 이를 어디까지 확장시킬 것인가?

대만의 중국군 전문가 마전쿤(马振坤)과 서구의 Andrew Scobell, Kawashima Shin, 살리 애(Sallie Yea) 등은 이 문제의 해답을 "중국의 상상의 영토(想象领土, imaginary territory)"에서 찾고 있다.[15] 상상의 영토는 중국

---

15) Roy Kamphausen, David Lai & Andew Scobell, *Beyond the Strait: PLA Missions Other Than Taiwan* (the Strategic Studies Institute, 2009); Kawashima Shin,

의 옛 영토를 포함하며, 중국의 변화하는 국익과 함께 조정되어 나가고 있다. 특히, Michael A. Glosny는 중국이 후진타오 시대 때부터 새로운 역사적 임무(New Historic Mission)를 위해 중국군의 역할을 다변화시키고 국익의 범위를 증가시키고 있으며, 이는 시진핑의 중국몽으로 이어지고 있다고 주장했다.16) 또한 살리 애는 중국의 공세적인 팽창주의적 외교 정책(offensive expansionism)을 설명하면서 "상상의 지도(imagined map)" 개념을 인용하였다.17)

하지만 이러한 상상의 영토 개념은 중국에만 한정되어 사용된 개념은 아니다. 이는 에드워드 사이드(Edward Said)의 상상의 지리(imagined geography)의 개념이 발전되어 중국에 적용된 것으로 법적·물리적 지리가 아닌, 역사·문화적으로 형성된 상징성·민족성이 투영된 지리를 의미한다.18) Granham Edward(1983)는 한 국가의 상상의 지리 영역을 연구하는 것은 그 국가의 장래의 가치를 측정하는 의의가 있다고 주장하였다.19) 따라서 중국의 "상상의 영토"에 대한 이해는 중국의 변경 안보(frontier security) 전략을 살펴보는 데 중요하며, 나아가 중국군의 역할 변화의 함의까지도 내

"The Memory of the National Border in Modern and Contemporary China: China's Imagined Original Territory," *Japan Border Review*, No.1(2010); Sallie Yea, "Maps of resistance and geographies of dissent in the Cholla region of South Korea," *Korean Studies* 24.1(2000), pp.69-93; Michael A. Glosny, "Getting Beyond Taiwan? Chinese Foreign Policy and PLA Modernization," INSS Strategic Forum(January 2011).

16) Michael A. Glosny, "Getting Beyond Taiwan? Chinese Foreign Policy and PLA Modernization," INSS Strategic Forum(January 2011).

17) Sallie Yea, "Maps of resistance and geographies of dissent in the Cholla region of South Korea," *Korean Studies* 24.1(2000), pp.69-93.

18) "Imagined geography"라는 개념은 에드워드 사이드에서 시작되어 Derek Gregory 와 Gearoid O Tuathail 등에 의해서 발전되었다. 그리고 이는 Benedict Anderson에 의해 "imagined community"의 개념으로 "Imagined Communities: Reflections on the Origin and Spread of Nationalism"에서 사용되었다.

19) Edward D. Granham, "The 'Imaginative Geography' of China," *Reflections on Orientalism* (1983), pp.31-43.

재하고 있다.

중국의 변경(frontier)은 중국의 경제적·군사적 발전과 함께 확대되어 왔으며, 이는 중국군의 배치와 역할 재조정으로 이어졌다. 1950년대에 중국의 변경은 지리에 근거하여 국경선과 거의 일치하였으나, 1963년 미얀마, 인도, 소련, 몽골 등과의 국경선 지역에서의 안보의 중요성이 커지면서 중국군을 이 지역의 국경선 지역에 집중 배치하였다. 또한 1996년 문화혁명이 일어나면서 중국군은 국경선 방어, 국경선 관리, 공공안보 등을 포함한 변경국방(frontier defense)의 전 방면에 책임지게 되었다.[20]

이러한 중국의 확장, 다변화되는 변경 정책은 부상한 중국의 정치, 경제, 문화적 이익을 반영하여 시진핑 시대의 중국몽, 강군몽의 주요 요소로 나타나고 있다. 중국의 변경(frontier)은 해상에서는 황해에서 동중국해, 남중국해로 변경안보(frontier security)의 범위를 넓혀가고 있으며, 육지에서는 남지나반도, 티베트고원, 신장위구르, 몽골, 그리고 한반도까지 확장되어가고 있다. 이와 동시에 주권을 행사할 능력이 되지 않는 국가들과의 문제, 우주, 사이버 공간 등 비전통적 안보 문제, 불법 무역, 소수민족 간의 갈등 해결을 위해서 더욱 다변화해나가는 추세이다.

2. 위협인식의 변화와 '아시안 신안보관' 선언

중국의 국방백서 '중국의 국방(中國的國防)'은 자국의 안보 위협요인과 안보이익에 대한 중국 리더십 인식이 어떻게 확장되어 가고 있는지를 잘 보여주고 있다. 2000년대에 발표되고 있는 중국의 국방백서는 공통적으로 정치·군사적 측면에서 미국에 대한 강한 불신감을 드러내고 있는 가운데, 자국의

---

20) 변경 정책 변화와 PLA 역할 변화에 대해서는 M. Taylor Fravel, "Securing Borders: China's Doctrine and Force Structure for Frontier Defense," *The Journal of Strategic Studies*, Vol.30, No.4-5(August-October 2007), pp.705-737를 참조.

안보 위협 요인에 대한 인식이 점차 협의의 국경, 곧 '지리적 경계(邊疆)' 개념에서 벗어나기 시작했다. 구체적으로 2000년대 중반에 들어서 중국은 본격적으로 에너지안보, 이와 관련된 해양안보에 대한 위협과 해상 영유권 문제를 강조하기 시작했다. 그리고 2008년, 2010년에 발표된 국방백서에서 중국은 자국의 안보 위협요인으로, 해양 문제에 더해, 우주, 전자, 사이버 공간의 중요성을 강조하면서, 이들 영역의 안전 문제를 새롭게 거론하고 있다(〈표 3〉참조).

국력의 성장과 안보환경의 변화에 따른 안보위협에 대한 인식의 확장과 함께, 중국이 군사력을 동원해 보호하려는 국가이익, 곧 핵심이익도 점차 확대되고 있다. 구체적으로 중국은 자국의 핵심이익을 그동안에는 대륙의 영토와 티베트, 신장, 대만과 같은 국제법과 국내법이 정한 국가 영토의 국경을 의미하는 '지리적 경계(地理邊疆, geographical frontier)'로 제한해 왔다. 그런데 중국이 군사강국화, 해양 강국화를 추구하면서 중국의 핵심이익은 '국가가 실질적으로 통제할 수 있고 국가의 합법적 이익과 직접적으로 관련된 공간적 국경'인 '전략적 경계(戰略邊疆, strategic frontier)' 개념으로 확장돼 가고 있다.[21]

이런 맥락에서 시진핑 집권 이후 첫 번째로 발간된 2013년도 중국의 국방백서에는 중국의 국가안보환경을 다음과 같이 기술하고 있다.[22] 어떤 국가는 아·태 군사동맹을 심화시켜, 군사적인 존재감을 확대해 나가고 있고 지역의 긴장 국면을 자주 조성하고 있다. 일부 인접 국가들은 현재 중국의 영토주권과 해양권익에 관련하여 문제를 복잡하게 하고 있고, 확대시키는 행동을 하고 있으며, 일본은 댜오위다오(釣魚島) 문제에 있어서 분쟁을 조성하고 있다.

테러주의·분열주의·극단주의 '3고세력'의 위협은 상승하고 있다. 또한

21) 이상국 외, 『미중 소프트 패권경쟁시대 한국의 전략적 선택』(서울: KIDA press, 2013), pp.106-108.
22) 中華人民共和国国務院, 『中国武装力量多样化运用』(2013.4).

〈표 3〉 자국 안보위협에 대한 중국의 인식변화 추이

중국 국방백서 (연도)	국제질서 (정치·군사)	아태지역 (미국)	한반도	대만	기타 이슈
2002	불공정한 국제정치 경제, 패권주의/ 강권주의, 군사력 불균형	일부 국가의 아태지역 내 군사배치/군사동맹 강화	한반도 평화 진척 복잡	대만 독립 기도	테러/분열/극단주의
2004	패권주의/일방주의, 전략요충지/전략 자원/전략주도권 쟁탈 격화, 정보화 요인에 따른 군사력 불균형 심화	아태지역 내 미군재편, 군사동맹 강화, MD 가속화 일본 헌법 개정 움직임, 자위대 해외 군사 활동 강화	6자회담 기초 불안정, 북한 핵 문제 해결 불안정	대만 헌법 개정 통한 독립 추구	테러/해적/밀수/ 마약 등
2006	패권주의/강권주의, 비전통 안보 위협, 군사력 불균형 여전, 대량살상무기 (WMD) 확산	미군 재배치 가속화/아태지역 군사능력 증강, 미일군사동맹 강화/일체화, 일본평화헌법 수정/집단 자위권 보장 기도	북한 핵실험/ 동북아 정세 악화	대만 독립 추구	이란 핵 문제, 이라크/아프가니스탄 문제, 에너지자원· 운송통로상 안보 문제 상승, 영토/해양권 문제
2008	전략 자원/요충지/주도권 을 둘러싼 경쟁 격화, 패권주의/ 강권정치, 국제적 군사경쟁 격화, 반MD, 군사우주 등	미국 아태지역 내 전략적 관심 견지, 군사동맹 상화, 군사 재배치	6자회담 단계적 차원의 성과	대만 독립 추구	테러리즘/환경재산/ 기후변화/초국적 범죄/해적, 영토/ 해양이익 분쟁, 테러/분열주의, 해양/우주/전자적 공간 안보능력 확보
2010	전통대국과 신흥대국 간 빈번한 모순 현저, 일부 대국 우주·네트워크 극지 전략·글로벌 신속 타격 수단 발전·반MD능력, 네트워크 작전 능력	미국 아태 동맹체계 강화, 역내 안보 이슈에 대한 개입 강화	빈번한 정세 긴장	양안 관계 긍정적 진전	테러리즘, 경제안보, 기후변화, 핵확산, 정보안보, 공공위생, 초국적 범죄 영토· 해양 권익 분쟁 빈번, 일부지역 정치 불안, 분열주의, 우주· 전자·네트워크안보

'대만독립' 분열세력과 분열 활동은 여전히 양안관계의 평화적인 발전에 최대 위협이 되고 있다. 이와 같은 중국의 안보위협 인식은 미국의 아시아 재균형 정책에 상당한 위협을 느끼고 있음을 의미한다.

미국의 오바마 행정부는 2011년 말부터 본격적으로 아시아로의 재균형 전략을 추진하기 시작하였다. 이는 근본적으로 중국의 급부상에 따른 세력 균형의 변화에 대응해 중국에 대한 견제를 강화하기 위한 전략으로 받아들이고 있다. 미국은 재균형 전략에 따라 군사력을 중동·서남아 지역과 유럽에서 아·태지역으로 재배치하고 있다. 2003년 이후 본격적으로 추진된 원정군 태세(expeditionary posture)를 기초로, 공·해전투 작전 수행을 위해 해·공군을 위주로 점진적이지만 실질적으로 전력을 증강하고 있다. 이와 함께, 인도양과 남태평양을 포함하는 광범위한 지역적 관점을 갖고 유연하게 신속한 원정작전을 수행하기 위해 미군 전력을 보다 넓은 지역에 분산 배치하고 있다.

해양과 대륙 세력이 분리된 아·태지역의 지리적 조건 속에 해군은 미국의 군사력 재균형에서 가장 주도적인 역할을 하고 있다. 2012년 로버트 파네타(Robert Panetta) 국방장관은 2020년까지 미국 해군력의 60퍼센트를 태평양 지역에 배치하겠다고 선언하였다. 현재 미(美)해군의 태평양으로의 재균형이 상당히 빠른 속도로 진행 중이다. 해외주둔 공군력의 약 60퍼센트가 아태지역에 배치되고 있고, 아프가니스탄전쟁의 마무리와 함께 첨단전력들이 중동 지역으로부터 증강 배치되고 있다. 미국은 지상군 병력을 2001년 이전 수준으로 감축하고 있고 최근 추가 감축을 결정하였지만, 이라크·아프가니스탄전쟁의 마무리와 함께 본토로 재배치되는 육군·해병대 병력의 다수가 아·태지역의 군 구조를 강화할 예정이다. 미국은 또한 동북아 지역에 미사일 방어 체제를 구축하면서, 일본·호주 등과 미사일 방어를 강화하기 위한 협력을 추진하고 있다.

미국의 이와 같은 아시아 회귀 및 재균형 정책은 중국의 '아시아 신안보관' 선언에 영향을 주었다. 즉 시진핑 지도부의 안보위협인식과 대외 정책이 동시에 고려된 산물이 중국의 '아시아 신안보관'이다. 18대 후 중국의 대외 정책은 네 가지 특징으로 요약할 수 있다. 첫째, 대국이 관건이다. 미국은 중국의 대외 정책에 있어 주요 위치를 차지하고 있다. 중국이 미국의 아시아 회귀에 대해 우려를 나타내고 있다 해도 중국이 적절한 국제적 지위를 얻고자 한다면 미국과 상당한 정도의 접촉과 공통된 인식을 갖는 것이 필요하다. 둘째, 주변이 중요하다. 중국이 주변국에 대해 중국의 매력(China charm)을 어필하고 있으며 파트너로 끌어들여 미국과 균형을 맞추기 위해 주변국과 안정적 관계를 원하고 있다. 셋째, 발전도상국이 기초이다. 중국은 중국-아프리카 합작포럼을 주축으로 삼아 발전도상국과의 관계를 강화하고 있으며, 동시에 브릭스의 각국과도 관계를 발전시키고 있다. 넷째, 다자가 무대다. 다자무대는 과거 중국이 비교적 중시하지 않았던 정부 간 국제 조직을 포함한다. 최근 중국은 적극적으로 다자무대에 대한 영향력 제고와 어젠다 선점에 공을 들이고 있다. 중국은 시진핑 집권 후에도 여전히 이 4개항의 특징과 순서를 이어가고 있다.[23] 이러한 시진핑 지도부의 인식은 안보 분야에서도 새로운 형태로 반영되었다.

2014년 5월 20일, 상하이에서 제4차 아시아 신뢰회의(아시아 상호협력 및 신뢰구축 회의)가 열렸다. 개회기간 동안, 시진핑 주석은 아시아 신안보관을 주창하였다. 그는 아시아 신안보관을 주창함과 동시에 공동안보, 종합안보, 협력안보와 지속가능한 안보를 제시하였다. 또 아시아의 안보에 있어 협력을 위한 새로운 틀을 적극적으로 구현해보자고 주창하였다.

이와 같은 중국의 아시아 신안보관은 중국이 미국 중심의 국제질서에 도전하는 것은 아니라고 하지만 내용을 보면 역내 '세력 전이(power transition)'를 반영하는 새로운 안보질서를 구축하자는 의미로 해석될 수 있다. 그 결과 '신안보관'을 적극 주창하는 것은 미국 주도의 동맹 체제 이완을 염두에 두고, 중국 중심의 역내 질서 재편의지를 내포하고 있다는 오해를 야기하고 있다.

한편 시진핑은 아시아 신안보관을 뒷받침할 수 있는 싸워 이길 수 있는

---

23) 盧業中, "習近平執政下的兩岸關係"(2014.4), 한·대만 국방학술회의 발제문.

군대육성을 위해 강군몽과 강군 전략을 추구하고 있다.

3. 강군몽(强軍夢)과 강군 전략

시진핑은 국제 전략 환경과 국가안보 상황이 심각하게 변화하고 있는 상황에서 '중국의 꿈'을 성취하기 위해서는 국제 지위에 걸맞고 국가안보와 발전이익에 서로 상응하는 공고한 국방과 강한 군대가 필요하다고 인식하고 있다. 즉, '부강한 중국과 위대한 중화의 실현'은 오직 '강한 군대'의 건설을 매우 중요한 전략적 문제로 간주하고 있다.[24]

시진핑은 2012년 12월부터 2013년 말까지 중국인민해방군의 각 부대를 방문하면서 중국의 발전 방향에 대해 언급하였다. 중화민족의 위대한 부흥인 '중국의 꿈'의 실현은 강국의 꿈이자, 강군의 꿈임을 강조하였다. 시진핑은 동시에 ①당의 지휘를 따를 것, ②싸워 이길 것, ③법에 의거 운영할 것 등 '3가지 명심사항'을 강조하였다.

시진핑이 강군몽 달성을 위해 자신의 임기 동안 추진할 강군 전략은 2020 시점을 지향하고 있다. 시진핑 집권 말기인 2020년이라는 시점은 매우 중요하다. 첫째, 2019년 10월 1일은 중화인민공화국 건국 70주년이고, 둘째, 「三步走」라는 발전 전략에 의해, 군부는 중장기 연구개발안을 2020년에 완성하는 것을 계획하고 있다. 셋째로 2020년은 시진핑이 집권 2기를 마무리하는 2022년까지 2년밖에 남지 않는 시기이기 때문에 어떤 형태든 성과가 반드시 나타나야 하는 시점이기도 하다. 다시 말해, 시진핑의 중국몽은 강군몽의 측면에서 2020년이라는 시점에 구체적인 성과가 도출되어야 한다. 시진핑 집권기간 예상되는 군사력 건설 방향의 특성은 다음과 같이 전망된다.[25]

---

24) 양갑용, "중국 시진핑 시대의 국방정책과 한국의 안보전략," 『국방정책연구 제30권』 (서울: 한국국방연구원, 2014), p.67.

• 첫째, 군사력 투사범위 확대

중국은 동·남중국해 지역에서 모두 인접국과 영토주권 및 해양분쟁을 벌이고 있다. 중국 군사현대화가 성과를 얻기 이전, 중국은 이러한 주권 분쟁에 대해 영유권을 분명히 표명했지만 실제 분쟁에는 소극적이었다. 왜냐하면 댜오위다오(일본명 센카쿠) 혹은 남중국해 제도를 막론하고, 중국의 연안과는 모두 수백 심지어 1,000킬로미터 이상의 거리에 있었고, 중국군의 해·공군력은 장거리 투사작전능력이 부족했던 시대였다. 또한 일본 등 국가의 해·공군 역량이 중국군보다 월등했을 뿐 아니라 필리핀, 베트남 등의 국가는 지리적 이점을 안고 있었기 때문이다. 특히 이 지역의 배후에는 미국이 존재하고 있기 때문에, 중국은 목소리로만 주권을 외칠 수밖에 없었다.

그러나 최근 군사현대화가 점점 현실화됨에 따라, 중국은 이러한 주권분쟁 지역에 대해 더 이상 과거와 같이 용인하는 태도를 보이고 있지 않다. 〈표 4〉와 〈그림 2〉에서 보는 바와 같이 중국은 2020년경 중국 해안에서 1천 해리 이상을 감시할 수 있고, 5백 해리 이상을 거부할 수 있으며, 2백 해리 이상을 봉쇄할 수 있는 능력을 보유할 것으로 예상되기 때문이다.[26]

중국은 이와 같이 서태평양지역으로의 군사력 투사범위 확장을 위해 해

〈표 4〉 2020년경 중국의 군사적 능력

영토 방어능력	• 해안에서 1천 해리 이내를 감시할 수 있는 항모가 아닌 수상전투함단 • 해안에서 5백 해리 이내에 해양 거부전략을 수행할 수 있는 해·공군 작전 능력 • 해안에서 2백 해리 이내에서 공군의 지원을 받으며 상당한 규모의 해상봉쇄를 할 수 있는 능력
군사력 투사능력	• 중국으로부터 2백 마일 이내의 지역에 3~4개 사단을 수송하고 전개할 수 있는 능력

---

25) 馬振坤, "習近平執政下的中共國防戰略及其軍力擴張評估"(2014.4), 한·대만 국방학술회의 발제문.

26) 이창형 외, 『중국이냐 미국이냐』(서울: 한국국방연구원, 2008), pp.93-94.

〈그림 2〉 2020년경 중국의 군사력 투사범위

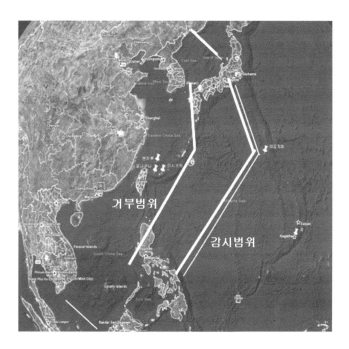

군력과 공군력을 증강할 것으로 예상된다. 중국 해군의 차세대 호위함, 상륙용 함정의 숫자가 점차 증가하고 있고, 제2포병의 유도탄과 공군작전기의 전력은 무시할 수 없는 수준으로 발전하고 있다. 이를 바탕으로 시진핑 지도부는 주변 주권분쟁에 대해 강경한 태도로 대응할 것이며, 이런 과정을 통해 시진핑은 군으로부터 그에 대한 충성과 지지를 얻어낼 수 있을 것이다.

• 둘째, 제4함대의 창설(첫 번째 항모함대)

중국의 첫 번째 항모인 랴오닝호에 이어 자체적으로 1~2대의 항모를 건조하고 있으며 2020년 이전에 첫 번째 항모함대를 편성할 수 있을 것으로 평가되고 있다.

중국해군은 현재 북해, 동해, 남해의 3개 함대를 보유하고 있으며, 몇 년 전부터 논의 중인 해군 제4함대 창설을 준비하고 있다. 이 함대의 사령부는 아마 하이난다오 산야기지가 될 것이고, 원양을 책임지게 될 것이다. 시진핑이 집권 1년 만에 중국 해군은 이미 신형 군함 20척을 확보했고, 그중 북해함대에 5척, 동해함대에 7척, 남해함대에 8척을 배치했다. 종류별로는 유도탄 호위함 17척, 종합 보급함 2척, 소해함 1척 등이다. 중국군 함정 건조가 이러한 속도로 발전해 나간다면, 중국 해군은 2020년 이전에 100척의 신형 군함 건조의 목표를 달성하는 것은 문제가 되지 않을 것으로 보이며, 이 시기 제4함대 창설은 자연스럽게 받아들일 수 있을 것이다.

• 셋째, 우주군(天軍)의 창설

우주군은 육·해·공, 제2포병 외의 제5의 군종(軍種)이자, 우주부대를 지칭한다. 현재 세계에는 미국과 러시아만이 우주군을 보유하고 있으며, 중국은 10년 전부터 2020년 전후 우주군을 보유하자는 구상을 가지고 있었다가 최근 지속적인 노력을 기울여 왔다. 중국이 자주적으로 개발한 북두 위성시스템은 2011년 말 아태 지역에서의 국지적 유도 기능을 갖추게 되었고, 2012년 6개의 북두위성을 발사하여 전 아태지역을 커버하기도 하였다. 중국은 2020년 전체 북두시스템을 완성할 것으로 예상하고 있고, 이 시기 이 위성시스템의 유도측정 기능은 전 세계 수준으로 발전할 것으로 보인다.

시진핑 집권 후 첫 번째 국방백서인 「중국무장역량의 다양화 운용」에서 주요 국가들은 높은 수준의 군사적 신기술을 발전시키고 우주와 사이버 공간 등 국제적 경쟁의 감제고지를 선점하고 있다고 밝혔다. 중국의 우주과학기술은 달을 탐측할 수 있는 수준까지 발전, 성숙되고 있으며, 중국의 우주활동은 중국군 총참모부와 총장비부의 통제하 수행되고 있다. 또한 중국군은 우주군 건설의 필요를 제기하고 있는데, 이런 소요는 미래 수년 내에 이루어질 것으로 전망된다.

IV. 지속 및 변화 요인과 한국안보에의 함의

시진핑 집권 2년이 경과한 시점에서 시진핑 중심의 중국 5세대 지도부의 안보전략과 국방정책의 변화를 간단히 정리하기는 쉽지 않은 일이다. 그러나 중국 정치의 특성과 중국이 처한 안보상황, 그리고 시진핑 지도부의 특징을 고려 시 지속요인과 변화 요인을 찾을 수 있다.

먼저 지속요인의 측면에서, 시진핑 시기의 군대건설은 대체적으로 후진타오와 장쩌민 시기에 계획되었던 방향을 따를 것이고, 「정보화 조건하의 국지전쟁」에서 승리를 거둘 수 있는 현대화를 추진하고 있으며 그 전체 군사전략 사상과 계획 역시 이를 목표로 삼고 있다고 볼 수 있다. 중국의 집단지도 체제 특성상 안보전략 및 국방정책 역시 급격한 변화는 제한될 수밖에 없다. 특히, 시진핑은 제17대 시기 중국중앙군사위 부주석직을 2년 이상 역임한 점을 고려 시 조급한 변화는 자가당착의 오류를 초래할 수도 있기 때문이다.

한편, 장쩌민 시기 수립한 3단계 국방발전론에서 이미 2050년까지의 목표가 제시되어 있는 상황에서 이를 완전히 무시하고 새로운 방향을 제시하는 것은 큰 부담이 될 수도 있다. 뿐만 아니라 국방 분야의 발전에 소요되는 재정규모는 이미 17대 당시 후진타오 지도부에 의해 정해진 '12 규획'의 범위 내에서 지원되고 있다는 점 등을 감안할 때 시진핑 지도부 1기 집권 시기인 2017년 후반까지는 대체적으로 지속요인이 강하게 작용할 것으로 전망된다.

그러나 변화 요인도 적지 않게 고려해 볼 수 있다. 우선 안보위협에 공세적으로 대처할 필요성이 대두되고 있다는 점이다. 지역적 차원에서는 일본 및 필리핀, 베트남 등과의 영토 분쟁에서 밀린다면 지역 내의 우위 확보 및 각종 에너지안보 등에서 심각한 안보적 수세에 몰리게 되는 상황에 처하게 된다. 이를 극복하기 위해서는 일차적으로 아시아 지역에서의 주도권을 쥐고 주변국에 대해 적극적인 대응으로 주도권을 유지해야 하는 상황이다. 미국과의 세계적 차원의 경쟁에서도 미국의 재균형 정책에 수세적으로만 대응할 경우 '새로운 강대국 관계'에 걸맞은 위상을 유지하기 어려운 것이 현실이다.

둘째, 중국의 경제성장과 국방과학기술의 발전이 기존의 수세적인 안보전략에서 조금 더 공세적인 안보전략과 국방발전을 뒷받침할 수 있기 때문이다. 중국의 경제는 지속적으로 성장하고 있고, 이를 통해 중국의 국방비는 꾸준히 증가할 전망이다. 미국이나 일본이 상대적으로 경제적 어려움을 격고 있는 상황에서 중국은 경제성장의 열매를 국방 분야에 투자할 수 있기 때문이다. 뿐만 아니라 중국의 국방과학기술의 발전은 후발 주자의 이점을 살려서 급속하게 발전하고 있다. 표면적으로는 미국에 비해 20년 내지 30년 뒤지고 있다고 말하고 있지만 이미 중국의 5세대 무기체계에 필요한 국방과학기술획득은 상당한 수준에 이르고 있는 것으로 평가되고 있다. 이런 상황을 감안한다면 시간은 중국편이라는 인식이 시진핑 지도부에 강하게 인식되면서 안보전략과 국방발전에서 더 큰 자신감을 가질 때 그 태도는 적극적이고 공세적으로 될 수 있다는 평가이다.

셋째, 중국의 핵심이익의 범위가 날로 확장되는 상황이 시진핑 지도부의 전략에 영향을 미칠 수 있다. 중국의 핵심이익은 종전의 국경선을 연한 지역에 국한되지 않는다. 중국의 국력이 날로 상승함에 따라 그 핵심이익의 범위도 확대되고 이는 곧 주변국 및 이익이 상충되는 국가와의 충돌로 이어질 수 있다. 이런 측면에서 시진핑 지도부의 안보전략과 국방정책은 국가의 핵심이익을 지킨다는 명분으로 더 확대되고 강경해지는 방향으로 변화할 것으로 예상된다. 이는 해양과 우주, 사이버 등 기존의 안보영역과 그 이상의 비전통안보까지 포함하는 광범위한 영역에서 중국의 핵심이익이 침해된다고 주장할 때 관련국가와의 갈등은 피할 수 없는 상황에 직면하게 되고, 시진핑 지도부는 새로운 대응책을 강구해야 하기 때문이다.

종합적으로 판단하면 시진핑 집권 1기 시기인 2018년 전에는 대체적으로 기존의 지도부가 제시하고 방향성이 정해진 사업들은 안보와 국방 분야에서도 지속성이 강할 것으로 전망된다. 하지만 시진핑 집권 2기가 본격화되고, 중국의 국력이 성장함과 동시에 가시적 성과를 도출해야 하는 2020년경에는 상당한 변화가 있을 것으로 예상된다.

한편, 시진핑 시기 중국의 안보전략과 군사력 증강은 한국의 안보에 위협과 도전 요인으로 작용할 것이다. 국제질서의 역사가 말해 주듯이 중국은 증가된 세력을 기반으로 영향력을 확대하고, 지역국가와의 분쟁 문제를 자신에 유리하게 해결하고자 하며, 미국 주도의 질서에 도전하고 이를 변경하고자 할 것이다. 구체적으로 주요한 안보위협은 중국의 북한에 대한 지배력 강화, 북한 유사시 중국군의 영향력 증대, 한국의 중국 경제에 대한 의존도 심화, 한중 해양 분쟁요인 해결의 난망, 동남아 해상교통로 안전에 대한 위협, 미중 간 경쟁 및 갈등 구조의 악화, 중국 주도의 지역질서 재편 가능성 등이 될 것이다.

V. 결론

중국의 시진핑의 5세대 지도부가 집권한 지 약 2년이 경과하였다. 그동안 시진핑은 집권 초기 강력한 권력기반을 구축한 가운데 안보, 군사 분야에서도 상당한 변화를 추구하였다. 기존의 중국지도부가 견지해온 신안보관과 국방발전 3단계론에서 한 걸음 더 나아가 중국의 핵심이익이 확장된 상황을 고려한 아시안 신안보관을 주창하였다. 이는 급성장한 중국의 국력과 새로운 미중관계를 고려하여 중국 주도의 아시아 안보시스템을 구축하고자 하는 노력으로 평가된다.

한편, 시진핑 지도부는 국력이 신장하고 있고 다양한 안보적 도전이 제기되고 있는 가운데 중화민족의 위대한 부흥을 기치로 한 중국몽(中國夢)과 강국몽(强國夢), 이를 뒷받침하는 강군몽(强軍夢)을 제시하고, 이의 추진을 위해 군 지도부에 강력한 개혁을 주문하고 있다. 기존의 인민전쟁 전략의 범주를 벗어나지 못하고 있는 인력 위주의 중국군을 개혁하기 위해 시진핑 지도부는 '당의 지휘에 따라, 싸우면 이기는, 기풍이 우수한 군대' 건설을 추진하고 있다.

시진핑 지도부 집권기간 중국군은 우선, 주변의 분쟁에 대해 종전보다 강경한 태도를 견지할 것으로 전망된다. 이를 위해 중국군은 군사력 투사범위 확대 차원에서 다양한 군사력 증강을 추진하고 있다. 댜오위다오에 대한 강경 대응과 동중국해 방공식별구역 선포 등의 조치가 이를 뒷받침하고 있다. 둘째로 중국군은 해군력을 지속적으로 증강하되, 시진핑 시기 내에 제4함대를 창설하여 원양에 대한 작전능력을 강화하고 해양에서의 핵심이익을 확보하기 위한 노력을 경주할 것으로 전망된다. 중국이 해양력을 강화하는 이유는 미래 중국의 경제성장을 위한 에너지안보 측면과 일본 등 주변국과의 해양영토 분쟁 및 궁극적으로 미국과의 세계적 차원의 세력경쟁에서의 우위를 확보하기 위함이다. 셋째, 중국은 시진핑 집권 기간 중에 우주군을 창설할 것으로 예상된다. 중국은 이미 북두위성 시스템을 통해 아태지역에 대한 유도기능을 보유하였고, 향후 전 세계를 커버하는 위성시스템을 갖춤과 동시에 이를 군사적으로 이용하여 우주에 대한 주도권을 확보하고자 노력할 것으로 평가되고 있다.

시진핑 지도부의 안보전략과 국방정책은 대체적으로 시진핑 집권 1기 시기까지는 기존의 중국지도부가 제시한 정책의 연장선상에서 지속성을 유지할 것으로 평가된다. 그 이유는 시진핑이 이미 17대 시기 중앙군사위 부주석 직을 2년 이상 수행한 측면과 중국의 국방발전 전략이 2050년을 목표로 이미 추진되고 있는 상황에서 급격한 변화가 쉽지 않을 것이라는 점을 들수 있다. 그 외에도 중국의 12규획 범위 내에서 국방재정이 충당되고 있기 때문에 이 기간 중 일방적인 변화를 추진하기에는 무리가 따를 수 있기 때문이다.

그러나 시진핑 집권 2기 시기에는 상당한 변화가 예상된다. 무엇보다 지역적 차원과 세계적 차원에서 진행되고 있는 미일과의 세력경쟁에서 우위를 확보해야 하는 측면과 에너지 및 해양안보를 확보하기 위해서라도 시진핑 지도부는 적극적이고 공세적인 안보전략을 추진해야 하는 상황에 직면할 것이기 때문이다. 뿐만 아니라 중국의 경제성장과 국방과학기술의 발전은 중국의 자신감을 배가할 것이며, 상대적으로 약화되고 있는 미국의 국력에 적극적으로 개입하는 양상으로 전개될 수 있기 때문이다.

중국의 시진핑 5세대 지도부 집권 간 안보전략의 변화와 국방발전은 한국에게도 다양한 도전요소로 작용할 가능성이 높다. 중국의 군사력이 아시아 지역의 우위를 점하게 되면 한국은 한미동맹과 한중관계 속에서 안보적 딜레마가 심화될 것이다. 또 북한 문제에서도 중국의 영향력은 더욱 증대되어 한반도 통일 및 북한 위기관리 측면에서도 부담요인으로 작용하게 될 것이다.

따라서 한국의 대중 전략은 다음과 같은 세 가지 전략을 기본으로 하여 추진되어야 한다. 첫째, 중국의 강대국화를 활용하여 국익을 증대할 수 있도록 중국과의 다층적 협력관계를 강화해야 한다. 한국은 강대국 중국이 한국의 안보에 대한 위협이 될 것이라는 전제보다는 중국이 한국의 안보 문제 해결을 위한 협력자가 될 수 있다는 새로운 기회를 주목해야 한다. 한국은 이웃 국가 중국과 관련된 많은 안보적 문제들을 중국과 공동으로 해결하며, 북한 문제 등에 대한 중국의 긍정적 역할을 강화할 수 있도록 중국과 협력해야 한다. 따라서 한국은 중국의 한국에 대한 인식과 이해를 긍정적으로 형성하고 발전시킬 수 있도록 해야 하며, 정치·경제·사회적 공동의 이익을 추구할 수 있도록 방안을 강구해야 한다.

둘째, 한국은 중국의 정체성에 대한 불확실성과 지역 세력균형 체제의 변화 등을 고려하여 안보적 대책을 강구해야 한다. 특히, 강대국 중국의 안보적 위협요소를 고려하여 이에 대응할 수 있는 전략과 정책을 추진해야 한다. 무엇보다 한국은 중국의 영향력 확대를 견제하기 위해 미국 등 전통적 동맹국 및 우방국 등과의 협력관계를 강화해야 할 것이다. 또한 한국은 자체적으로 군사적 능력을 강구하고 국제적 위상을 증대하여 중국이 선진국 한국과 협력을 추구할 수 있는 스마트파워를 확보해야 한다.

셋째, 중국의 강대국화가 현실이라는 사실을 인식하고 중국의 강대국화 수준에 적합한 유연한 대중 전략을 구상하고 추진해야 한다. 예를 들면 중국이 미국보다 열세한 위치에서 안정적 발전을 추구하는 상황, 중국이 미국과 대등한 위치에 있는 상황, 중국이 미국에 비해 우위에 있는 상황 등을 고려해 볼 수 있다. 안보적 주요 이슈와 관련하여 중국의 강대국화와 관련된 상황을 보다 구체적으로 설정하여 전략을 구상하고 추진하는 것이 필요하다.

【참고문헌】

양갑용. 2014. "중국 시진핑 시대의 국방정책과 한국의 안보전략." 『국방정책연구 제30권』. 서울: 한국국방연구원.

이상국 외. 2013. 『미중 소프트 패권경쟁시대 한국의 전략적 선택』. 서울: KIDA press.

이창형 외. 2008. 『중국이냐 미국이냐』. 서울: 한국국방연구원.

전경만 외. 2004. 『중장기 안보비전과 한국형 국방전략』. 서울: 한국국방연구원.

황병덕 외. 2011. 『중국의 G2 부상과 한반도 평화통일 추진전략』. 서울: 통일연구원.

A. Rothacher. 2006. "The Rise of China and a Changing East Asian Order." Kokubun Ryosei and Wang Jisi (eds.). *Asia Europe Journal*, 4.2.

Deng, Yong. 2006. "Reputation and the Security Dilemma: China Reacts to the China Threat Theory." Alastair Iain Johnston and Robert S. Ross (eds.). *Directions in the Study of China's Foreign Policy. Stanford University Press*.

Edward D. Granham. 1983. "The 'Imaginative Geography' of China." *Reflections on Orientalism*.

Feng, Zhu. 2008. "China's Rise Will Be Peaceful: How Unipolarity Matters." Robert S. Ross, Zhu Feng. *China's Ascent: Power, Security, and the Future of International Politics*. Cornell University Press.

Fravel, M. Taylor. 2007. "Securing Borders: China's Doctrine and Force Structure for Frontier Defense." *The Journal of Strategic Studies*, Vol.30, No.4-5 (August-October 2007).

Glosny, Michael A. 2011. "Getting Beyond Taiwan? Chinese Foreign Policy and PLA Modernization." INSS Strategic Forum(January 2011).

Han, Sukhee. 2005. "China's Peaceful Development' and the Future of the Six-Party Talks." *Korea and World Affairs*, Vol.14, No.2(Summer 2005).

Kamphausen, Roy, David Lai, & Andew Scobell. 2009. *Beyond the Strait: PLA Missions Other Than Taiwan*. the Strategic Studies Institute.

Shin, Kawashima. 2010. "The Memory of the National Border in Modern and

Contemporary China: China's Imagined Original Territory." *Japan Border Review*, No.1.

Yea, Sallie. 2000. "Maps of resistance and geographies of dissent in the Cholla region of South Korea." *Korean Studies* 24.1.

堅定不移沿着中國特色社會主義道路前進　爲全面建成小康社會而奮鬪 — 在中國共産黨第十八次全國代表大會上的報告. 2012.

國務院. 2009. 『2008年 中國的國防』. 中華人民共和國 國務院.

盧業中. 2014. "習近平執政下的兩岸關係(2014.4)." 한·대만 국방학술회의 발제문.

馬振坤. 2014. "習近平執政下的中共國防戰略及其軍力擴張評估(2014.4)." 한·대만 국방학술회의 발제문.

"習近平在十二屆全國人大一次會議閉幕會上發表重要講話."『新華網』2013年 3月 17日.

劉慶元. 2003. 『解析中共國家安全戰略』. 臺北: 揚智.

中華人民共和国国務院. 「中国武装力量多样化运用」(2013.4).

沈玥如. 2014. "習近平掌權後頻密觀察共軍部隊意涵評析."『中共研究 第48卷 第2期』. 臺北.

제**9**장

중일관계와 한국의 대응*

박병광 | 국가안보전략연구원

I. 들어가는 말

전통적으로 중일관계는 경제적 협력요인과 정치적 갈등요인 사이에서 경쟁과 협력의 이중주를 유지해 왔다. 그러나 최근의 중일관계는 1972년 국교정상화 이후 최악의 상태로 빠져들고 있는 모습이다. 2010년 9월 센카쿠(중국명: 댜오위댜오/釣魚島) 열도 인근 해상에서 일본 해상보안청 순시선과 중국 어선간의 충돌사고가 발생했을 때만 해도 중일관계가 이처럼 악화되리라고 예상한 사람은 많지 않았을 것이다. 그러나 2012년 9월 일본 정부가 센카쿠 열도의 국유화 조치를 발표하고, 중국이 강력히 반발하면서 양국관계는 그동안 걷잡을 수 없는 대결구도로 흘러 왔다.

---

* 이 글은 한국전략문제연구소에서 발간하는 『전략연구』 제21권 3호(2014)에 게재된 논문을 수정·보완한 것임을 밝힙니다.

2012년 12월 재등장한 일본의 아베 신조(安倍晉三) 총리는 집단자위권 보유와 평화헌법 개정을 추진하고, 야스쿠니 신사참배를 강행하는 등 보수 우경화 정책을 펼침으로써 중일관계 악화에 기름을 붓고 있다. 중국의 시진핑(習近平) 체제 역시 일본의 우경화에 강력히 반발하면서 중국 국내에서 반일사조가 그 어느 때보다 폭넓게 확산되는 추세이다. 특히 중국은 일본을 견제하기 위한 목적으로 2013년 11월 센카쿠 열도를 포함하는 방공식별구역(ADIZ)을 일방적으로 선포하여 국제사회의 거센 비난과 반발을 야기한 바 있다. 무엇보다 시진핑 체제는 양보와 타협의 대상이 될 수 없다는 이른바 '핵심이익'에 대한 수호의지를 내세우면서 일본에 대한 압박을 가속화하고 있다.[1]

중국과 일본 사이에는 일제침략의 시대에서 비롯된 역사인식 문제와 센카쿠를 둘러싼 영토 분쟁 그리고 타이완(臺灣) 문제와 미일동맹 문제 등 오랫동안 양국관계의 발전을 가로막는 고질적 요인들이 존재해 왔다.[2] 그럼에도 불구하고 양국은 국교정상화 이후 꾸준히 경제교류와 협력을 확대해 왔으며, 정치적으로도 '전략적 호혜관계'를 수립하는 등 '마찰'과 '협조', '경쟁'과 '협력'이 공존하는 모습을 보여 왔다. 그러나 최근에는 중일관계에서 대화와 협력의 모습은 찾아보기 힘들고 마찰과 대립만이 부각되는 양상이다. 이처럼 끝없이 격화되는 중국과 일본의 대결양상은 미래를 향한 새로운 동아시아의 역사를 열어가는 것이 아니라 '과거의 100년'에 발목이 잡힌 중일 간 반목과 갈등의 모습을 대변하고 있다. 아울러 아시아의 양대 강국인

---

1) 현재까지 중국 정부가 센카쿠 열도를 자국의 핵심이익에 포함된다고 공식적으로 선언한 적은 없다. 중국 정부가 규정하는 핵심이익은 주권, 안보, 영토보전, 통일뿐 아니라 정치제도, 사회 안정, 그리고 경제발전까지 포함하여 상당히 포괄적으로 규정되고 있다. 그러나 핵심이익의 개념을 규정하면서 주권, 안보, 영토보전을 앞에 두고 있다는 점을 고려하면 센카쿠는 중국이 규정하는 핵심이익에 필수적으로 포함된다고 볼 수 있다. 중국의 '핵심이익'에 관한 자세한 개념 규정은 중국 정부가 펴낸 '화평발전백서'를 참조하라. 中國國務院辦公室, 『中國的和平發展』(北京: 中國國務院辦公室, 2011).
2) 중일관계의 주요 갈등이슈와 원인에 대한 분석은 이기완, "중일관계 갈등의 이슈와 원인," 『국제지역연구』 제13권 1호(2009), pp.293-318 참조.

중국과 일본의 갈등 및 대립은 한국을 비롯한 동아시아국가들의 안보불안을 고조시키는 요인으로 작용하기도 한다.

중일관계가 최근 들어 이처럼 최악의 상황으로 치닫는 배경과 이유는 무엇일까? 또한 시진핑 지도부의 등장을 계기로 중국의 대일 정책을 비롯한 중일관계는 분명 과거와 다른 전환기를 맞이하고 있는 것일까? 나아가 전략적 불신과 경쟁이 격화되는 중일관계 속에서 한국은 어떠한 대응 방향을 수립해야 할까? 이 글은 이와 같은 문제의식에 답하기 위해서 첫째, 중일관계의 역사적 전개과정 및 최근 동향을 파악하고 둘째, 시진핑 지도부 및 아베 정권이 주도하는 중일 양국의 상호 인식과 정책을 살펴보며 셋째, 중일관계의 향후 전망과 더불어 한국의 대응 방향을 모색하는 데 초점을 두고자 한다.

II. 중일관계의 전개과정 및 구조변화

1. 전후 중일관계 발전과 구조적 변화의 태동

제2차 세계대전의 종결과 중화인민공화국 건립 이후 1972년 중일국교정상화가 이루어지기까지 중일관계는 기본적으로 '적대적 공존'의 시기였다. 전후 초기 일본은 미국의 점령으로 말미암아 독자적인 대외관계가 부재했으며 중국과의 교류 역시 대부분 중단되었다. 1951년 9월 샌프란시스코 강화조약을 통해 피점령국상태에서 벗어난 일본은 1952년 중국과 민간무역협정을 체결하기도 했지만 당시 일본의 대외 정책은 이른바 '요시다(吉田茂) 독트린'에 기초하여 "안보는 미국에 의존하고 일본은 경제발전에 매진하는 것"이었다. 특히 1950년대 이후 동서 냉전의 심화는 일본으로 하여금 미국을 더욱 추종하게 만들어 대만과의 관계를 수립하는 대신에 중국대륙과의 관계는 소원할 수밖에 없었다.

중국 역시 전후 초기에는 일본을 적으로 간주하고 일본군국주의의 부활을 방지하는 데 중점을 두었다. 일례로 1950년 2월 모스크바에서 체결된 '중소동맹조약'의 전문에는 "일본제국주의의 부활 및 일본의 침략 또는 일본의 침략행위에 어떤 식으로든 공조하는 모든 국가의 침략적 행위를 공동으로 방지할 것을 결의한다"는 내용을 담고 있다.[3] 또한 중국은 미국을 추종하여 대만과의 관계를 강화하는 일본이 '두 개의 중국'을 조장한다고 보았으며 이를 반대하는 데 대일관계의 중점을 두었다. 그 결과 냉전 시기 중국의 대외관계에서 일본은 중요한 교류와 협력의 대상은 아니었다.[4] 또한 중일수교 이전까지 양국관계는 '대약진운동'과 '문화대혁명' 등 국내정치의 혼란에 휩싸였던 중국의 국내정세에 의해 정체될 수밖에 없었다.

냉전이라는 국제정치구조의 한계에 갇혀 있던 중국과 일본이 1972년 9월 국교를 수립할 수 있었던 것은 미국의 대중국 전략의 변화를 배경으로 한다.[5] 미국은 아시아에서 소련의 팽창을 저지하기 위해 '대리방어막'으로 중국과의 관계정상화를 추진하고자 했으며 1972년 2월 닉슨 대통령이 베이징을 방문했다.[6] 중국과 일본 역시 소련의 위협에 대한 공동대처라는 점에서 전략적 공조의 필요성이 있었으며 특히 일본으로서는 중국과의 관계정상화를 통해 안보를 공고히 하는 한편 새로운 경제적 기회를 창출하고자 했다. 중일국교수립 이후 양국관계는 전면적 우호협력관계로의 발전을 추구했으

---

3) 중소동맹조약의 전문은 2004년 5월 해제된 CIA 비밀문서를 참조. 중소동맹조약의 영문제목은 "The Treaty of Friendship, Alliance, And Mutual Assistance between the People's Republic of China And the Soviet Union"이다.

4) 중화인민공화국 성립 이후 중일국교정상화 이전까지 중국의 대일 정책 및 양국관계에 관한 자세한 내용은 다음을 참조. 張歷歷, 『百年中日關係』(北京: 世界知識出版社, 2016), 第三編.

5) 미중 데탕트를 배경으로 하는 중일수교의 자세한 과정에 대해서는 다음을 참조. 손 열, "미중 데탕트와 일본: 1972년 중일국교정상화 교섭의 국제정치," 『동아시아연구원 (EAI) 국가안보패널보고서』 No.63(2014년 2월).

6) Hennry Kissinger, *On China* (New York: Penguin Press, 2011), pp.218-220.

며, 당시 중국의 대외관계에서 일본은 미국 다음으로 중요한 위치를 점하게
되었다.

한편 모리 카즈코(毛里和子)의 평가에 따르면 중국과 일본은 1972년 국교
정상화 이후 1978년 '중·일 평화우호조약' 체결을 거쳐 1990년대 중반까지
'밀월기' 또는 '전략적 우호기'를 구가한 것으로 볼 수 있다. 특히 1970년대
는 중국이 새로운 미·중·일관계를 이용해 소련에 대항하려는 전략적 의도
를 지니고 있었으며, 개혁개방으로 전환했던 1980년대에는 중국의 현대화
를 지원하는 것이 일본의 기본 정책이었고 중국도 이에 커다란 기대를 지니
고 있었다. 비록 1980년대 나카소네 야스히로(中曾根康弘) 총리의 야스쿠니
참배와 1989년 '천안문 사태' 등의 위기도 있었지만 중일관계는 '원조하는
국가, 원조받는 국가'라는 구도를 기본적으로 유지했으며 매우 양호한 관계
를 유지했다고 볼 수 있다. 더욱이 1990년대 초반 동구권의 몰락과 소련이
라는 공동의 적이 사라졌음에도 불구하고 중일관계는 여전히 우호와 이익이
공존하는 관계를 유지했다.

그러나 1990년대 중반 이후 중국과 일본은 냉전이라는 국제질서의 해체
와 중국의 개혁개방 정책이 본격화되면서 점차 양국관계의 전환점을 맞이하
게 되었다. 즉, 냉전이라는 구조적 연대의 끈이 풀어지면서 양국은 자국의
국가이익과 동아시아의 주도권에 보다 집착하게 되었던 것이다. 특히 1995
년(5월, 8월)과 1996년(6월)에 행해진 중국의 지하핵실험 및 연이은 대만해
협 위기는 일본 내에서 '중국 위협론'을 불러일으키는 등 중일관계 전환의
계기로 작용하였다.[7] 중국의 핵실험 이후 일본 정부는 대(對)중국 원조를
삭감하였으며, 1996년 4월에는 클린턴 대통령과 하시모토(橋本龍太郎) 총리
가 정상회담을 갖고 '미·일 신안보공동선언'을 발표하였다. 반면 중국은
1996년 4월 옐친 러시아 대통령의 베이징 방문을 계기로 '중·러 전략적 협

---

7) Ming Wan, *Sino-Japanese Relations: Interaction, Logic, Transformation* (Stanford:
    Stanford University Press, 2006), pp.34-43; 毛里和子 지음, 조진구 옮김, 『중일관계:
    전후에서 신시대로』, pp.150-153.

력동반자관계'를 형성함으로써 일본과 미국의 압박에 대응하여 새로운 파트
너십을 구축하고자 했다.

그런 가운데서도 중국과 일본은 가능한 상대방에 대한 자극을 자제하면
서 긴장완화와 협력기조를 유지하고자 노력했다. 1997년 9월 일본 하시모
토 총리가 '중·일국교정상화 25주년'을 기념하기 위해 중국을 방문하였으
며, 그는 '두 개의 중국'과 '대만독립'을 지지하지 않을 것이고, '미·일신방위
협력지침'이 결코 특정 국가를 상정하고 있지 않다는 점을 설명하였다.[8] 같
은 해 11월에는 중국 리펑(李鵬) 총리가 일본을 방문하여 양국 간 상호지도
자 방문을 정례화하고 군 지도부 간 교류도 확대하기로 합의하였다. 특히
1998년 11월 장쩌민(江澤民)은 중국 국가주석으로는 처음으로 일본을 방문
함으로써 20세기의 어두웠던 중일 간 역사 문제를 종결하고, 21세기를 향한
'미래지향적' 양국관계를 설정하고자 했다.

그러나 1998년 장쩌민의 방일은 과거사 문제를 둘러싼 인식과 갈등의 차
이를 극복하기보다 오히려 중국과 일본 사이에 움트고 있던 불신을 더 키웠
을 뿐이었다. 장쩌민은 일본 방문기간 동안 일본 지도부와 역사 문제에 대
한 인식의 괴리를 좁히는 데 실패했으며, 공식석상에서의 연설을 통해 강도
높은 어조로 일본에 대한 자성을 촉구하였다. 때문에 방일기간 내내 일본
정부에 대해 불편한 심기를 표출했던 장쩌민의 일본 방문은 중일 정상외교
의 실패사례로 꼽히고 있다.[9] 한편 1990년대 중반 이후 중국과 일본은 상호
갈등과정에서 새로운 것들을 깨달을 수 있었다. 그것은 일본의 경우 중국에
대한 원조가 더 이상 양국관계의 지렛대 역할을 할 수 없다는 것이었으며,
중국의 경우에도 역사 문제가 더 이상 일본에 대한 압박요인으로 작용하기
어렵다는 점이었다.[10] 이는 양국관계는 물론이고 양국관계를 둘러싼 국제

---

8) 『讀賣新聞』 1997年 9月 5日.

9) 박병광, "중국의 정상외교와 강대국관계조정: 江澤民시기를 중심으로," 『국제정치논
   총』 제43집 2호(2003), p.379.

10) 리처드 C. 부시 지음, 김규태 옮김, 『위험한 이웃, 중국과 일본』(서울: 에코리브르,
    2013), pp.38-39.

질서의 구조적 변화가 태동하면서 서로에 대한 영향력과 레버리지(leverage) 역시 한계에 봉착하기 시작했음을 의미하는 것이었다.

전후 20세기의 중일관계 발전과 변화를 규정하는 요인은 양국의 국내정 치적 상황을 비롯하여 역사 문제, 영토 문제 등 다양한 요인이 존재한다. 특히 냉전이라는 국제질서구조는 미국, 중국, 일본으로 하여금 공동의 적인 소련에 대항하기 위한 '전략적 일체감'을 형성하는 요인으로 작용하였다. 그 러나 냉전구조의 해체는 시간이 갈수록 중국과 일본으로 하여금 상대방에 대한 인식과 이해(利害)의 차이를 확대시켰다. 그 결과 1990년대에 이르러 서는 미·중·일 연합구도가 깨지고 중국은 러시아와 새로이 손을 잡는 상황 으로 발전하여 중국과 일본은 정치적·전략적 경쟁관계로 변모하게 되었다. 다만 이러한 구조적 변화가 태동하는 가운데서도 중국과 일본은 '정경분리 (政經分離)' 원칙을 고수하면서 양국관계의 악화를 방지하기 위해 꾸준한 노 력을 기울여 왔다. 때문에 20세기 후반 양국관계의 정치적 대립과 갈등이 발생해도 경제 분야는 교류와 협력이 확대되어 나갈 수 있었다.

2. 21세기 초 중일관계 발전과 구조적 변화의 심화

21세기의 중국과 일본은 국제질서의 변화가 가속화되는 가운데 양국관계 역시 점점 불투명한 구조적 변화와 경쟁의 방향으로 빠져들고 있다. 중일관 계의 구조적 변화를 촉진하는 주요 요인으로는 첫째, 냉전구조의 해체와 G2 로 대표되는 미중 경쟁구조의 출현, 둘째, 중일 양국 간 세력구조의 변화 셋째, 중국과 일본 국내정치의 변화, 넷째, 새로운 민족주의의 발현 등을 들 수 있을 것이다. 특히 21세기 일본의 외교 전략에서 중국이 갖는 의미는 군사적으로는 위협적 존재, 경제적으로는 협력대상임과 동시에 잠재적 적 수, 정치적으로는 일본의 지역패권 추구의 최대 장애물이라 할 수 있다.

때문에 일본은 1990년대를 넘어 21세기에 들어서면서 본격적으로 국제 질서 변환과 중국의 부상에 대응하기 위한 방향을 모색해 나갔다.[11] 여기에는 1990년대 오자와 이치로(小澤一郎)의 '보통국가론' 주장에서 시작된 일본 외교의 방향 수정을 위한 본격적 논의로부터 시작하여 2012년 말 아베의 재집권에 따른 일본 외교의 근본적 재설정에 이르기까지 일관된 맥락을 지니고 있는 것으로 볼 수 있다.

한편 21세기 초엽부터 중일관계는 일본 고이즈미(小泉純一郎) 총리의 등장과 야스쿠니 신사참배 강행으로 인해 매우 소원하고 대결적인 양상으로 출발하였다. 고이즈미는 2001년 4월 총리 취임 이후 2006년 9월 퇴임하기까지 매년 야스쿠니 신사참배를 단행했으며 이로 인해 중일관계의 심각한 경색을 초래했다. 중국인들은 일본이 과거에 대한 반성도 청산도 불충분하며 성의도 부족하다고 보는데, 이러한 일본인들의 태도를 상징적으로 보여주는 것이 야스쿠니 신사참배라고 인식한다.[12]

고이즈미 집권기간 중국과 일본의 갈등은 2004년 말에서 2005년 상반기에 절정을 이루었다. 2004년 11월 중국 잠수함이 오키나와 남단 사키시마제도(先島諸島) 주변 일본 영해를 잠항하자 일본 정부는 강력히 항의하고 중국 정부의 사과를 요구했다. 중국은 마지못해 사과의 뜻을 표명했지만 이 사건은 일본의 여론을 들끓게 했으며, 중국에 대한 경계심을 높이는 계기가 되었다.[13] 뒤이어 일본은 2004년 12월 발표한 '방위계획대강'에서 "중국이 해·공군을 현대화하는 동시에 해상작전 범위를 넓혀가고 있으므로 향후의 움직임을 주시할 필요가 있다"고 명시함으로써 중국의 군사적 움직임을 위협으로 간주하였다. 한편 역사교과서 문제 등으로 인해 중일 간 갈등이 고조되는 가운데 2005년 4월에는 중국에서 대규모 반일시위가 전국적으로 확산되었으며, 같은 해 5월에는 일본을 방문 중이던 우이(吳儀) 부총리가 고이즈미 총리와의 회담을 취소하고 돌아가는 일이 벌어지기도 했다. 이는 일본

---

11) 중국의 부상에 대응하기 위한 일본의 외교 전략 변화에 대해서는 다음을 참조. 이승주, "중국의 부상과 일본의 21세기 외교전략: 보통국가의 다차원화," 『동아시아연구원(EAI) 국가안보패널보고서』 No.64(2014년 2월).

12) 張悅亭, "小泉內閣對華强硬外交的背後," 『瞭望』 第26期(2005), pp.50-51.

13) 리처드 C. 부시 지음, 김규태 옮김, 『위험한 이웃, 중국과 일본』, p.42.

정부뿐 아니라 중일 양국관계에 상당한 충격을 가져왔으며 양국 최고지도부 간 직접적인 만남도 중단되기에 이르렀다.14)

그러나 고이즈미 총리 집권기의 중일관계 경색에도 불구하고 양국 정당과 정부실무자, 민간레벨에서의 대화 및 협력은 지속되었다. 일례로 중일 양국 간 외무성과 방위청의 심의관급 안보대화가 유지되었으며, 양국 외무차관에 의한 제1회 종합정책대화(2005.5) 및 제1회 중일재무대화(2006.3) 등이 개시되기도 했다. 이는 중국과 일본이 상호 긴장관계를 유지하면서도 파국을 원하지는 않았으며 신중한 전략적 대응으로 구조적·잠재적 분쟁요인의 위험성을 최대한 관리하고자 했던 것으로 볼 수 있다.

2006년 9월에 등장한 아베(安倍) 정권은 고이즈미 시대의 외교 정책을 이어받아 미국과의 글로벌 동맹을 강화하고 '민주국가연합'으로서 미국, 일본, 호주, 인도와의 연합을 추진하는 등 아시아외교의 회복을 추구하였다. 그럼에도 아베는 총리 취임 직후 첫 해외 순방국으로 중국을 방문하는 등(2006.10) 중일관계 회복의 물꼬를 트고자 했으며, 언론에서는 이를 "얼음을 깨는 여행(破冰之旅)"이라는 말로 묘사하였다. 실제로 아베는 후진타오(胡錦濤) 주석과 회담하고 중일 양국 간 공통의 이익에 입각한 '전략적 호혜관계'의 구축에 합의하였다.15) 이러한 중일관계의 개선 움직임은 2007년 4월 원자바오 총리의 일본 방문(融冰之旅)을 통해 더욱 진전되었으며, 그 결과 2007년 8월에는 차오강촨(曹剛川) 중국 국방부장이 일본을 방문하여 양국 국방장관회담을 하고 해군함정의 상호 방문과 핫라인 개설에 합의하였다.

아베의 뒤를 이어 2007년 9월에 등장한 후쿠다(福田) 총리는 아베 정권의 대중국 정책기조를 계승하고자 했으며 2007년 12월 중국을 방문하여(迎春之旅) 양국 간 '전략적 호혜관계' 강화를 재확인하였다. 그리고 2008년 5월에는 후진타오 주석이 장쩌민 방일 이후 10여 년 만에 일본을 방문하여(暖

---

14) 李紅杰·徐萬里, 『改革開放三十年的中國外交』(北京: 當代世界出版社, 2008), p.136.

15) 중일 간 전략적 호혜관계의 지향점과 한계에 대해서는 다음을 참조. 姜躍春, "論中日'戰略互惠'關係,"『國際問題硏究』 2008年 第3期, pp.7-11.

春之旅) 마침내 '전략적 호혜관계 수립에 관한 공동성명(中日關於全面推進戰略互惠關係的聯合聲明)'을 발표하고, 매년 4천 명 규모의 청소년교류 및 양국 에너지자원 분야의 협력을 약속하였다.16) 한편 후쿠다 정권하에서 2007년 11월에는 제2차 세계대전 이후 최초로 중국의 군함이 일본에 기항하였으며, 후쿠다는 일본 내 일부세력의 반대에도 불구하고 2008년 베이징 올림픽 개막식에 참석하여 중일관계를 안정적으로 관리하고자 했다.

후쿠다의 뒤를 이어 등장한 아소 다로(麻生太郎)는 자민당 내에서도 보수우파로 분류되는 인물이었지만 중국의 우려와 달리 대중국 우호협력 정책을 지속하였으며 중일관계도 전반적으로 안정을 유지하였다. 아소 정권하에서 중일관계가 비교적 안정을 유지할 수 있었던 것은 중국의 급속한 부상 및 미중관계의 긴밀화 추세 속에서 중일 양국 역시 서로의 중요성에 대한 인식이 점차 확대되었기 때문이다. 특히 2008년 국제금융위기의 도래는 중일 양국으로 하여금 현실적으로 서로의 협력이 어느 때보다 중요하다는 점을 자각하도록 만들었다. 그러나 국제금융위기를 계기로 중국은 미국과 경쟁하는 세계 주요대국(G2)의 반열에 오른 반면 일본은 경제침체에서 벗어나지 못함으로써 중일관계는 본격적인 세력구조의 역전에 직면하게 되었다.

중일관계는 일본의 민주당 정권이 집권하던 2010년 이후 최악의 상황으로 치닫기 시작했다. 2010년 9월 중국어선이 센카쿠 근해에서 월경조업을 하던 중 일본 해상보안청 순시선에 고의로 충돌하는 사건이 벌어졌고, 일본은 이를 범법행위로 간주하여 선장을 구금하였다. 그러나 중국은 강력한 항의와 더불어 희토류 수출금지라는 경제적 압박으로 일본 정부의 백기항복을 이끌어 냈다.17) 덩샤오핑(鄧小平)이 생전에 "중동에 석유가 있다면 중국에

---

16) 21세기에 들어서 고이즈미 시기 냉각되었던 중일관계는 아베의 '破冰之旅(얼음을 깨는 여행)'로부터 원자바오의 '融冰之旅(얼음을 녹이는 여행),' 후쿠다의 '迎春之旅(봄을 맞이하는 여행),' 후진타오의 '暖春之旅(따뜻한 봄날의 여행)' 등으로 이어졌지만 결과적으로 양국 간에 존재하는 '구조적 대립'과 '불신의 벽'을 넘지는 못하였다.

17) 중국은 필리핀과의 남중국해 분쟁 당시에도 필리핀산 바나나 수입 금지를 단행함으로써 상대방에 경제적 타격을 가한 바 있다.

는 희토류가 있다"고 했던 바로 그 자원을 활용한 것이다. 중국 정부의 일본에 대한 희토류 수출 중단 선언은 과거 다양한 정치적 갈등에도 불구하고 양국 사이에 암묵적으로 존재하던 '정경분리' 원칙에 심각한 타격을 가하는 것이었을 뿐 아니라 중국이 일본과의 갈등을 힘(power)으로 해결하고자 시도한 하나의 중요한 사례로 작용하였다.[18]

특히 2012년 일본 정부의 센카쿠 열도 국유화 조치는 중일관계의 갈등과 구조변화를 결정적으로 심화시키는 계기가 되었다. 당시 일본의 외무장관이 었던 겐바 고이치로(玄葉光一郎)의 설명은 "일본 정부가 센카쿠 열도를 구입한 것은 일본의 사유지가 국유지로 변경된 것일 뿐이며, 이는 기본적으로 중일관계의 악화를 방지하기 위한 조치"라는 것이었다.[19] 그러나 중국 측은 이를 1978년 중일 평화우호조약 체결 당시 합의한 영토 분쟁의 국가개입 금지라는 묵계를 깨고, 조직적이고 교묘하게 센카쿠 열도에 대한 일본의 점유권 강화를 시도하는 것으로 받아들였다. 이에 중국은 일본 측에 원상회복을 요구하는 것과 함께 센카쿠 인근에서의 긴장 국면을 지속함으로써 센카쿠 열도를 국제분쟁지역화 하였다.

최근의 중일 간 센카쿠 분쟁은 과거와 비교할 수 없을 정도로 중일 간 정치적 갈등의 중요한 매개체로 작용하고 있다. 또한 센카쿠 분쟁으로 격화된 중일갈등은 과거와 달리 양국의 경제교류와 협력에도 상당한 영향을 끼치고 있다. 일례로 일본무역진흥회(JETRO)의 발표에 따르면 2012년 일본의 대중국 수출 총액은 1,447억 달러를 기록했는데 이는 2011년에 비해 무려 10.4%나 줄어든 것이며, 같은 해 대중국 무역적자는 처음으로 400억 달러를 넘어섰다.[20] 한편 2013년에도 중일무역액은 3,120억 달러로 전년에

---

18) 때때로 중국이 결부된 국제 문제에 대해 강경론을 펼치기로 유명한 『環球時報』는 사설에서 중국이 일본에 가할 보복조치를 명확히 알려주고, 시간이 지날수록 일본이 치를 대가도 커질 것임을 명백히 밝혀야 하며, 일본이 중국인 선장을 석방하더라도 반드시 보복을 가해야만 한다고 주장했다. 『環球時報』 2010年 9月 17日.

19) Gemba Koichiro, "Japan-China Relations at a Crossroad," *International Herald Tribune*, November 21, 2012.

〈표 1〉 2005년 이후 일본의 대중국 교역량 추이

(단위: 백만 달러)

연도	대중수출	대중수입	총 교역량
2005	80,340	109,104	189,444
2006	92,851	118,516	211,367
2007	109,060	127,643	236,703
2008	124,035	142,337	266,372
2009	109,630	122,545	232,175
2010	149,086	152,800	301,886
2011	161,467	183,487	344,954
2012	144,686	189,018	333,704
2013	129,851	182,191	312,042

자료: 일본무역진흥회(JETRO) 해당 연도 통계자료

비해 6.5%나 감소하였다. 또한 일본의 중국에 대한 해외직접투자액(ODI)
역시 2012년 135억 달러에서 2013년에는 91억 달러로 감소하였다. 이는
과거 정치적 갈등에도 불구하고 '정냉경열(政冷經熱)'로 대표되던 중일관계
가 마침내 '정냉경냉(政冷經冷)'의 상태로까지 추락하였음을 보여주는 것이
다. 결국 최근의 중일관계는 정치와 경제 등 거의 모든 분야에서 그 어느
때보다도 갈등적인 모습으로 변모하고 있으며, 이는 양국 간 역학관계의 변
화와 상승작용을 일으키면서 중일관계의 구조적 변화를 촉진하는 것으로
볼 수 있다.

___

20) 『産經新聞』 2013年 2月 20日.

III. 시진핑 시기의 중일갈등과 대일 정책 변화

1. 중일관계의 전개양상과 갈등의 배경

2012년 11월 중국공산당 제18차 당대회에서 중국의 새로운 지도자로 시진핑(習近平)이 등장하고, 일본에서는 같은 해 12월 아베(安倍) 내각이 출범하였다. 그러나 새로운 지도부의 등장은 중일관계의 화해를 가져오기보다는 오히려 양국관계를 양보 없는 악화일로의 상태로 만들고 있다. 한마디로 시진핑 시기의 중일관계는 다방면에서 양보 없는 '강대강(强對强)'의 기조가 부딪히면서 중일갈등이 끝없이 고조되는 양상으로 발전하고 있다.

시진핑 시기 중일 갈등의 가장 큰 특징은 국제무대에서 상호비판과 성토 등 한 치의 양보도 없는 설전(舌戰)의 양상을 보이고 있다는 점이다.[21] 즉, 총성 없는 '말의 전쟁(舌戰)'이 갈수록 격화되는 추세이며 이는 때때로 전면전 양상을 보이기도 한다. 양국은 무기를 들지 않았을 뿐 거침없는 언쟁의 대결구도를 형성하고 있으며, 여론전에서 질 수 없다는 자세로 최고지도부까지 나서서 총력전을 펼치고 있다.

대표적인 예로 아베 총리가 2014년 1월 스위스의 '다보스 포럼'에서 중국을 제1차 세계대전 당시의 독일에 비유하면서 전쟁발발 가능성을 시사한 것이라 하겠다. 이미 2013년 12월 야스쿠니 신사참배를 통해 중국을 한껏 자극했던 아베는 중일관계를 영국과 독일관계에 비유하면서 무력충돌 가능성을 시사했던 것이다. 또한 아베는 2014년 6월 아시아 안보 문제를 다루는 '샹그릴라 대화'에 직접 참석하여 연설을 통해 중국이 국제법을 무시하고 해양 분쟁을 격화시키고 있으며, 일본은 지역의 평화를 위해 필리핀 연안경비대에 신형 순시선 10척, 인도네시아에 3척을 무상 공여했으며 베트남에도

---

21) 실제로 환구시보는 중국과 일본 사이의 설전을 120년 전의 청일전쟁(淸日戰爭)에 비교하면서 "여론의 청일전쟁에서 질 수 없다"고 강조했다. 『環球時報』 2014년 1월 7日.

〈표 2〉 제1차 세계대전 당시 영·독관계와 현재의 중·일관계

영·독관계	비교	중·일관계
독일부상에 영·불·러 공동대응	전제 상황	중국부상에 미·일 공동대응
발칸반도	충돌지역	센카쿠
'게르만주의' 대 '슬라브주의'	민족주의	'중화부흥' 대 '강한 일본'
식민지 확대	대외 정책	방공식별구역 확대 등
영·독 해군력 증강	군사력	중·일 해군력 증강

공여하기 위한 조치를 진행 중이라고 밝혔다. 아베의 연설의 요점은 '중국 위협론'에 힘을 실은 것으로서 아세안 국가들이 연합하여 이를 견제해야만 한다는 것이었다.[22]

중국은 다보스 포럼에서 행한 아베의 발언과 직전의 야스쿠니 신사참배 등에 대해서 "강도의 논리"이며, "일본이 역사정의를 계속 무시하면 일본민족의 비애가 될 것"라고 비판하였다.[23] 한편 리커창(李克強) 총리는 "제2차 세계대전 승리의 성과와 전후 국제질서를 수호하고, 역사의 수레바퀴를 거꾸로 돌리려는 일을 절대로 용인하지 않을 것"임을 천명하였다.[24] 특히 중국은 아베의 야스쿠니 신사참배에 대해 양제츠 외교담당 국무위원이 직접 담화를 발표해 아베의 행동을 "중국과 아시아 전쟁피해국 국민의 감정을 난폭하게 짓밟고 역사정의와 인류양심을 무참히 짓밟았다"고 규탄했으며, 왕이 외교부장은 주중 일본대사를 초치한 자리에서 "일본이 중일관계의 마지노선까지 계속 도발하면 중국 역시 끝까지 갈 것이다"라고 경고하였다.[25] 또한 중국은 아베의 샹그릴라 대화 연설에 대해서도 "중국에 대한 도발"이

---

22) '2014 샹그릴라 대화'에서 오간 미·중·일 간의 설전 및 연설내용에 대해서는 『중앙일보』 2014년 6월 12일, B11면 참조.

23) 『新華通信』 2014年 2月 11日.

24) 『新華通信』 2014年 3月 6日.

25) 『연합뉴스』 2013년 12월 27일.

라고 규정하면서 아베와 헤이글이 상부상조하면서 중국에 도전하였다고 비
난하였다.

중국과 일본의 여론전쟁은 전 세계를 무대로 하고 있으며, 중국 정부는
아베의 야스쿠니 신사참배 이후 30개국 이상에서 현지의 대사급 외교관이
일본의 역사인식을 비판하는 언론기고와 인터뷰를 단행하였다.[26] 그중에서
도 영국주재 중국대사는 현지 언론기고를 통해서 "야스쿠니는 악마의 영혼
이 담긴 곳"으로 묘사하기도 했다.[27] 심지어 BBC의 대담프로그램에 출연한
주영 중국대사와 일본대사는 서로 얼굴조차 마주하기를 거부해 양자 사이에
커튼을 드리운 채 설전을 벌이는 풍경이 연출되기도 했다.[28] 한편 중국은
자국에서 활동하는 외국기자들을 초청해 일본군 학살현장을 견학시키고 일
제시대 남만주철도회사가 작성한 '난징(南京)대학살 보고서'를 공개하는 등
일본이 감추고 싶어 하는 과거사를 공론화하여 일본을 궁지로 몰아넣었다.
이와 같은 중국의 적극적 공공외교는 국제무대에서 일본을 '왜소화', '고립
화'시키려는 공세적 대일 전략의 일환으로 파악할 수 있다.

한편 최근 중일갈등의 양상은 설전(舌戰)을 뛰어넘어 잠재적 무력충돌의
가능성을 그 어느 때보다 고조시키는 방향으로 발전하고 있기도 하다.[29]
대표적으로 센카쿠 열도를 둘러싼 중일 갈등이 심화되면서 중국은 2013년
11월 센카쿠를 포함하는 방공식별구역(ADIZ)을 일방적으로 선포했고, 이는
일본과의 관계에서 무력사용도 불사하겠다는 의지를 보여주는 것으로 평가
된다. 이미 중국은 시진핑 지도부에서 처음 발간된 〈국방백서(2013.4)〉에
서 "일부 인접국들은 중국의 영토주권 및 해양권익 관련 문제를 복잡하게

---

26) 국제무대에서 펼쳐지는 중일 간 여론전에 대한 자세한 내용은 다음을 참조. 周金宇,
  "中國對日國際輿論鬪爭評析,"『國際問題研究』 2014年 第3期, pp.37-47.

27) Liu Xiaoming, "China and Britain Won the War Together: Japan's Refusal to
  Face to Its Aggressive Past Is Posing A Threat to Global Peace," *The Daily
  Telegraph*, June 2, 2014.

28) *South China Morning Post*, January 10, 2014.

29) 자세한 내용은 박병광, "중·일 분쟁가능성과 한반도안보," 2014년도 한국국제정치학
  회 하계학술회의(2014.8.22) 발표논문 참조.

〈그림 1〉 중국인의 중일관계 설문조사

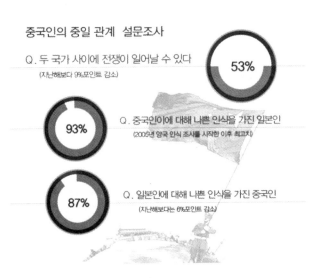

자료: *Financial Times*, September 10, 2014

만들고 확대시키는 행동을 하고 있으며, 일본은 조어도(센카쿠) 문제에서 분쟁을 조성하고 있다"라고 직접적으로 일본을 명시하여 비판한 바 있다. 나아가 〈국방백서〉에서는 "남이 나를 건드리지 않으면 나도 남을 건드리지 않으며, 남이 나를 건드리면 나도 반드시 남을 손봐준다(人不犯我, 我不犯人, 人若犯我, 我必犯人)"라고 언급함으로써 센카쿠를 둘러싼 영토·주권에 대하여 강력한 수호의지를 천명하였다.30) 실제로 중국의 방공식별구역(CADIZ) 선포 이후 중국 정찰기와 일본 전투기가 센카쿠 주변 상공에서 대치하는 일촉즉발의 상황이 수차례 발생하기도 했다. 이는 중일 간 의도하지 않은 우발적 충돌의 가능성을 높이는 것이다.

한편 중국과 일본의 안보갈등은 자연스레 일본과 동맹관계에 있는 미국

---

30) 中華人民共和國國務院新聞辦公室, 『中國武裝力量的多樣化運用』(北京: 人民出版社, 2013), p.4.

을 끌어들여서 미·중 대립으로까지 연결되고 있다. 일례로 2014년 4월 베이징을 방문한 척 헤이글 미(美) 국방장관은 중국의 일방적 방공식별구역 선포를 비판하고 "중국과 일본이 충돌하면 미국은 일본을 보호할 것"이라고 밝혔으며 중국 국방비의 투명성 문제도 지적하였다. 그러나 중국의 창완취안(常萬全) 국방부장은 "중국은 영토수호를 위해 필요하다면 군대를 사용할 준비가 되어 있으며 전쟁을 하면 반드시 승리할 것"이라고 맞받았다.31) 또한 오바마 미(美) 대통령도 일본 방문을 계기로 가진 언론 인터뷰에서 "센카쿠 열도는 일본에 의해 관리되고 있으며, 미·일 안보조약 제5조의 적용대상에 해당된다"고 발언하여 중국 정부의 강력한 반발을 불러일으킨 바 있다.32)

중일관계의 갈등이 과거와 같이 일시적 상황으로 끝나지 않고 설전을 넘어 실제적 무력충돌의 우려까지 불러일으키는 심각한 대결구도로 치닫는 배경과 이유는 무엇일까? 거기에는 중국과 일본에서 발흥하는 신(新)민족주의(Nationalism) 정서를 비롯하여 역사 문제에 대한 인식차이 그리고 시진핑(習近平)과 아베 신조(安倍晋三)로 대표되는 양국의 새로운 지도부 등장 등 여러 가지 요인이 복합적으로 작용하고 있는 것이 사실이다.

특히 일본에서 아베 총리 집권 이후 나타나는 보수우경화 행위들은 중국의 일반 민중뿐 아니라 시진핑을 비롯한 중국 최고지도부의 감정을 자극하는 요소이기도 하다. 시진핑은 2014년 7월 중일전쟁의 계기가 되었던 '7·7사변(노구교사건)' 77주년을 맞아 행한 연설에서 일제 침략자를 '일본 도적(日寇)'이라고 부르며 "침략역사의 부정과 왜곡, 미화를 중국 인민은 절대 허락하지 않을 것"이라고 강조하는 등 역사왜곡을 주도하는 아베 총리를 직접 겨냥하기도 했다. 또한 같은 날 인민일보 역시 사설에서 "중국은 역사적 비극의 되풀이를 절대 허락하지 않을 것"이라고 하면서 "역사를 기억하지 못하는 국가는 앞날이 없다"고 주장하는 등 일본에 대한 반감을 숨기지 않았다.33)

---

31) 『法制晚報』 2014年 4月 8日.
32) 『每讀新聞』 2014年 4月 23日.

그러나 최근의 중일관계 악화 및 대결구도와 관련하여 무엇보다 중요하게 지적될 수 있는 것은 '중국의 부상'과 '일본의 쇠퇴'라고 하는 21세기 동아시아지역에서의 새로운 역학관계 변화이다. 더욱이 중일 간의 세력구도 변화와 더불어 미국의 국력쇠퇴에 따른 동아시아지역에서의 '장악력(hegemony)' 약화는 국제적 갈등조정자로서 미국의 위상과 역할을 급격히 축소시키고 있다. 그 결과 오늘날의 동아시아정세는 '불확실성'으로 대표되는 특징을 지니고 있으며, 이러한 불확실성의 한가운데에는 중일 간 역학관계의 급속한 변화에 따른 불안정성이 존재한다.

통계에 따르면 1990년대 초반 중국과 일본의 경제력은 국내총생산(GDP) 기준으로 약 10배에 가까운 격차를 보이고 있었다.[34] 그러나 21세기에 들어서면서 중국은 2010년을 기점으로 일본을 누르고 세계 2위의 경제대국으로 부상하였으며, 군사비 지출에서도 일본의 두 배에 달하고 있다. 반면 일본은 경제적 장기불황의 늪에서 아직도 벗어나지 못하고 있으며, 2011년 3월 발생한 일본대지진의 여파에 여전히 시달리고 있다. 이러한 일본의 실상은 세계 2위 수준의 경제력과 군사력을 바탕으로 G2의 지위를 획득하고, 다양한 국제사안에 주도적으로 개입하면서 미국과 경쟁하는 중국의 모습과 대비된다. 더욱이 많은 전문가들에 따르면 중국과 일본의 국력격차는 앞으로 시간이 갈수록 더욱 확대될 것으로 예상되고 있다.

일본의 입장에서 중일 간 역학관계의 급속한 변화는 중국에 대한 위협인식과 반(反)중국 정서를 동시에 확산시키는 요인으로 작용하고 있다. 일례로 2013년 영국방송 BBC의 조사 결과, 일본인들의 중국에 대한 평가는 '부정적(64%)'이 '긍정적(5%)'보다 압도적으로 높게 나타나는 등 아시아지역에서 중국에 대한 이미지가 가장 부정적(negative)인 것으로 평가되었다.[35] 또한 세계적 여론조사 기관인 퓨(Pew)리서치 조사에서도 일본인들은 미국

---

33) 『人民日報』 2014年 7月 7日.

34) 세계은행(World Bank)의 자료에 따르면 1991년 기준으로 중국의 GDP는 3,794억 달러인 데 비해 일본의 GDP는 3조 5,368억 달러에 이른다.

35) BBC, *BBC World Service Poll 2013* (London: BBC, 2013), p.8.

(69%)을 중국(5%)보다 훨씬 선호하는 것으로 나타났다. 또한 일본인들은 미래에도 "여전히 미국이 압도적인 세계강국"으로 인식(67%)하고 있으며, "중국이 미국을 대체하는 슈퍼파워가 될 것"이라는 응답은 24%로 매우 낮게 나타났다.[36) 즉, 중국을 바라보는 일본인들의 심리적 기반의 변화가 중일관계변화와 양국 간 갈등에도 상당한 영향을 미치고 있는 것이다.

중국을 보는 일본인들의 부정적 인식은 아베 정권의 대중국 정책에도 영향을 미쳐, 과거와는 다른 보다 공세적인 대응을 지지하도록 만들고 있다. 요컨대 일본으로서는 중국에게 국제무대에서의 영향력과 지위를 역전당한 상황에서 대내적으로는 정치·경제적 불안마저 가중됨으로써 심리적으로 중국에 대한 경계심과 초조감이 가중되고 이는 결국 정책적인 측면에서 갈수록 공세적이고 우경화된 양상으로 표출된다고 보겠다. 반면 중국의 입장에서는 일본의 쇠락과 대비되는 종합국력의 성장과 대외적 자신감의 증대를 바탕으로 일본이 추구하는 영토 문제에 대한 현상변경과 우경화에 대해 강경한 대응을 취함으로써 중일관계는 '강대(對)강의 구도'로 전개되고 중일갈등은 서로 대립과 마찰의 상승작용을 일으킬 수밖에 없는 것이다.

그런데 한 가지 흥미로운 것은 과거 중국에서 반일감정이 격화되었을 때, 흔하게 볼 수 있었던 대규모 '반일시위'는 최근에 단 한 건도 발생하지 않고 있다는 사실이다.[37) 이에 대해 일부에서는 중국이 강대국의 위상에 맞는 실력과 세련미를 추구하고 있다는 평가도 있지만 그보다는 사회 안정을 강조하고 있는 시진핑 지도부가 어떤 형태의 대규모 시위일지라도 최대한 자제시키려고 하는 국내정치적 의지가 더 강하게 작용하고 있는 것으로 보아야 할 것이다. 왜냐하면 중국의 개혁개방이 가속화될수록 각종 사회불안이 빈번해지고 심지어 분리 독립주의자들에 의한 테러마저 급속히 증대되는 상황에서 중국지도부는 반일(反日)을 명분으로 한 시위에 대해서도 최대한 신

---

36) Pew Research Center, *Global Image of the United States and China* (Washington D.C: Pew Research Center, July 18, 2013).

37) 이동률, "일본우경화를 보는 중국의 시각," 『정세와 정책』 2014년 2월호, p.17.

중할 필요가 있기 때문이다. 또한 이는 향후 일본과의 협력외교 복원 가능성에 대한 전략적 관리라는 고려까지도 담고 있는 것으로 볼 수 있다.

2. 대일 정책의 변화와 일본의 대응

중국은 일본과 국교수립 이후 최근까지 이른바 정경분리(政經分離)를 원칙으로 갈등이나 대립을 추구하기보다는 경제교류와 협력을 확대하면서 양국의 발전을 도모하는 데 주력하고자 했다. 이에 따라 역대 중국지도부의 대일 정책기조의 핵심은 첫째, 상호 체제의 존중에 기초한 우호관계를 유지하고 둘째, 교류와 접촉의 다원화를 통해 관계발전의 저변을 확대하며 셋째, 호리호혜(互利互惠)에 기초하여 경제협력을 확대하고 넷째, 미래지향적 중일관계를 정립하는 것으로 요약할 수 있다.[38] 중국은 탈냉전기에 들어서도 동아시아의 패권을 놓고 일본과 경쟁이 가열되는 현상을 보였지만 기본적으로는 협력외교를 추구하였다.

그럼에도 불구하고 중국은 현실적 필요에 따른 대일 협력외교와는 별개로 꾸준한 종합국력 증대를 통해서 중일관계가 자연스런 비대칭적 역학관계로 발전하기를 기대해 왔다.[39] 그런 점에서 2010년은 중일관계 및 중국의 대일 정책 변화에 있어서 매우 의미심장한 해였다고 볼 수 있다. 왜냐하면 2010년에 중국은 국내총생산(GDP) 기준으로 일본을 제치고 세계 2위의 경

---

38) 중국의 대일 정책기조에 대해서는 다음을 참조. 유현정, "후진타오 시기 중국의 대일본정책,"『세종정책연구』(성남: 세종연구소, 2011), pp.8-15; 葉自成,『中國大戰略』(北京: 中國社會科學出版社, 2003), pp.275-291; 楚樹龍·金威,『中國外交戰略和政策』(北京: 時事出版社, 2008), pp.161-166; 蔣立峰, "未來十年的中日關係與中國對日政策,"『日本學刊』2009年 第5期, pp.3-17; Yang Jian, "Of Interest and Distrust: Understanding China's Policy Toward Japan," *China: An International Journal*, Vol.5, No.2(2007), pp.250-275.

39) 박병광, "중국의 동아시아 전략: 인식, 내용, 전망을 중심으로,"『국가전략』제16권 2호(2010), p.52,

제대국으로 올라섰으며, 같은 해 9월에 발생한 '센카쿠 사건'에서 대일 희토
류 수출 중단 등 강경 정책을 동원하면서 사실상 일본의 '굴복'을 유도해
낼 수 있었기 때문이다. 더욱이 중국이 희토류 수출금지조치를 단행했다는
것은 오랫동안 중일관계에서 암묵적으로 유지되어 오던 '정경분리'의 원칙을
깰 정도로 일본에 대한 자신감이 상승했다는 것을 의미하는 것이기도 하다.
그리고 이러한 갈등처리방식의 변화는 시진핑 지도부가 등장하면서 새로운
대외 정책의 추진과 더불어 대일 정책의 변화로까지 연결되고 있다.

시진핑 지도부의 대외 정책은 '중국의 꿈(中國夢)'이라는 비전을 제시하면
서 대내적 국민통합을 추동하고, '새로운 강대국 관계(新型大國關係)'라는 대
국외교의 틀을 제시함으로써 미중관계의 안정화를 꾀하며, 이와 동시에 '핵
심이익(核心利益)'이라는 원칙에 대해서는 포기하지 않겠다는 강한 의지를
바탕으로 한다.[40] 특히 시진핑 지도부는 과거 지도부와 달리 대일관계에
있어서 그동안 상투적으로 등장하던 "미래지향적 중일관계수립"이라는 용어
를 아직까지 사용하지 않고 있다. 오히려 '핵심이익'을 강조하면서 센카쿠
분쟁에 대한 강경입장을 고수하는 한편 일본의 과거사 문제 및 보수우경화
에 대해서 적극 비판하면서 강경일변도로 대응하고 있음을 발견할 수 있다.

이와 같은 시진핑 지도부의 대외 정책기조 및 대일 정책은 국제적 영향력
확대와 민족적 자긍심을 배경으로 전임 후진타오 지도부에 비해 더욱 공세
적으로 변모하고 있음을 알 수 있다. 무엇보다 시진핑 지도부의 대일 정책
은 정치, 경제, 군사 등 중국이 이룩한 종합국력의 성장에 대한 자신감을
바탕으로 일본에 대해서 '통미봉일(通美封日)' 전략기조를 드러내는 것으로
평가된다. 즉, 중국은 일본을 미국의 아류 내지는 추종세력으로 간주하고
직접 일본과 갈등해소를 추구하기보다는 미국을 상대하는 것이 더 효과적일
뿐 아니라 중국의 위신을 높이는 것이라고 보는 것이다. 이는 중일 역학구
조의 변화가 앞으로도 계속 확대될 것이라는 자체 판단과 자신감에 기인하

---

40) 박병광, "시진핑 지도부의 등장과 중국의 대외정책: '지속'과 '변화'의 측면을 중심으
　　로," 『전략연구』 제20권 4호(2013), p.155.

는 것으로서 이에 따라 중국은 일본을 '왜소화', '주변화'시키면서 일본에 대한 '무시'와 '폄하' 전략 기조를 견지하고 있다.

시진핑 지도부가 과거와는 다른 대일 정책의 변화를 추동할 수 있는 배경에는 앞에서 언급한 바와 같이 '중국의 부상'과 '일본의 쇠퇴'라고 하는 동아시아지역에서의 역학구조 변화 및 그에 따른 세력 전이가 중요하게 작용하고 있다. 일본은 그동안 정치·경제적 위기로 대내외 위상과 영향력이 축소된 반면 중국은 일본을 제치고 세계 2위 경제·군사대국으로 부상하는 등 중일 간 세력균형은 급속히 붕괴되고 있다. 반면 중국은 이제 미국과 글로벌 차원에서의 패권경쟁을 다투는 나라로 성장하고 있다. 이에 근거하여 시진핑 지도부는 이른바 '새로운 강대국 관계'라는 슬로건을 내세우고 있으며, 이는 미중 양대 강국 주도의 'G2 체제'를 공식화한다는 점에서 대일관계의 변화를 수반할 수밖에 없는 측면이 있다.

중국은 '중화민족의 위대한 부흥(中華民族偉大復興)'으로 대변되는 세계적 강대국 지위 획득을 위해 먼저 동아시아지역에서 절대적 지위와 영향력을 획득하고자 한다. 보다 구체적으로 중국의 동아시아 전략 목표는 역내에서 자신의 의지를 관철할 수 있는 지역강국으로서의 입지를 다지고, 이를 바탕으로 세계강국으로 도약하기 위한 실질적 능력과 기반을 확보하는 것으로 요약할 수 있다.[41] 그러나 중국의 전략목표가 완성되기 위해서는 반드시 일본을 딛고 넘어서야 하며 이러한 관점에서 일본은 중국의 구조적 경쟁상대로 인식될 수밖에 없다. 따라서 중국에게 센카쿠 분쟁과 같이 핵심이익으로 간주되는 주권·영토 문제에서의 승리는 중국이 일본을 누르고 지역패권의 지위를 확고히 다질 수 있는 중요한 분기점으로 간주된다. 나아가 센카쿠 문제는 중국이 미국과 일본의 동맹결속력을 시험할 수 있는 리트머스 시험지이며, 향후 동아시아 패권경쟁에서 미국의 세력을 배제하는 상징성을 지니고 있기도 하다.

반면 일본은 최근 들어 동아시아에서의 갈등적이고 경쟁적인 대중국관계

---

41) 박병광, "중국의 동아시아 전략: 인식, 내용, 전망을 중심으로," p.49.

를 구조적 현실로 받아들이면서 군사·경제·외교적 측면에서 중국에 대한 '공세적 세력균형(assertive balancing)' 정책을 본격화하고 있다. 보다 구체적으로 일본은 중국의 압박에 대해 첫째, 미일동맹을 강화하고 둘째, 자국의 군비태세를 강화하며 셋째, 아태지역 국가들과의 대중국 견제망을 구축하는 방식으로 대응하고 있다.[42] 아베는 중국 위협을 상정하는 신(新)가이드라인 개정을 시도함으로써 미국과의 군사동맹을 한층 강화하고, 헌법 개정과 집단자위권 행사는 물론이고 방위력 증강 등 군비태세 강화의 발걸음을 멈추지 않고 있으며, 동남아시아를 비롯하여 몽골, 호주, 인도 등 국가들과의 연계를 통해 중국 견제의 네트워크를 구축하고자 한다.

일본의 중국에 대한 공세적 세력균형 정책은 외교적 측면과 군사·안보적 측면을 중심으로 전개되고 있는데, 먼저 '외교적 세력균형(soft balancing)'은 중국과의 영토 분쟁을 벌이는 국가 혹은 대중국 봉쇄에 협력할 수 있는 국가를 적극적으로 지원하면서 '대중국 견제 협력망' 구축에 힘을 쏟는 것이다. 이를 위해 아베는 2012년 12월 총리 취임 이후 1년 사이에 동남아 10개국과 몽골을 포함하여 총 25개국을 방문했으며, 2014년 7월 현재까지 중동 및 아프리카 주요국과 인도, 호주 등을 방문하였다.

아베의 외교 전략은 중국 주변국들과의 연계를 강화해 중국에 압박을 가하고, 중일관계에서 주도권을 쥐겠다는 의도를 지닌 것이었다. 그러나 아베의 주요 방문대상국을 통해 확인할 수 있는 것은 그것이 실제로는 '중국포위 외교' 노선을 취하고 있다는 사실이다. 특히 아베에게 중국과의 영토 분쟁이 잦은 동남아시아는 중국포위의 남쪽기지이며, 몽골은 북쪽기지로서의 의미를 지닌다고 볼 수 있다. 다만 아베는 드러내놓고 "중국을 포위하겠다"고 밝힐 수 없기 때문에 "자유와 민주주의·인권의 가치관을 공유하는 국가들과의 관계를 강화하겠다"는 주장을 펼침으로써 이른바 '가치관 외교'로 이를 포장하고 있다.[43]

---

42) Charles Grant, *Japan's Response to China's Rise* (London: Center for European Reform, 2012), pp.2-3.

일본은 외교력을 동원해 대중국 견제망을 구축하는 작업뿐 아니라 중국에 대한 '군사적 세력균형(hard balancing)'도 추구하고 있다. 일본은 직접적으로 군사력 증강을 위해 100억 달러의 예산을 들여 이미 미국에 F-35 스텔스 전투기 42대의 구매를 발주했으며, 해상자위대 호위함도 48척에서 54척으로 증강하고, 특히 헬기 14대와 군용트럭 50대를 탑재할 수 있는 항공모함형 호위함을 건조하며, 센카쿠에서의 유사 사태를 대비하기 위해 미국 해병대를 모델로 한 수륙기동단을 육상자위대 내에 신설하기로 했다. 그리고 이와 같은 군사력 증강을 제도적·정책적으로 지원하기 위해 아베 정권은 2013년 12월 국가안전보장회의(NSC)를 창설하고, 국무회의에서는 〈국가안전보장전략〉, 〈방위계획대강〉, 〈중장기방위력정비계획〉 등 이른바 '안보 3종 세트'로 불리는 3개의 문건을 동시에 채택하였다.

일본은 〈국가안전보장전략〉에서 중국의 영해침범과 방공식별구역 설정 등은 "힘에 의한 현상변경 시도로서 국제법 질서와 배치되며, 중국의 행동이 국제사회의 안보우려"라고 기술하는 등 '중국의 위협'을 강조하고 있다. 또한 〈방위계획대강〉에서는 중국을 '아태지역의 안보과제'로 명기하면서 집단적 자위권 행사, 무기수출 3원칙 재검토, 방위기술력 강화 등을 포함한 대규모 군사재무장 조치를 명시하였다. 그리고 〈중장기방위력정비계획〉에서는 향후 5년간(2014~2018) 24조 7천억 엔 규모의 방위비를 지출하여 수륙양용장갑차 52량, 조기경보기 4기, F-35 스텔스전투기 28기, 공중급유기 3기, C2수송기 2기, 무인정찰기 글로벌호크 3기, 신규 이지스구축함 2척 등을 도입하기로 했다.[44]

또한 일본은 미국과의 동맹 강화를 통한 대중국 견제를 추구하면서 냉전기 소련의 일본침공을 상정했던 1978년 가이드라인 개정과 한반도유사사태

---

43) 그러나 아베의 외교는 그의 방문국을 지도상에 색칠하면 한가운데가 뻥 뚫린 도넛 모양이 된다는 점에서 일본 내에서조차도 이른바 '도넛외교'로 불리면서 한국과 중국이 빠진 데 대한 문제점을 지적당하기도 한다. 『중앙일보』 2013년 8월 14일.

44) 박영준, "일본 아베 정부의 외교안보전략과 동아시아질서에의 영향," 중국외교안보연구회 발표자료(2014.3.15).

〈표 3〉 중국과 일본의 해군·공군력 비교

중국		일본	
해군	23만 5,000명	해상자위대	4만 5,000명
공군	30만~33만 명	항공자위대	4만 3,700명
잠수함	65척	잠수함	16척
프리킷함	50척	호위함	52척
구축함	27척	구축함	36척
전투기·폭격기	2,450기	전투기	361기
항공모함	1척	헬기항모	3척

자료: IISS, The Military Balance 2010(2010), SIPRI Annual Report(2010)

를 상정했던 1997년 가이드라인 개정에 이어, 2014년에는 중국의 위협을 상정하는 신(新)가이드라인(미·일 방위협력지침) 개정을 추진 중이다.[45] 나아가 아베는 자신의 "필생의 과업"이라고 밝힌 '평화헌법' 개정을 본격화 하는 것과 더불어 '집단적 자위권' 도입을 위한 법률정비도 추진하고 있다. 이는 사실상 평화헌법 체제에서 벗어나 '전쟁할 수 있는 일본'을 만들겠다는 것이며, 아베 정권의 국수주의적 행보는 동아시아의 패권을 놓고 중국과의 '결전'을 피하지 않겠다는 의도로 해석할 수 있다.

---

45) 『朝日新聞』 2013年 10月 4日.

IV. 맺음말: 중일관계 전망과 한국의 대응

아베 총리의 야스쿠니 신사참배와 '집단적 자위권' 도입 그리고 일본 국민들의 보수 우경화 정권에 대한 지지에서 나타나듯이 일본이 추구하는 국가전략의 방향과 시진핑 지도부의 중국이 추구하는 동아시아 및 대일 전략의 방향은 접점을 찾기가 쉽지 않다. 물론 양국지도부는 표면적으로 중일관계의 발전과 '전략적 호혜관계'로의 복귀를 주장하고 있지만 이미 상대국에 대한 불신감과 경계심은 일반 국민들 사이에서도 폭넓게 확산되고 있으며 쉽사리 회복되기는 어려운 추세이다. 더욱이 시진핑 주석과 아베 총리 등 중국과 일본의 지도자가 모두 강력한 민족주의적 성향을 띠고 있다는 점을 간과하기 어렵다. 따라서 시진핑 시기 중일관계의 악화 및 대립양상은 당분간 획기적인 개선의 여지가 크지는 않은 것으로 전망된다.[46]

이와 관련하여 보다 구체적 근거를 들자면 첫째, 아베 정권의 보수 우경화 및 국수주의적 태도가 단기간 내에 바뀔 것으로 보기는 어렵다는 점이다. 더 중요한 것은 아베 정권의 대중국 강경태도가 단지 아베 정권의 외교안보 정책에만 국한된 것이 아니라 일본의 총체적 외교안보 전략으로서 향후에도 장기화될 가능성이 크다는 사실이다. 아베 이후의 누가 되었든 자민당 정권이 지속되는 한 현재와 같은 정책기조는 지속될 가능성이 높다. 중국 역시 자국의 종합국력에 대한 자신감이 날로 커져가면서 일본에 대한 '무시'와 '주변화' 기조가 쉽사리 바뀌지 않을 것으로 보인다. 이는 결국 중일 간의 대립과 갈등이 단기적 상황으로 끝날 사안은 아니라는 점을 시사한다.

둘째, 시진핑 지도부의 '핵심이익'에 대한 강조에서 보듯이 센카쿠를 중심으로 하는 일본과의 영토 분쟁 문제가 쉽사리 풀리기는 어렵다는 사실이다.

---

46) 베이징에서 개최된 APEC 정상회의를 계기로 2014년 11월 10일 중·일 간 정상의 만남이 성사되기는 했지만 이 회담은 불과 30분을 넘기지 못했고, 외교적 인사치레도 없이 진행되었으며, 양국관계는 여전히 예측 불가능한 것으로 평가되고 있다. *The Wall Street Journal*, November 11, 2014 참조.

중국이 강조하는 핵심이익(core interest)은 양보와 타협의 대상이 아니라는 성격을 함유하고 있다. 또한 중국은 센카쿠를 둘러싼 중일분쟁의 양상과 이를 대처하는 중국의 정책이 남중국해 문제에도 영향을 미칠 것이라는 점에서 유연성을 발휘하기 어렵다. 일본 역시 영토주권에 대한 포기를 감수하면서까지 중국과의 관계개선에 나설 가능성은 거의 없다고 봐야 할 것이다. 센카쿠(중국명: 釣魚島)라는 핵심이익을 둘러싼 갈등이 쉽사리 해결되기 어려운 만큼 중일관계도 단기간 내에 회복되기 어려울 뿐 아니라 언제든 긴장이 고조될 수 있다.

셋째, 미국의 아시아 재균형(Re-balancing) 정책을 둘러싼 미일공조 및 중국의 대응 구도가 복잡하게 얽혀 있기 때문이다. 일본은 미일동맹 강화와 TPP가입 등 아시아·태평양지역에 대한 미국의 주도권 회복에 편승하여 중국을 견제하고자 하지만 중국은 이를 자국에 대한 봉쇄의도로 간주하면서 강하게 반발하고 있다. 오히려 중국은 한국과의 전략적 협력을 강화함으로써 대일압박에 대한 공동전선을 형성하고 한미일 3각 협력구도에도 균열을 유도하고자 한다. 또한 친·성·혜·용(親·誠·惠·容)의 주변국외교 방침을 강조하면서 동남아국가들에게도 접근하여 미국의 재균형(rebalancing)에 대한 역균형(counter balancing)을 추구하고자 한다. 이러한 동아시아 세력구도의 복잡성만큼이나 중일관계도 갈수록 복잡해질 가능성이 높다.

시진핑 시기의 중일관계는 서울에서 바라보는 것보다 훨씬 심각한 상황이라고 할 수 있다. 중국과 일본 사이에는 영토 문제, 역사 문제, 지역패권 등을 둘러싸고 그 어느 때보다 긴장과 대립이 고조되고 있으며 양국 지도자들이 상호 왕래 및 교류를 거부함에 따라 적절한 의사소통채널이 작동하지 못하고 있다. 이미 중국과 일본은 상호 군사·안보상의 의혹이 커지면서 상대방을 가상 적국으로 인식하고 있으며, 무엇보다 중국과 일본의 방공식별구역(ADIZ)이 중첩됨으로써 양측 간의 의도하지 않은 우발적 군사충돌 가능성이 고조되고 있는 실정이다. 때문에 헨리 키신저(Henry Kissinger) 역시 2014년 2월 독일 뮌헨에서 열린 '세계안보회의'에서 "중일관계의 긴장국면이 격화되면서 전쟁이라는 유령이 아시아를 배회하고 있다"고 경고한

것이다.[47)]

문제는 중국과 일본의 관계 악화 및 분쟁양상이 단순히 양국 간의 문제로만 끝나는 것이 아니라는 점이다. 중일갈등의 심화는 한국의 외교적 입지를 어렵게 하고, 동아시아지역의 안정은 물론 한반도 문제에도 상당히 부정적인 파급영향을 미칠 수밖에 없다.

우선 중일갈등의 악화와 지속은 경우에 따라서 한국이 원치 않는 '선택의 딜레마'를 유발할 수 있다. 즉, '한미동맹' 및 '한·미·일 3각 안보협력구조'와 '한·중 전략적 협력동반자관계'의 이중구조를 유지해 나가야 하는 한국으로서는 헤징(hedging)의 난도(難度)가 증대될 수밖에 없는 것이다. 더욱이 최근의 경우처럼 중일관계 악화가 구조화·장기화되고 중국의 대한(對韓)접근의도가 대일(對日)압박을 위한 공조를 내포할 경우 한국은 향후 미중관계에 앞서 중일관계에서 먼저 '선택의 딜레마'에 봉착할 수도 있다. 실제로 중국의『환구망(環球網)』(2014.1.11)은 "한국이 아베 총리의 신사참배에 강경한 태도를 취하면서도 중·일 사이에서 애매한 태도를 보이고 있다"고 비판하는 기사를 실음으로써 한국의 선택을 요구한 바 있다.[48)]

다음으로 중일관계의 악화 상황 속에서 시진핑 지도부의 적극적인 대한(對韓)접근은 한중관계 발전의 긍정적 측면과 더불어 양자관계 관리에 대한 한국의 어려움을 증대시킬 가능성도 있다. 중국은 '한반도의 평화와 안정'이라는 대(對)한반도 정책기조를 유지하는 가운데 당분간 한중 간 '전략적 협력동반자관계'의 내실화를 명분으로 한국에 대한 접근을 강화해 나갈 것으로 전망된다. 그러나 중국의 대한(對韓)접근은 미중경쟁, 중일관계 악화, 남중국해 분쟁 등에 따른 한국의 일시적 몸값 상승이 작용하고 있다는 점에서 중국의 대외관계상황이 호전될 경우 한국은 일방적 '방기'의 대상이 될 수도 있다. 더욱이 중국의 접근은 "조건이 분명한 호의"로 볼 수 있으며, 언젠가는 중국이 호의적 접근에 대한 대가성 계산서를 요구할 가능성도 배제할

수 없다는 점에서 한중관계 관리의 긴장을 요구하는 부분이다.

세 번째로 중일 간 갈등구조가 지속되고 한일갈등 역시 편승기조를 타게 될 경우 이는 한반도 안정에 관련된 핵심이슈들에 대한 국제적 관심도와 협력구도가 약화되는 등 부정적 영향을 미칠 수 있다. 특히 박근혜 정부가 지향하는 대북·통일 정책 구상이 순조롭게 추진되기 위해서는 안정적인 주변환경이 필요하다는 점에서 일본의 국수주의와 동북아 국가들 간 첨예한 갈등구조의 형성은 북핵 문제 해결을 비롯한 역내 국가들의 지역협력에도 적잖은 한계로 작용할 수 있다. 당장 한·중·일 3국 정상회담이 공전하는 등 동북아 주요국 간의 의사소통채널이 원활하지 않다는 점이 이를 대변하고 있으며, 더욱이 아베 정권은 북한과의 직접 교섭을 통해 북한에 대한 대북제재 철회를 선언하는 등 북한 문제를 둘러싼 한·미·일 3각 공조에도 이상 징후가 나타나고 있다. 실상은 미국 역시 한중 양국의 대일압박 공조가 자칫 미국의 동아시아 전략과 마찰을 빚고 한미일 안보협력에 부정적 영향을 초래할 가능성에 대해 우려하고 있다.

중일관계 악화에 따른 부정적 파급영향을 최소화하고 오히려 이를 한국 외교의 지평을 넓히는 기회로 활용하려면 한국은 동아시아에서 벌어지는 세력 전이에 대한 민감도를 제고할 필요가 있다고 할 것이다. 무엇보다 최근 주목되는 중일관계의 대립은 단순히 양국관계의 악화만이 아니라 동아시아에서의 전반적인 '세력 전이'의 전주곡이며, 역내에서 힘의 공백을 중국이 빠른 속도로 채워가고 있다는 점을 반영한다. 결국 지역패권을 둘러싼 강대국 간 전략적 각축의 시기에 한국은 판세의 변화를 정확히 읽고, 힘의 이동에 대한 민감도를 제고하는 한편 균형적이면서도 독자적인 운신의 폭을 확대하는 방향으로 외교안보 전략을 수립할 필요가 있다.

좀 더 구체적으로 한국은 다가오는 역내 세력 전이에 대응할 수 있는 독자적 대전략을 수립할 필요가 제기된다고 하겠다. 즉, 동아시아를 무대로 하는 미중관계와 중일관계에서 갈등과 협력의 축을 정확히 파악하고, 역내 세력 전이에 대응하는 한국의 생존 전략을 수립할 필요가 있는 것이다. 어느 특정 강국에 대한 한국의 일방적 편승(bandwagon)외교는 갈수록 약효가 떨어질 것이며, 결국은 세력 전이의 양상에 적절히 대응하는 '양방 정책 (hedging)' 또는 '사안별 지지(issue based support) 정책'을 수립해야 할 것이다. 나아가 미중관계와 중일관계 속에서 가능한 '협력이슈', '중립이슈', '갈등이슈'를 정확히 분류·파악하고, 각 시나리오별로 한국의 정책수단을 최대한 활용할 수 있는 창조적 외교 전략을 수립해야 한다.

끝으로 한국은 중일 갈등 속에서 어느 한쪽을 편들거나 양국 간 갈등에 편승하기보다는 중국과 일본이 평화의 길로 나서도록 '건설적 중재자' 역할을 추구해야만 할 것이다. 역사적으로 이웃나라를 침략한 적이 없는 한국으로서는 중국 및 일본 모두와 우호적이며 중재자 역할을 담당할 수 있는 신뢰의 기초를 보유하고 있다. 중일관계와 달리 한중관계 및 한일관계의 성격은 지역패권을 놓고 경쟁하는 구조적 갈등관계가 아니다. 따라서 한국은 중국과 일본이 동의할 수 있는 안보 의제(agenda)들을 발굴·제시함으로써 한·중·일 협력을 추동할 필요가 있다. 또한 한·중·일 3국의 정부 간 대화가 난항에 빠진 점을 고려할 때, 한국이 주도하여 한·중·일 3국의 '국책기관 전략대화' 등을 성사시킨다면 우리의 갈등중재자역할 및 외교력 확대에도 긍정적으로 작용할 수 있을 것이다.

【참고문헌】

리처드 C. 부시 지음, 김규태 옮김. 2013. 『위험한 이웃, 중국과 일본』. 서울: 에코리브르.

毛里和子 지음, 조진구 옮김. 2006. 『중일관계: 전후에서 신시대로』. 서울: 리북.

박병광. 2003. "중국의 정상외교와 강대국관계조정: 江澤民시기를 중심으로." 『국제정치논총』 제43집 2호.

_____. 2010. "중국의 동아시아 전략: 인식, 내용, 전망을 중심으로." 『국가전략』 제16권 2호.

_____. 2013. "시진핑 지도부의 등장과 중국의 대외정책: '지속'과 '변화'의 측면을 중심으로." 『전략연구』 제20권 4호.

박영준. "일본 아베정부의 외교안보전략과 동아시아질서에의 영향." 중국외교안보연구회 발표자료(2014.3.15).

손 열. "미중 데탕트와 일본: 1972년 중일국교정상화 교섭의 국제정치." 『동아시아연구원(EAI) 국가안보패널보고서』 No.63(2014년 2월).

유현정. 2011. "후진타오 시기 중국의 대일본정책." 『세종정책연구』. 성남: 세종연구소.

이기완. 2009. "중일관계 갈등의 이슈와 원인." 『국제지역연구』 제13권 1호.

이승주. "중국의 부상과 일본의 21세기 외교전략: 보통국가의 다차원화." 『동아시아연구원(EAI) 국가안보패널보고서』 No.64(2014년 2월).

BBC. 2013. *BBC World Service Poll 2013*. London: BBC.

Grant, Charles. 2012. *Japan's Response to China's Rise*. London: Center for European Reform.

Jian, Yang. 2007. "Of Interest and Distrust: Understanding China's Policy Toward Japan." *China: An International Journal*, Vol.5, No.2.

Kissinger, Hennry. 2011. *On China*. New York: Penguin Press.

Koichiro, Gemba. 2012. "Japan-China Relations at a Crossroad." *International Herald Tribune*. November 21.

Pew Research Center. 2013. *Global Image of the United States and China*. Washington D.C: Pew Research Center, July 18.

Wan, Ming. 2006. *Sino-Japanese Relations: Interaction, Logic, Transformation.* Stanford: Stanford University Press.

Xiaoming, Liu. 2014. "China and Britain Won the War Together: Japan's Refusal to Face to Its Aggressive Past Is Posing A Threat to Global Peace." *The Daily Telegraph*, June 2.

姜躍春. "論中日'戰略互惠'關係." 『國際問題研究』 2008年 第3期.

葉自成. 2003. 『中國大戰略』. 北京: 中國社會科學出版社.

李紅杰·徐萬里. 2008. 『改革開放三十年的中國外交』. 北京: 當代世界出版社.

張歷歷. 2016. 『百年中日關係』. 北京: 世界知識出版社.

蔣立峰. "未來十年的中日關係與中國對日政策." 『日本學刊』 2009年 第5期.

張悅亭. "小泉內閣對華强硬外交的背後." 『瞭望』 2005年 第26期.

周金宇. "中國對日國際輿論鬪爭評析." 『國際問題研究』 2014年 第3期.

中華人民共和國國務院新聞辦公室. 2011. 『中國的和平發展』. 北京: 中國國務院辦公室.

_____. 2013. 『中國武裝力量的多樣化運用』. 北京: 人民出版社.

楚樹龍·金威. 2008. 『中國外交戰略和政策』. 北京: 時事出版社.

『연합뉴스』 2013년 12월 27일.

『조선일보』 2014년 2월 4일.

『중앙일보』 2013년 8월 14일.

_____ 2014년 6월 12일.

South China Morning Post, January 10, 2014.

『讀賣新聞』 1997年 9月 5日.

『每讀新聞』 2014年 4月 23日.

『法制晚報』 2014年 4月 8日.

『産經新聞』 213年 2月 20日.

『新華通信』 2014年 2月 11日.

_____ 2014年 3月 6日.

『人民日報』 2014年 7月 7日.

『朝日新聞』 2013年 10月 4日.

『環球時報』 2010年 9月 17日.

_____ 2014年 1月 7日.

제**10**장

중국의 대한반도 정책

김애경 | 명지전문대

I. 서론

이 글은 정치·안보적 차원에서 한·중 수교 이후 한·중, 북·중관계를 고찰함으로써 중국의 대한반도 정책을 개관하고, 시진핑(習近平) 시기에 들어 중국이 한반도에 대한 정책에 변화를 주고 있는지, 변화가 있다면 무엇인지를 분석하고 전망하고자 한다. 현재 중국과 한반도의 두 국가인 한국과 북한은 정치·안보적으로도, 경제적으로도 서로 매우 중요한 파트너국가이다. 21세기에 들어선 현재뿐만 아니라 역사적으로도 중국과 한반도의 국가들 간 상호 중요성은 유사했다고 할 수 있다. 주변지역의 안정 유지와 주변국가들과의 협력적 관계 유지가 중국의 강대국 부상과정에서 필수적 요건이고, 중국이 한반도 지역에 대한 영향력 문제를 두고 강대국들과 전쟁도 불사했던 역사적 사실까지 고려했을 때, 한반도 지역에 대한 중국의 정책을 고찰하는 것은 매우 중요하다.

시진핑 주석을 중심으로 한 신지도부는 2012년 가을 제18차 중국공산당 전국대표대회와 2013년 봄 제12차 전국인민대표대회를 계기로 출범하였고, 향후 5년~10년 동안 중국을 이끌어갈 것이다. 중국의 신·구 지도부의 교체가 이루어졌던 그동안과는 다르게 시진핑 정권은 중국이 상당 수준에서 강대국화가 현실화된 상황에서 출범하였다. 2008년 미국발 금융위기로 인해 전 세계가 경제적으로 어려움을 겪었지만 중국은 7~8%대의 경제성장률을 보이며 상대적으로 급부상하는 계기를 맞이하였다. 세계 최대 외환 보유고를 자랑하며, 2010년에는 일본을 제치고 GDP 기준으로 경제규모 세계 제2위 국가가 되면서 중국은 G2국가로서의 국제적 위상을 확고히 하였다. 2010년을 전후로 하여 중국의 대외행태도 매우 공세적으로 변화되고 있다는 평가를 받았다.[1] 때문에 시진핑 정권이 출범 이후 중국의 대외 전략에 변화를 줄 것인지의 여부는 전 세계적인 집중을 받았다.

실제로 시진핑 지도부 출범 이후 중국의 외교행태는 매우 적극적으로 변화하고 있다고 판단된다. 중국의 국제적 위상이 이처럼 향상되고 있는 상황에서, 소극적·방어적이라고 평가받던 중국의 대외행태는 적극적·공세적 행태를 보이기 시작했다. 중국이 대외적으로 보다 적극적인 역할을 해야 한다는 점에 대한 중국 내에서의 논쟁이 시작된 것은 이미 오래전의 일인데, 대외행태로 나타나서 공세적으로 변화되었다는 평가를 받기 시작한 것은 최근의 일이다. 남중국해와 동중국해에서 해양영토 및 관할권 갈등에서 중국이 보인 경제적 수단을 이용해 강압적인 태도를 보인 것들이 대표적인 예이다. 이러한 일련의 사건에서 중국이 보여준 행태가 중국의 입장에서는 국제적 위상이 향상되면서 외연이 확대되는 이해관계(interests)를 지키기 위한 당연한 대응이었을 것이다. 그러나 중국의 이와 같은 대응은 주변국가들이

---

[1] 중국의 공세적 외교에 대한 평가는 다음의 글들을 참조. Michael D. Swaine, "China's Assertive Behavior — Part One: On 'Core Interests'," *China Leadership Monitor*, No.34(Winter 2011); 한석희는 천안함 사건, 이어도 문제 및 방공식별구역 선포를 사례로 한국의 입장에서 중국의 공세적 대외행태를 분석하였다. 한석희, "중국의 공세적 대외행태와 동아시아 안보," 『STRATEGY 21』 Vol.17, No.1(2014), pp.37-64.

상당한 위협으로 인식하기에 충분했다.[2]

시진핑 정부의 외교 분야에서 매우 중요한 역할을 하고 있다고 알려진 옌쉐퉁(閻學通)은 중국의 2013년 외교를 평가하며 중국의 대외 전략이 도광양회(韜光養晦)에서 분발유위(奮發有爲)로 변화하고 있다고 주장하였다. 그는 분발유위로의 변화는 사실 갈등(衝突)회피에서 갈등이용으로, 기회를 기다리는 것에서 기회를 만드는 방향으로, 환경의 변화 적응에서 양호한 환경 조성으로 변화하는 것을 의미한다고 설명하며, 중국의 외교가 보다 공세적이고 적극적으로 변화되어야 한다고 주장하였다.[3]

중국의 이러한 대외 전략의 변화추세는 대한반도 정책에 영향을 줄 수 있다. 시진핑 정권이 출범한 이후 한·중관계에 대한 중국의 평가는 중국이 대한반도 정책에 변화를 주고 있다고 판단할 수 있는 단초를 제공한다. 중국의 외교부장 왕이(王毅)는 2014년 5월 27일 주한중국대사관에서 개최한 중국우호인사 초청행사에서 현재 한·중 양국의 관계가 역사적으로 가장 좋은 시기에 처해 있다고 평가하였다.[4] 이는 실제 양국이 가장 협력적인 관계를 유지하고 있는 사실에 기반한 평가일 수도 있고, 중국이 그만큼 한국과의 관계를 지금보다 더 협력적으로 유지하고 싶은 희망적 발언일 수도 있다. 한·중관계가 박근혜 정부 출범 이후 이명박 정부와 비교하여 호전되고 있는 것은 사실이다. 당선인 시절 박근혜 대통령은 주변 4강 중 유일하게 중국

---

2) 중국의 대외 정책이 독선적인 모습을 보이고 있는데, 이는 중국 국내 행위체의 이해관계가 상충되는 상황이 표출되었다는 평가도 받았다. Michael D. Swain(2010), pp.1-19; Alastair Iain Johnston(2013), pp.7-48; Jean-Pierre Cabestan, "China's Foreign and Security-Policy Decision-making Processed under Hu Jintao," *Journal of Current Chinese Affairs*, No.3(2009); Michael Swaine, "China's Assertive Behavior-Part Three: The Role of Military in Foreign Policy," *China Leadership Monitor*, No.36(Winter 2012a); Michael Swaine, "China's Assertive Behavior-Part Four: The Role of Military in Foreign Crisis," *China Leadership Monitor*, No.37(Spring 2012b); Alastair Iain Johnston, "How New and Assertive is China's New Assertiveness?" *International Security*, Vol.37, No.4(Spring 2013).

3) 閻學通, "安倍參拜, 中國外交的戰略機遇," 『環球時報』 2013年 12月 31日.

4) "王毅: 中韓關系處於歷史最好時期," 『新華網』 2014年 5月 27日.

으로만 특사를 파견하였고, 일본 방문 없이 2013년 중국을 먼저 방문하였던 점이나, 2014년 시진핑 주석의 한국 단독방문 등은 파격적이라고 평가할 수 있겠다.

시진핑 집권 이후 현재까지는 중국이 대한반도 정책을 추진함에 있어 한국에 보다 적극적으로 접근하고 있다. 아시아 인프라투자은행(AIIB) 참여 제안, 800억 위안 규모의 위안화 적격해외기관투자자(RQFII) 자격 부여, 역사 문제에 대한 한중 공조 제안, 8·15 공동 기념식 요청 등과 같은 중국의 접근은 한국을 정책적 차원에서 압박하는 수준이다. 베이징대학(北京大學) 주평(朱鋒) 교수는 시진핑 주석의 한국 단독방문에 대해 "중국지도자들이 한국전쟁 이래 계속되는 한·중관계의 지정학적 그림자에서 벗어나고 싶을 것이고, 남북 간에 균형을 유지하는 기존 방법에서 벗어나 정치 경제 전략상 한국 쪽에 서는 결심을 하고 싶을 것인데, 이것은 이번 시 주석의 한국 방문을 통해 한국 정부와 사회에 전하고 싶은 중요한 메시지"라고 평가했고, 인민일보는 사설을 통해 한국이 신체 내 기(氣)의 흐름을 좌우할 수 있는 혈자리와 같이 매우 중요한 국가이기에, 시진핑 주석의 한국 방문은 몽골 방문(2014년 8월)과 함께 점혈식(點穴式) 외교라고 평가하였다.5)

남북한 사이에서 균형을 유지하는 정책을 취하던 중국의 대한반도 정책이 시진핑 정권 출범 이후 현재까지는 균형의 축이 한국 쪽으로 기우는 것처럼 보이는 것은 한국이 중국에게 전략적으로 필요하기 때문일 것이다. 다시 말해서, 중국은 급부상하는 경제력을 바탕으로 장기적인 차원에서 지역질서를 재구축하고자 한다. 그런데 중국은 한국이 지역질서 변화에 있어 그 흐름을 좌우할 수 있는 매우 중요한 국가라고 인식하고 있다. 따라서 중국은 한국이 정치·경제적으로 중요한 협력파트너가 되어주기를 희망하고 있기 때문에 어느 시기보다도 한국에 적극적으로 접근하고 있다고 사료된다.

시진핑 정부가 이처럼 한국에 매우 적극적으로 접근하고 있음에도 불구

---

5) "習近平點穴式外交獲贊, 中蒙更上層樓," 『環球網』 2014年 8月 22日; 서정경, "미국? 중국? … 점점 한국을 압박하는 중국," e-성균중국칼럼 제22호.

하고, 중국이 공식적으로 표명하는 한반도 정책기조는 변함이 없다. 즉 중국은 여전히 한반도의 평화와 안정 유지, 한반도의 비핵화 실현 및 남북한의 자주적·평화적 통일을 지지한다고 표명하고 있다. 따라서 이 글은 시진핑 시기의 중국의 대한반도 정책을 분석함에 있어 변화에 중점을 두되 지속성을 유지하는 부분도 함께 고찰할 것이다.

이 글은 다음과 같이 구성된다. 2절은 한·중 수교 이후 한·중관계와 북·중관계 발전현황을 통해 중국의 대한반도 정책을 분석한다. 중국이 한국, 북한과의 관계를 발전시키고 있지만 양국을 아우르는 한반도에 대한 정책을 규명하기는 용이하지 않고, 중국이 표명하는 한반도 정책이란 한반도의 안정과 평화유지, 한반도 비핵화 및 남북한 양국의 자주적·평화적 통일이라는 원칙이다. 따라서 중국의 대한반도 정책은 한·중관계와 북·중관계 발전현황을 통해 추론하는 것이 적절하다고 판단된다. 이 작업은 3절과 4절에서 분석하고자 하는 시진핑 시기 대한반도 정책에 어떤 변화를 주고 있는지를 고찰할 수 있는 사전작업이 될 수 있다. 3절에서는 시진핑 집권 이후 현재까지 대한반도 정책을 분석하는데, 2절에서 고찰한 이전 지도부들의 대한반도 정책에서 변화된 부분을 중점적으로 분석한다. 4절에서는 시진핑 시기 대한반도 정책에 영향을 주는 요인을 분석한다. 3절과 4절에서는 시진핑 시기의 중국의 대한반도 정책이 중국외교의 일반적 특성과 한반도의 특수성이 어떻게 반영되었는지도 동시에 고찰할 것이다. 이는 향후 중국의 대한반도 정책의 변화가능성을 전망하는 데 유용한 근거가 될 수 있으므로 매우 중요한 의의가 있다. 5절 결론에서는 본문의 분석을 바탕으로 향후 시진핑 정부의 대한반도 정책을 전망하고, 한국 정부의 정책적 대안을 제시하고자 한다.

II. 시진핑 시기 이전의 중국의 대한반도 정책

한·중 양국의 수교를 계기로 중국의 대한반도 정책은 질적으로 변화되었다. 1992년 8월 한·중 양국이 "한·중 외교관계 수립을 위한 공동성명"에 서명하면서 상호 적대시하던 이전의 한·중관계는 비약적으로 발전하였으나, 혈맹관계로 표현되어 왔던 북·중 양국의 관계는 한동안 냉각기를 보내게 되었다. 그러나 중국은 남북한 사이에서 균형을 유지하며 양국 모두와 협력적 관계를 유지하고자 하였다.

중국의 대한반도 정책은 단순히 한·중, 북·중, 남북한·중과 같은 단순한 양자 혹은 삼자 관계만을 반영하고 있는 것은 아니다. 탈냉전기 1990년대와 2000년대 초중반까지 미국은 중국에 대해 견제 또는 관여 정책으로 대응하였고, 한국은 미국의 동맹국으로서 미국의 아시아 정책에 협력해야 하는 상황이었기 때문이다. 따라서 중국의 대한반도 정책은 미·중 양국관계 속에서 고려되는 중국의 대외 전략이라는 큰 틀과 한반도가 지정학적 차원에서 갖는 전략적 가치라는 특수성이 동시에 투사된다. 이 절에서는 한·중 수교 이후 후진타오 시기까지의 한·중, 북·중관계 발전을 고찰하면서 중국의 대한반도 정책을 분석한다.

1. 한·중 수교 이후 시진핑 시기 이전까지의 한·중관계 발전 현황

한·중 양국은 수교 이후 '선린우호 관계(1992~1997)' 시기부터 '21세기를 향한 협력동반자관계(1998~2002)' 시기, '전면적 협력동반자관계(2003~2007)' 시기와 '전략적 협력동반자관계(2008~2012)' 시기를 거쳐 현재는 '전략적 협력동반자관계(2013~현재)'를 심화시키는 과정에 있다. 이렇게 양국이 수교하고 시간이 흐르면서 한·중관계는 꾸준하게 발전하였다고 평가할 수 있지만 단계별로 양국관계가 모든 영역에서 심화되었다고 단정지을 수는 없다. 이슈에 따라 시기별로 관계발전의 정도에 차이를 보이고 있기 때문에 정치·안보적 차원과 경제적 차원 및 기타로 구분하여 양국의 관계발전 현황을 고찰할 필요가 있다.

우선 정치·안보적 차원에서 양국관계를 살펴보면, 표면적으로는 지속적으로 발전해왔으나 부침의 과정을 거쳤다. 위에서 언급하였듯이 양국관계를 규정하는 표현법은 1992년 수교 이후 한국에서 정권이 바뀔 때마다 변화되었다. 이외에도 무관부의 상호설치(1993, 1994), 군사·안보 분야 인사의 상호 방문, 비정기적이지만 국방 정책 실무회의 개최, 한·중 해군 및 공군 간 '핫라인' 개설(2008) 등의 교류를 진행해 왔다.[6] 이렇게 한·중 양국의 정치·안보적 차원의 협력은 형식적인 차원에서 심화되는 듯 보이지만, 실질적인 협력의 확대로 발전했는지에 대해서는 구체적인 고찰이 필요하다. 대표적으로 한반도 정세와 동북아 평화 및 안보의 최대 이슈인 북핵 문제와 북한 문제에 관련한 중국의 태도가 일관적이지 않았다.

북핵 문제와 관련하여 1차와 2차 위기에 중국은 상이하게 대응하였다. 제1차 북핵 위기가 발발하고, 한국과 국제사회는 북핵 문제 해결을 위해 중국에게 적극적 역할을 요청하였지만 중국은 '당사자 해결원칙'과 '절대적 주권원칙' 등과 같은 원론적 입장을 견지할 뿐이었다. 정치·안보적 차원에서 한·중 양국의 협력은 북한요인의 제약을 받았다고 할 수 있다. 반면 제2차 북핵 위기 때에는 중국이 한반도 비핵화를 주장하며 한국과 매우 긴밀하게 협력하였고, 북핵 문제 해결을 위한 6자회담을 조직하는 등 협력을 실질적 차원으로 확대해 갔다.[7] 한국 정부가 당시 북핵 위기에 직면한 상황에서도

---

6) 한국 측 군인사의 중국 방문은 1992년 합참의장 이필섭이 대통령을 수행하여 중국을 방문한 이후 장관급 방문 3회, 차관급 방문 1회, 합참 의장급 방문 4회 및 수차례 각 군 참모총장급 방문이 있었다. 중국 측은 1996년 국방부 외사국 국장의 방한 이후 장관급 방문 2회, 총참모총장급 방문 1회 및 각 군 참모총장급 방문과 군구 사령급 방문이 6회 진행되었다. 黃載皓, "中國國防部長曹剛川訪韓的意義與成果,"『當代亞太』第6期 (2006), pp.58-61; 주중국 한국대사관 홈페이지(http://www.koreaemb.org.cn/, 검색일: 2007.9.8).

7) 제1, 2차 북핵 위기에서 중국이 보인 역할의 차이는 다음의 논문을 참조. 김애경, "중국

남북 당국 간 대화를 유지하고, 인적 왕래와 경제협력을 지속시키는 등 북핵 문제와 직접적으로 연계시키지 않았다. 당시 한국 정부의 한반도 평화와 안정 유지라는 정책목표에서 중국과의 이해가 일치했다고 말할 수 있다. 수교 초기였던 1990년대와는 상이하게 2000년대 초반 시기에는 안보적 차원에서 한·중관계 발전의 주된 제약요인으로 거론되던 '북한요인'으로부터 중국이 상당히 자유로워지고 있거나 혹은 현실적으로 한·중관계 발전에 더 비중을 두었다는 분석도 있을 정도로 양국의 협력이 긴밀하였다.[8]

이렇게 양국 간에 비교적 긴밀하게 유지되었던 북핵 문제와 관련한 안보협력은 한국의 이명박 대통령이 취임한 2008년을 전후로 다른 양상을 띠기 시작했다. 이 시기 한국의 이명박 대통령은 중국의 후진타오 주석과 가장 많은 회동(11회)을 가졌으나 정치·안보차원에서 양국의 실질적 협력은 거의 이루어지지 않았다. 수교 이후 역대 한국 대통령의 중국 정상과의 회동 횟수는 노태우 전 대통령이 1회, 김영삼 전 대통령이 6회, 김대중 전 대통령이 5회, 노무현 전 대통령이 8회이다. 이명박 정부는 양국의 관계를 '전면적 협력동반자관계'에서 '전략적 협력동반자관계'로 격상하기로 약속하며 상대적으로 많은 회동을 가졌음에도 불구하고, 양국은 북핵 문제 해법에 대한 이견을 좁히지 못해 북핵 문제 해결을 위한 실질적인 협력을 거두지 못했다. 뿐만 아니라 2010년 3월 천안함 사태와 11월 연평도 포격사건과 같은 북한의 돌발행위에 대해서도 중국의 중립적인 태도도 이끌어내지 못했고, 2011년 12월 김정일 사망 이후 사태 대비를 위한 양국의 협의채널을 구축하지 못하는 등등의 상황은 수교 이래 양국관계가 최악의 상황으로 치닫고 있다는 평가를 받기까지 하였다.[9]

의 대외정체성 인식 변화: 제1, 2차 북핵 위기에 대한 중국의 역할변화 분석을 사례로," 『국가전략』 제10권 4호(2004), pp.33-60.

8) 이동률, "한·중 간 외교안보 현안: 양국관계의 주요 요인을 중심으로," 『현대중국학회 자료집』 2007년 10월 5일, p.172.

9) 성균관대학교 동아시아학술원 동아시아연구소, "한중관계, 어디로 가나?" 주제토론회, 2010년 10월 15일.

둘째, 경제적 차원에서 양국의 협력은 지속적으로 심화되고 있다. 〈표 1〉에서 보듯이 1992년 수교 당시 양국의 수출·입 교역액은 63.7억 불이었는데, 2013년 말 2,700억 불을 기록하여 약 42배에 달하는 증가세를 보이고 있다.10) 물론 그동안 2차례의 금융위기는 양국의 교역에 영향을 주어 1998년과 2009년에는 다소 감소했지만 전반적으로 꾸준한 증가세를 유지하고 있다. 2003년 이후 중국은 한국의 최대 수출시장이 되었으며, 2007년 이후 중국은 한국의 최대 수입시장이 되어, 중국은 이미 한국의 최대 교역대상국이고 한국은 중국에게 제3대 교역대상국이다.11) 2013년은 한·중 수교 21년이 되는 해였는데 양국의 교역이 42배 증가하였다는 것은 매년 평균 2배 이상씩 증가한 셈이다. 정치·안보적 차원에서 이전과 비교해 협력의 수준

〈표 1〉 중·한 양국 교역 추이

(단위: 억 불)

구분	1992	1995	1997	1998	2002	2005	2007	2008	2009	2010	2011	2012
대중수출	26.5	91.4	135.7	119.4	285.8	619.1	768.7	1,121.5	1,021.3	1,380.2	1,616.7	1,665.9
대중수입	37.2	74.0	101.2	62.3	155.1	351.2	561.3	739.1	536.3	688.1	829.2	876.5
대중 수출입(A)	63.7	165.4	236.9	181.7	440.9	970.3	1,330	1,860.6	1,557.6	2,068.3	2,445.9	2,542.4
전체 수출입(B)	1,584	2602	2,808	2,256	3,146	5,457	7,283	8,573	6,866.2	8,916	10,796	10,675
비중 (A/B)	4.0	6.4	8.4	8.0	13.1	18.4	19.9	19.6	20.5	21.1	20.4	23.8
대중무역 수지(a)	-10.7	17.4	34.5	57.1	130.7	267.9	207.4	382.4	485	692.1	787.5	789.4
전체무역 수지(b)	-51.4	-100.6	-84.5	390.3	103.4	231.8	146.4	-132.7	400.4	411.7	308.0	282.9

자료출처: 한국무역협회(http://www.kita.net)

---

10) 한국무역협회에서 공개하고 있는 교역량의 통계와 외교부에서 발행하는 『중국개황 2013』에 수록된 통계가 일치하지 않아 이 글은 한국무역협회의 통계를 인용함. http://stat.kita.net/top/state/main.jsp?lang_gbn=null&statid=cts#none(검색일: 2014.6.22).

11) 외교부, 『중국개황 2013』, p.294.

이 현저하게 낮았던 이명박 정부 시기에도 세계금융위기를 겪어 2009년을 제외하고는 양국의 교역은 꾸준히 증가하였다.

정치·안보적 차원에서 협력과 갈등이 반복되는 것과는 상반되게 빠른 수준으로 양국의 교역액이 증가할 수 있었던 이유는 지리적인 근접성과 양국의 산업구조가 상호보완적이었기 때문이다.12) 그러나 중국의 경제가 급부상하는 상황에서 양국의 상호보완적 산업구조가 영원불변할 수 없다. 중국 경제의 지속적인 발전은 필연적으로 중국 국내 산업구조의 전환이 동반될 것이다. 이미 중국의 무역구조가 고도되기 시작하여 한·중 양국 간의 무역 경쟁은 시작되었다고 할 수 있다. 따라서 다른 상화변화가 동반되지 않는 한 양국의 교역은 점차 감소할 가능성이 크다. 〈표 1〉에서 보듯이 실제로 양국 교역총액의 증가폭이 점차 감소되는 추세를 보이고 있다.

한국의 대중투자 역시 2000년대 중반부터 감소추세를 보이다 2008년 글로벌 금융위기 이후 다소 안정세를 보이고 있다.13) 이는 2006년부터 시작된 외자기업에 대한 세제우대혜택 감소, 가공무역 규제, 토지사용 규제 강화 및 토지 사용비 상승, 환경규제 강화 및 '노동계약법' 제정 등으로 중국의 투자환경 변화라는 영향을 받았다고 판단된다. 그러나 이 시기 경제영역에서 주목할 만한 양국의 협력은 2008년 12월 통화 스와프 규모를 300억 불까지 확대하자는 협정을 체결하였고, 2011년 10월에는 다시 약 568억 불(3,600억 위안, 약 64조 원)까지 확대하기로 합의하였다. 한·중 통화 스와프 규모의 확대는 외화부족에 따른 위험성을 감소시킬 수 있는 장점이 있고

---

12) 대중국 교역액이 동아시아 금융위기를 겪은 1998년에는 181.7억 불로 1997년 236.9억 불에 비해 552억 불이 감소하였으며, 2009년에는 1,557.6억 불로 2008년 1,860.6억 불에 비해 303억 불 감소하였다. 그 외에는 증가폭은 다르지만 매년 증가하였다. 한국무역협회 사이트(http://www.kita.net).

13) 한국의 대중 투자금액은 1992년 2.2억 불, 1997년 9.2억 불, 1998년 9.1억 불, 2000년 10억 불, 2002년 21억 불, 2003년 28.2억 불, 2004년 23.2억 불, 2006년 33.8억 불, 2007년 53억 불, 2008년 37.9억 불, 2009년 21.8억 불, 2010년 36.4억 불, 2011년 36.8억 불, 2012년 33.1억 불을 기록하고 있다. 한국수출입은행 해외투자통계 DB(http://www.koreaexim.go.kr).

역내 금융시장 안정에 기여할 것이라는 평가를 받는다.14) 이처럼 경제적 차원에서 양국의 협력은 금융위기와 같은 외부적 요인의 영향을 받는 것을 제외하고는 안정적으로 발전하는 추세를 나타냈다.

그 외 한·중 양국은 크고 작은 이슈들에 의해 갈등과 협력국면이 반복되어 왔다. 대표적으로 '동북공정(東北工程)'과 같은 중국의 역사 왜곡 문제로 양국민의 감정이 악화되는 상황에 이르게 하였다. 2004년 양국은 구두합의를 통해 양국의 갈등상황이 확대되는 것을 방지하려는 임시봉합 조치를 취함으로써 일단락되었으나, 역사왜곡 문제는 언제든지 다시 양국을 갈등국면에 빠뜨릴 수 있으므로 관리가 필요한 이슈라고 할 수 있다.

2. 한·중 수교 이후 시진핑 시기 이전까지의 북·중관계 발전현황

혈맹관계로 표현되던 북·중 양국은 1992년 한·중 수교를 기점으로 양국의 교류는 냉각기에 접어들었다. 한·중 양국의 경제협력은 줄곧 정치·안보적 차원의 상황의 영향을 받지 않은 특징을 나타내는 것과는 다르게, 1999년까지 북·중 양국의 경제협력과 기타 분야에서의 교류가 동시에 감소하였다. 북·중 양국관계는 다음과 같이 몇 차례 변화를 거쳐 왔다. 중국이 한국과 수교한 1992년 8월을 기점으로 북·중관계는 냉각기에 접어들었다. 1992년은 중국이 한국과 수교한 해이기도 하지만, 그해 4월 양상쿤(楊尙昆) 전국가주석이 중국의 대표단과 함께 김일성 주석의 80세 생일을 기념하기 위해 평양을 방문하였을 때, 북한은 사전협의가 없는 상황에서 중국에게 〈사회주의 사업 유지와 발전 선언〉에 협정할 것을 요구했고, 중국은 거절하면서 북·중관계의 갈등이 표면화되었다. 8월 한·중 양국의 관계정상화는 북한과 중국의 갈등을 최고조에 다다르게 했다.

이후 양국의 정치적 교류는 확연히 감소하였고 관방의 언론매체 역시 상

---

14) "한·중 통화스와프 568억 달러로 확대," 『동아일보』 2011년 10월 27일.

대국에 대한 보도에 매우 인색할 정도로 악화되었다. 이후 양국의 최고위층의 상호 방문이 단 한 차례도 진행되지 않았으며, 1999년 북한 김영남 최고인민회의 상임위원장의 홍성남 내각총리가 주요 인사들을 대동하고 중국을 방문하기 전까지 양국관계는 냉각기를 거쳤다. 이 시기 양국의 무역총액도 1993년 8.99억 달러, 1994년 6.24억 달러, 1995년 5.49억 달러로 점차 감소하는 추세를 보였다.[15] 1993년 제1차 북핵 위기를 겪으며 북한의 일방적인 NPT 탈퇴, 북핵 위기 해결을 위한 중국의 중재 부재, 1995년 북한의 특파원에 대한 중국의 강제출국 조치, 1997년 황장엽 망명사건 등의 사건들은 양국관계를 더욱 냉각시켰다.

1999년 김영남의 방중을 계기로 양국관계는 회복기에 접어들었고 1992년 이전의 수준은 아니지만 양국관계는 정치·안보적 차원에서도, 경제적 차원에서도 회복단계에 접어들었다.[16] 2000년과 2001년 김정일의 방중과 2001년 장쩌민의 답방형식의 방북을 통해 양국은 정상외교를 회복시켰으며 북한에 대해 중국이 20만 톤의 식량과 3만 톤의 중유를 무상으로 제공하는 등 양국의 관계가 회복되었다고 판단할 수 있는 일련의 조치들이 취해졌다. 양국관계는 제2차 북핵 위기가 발발하면서 더욱 강화되었다. 중국은 북핵 문제를 평화적으로 해결하기 위해서 고위층의 상호 방문과 실무차원의 접촉을 통해 북한과 긴밀하게 협력하였다. 2004년 김정일은 중국을 방문하여 중국공산당 정치국 상무위원을 모두 접견하였고, 2005년 후진타오 주석의 방북을 통해 "전통계승, 미래지향, 선린우호, 협력강화"라는 양국의 우호협력관계 촉진을 위한 16자 방침을 표명하며 양국의 전통적 우호관계를 재차 확인하였다. 또 6자회담과 경제협력 등 양국협력이 강화되고 있는 추세를 반영하는 조치들이 취해졌다.

이렇게 양국의 협력이 강화되었지만, 북한이 2006년 7월 '장거리 로켓(대

---

15) 葉自成, 『中國大外交』(北京: 當代世界出版社, 2009), p.355.

16) 이종석, 『북한-중국관계: 1945~2000』(서울: 도서출판 중심, 2000), p.277; 전병곤, "중북관계," 『중국 현대국제관계』(서울: 도서출판 오름, 2009), pp.182-184.

포동 미사일)'을 실험발사하고, 연이어 10월 제1차 핵실험을 하면서 북한과
중국의 관계는 다소 소원해질 수밖에 없었다. 북한이 미사일을 실험발사했
을 때 중국은 유엔에서의 대북 제재 결의안에 찬성표를 던졌고, 제1차 핵실
험을 했을 때는 이례적으로 "북학이 제멋대로(悍然) 핵실험을 했다"는 강도
높은 비난 성명을 발표하였다. 주변지역의 안정화를 최우선 목표로 삼는 중
국이 이렇게 강경하게 반응한 것은 북한의 이러한 군사적 도발이 중국의
부상과정에 전략적으로 상당한 부담이 될 수 있었기 때문에 중국은 북핵
문제 해결을 위한 노력을 지속하였다. 그 결과 2007년 2·13 합의를 도출하
는 데 많은 공헌을 하였다. 그러나 2009년 5월 북한이 다시 제2차 핵실험을
단행하면서 중국은 유엔안보리의 대북 제재안에 찬성하였고, 그해 북·중
양국의 교역양도 대폭 감소하는 변화가 있었다.

북·중 양국의 경색 국면은 2010년 천안함 사태와 연평도 포격사건을 계
기로 다시 협력모드로 돌입했다고 할 수 있다.[17] 중국은 천안함, 연평도 사
건이 한반도 지역의 분쟁으로 확대되는 것을 우려하였다. 중국은 지역강대
국으로서 지역안보를 위해 중립적인 태도를 취하기보다는 모든 관련국들의
냉정한 대처만을 호소하였다. 중국의 이러한 태도는 한국의 입장에서 볼 때
중국의 태도는 남북한 사이에서 적극적으로 '북한 끌어안기'였다. 이 시기
북·중 양국의 협력이 더욱 긴밀해지고 있다고 판단할 수 있는데, 그 근거들
은 다음과 같다. 예를 들면 2010년 한 해 동안 김정일이 중국을 5월과 8월
2차례나 방문하는 이례적인 모습을 보였던 점, 당시 차세대 지도자였던 시
진핑 국가부주석은 주 중국 북한대사관의 북한 노동당 창건 65주년 기념행
사에 참여하여 북한 노동당 새 지도부와 함께 전통을 계승해 우호협력관계
를 한층 발전시자고 제안하며 양국의 협력을 강조하였던 점, 항미원조(抗美
援朝) 작전 60주년 기념사를 통해 북·중 양국의 혈맹관계를 강조하였던 점,

---

17) 전병곤, "천안함 이후 북중관계의 변화와 영향," 『한중사회과학연구』 제9권 제1호
　　(2011), pp.1-25; 이상숙, "김정일-후진타오 시대의 북중관계: 불안정한 북한과 부강
　　한 중국의 비대칭협력 강화,"『한국과 국제정치』 제26권 제4호(2010), pp.119-144.

〈표 2〉 북한의 대중 수·출입 추이

(단위: 억 불)

	1998	1999	2000	2002	2004	2005	2006	2007	2008	2009	2010	2011	2012
수입	3.56	3.28	4.51	4.67	7.99	10.81	12.31	13.92	20.33	12.09	22.78	31.65	34.46
수출	0.57	0.41	0.37	2.71	5.86	7.99	4.68	5.82	7.54	5.01	11.88	24.64	24.85
총액	4.13	3.69	4.88	7.38	13.85	18.80	16.99	19.74	27.87	17.10	34.66	56.29	59.31

자료: 1998~2006년 통계는 KOTRA; 2007~2013년 통계는 한국무역협회 무역통계 참조

김정일 사망 소식이 발표된 당일 오후 중국공산당 중앙위원회 전국인민대표
대회 상무위원회, 공산당 중앙군사위원회, 국무원 등 당·정·군의 핵심 4개
기관 명의로 조전을 보내며 신속하게 대응했던 점, 후진타오 당시 국가주석
을 비롯해 중국공산당 서열 1~9위인 상무위원 전원이 조문했던 점, 북한의
안정과 후계 체제에 대한 지지의사를 분명하게 표시했던 점 등등이다.[18)
〈표 2〉에서 보듯이 북·중 양국의 관계회복이 시작되었던 1999년 이후부
터는 양국의 교역액은 2006년과 2009년 2차례 핵실험을 한 그해에만 다소
감소하였지만 지속적으로 증가하고 있다. 양국의 교역액이 증가하고 있는 것
보다 더 주목할 부분은 북한의 대중 무역의존도이다. 북한의 대중 무역의존
도는 2003년부터 2009년까지 차례로 42.8%, 48.5%, 52.6%, 46.7%, 67.1%,
73%, 78.5%를 기록하며 상승세를 지속하고 있으며 2010년에는 83%, 2011
년에는 89.1%까지 다다르며 2012년에는 90%로 추정하고 있다. 이처럼 북
한의 대중국 경제의존도는 대단히 높아지고 있는데, 북한에 대한 국제사회
의 제재조치와 북·중 양국의 지리적 인접성 및 중국제품의 가격경쟁력이
북한의 대중 교역의존도를 높이는 데 크게 기여하고 있다.[19) 북·중관계가

---

18) "習近平在京出席朝鮮勞動黨成立65周年慶祝宴會," 2010年 10月 8日, http://www.gov.
   cn/ldhd/2010-10/08/content_1717613.htm(검색일: 2011.10.25).

19) "2010 북한의 대외무역동향," KOTRA자료, 11-033(2011), p.18; 외교부, 『중국개황
   2013』, p.130.

3회복기에 접어들면서부터는 정치·안보적 차원의 영향을 크게 받지 않고 경제적 차원의 협력이 지속되고 있다. 천안함 사태 이후 북·중 양국은 경협 확대를 위한 '정부인도(政府引導), 기업위주(企業爲主), 시장운영(市場運作), 호혜공영(互利共嬴)'의 4대 원칙에 합의하였고, 경제 분야의 협력도 확대되는 추세이다. 즉 양국의 협력이 수출·입 교역만이 아닌 훈춘-나진·선봉 도로건설과 같은 인프라 건설과 황금평/위화도 경제특구 개발 등으로 확대되고 있는 것이다.[20]

3. 한·중 수교 이후 시진핑 시기 이전까지의 중국의 대한반도 정책

한·중 수교 이후 한·중, 북·중관계의 발전현황을 살펴보았다. 이를 통해 중국이 한반도 지역에 대해 일관되게 추진하는 정책을 살펴보면 다음과 같다. 우선 중국은 북한 체제의 안정화를 통해 한반도 지역의 안정과 평화를 유지하는 정책을 취하고 있음을 알 수 있다. 다시 말하면 중국이 견지했던 한반도의 안정과 평화유지라는 기조는 북한을 배려해야 한다는 전제가 있는 안정과 평화유지라는 점이다. 대표적으로 북핵 문제에 대한 중국의 대응을 보면 알 수 있다. 제1차 북핵 위기가 발발했던 시기인 1993~4년, 중국은 당사국 해결과 내정불간섭 원칙을 내세우며 어떠한 역할도 하지 않았다. 당시 중국은 1992년 북한이 요구하는 〈사회주의 사업 유지와 발전 선언〉에 협정체결을 거부하였고 한국과 수교하면서, 북·중관계는 매우 경색된 상황이었다. 물론 당시 중국도 천안문 사태 이후 인권탄압국이라는 이유로 미국을 비롯한 국제사회로부터 압박을 받고 있는 상황이었고, 중국은 이에 대해

---

20) "中朝兩個經濟區投資說明會在北京擧行陳健: 政府引導 企業爲主 市場運作 互利共嬴," 2012年 9月 26日, http://www.mofcom.gov.cn/aarticle/ae/ai/201209/201209083 60623.html(검색일: 2013.2.14). 2010년 12월 신압록강 대교 착공, 2011년 6월 황금평 개발과 훈춘-나선 도로 확장공사를 착공하였다. 외교부, 『중국개황 2013』, p.131.

내정간섭이라고 대응했었다. 또 중국은 당시에 지역질서를 위한 역할을 해야 하는 것보다 자국의 경제발전을 국가목표의 우선순위로 두었기 때문에, 중국은 핵 문제를 두고 북한에 압박을 하는 것은 적절하지 않다고 판단했을 것이다. 그럼에도 불구하고 냉전종식 직후였고, 남북한관계 역시 경색 국면이었던 1993~4년 시기 북한이 느끼는 안보위협에 대해 중국은 심정적으로 이해하며 북한 배려의 심리가 작용되었던 것으로 판단된다.

북한의 2차례 핵실험과 미사일 실험발사 및 2010년 북한의 행태에 대한 중국은 대응조치에서도 북한 배려는 감지된다. 1차 핵실험을 했던 2006년은 남북한관계가 상대적으로 좋았던 시기였기 때문에 중국이 강한 어조로 비판하고 국제사회의 제재조치에 동조하는 점이 한반도의 안정과 평화유지에 크게 영향을 미치지 않았다. 이는 당시 노무현 정부가 북한과의 관계를 협력적으로 유지하여 한반도의 안정과 평화유지에 대한 강한 의지를 표명했기 때문이다. 그러나 2차 핵실험을 했던 2009년과 천안함 사태와 연평도 사건이 발생한 2010년은 이명박 정부 시기로 남북관계가 매우 경색된 상황이었기 때문에, 중국이 북한을 강하게 압박하기에는 다소 부담이 있었다고 판단된다. 이렇게 이 시기 중국의 대한반도 정책에는 북한 체제에 대한 중국의 배려가 매우 부각되고 있다.

둘째, 전반적으로 중국은 남북한과 정치·안보차원의 협력을 경제협력과 연계시키지 않는 정책으로 발전하는 추세이다. 한·중관계 발전현황을 보면 수교 이후 줄곧 '정경분리'의 원칙이 적용되고 있다. 수교 이후 노무현 정부 시기까지 양국의 협력은 경제 분야뿐만 아니라 정치·안보 분야에서도 관계 강화를 위한 노력을 하였다. 그러나 이명박 정부가 들어선 이후 한·중 양국의 정치·안보 분야 협력은 수교 이후 최악이라는 평가를 받았음에도 불구하고 경제협력은 2009년을 제외하고는 지속적으로 증가하는 추세이다. 2009년에 양국의 교역액이 다소 감소한 것은 주지하듯이 글로벌 금융위기의 영향을 받았기 때문이다.

반면 북한과의 경제협력은 정치·안보 분야와 경제 분야에서 연계되는 측면이 상대적으로 높았다. 그러나 2000년대 후반으로 들어서면서 경제협력이 핵 문제를 제외하고는 기타 정치·안보 요인으로부터 독립되는 추세를 보이고 있다. 〈표 2〉에서 알 수 있듯이 1, 2차 핵실험을 실행한 2006년과 2009년을 제외하고는 지속적으로 증가하고 있다. 더욱 중요한 점은 위에서 언급하였듯이 북한의 대중 경제의존도가 지속적으로 높아지고 있는데, 2차 핵실험을 했던 2009년에도 78.5%를 기록해 2008년 73%와 비교하여 의존도는 높아졌다는 점이다. 한반도의 두 국가에 대해서는 중국이 경제협력을 정치·안보차원의 협력과 연계시키지 않으려는 추세임을 알 수 있다.

셋째, 중국은 남북한에 대해 균형 정책을 취함으로써 영향력을 유지하고자 했다. 역사적으로도 중국은 한반도 지역에 대해 영향력을 유지하거나 강화시키고 싶어 했다. 지역적 지지기반이 없이는 중국의 강대국화는 어렵다. 특히 국경을 맞대고 있는 한반도의 국가들이 중국에 적대적이라면 중국의 진정한 강대국화는 더더욱 어려울 것이다. 때문에 중국의 그동안 남북한 두 국가에 대해 균형 정책을 취하면서 영향력을 확대하고자 했다. 예컨대, 비핵화 문제에 있어서도 중국은 단 한 번도 북한의 비핵화를 주장하지 않았다. 현재 상황에서 북한의 핵무장화가 문제임에도 불구하고 한반도의 비핵화를 주장하며 남북한 사이에서 균형을 취하는 모습을 보이고자 했다.

III. 시진핑 시기 중국의 대한반도 정책

1. 시진핑 시기 한·중관계와 북·중관계 현황

시진핑 정부는 출범한 지 채 2년이 되지 않았지만, 한·중관계는 적지 않게 변화하고 있다. 이는 이명박 정부 시기에 비해 상대적으로 양국이 서로 중시하고 있음을 나타내고 있기 때문이다. 박근혜 대통령은 당선인 시절에 중국에 유일하게 특사를 파견하였고, 미국-일본-중국순으로 방문하던 기존의 방식을 깨고 2013년 6월 일본에 앞서 중국을 방문하였다. 중국의 입장에서 한국이 중국을 중시하고 있다고 인식할 수 있게 한 것이다. 박근혜 대통령은 중국 방문에 대해 "심신지려(心信之旅)"라는 슬로건을 부치면서까지 중국과의 신뢰를 회복시키고 소통을 강화하려는 의지를 표명하였고, "전략적 협력동반자관계"의 내실화를 약속하였다. 한국 정부의 이러한 조치들은 중국에게 양국관계 발전에 대한 한국의 의지를 표명한 것이고, 양국관계 발전에 긍정적인 영향을 미쳤다.

한·중 양국은 박근혜 대통령의 방중을 계기로 '중·한 미래비전 공동성명'을 채택하여 정치·안보, 경제·통상, 사회·문화 등 각 분야에서 양국의 협력강화를 약속하였으며 주요 현안에 대해 논의하였다. 공동성명은 부속서를 첨부하여 세부 이행계획을 제시하고 있다는 점이 특징이다. 우선, 정치·안보적으로 세부 이행계획에서 합의한 사안들은 향후 양국의 "전략적 협력동반자" 관계 내실화에 필요한 조치들이다. 예를 들어 청화대 국가안보실장과 중국 외교담당 국무위원 간 대화 체제, 외교안보대화, 정당 간 정책대화 및 양국 국책연구소 간 합동 전략대화 구축은 양국의 소통채널을 확대하기 위해 새롭게 추진하는 대화채널들이다. 북한 핵 문제에 있어서도 한반도비핵화라는 원칙을 재확인하고 한반도비핵화와 평화와 안정 유지를 위한 양국이 공동으로 노력할 것임을 확인하였다. 뿐만 아니라 중국이 우리 정부가 제시한 '동북아 평화협력구상'에 대해 높이 평가하고 원칙적 지지를 선언하였다.

경제·통상 분야에서도 양국은 진일보한 협력을 약속하였다. 우선 보다 높은 수준의 개방을 전제로 한 자유무역협정(FTA) 체결을 위해 협상을 가속화하기로 하고, 양국의 경제협력 강화를 위해 7건의 양해각서(MOU)를 체결하였다.[21] 양국은 통화 스와프 협정 만기(2014년 10월)를 연장하고 향

---

21) 7건의 MOU는 다음과 같다. ①수출입 안전관리 우수공인업체(AEO) 상호인정약정, ②해양과학기술협력에 관한 MOU, ③경제통상협력 수준 제고에 관한 MOU, ④에너지절약 분야 협력 강화에 관한 MOU, ⑤응용기술 연구개발 및 산업화 협력강화 MOU, ⑥수출입은행 간 상호 리스크 참여 약정, ⑦따오기 보로·협력에 관한 MOU. "한·중 정상 서명한 8건 합의서는," 『파이낸셜뉴스』 2013년 6월 28일.

후 필요 시에 규모를 확대하기로 하였고, 지역차원의 협력, 즉 중·한·일 자유무역협정(FTA), 역내 포괄적 경제동반자협정(RCEP), 아태무역협정 협상, 광역두만개발계획(GTI), 중·한·일 환황해 경제기술교류 회의 등 아시아 지역 경제통합 과정에서도 긴밀히 협조하기로 약속하였다. 이외에도 양국은 "한·중 인문교류 공동위"를 출범시켜 인문유대 강화에 힘쓰고, 지역 및 국제무대에서의 협력을 추진하는 등 양국관계의 내실화를 위한 제반조치들을 약속하였다. 뿐만 아니라 탈북자 문제 및 중국군 유해 송환 건과 같은 현안도 논의하였다.

이렇게 역대 어느 대통령의 방중 때보다 양국관계의 내실화를 위해 더 많은 그리고 실질적인 조치들을 약속했다. 그러나 양국관계의 내실화를 위해 약속한 조치들을 얼마나 잘 이행해 나가느냐가 관건인데, 이의 일환으로 2013년 하반기 몇 가지 조치를 취하였다. 예컨대, 양국이 11월 19일 한중 인문교류 공동위원회를 출범시키고 관계부처 및 기관에서 한·중 인문 분야 교류현황을 점검하고 향후 추진 방향 및 2014년도 인문 분야 교류 사업을 중점적으로 협의하는 회의도 개최하였다. 또 양제츠 중국 외교담당 국무위원이 방한하여 첫 고위급 외교안보 전략대회 개최(11월 18일), 한·중 국책연구기관 합동전략 대화 개최(12월 6일), 한·중 외교·안보대화를 개최(12월 22일)하였다.[22)]

2014년 7월 시진핑 주석이 한국을 방문했을 때에도 2013년 양국의 공동성명에서 제시한 사항을 개차 확인하고 다양한 분야에서 양국의 협력을 약속하였다. 주목할 만한 부분은 양국이 2015년 해양경계획정 협상을 가동하기로 약속한 점, 높은 수준의 포괄적이 한·중 자유무역협정(FTA) 협상을 연말까지 협상을 타결하기 위해 노력하기로 한 점, 원화와 위안화 간 직거래 체제 구축을 위해 노력하기로 한 점, 서울에 위안화 청산 체제를 구축하고

---

22) 외교부 보도자료 참고, 외교부 사이트, http://www.mofa.go.kr/countries/asiapacific/countries/20110804/1_22623.jsp?menu=m_40_10_20#contentAction(검색일: 2014.1.15).

200억 위안 규모의 위안화 적격해외기관투자자(RQFII) 자격을 부여하기로 합의한 점들이다. 뿐만 아니라 중국은 한국에 AIIB에 참여를 제안하였고, 역사 문제에 대한 한·중 공조를 제안, 2015년 8·15 공동 기념식 개최 제안 등등, 중국이 여느 때보다 적극적으로 한국과의 협력을 제안하였다.

이처럼 한국과의 협력에 적극적이었지만 한반도 비핵화에 대한 중국의 입장은 단호했다. 두 차례의 양국 정상회담에서 가장 주목받았던 '북핵 불용 원칙'이라는 한국의 입장을 중국이 지지했느냐에 대해서는 여전히 의견이 분분하다. 한국 정부는 중국이 진일보한 입장을 표명했다고 평가하지만, 비핵화와 관련해서 중국의 입장을 변함없이 '한반도 비핵화'이다. 양국 정부가 출범한 지 2년차이지만 양국관계 발전에 대한 기대가 적지 않고, 양국이 서로 전략적인 협력이 필요한 점, 또 관계 내실화에 대한 양국 지도자의 인식이 일치하고 있다는 점 등은 양국 간의 현안 해결과 관계발전에 긍정적인 역할을 할 것으로 판단된다.

한·중관계가 비교적 순항하고 있는 반면 북·중관계는 상대적으로 난항을 겪고 있다. 시진핑 정부 출범 초기 중국의 반대에도 불구하고 북한은 2012년 12월 장거리 미사일 발사 시험과 2013년 2월 제3차 핵실험을 거행하였다. 이에 왕이 중국 외교부장은 미 국무부 장관 케리와의 회담에서 한반도 문제에 대한 중국의 입장은 한반도 비핵화, 한반도의 평화유지, 대화를 통한 해결임을 주장하며, 한반도 비핵화를 가장 우선시하였다.[23] 물론 왕이의 발언이 북핵 문제와 한반도에 대한 중국의 정책이 근본적으로 변화되었음을 의미하는 것은 아닐 것이다. 이는 미·중 간 갈등과 경쟁구도 속에서 북핵 실험에 대해 중국이 비판하는 것은 매우 자연스러운 일이고, 북한의 핵실험이 동북지역의 핵 안전(nuclear safety)에 미치는 영향을 과소평가할 수 없었기 때문이다.[24]

---

23) "王毅强調中方在朝鮮半島問題上三個"堅持"立場," 『新華網』 2013年 4月 13日, http://news.xinhuanet.com/world/2013-04/13/c_115377162.htm(검색일: 2013.4.20).

24) 이희옥, "중국의 신형대국론과 한중관계의 재구성," 『중국학연구』 제67집(2014), p. 272.

현재 북·중 양국의 정치·안보적 차원의 관계가 순조롭지 않다고 판단할
수 있는 근거들은 다수 발견된다. 북한이 2013년 12월 친중 인사로 알려진
장성택을 처형한 이후 양국의 고위급 인사의 상호 방문이 현격히 감소하였
다. 2014년 7월 11일 〈북중 우호조약 체결〉 기념일에도 예년과는 다르게
북중 친선을 표명하는 메시지조차 내지 않았다. 2014년 8월 1일 중국 인민
해방군이 개최한 건군 기념일 행사에 단 한 명의 북한 인사도 참석하지 않
았는데, 주중 한국대사관 소속 국방무관을 비롯해서 북경에 주재하는 주요
국가의 국방무관들이 대거 참석한 것과 비교해 보면 매우 이례적이다.[25]
반면 〈표 2〉에서 보면 비록 교역액의 증가액 자체는 전년도에 비해 감소하
였지만 북·중 양국의 2013년 교역액은 65.45억 불로 2012년 59.31억 불에
비해 증가하였다.

2. 시진핑 시기 중국의 대한반도 정책

중국의 대한반도 정책은 지도부가 교체되면서 극적인 변화를 보이기는
어렵다. 한반도의 지정학적 요인이 중국에 주는 중요성은 여전히 매우 높기
때문이다. 시진핑 정부가 직면한 미국의 아시아 재균형 정책, 미일 동맹 강
화, 일본과의 세력 경쟁 등과 같은 외부상황 요인은 한반도의 전략적 가치를
더욱 부각시키고 있다. 때문에 시진핑 정부의 대한반도 정책은 기존의 틀에
서 미세한 변화를 주고 있다. 구체적인 내용은 다음과 같다.

1) 대한반도 영향력 강화: 부상과정에서 지역질서의 우위를 점하기 위한 수단

시진핑 정부의 대한반도 정책에서 가장 큰 변화를 찾는다면 한반도에 대
한 영향력을 강화시키는 데 매우 적극적이라는 점이다. 특히 한국과의 관계
를 호전시키는 데에 더욱 적극적인 의지를 표명하고 있다. 시진핑 집권 이

---

25) "중국 건군 기념일 행사 북 인사 1명도 참석 안 해," 『한국경제』 2014년 8월 4일.

후 한국과 중국은 또 한 번의 '밀월기'를 보내는 것처럼 협력의 범위를 넓히고 있다. 물론 한반도 지역에 대한 영향력 강화와 관련된 중국의 입장이 새로운 정책은 아니다. 다만 중국이 국내 경제발전을 위해 주변지역의 안정화를 도모하기 위해 영향력을 강화시키고자 했던 예년과는 다르게 강대국으로의 부상과정에서 반드시 필요한 지지기반 획득이라는 차원에서 영향력을 강화시키고 있다는 점이 시진핑 시기에 들어 대한반도 정책의 변화이다.

중국은 한반도 지역을 중국과 이해관계가 매우 높은 지역으로 주장해 왔다. 중국은 역사적으로도 한반도 지역에서 영향력 문제를 놓고는 강대국들과 전쟁도 불사했다. 중국은 한반도가 1949년 사회주의 중국 건국 직후 중국이 파병하여 전투를 치른 유일한 이웃나라일 정도로 한반도는 지정학적으로 중국에게 매우 중요한 지역으로 평가하고 있다.[26] 한국전 참전 60주년 기념식에 참가한 시진핑 주석의 '정의로운 전쟁' 발언 역시 한반도 지역에서 중국에 적대적인 세력의 출현을 바라지 않는 심리적 상태가 그대로 반영되었던 것이다. 이렇게 한반도의 지정학적 위치와 역사적 경험은 중국의 대한반도 국가들에 대한 영향력 유지 및 확대라는 정책목표에 영향을 주었고 시진핑 시기에도 그대로 유지되고 있다고 판단된다.[27]

중국의 국가적 목표는 줄곧 강대국의 위상을 되찾는 것이었다. 시진핑 주석도 2012년 11월 총서기 시절 "중국의 꿈(中國夢)"이라는 연설을 통해 중국의 강대국화의 의지를 표명하였다.[28] 추상적으로는 "중화민족의 위대

---

26) 葉自成, 『中國大外交』(北京: 當代世界出版社, 2009), p.341.

27) 박홍서, "신현실주의 이론을 통한 중국의 대한반도 군사개입 연구: 1592년, 1627년, 1894년 그리고 1950년 사례를 중심으로," 『한국정치학회보』 제40집 1호(2006), pp. 181-200; Zongze Ruan, "China's Role in a Northeast Asian Community," *Asian Perspective*, Vol.30, No.3(2006), p.155; Samuel S. Kim, *The Two Koreas and the Great Powers*(New York: Cambridge University Press, 2006), p.43. 한반도의 지정학적 위치와 역사적 경험에 대한 중국의 인식은 다음의 논문을 참조. 李天英, "朝鮮半島的地緣政治與中國安全," 『陝西社會主義學院學報』 第2期(2004), pp.40-44; 祿寶山, "朝鮮半島的地緣戰略價值," 『長春師範學院學報』 第9期(2004), pp.63-66.

28) "習近平總書記深情闡術'中國夢'," 『人民網』 2012年 11月 30日, http://politics.people. com.cn/n/2012/1130/c1024-19745745.html(검색일: 2012.12.1); 자국을 제3세계라

한 부흥(中華民族的偉大復興)," 중국의 "평화적 부상(和平崛起)," "조화세계
(和諧世界)" 건설을 선언한 것에서부터 보다 구체적으로는 공산당 창당 100
주년이 되는 2021년까지 소강사회의 전면적 실현, 건국 100주년이 되는
2049년까지 중등 선진국을 실현하겠다는 의지를 표명하기까지 모두 중국이
국제사회에서 존중받는 명실상부한 강대국이 되고자 하는 국가적 의지의 표
현이다. 그런데 시진핑 정권이 출범하던 시기는 중국이 상당 수준에서 강대
국이 되어가고 있었다. 2008년 미국발 금융위기로 인해 전 세계가 경제적으
로 어려움을 겪었지만 중국은 7~8%대의 경제성장률을 보이며 상대적으로
부상하게 되었다. 세계 최대 외환 보유고를 자랑하며, 2010년에는 일본을
제치고 GDP 기준으로 세계 제2의 경제규모를 갖춘 국가가 되어 G2 국가라
는 평가를 받게 되었다. 이렇게 시진핑 정부는 금융위기를 계기로 중국의
국제적 위상에 변화를 겪고 있는 상황이다.

변화된 국제적 위상을 바탕으로 중국은 장기적 차원에서 아시아 지역질
서의 재편을 도모하고 있다. 중국은 금융위기 이후 경제력을 바탕으로 경제
협력의 수단을 다변화시키는 동시에 독자적인 국제금융기구 설립에 박차를
가하고 있다. 위안화 국제화를 추진 중이고, 한국에 참여를 제안한 AIIB 창
설을 계획하고 있는 것은 좋은 예이다.[29] 시진핑 정부에 들어 중국은 특히
경제협력을 통해 자국의 영향력을 높이고자 하는 노력을 가시화시키고 있는
것이다. 현재 한국에 대한 중국의 적극적인 접근 역시 지역질서에서 우위를
점하는 데 필요한 지지기반 마련작업이라고 판단된다.

중국에 대한 남북한 양국의 경제의존도는 상당히 높은 수준이다. 남북한의
경제발전은 중국의 경제발전과 함께 해야 하는 운명공동체가 되었다고 해도

고 주장하던 마오쩌둥(毛澤東) 시기, 국내 경제발전에 매진하기 위해 대외적으로 도
광양회(韜光養晦) 전략을 주장하던 덩샤오핑(鄧小平) 시기에도 모두 중국의 국가적 목
표는 명실상부한 강대국이 되고자 하였다. 김애경, "중국의 부상과 소프트파워 전략,"
『국가전략』 제14권 2호(2008), p.147 참조.

29) 권혁재·최지영, "시진핑 시기 중국 경제외교의 특징과 함의," 『현대중국연구』 제16집
2호(2015).

과언이 아니다. 북한의 대중국 경제의존도는 90%를 넘어서고 있고, 한국의 교역도 20~25%가 중국과 이루어지고 있으며 한국이 중국으로부터 얻는 무역흑자는 한국의 총 무역흑자를 훨씬 상회한다.[30] 북한이 핵실험을 강행하면서 시진핑 정부를 불편하게 했지만 북한에 대한 원조와 북한과의 경협을 지속시키고 있다. 이러한 중국의 조치를 인도적 차원에서 이루어지는 것이라고 해석할 수도 있지만 보다 근본적으로는 북한에 대한 영향력을 유지하고 확대하기 위한 수단일 가능성이 높다. 중국의 대북한 영향력의 확대는 북한관리로 이어질 수 있어 일거양득의 효과를 거둘 수 있기 때문이다.

시진핑 정부는 한국에 대해서도 경제적 유대관계를 강화시켜 한국을 중국의 영향력 범위 안에 두고자 하는 정책을 펼치고 있다. 미국이 '아시아로의 중심축 이동(Pivot to Asia)' 전략으로 중국의 부상을 견제하려는 의지를 표명하고 있는 바, 역내 국가들에 대한 영향력 확대는 중국의 부상에 있어 매우 중요한 전략이다. 아시아에 대한 미국의 아시아 균형 정책과 이에 대한 중국의 재균형 정책의 중심에 한국이 있는 것이다. 시진핑 주석의 한국 방문 시 한국 정부에 다양한 협력을 제안한 부분도 이러한 차원에서 한국을 중국의 영향권 내에 두고자 하는 중국의 의도로 해석할 수 있겠다. 예컨대, 역사 문제에 대한 협력제의도 중국을 견제하는 미·일 양국 정책으로부터 한국을 포섭하기 위한 정책일 수 있다. 중국이 남북한 사이에서 균형 정책을 취함으로써 남북한에 영향력을 강화시켰던 예전과 다르게 시진핑 정부에서는 필요하다고 판단되면 균형 정책을 부분적으로 탈피하는 정책을 취하고 있다. 시진핑 정부 출범 이후 한국에 대한 적극적 접근이 좋은 예이다.

중국 내부에서는 시진핑 주석의 방한에 대해 '중국의 꿈과 한국의 꿈이 합쳐지는 역사적 방문'이라는 평가가 있을 만큼 상당한 의의를 두며 한국에 대한 영향력 확대에 매우 적극적이다. 지난 5월 21일 상하이에서 개최된 '아시아 교류 및 신뢰구축 회의(CICA)'의 기조연설을 통해 "아시아 안전은 아시아인이 지켜야 한다"고 표명한 시진핑 주석의 발언을 보다 확대하여 해

---

30) 김애경, "중·한관계," 『중국 현대국제관계』(서울: 도서출판 오름, 2008), p.231.

석해 보면 중국은 자국 중심의 아시아 질서 구축을 계획하고 있다고 할 수 있다.[31] 중국은 지역질서 재구축에서 우위를 점하기 위한 지지기반으로서 한반도 국가들에 대한 영향력 확대는 시진핑 정부의 매우 중요한 대한반도 정책이다.

2) 한반도의 안정과 평화유지를 위한 남북한 균형 정책의 부분적 탈피

한반도의 안정과 평화유지는 중국의 일관된 대한반도 정책이며, 시진핑 정부도 같은 방침을 견지하고 있다. 남북한 사이에서 균형을 유지하며 한·중관계와 북·중관계를 각각 우호적으로 유지하기, 북한 체제 안정과 한반도 지역의 안정과 평화유지를 연계시키기는 한반도의 안정과 평화유지를 위한 중국의 기존 정책이었다. 시진핑 시기에는 부분적으로 남북한 균형 정책을 탈피하고 있는 것으로 판단된다. 한반도의 안정과 평화유지에 저해되는 요인에 대해 중국은 매우 민감하게 반응하였다. 중국은 개혁개방 이후, 특히 냉전이 종식된 이후에는 지속적인 국내 경제발전을 위해 더더욱 평화적이고 안정적인 주변환경 조성을 우선시해 왔다. 중국은 한반도 지역이 혼란스러울 때 안보위협을 받아왔거나 전쟁에 휘말려 왔기에, 한반도의 안정과 평화유지는 중국에게 매우 중요한 정책이었다.[32]

그동안 한반도의 불안정을 야기하는 요인은 북한의 체제 불안정과 북핵 문제 및 북한의 돌발행위였다. 경험적으로 북핵 문제는 한반도뿐만 아니라 동북아 지역의 군비경쟁을 야기시킬 수 있고, 북한의 돌발행위는 직접적으

---

31) "習近平: 積極樹立亞洲安全觀 共創安全合作新局面 — 在亞洲相互協作與信任措施會議第四次峰會上的講話," 2014年 5月 21日, http://www.fmprc.gov.cn/mfa_chn/ziliao_611306/zyjh_611308/t1158070.shtml(검색일: 2014.5.23).

32) 중국은 한반도의 정치적 분단과 군사적 대립이 동북아시아 지역의 평화와 안정에 영향을 줄 수 있는 가장 큰 위협요인으로 간주해 왔다. Fei-Ling Wang, "Joining the Major Powers for the Status Quo: China's Views and Policy on Korean," *Pacific Affairs* (June 1999), pp.3-5, http://www.thefreelibrary.com/_/print/PrintArticle.aspx?id=55610068(검색일: 2007.3.20); 张琏瑰, "朝鮮半島的統一与中國,"『當代亞太』第5期(2004), pp.35-36.

로 한반도의 불안정으로 이어졌다. 때문에 중국은 북한 체제의 안정적 유지와 북핵 문제 해결을 위해 많은 노력을 해왔다. 중국은 북한의 돌발행위로 남북한 간 국지적 충돌이 발생할 때에는 관련국의 자제를 요청하며 한반도의 안정과 평화유지를 강조하였다. 그러나 중국은 한국의 이명박 정부를 겪으면서 북한의 불안정뿐만 아니라 한국 정부의 과도한 미국경도 정책도 중국의 입장에서 한반도의 안정과 평화유지를 저해할 수 있다는 점을 학습하게 되었다. 북한과 협력보다는 북한을 적대시하는 한국의 정권은 미국과의 동맹을 강화시키는 결과를 낳고, 이는 결국 중국에 대한 견제 정책으로 이어질 수 있는 점도 중국은 깨닫게 되었다. 2014년 4월 15일 "연합훈련이든, 핵실험이든 한반도의 긴장을 고조시키는 어떠한 행동도 반대한다"는 중국 외교부 대변인의 논평은 중국이 한반도의 안정을 저해하는 요인이 북핵 문제만이 아니라고 인식하고 있음을 반증한다.[33]

중국의 입장에서 한반도의 안정과 평화유지란 단순하게 전쟁과 충돌이 없는 상황이라기보다는 중국의 강대국화를 지지하거나 최소한 미국과 연합하여 중국의 부상을 견제하지 않는 상황일 것이다. 시진핑 정부가 집권하는 10년의 시기는 중국이 강대국의 길목에서 매우 중요한 "전략적 기회의 시기"이다. 시진핑 주석도 부주석 시절에 중국이 대외적으로 당면한 임무는 이 전략적 기회의 시기를 잘 이용해야 하는 것이라고 강조하고 있다.[34] 때문에 시진핑 정부는 중국에 보다 호의적인 박근혜 정부와의 관계를 파격적으로 발전시켜 한반도의 안정과 평화유지를 도모하고자 하고 있다. 그동안 한·중 양국의 정치·안보 관계를 살펴보면 남북관계에 있어 보다 유연성을 발휘했던 한국 정부에 대해 중국은 더욱 협조적이었다. 현재까지는 박근혜 정부와 북한과의 관계가 실질적인 진전을 이루지는 않았으나, 박근혜 정부가 북한에 대해 "신뢰프로세스"와 "드레스덴 구상" 등과 같은 신뢰를 바탕으

---

33) "2014年4月15日外交部发言人华春莹主持例行记者会," 中國外交部 홈페이지, 2014년 4月 15日.

34) "習近平强調:黨的對外工作要繼往開來再創輝煌," 2011年 1月 17日, http://news.xinhuanet.com/politics/2011-01/17/c_12990263.htm(검색일: 2011.11.21).

로 한 협력을 강조하고 있어 남북한의 관계진전을 기대하고 있을 것이다. 다만 중국이 남북한 사이에서 균형을 유지했던 기존의 정책을 지속시킬 것인지에 대해서는 단정하기 어렵다. 한국 정부가 미국과의 동맹관계를 강화시키는 상황이 발생하게 되는 상황은 시진핑 정부에게 한반도의 안정과 평화를 유지하는 데 방해요인이라고 인식할 수 있기 때문이다.

3) 북한 비핵화+북한의 변화

시진핑 정부의 북한 정책은 한반도 비핵화+북한의 변화이다. 한반도의 비핵화는 시진핑 시기에도 지속되는 중국의 대한반도 정책임에 틀림없다. 다만 시진핑 정부에서는 한반도 비핵화와 북한의 변화를 동시에 달성하고자 한다고 판단된다. 북한의 3차 핵실험 이후 중국은 어느 때보다 강하게 북한을 비판하였고, 유엔의 대북제재 결의안을 통과시키며 비핵화에 대한 강한 의지를 표명하였다. 중국 외교부가 북한의 3차 핵실험 이후 유엔 대북제재 결의안(2094호)의 철저한 이행을 각 부서에 공지했던 일, 지난 6월 한국 외교부장관을 만난 탕자쉬안(唐家璇) 전 외교담당 국무위원이 중국이 북핵 문제 3원칙 중 비핵화를 가장 먼저 발언했던 일은 좋은 사례이다.[35]

중국이 이렇게 북한에 대한 압박의 수위를 조절하는 방식으로 변화를 유도하고 있다고 판단된다. 시진핑 지도부 출범 이후 북한이 실시한 3차 핵실험 이후 중국의 대응과 이전의 1, 2차 핵실험을 한 이후의 중국의 대응을 비교해 보면 중국의 태도는 상당한 차이를 보였다.[36] 2006년 10월 1차 핵실험 직후 중국은 "제멋대로(悍然)"라는 표현을 쓰며 매우 강경한 어조로 비난하였고 대북 제재의 안보리 결의(1718호)에 찬성하였으나, 2009년 5월

---

35) 中國外交部, "關於執行聯合國安理會第2094號決議的通知," http://www.moc.gov.cn/zizhan/siju/guojisi/duobianhezuo/guojiheyue/duobiantiaoyue/201304/t20130425_1402013.html(검색일: 2013.8.1); "탕자쉬안 "한반도 비핵화 최우선" …… 中, 대북압박 동참하나,"『동아일보』 2013년 6월 17일.

36) 북한의 세 차례 핵실험에 대한 중국의 상이한 대응 분석은 다음 논문을 참조. 이영학, "북한의 세 차례 핵실험과 중국의 대북한 정책변화 분석,"『국제정치학회보』 제53집 4호(2013), pp.191-223.

2차 핵실험 이후에는 "결연히 반대한다"는 다소 누그러진 표현을 썼고 안보리의 대북제재 결의안(1874호)에 찬성하였지만 이후 중국은 원자바오 방북(2009년 10월)과 4차례의 김정일 방북(2010년 5월과 8월, 2011년 5월과 8월)을 통해 북한 체제의 안정적 유지를 중시하는 정책이 구사되었다.

시진핑 정권이 출범했던 시기인 2012년 12월과 2013년 2월 북한은 로켓 실험발사와 3차 핵실험을 실시하였다. 중국의 대응은 2차 핵실험 이후보다 훨씬 강도가 높아졌다. 북한이 로켓을 실험발사한 이후에는 일반적으로 중국이 의장성명의 채택을 주장하였으나, 2012년 12월의 로켓 실험발사 이후에는 중국이 이례적으로 대북 제재를 확대·강화하는 내용의 안보리 결의(2087호)를 통과시켰다. 제3차 핵실험 이후에는 양제츠 중국 외교부장은 지재룡 주중 북한 대사를 초치하여 강하게 비판하였는데, 중국과 북한의 관례상 주중 북한 대사를 초치하는 일도 처음이었다. 중국의 전문가와 언론들도 거침없이 강하게 북한에 대한 불만을 표시했다. 예를 들어 중국이 북·중 우호관계를 소중히 여긴다면 북한도 이를 소중하게 생각해야 한다며 북한에 서운함을 드러내거나, 북한의 핵무기가 의외의 상황에서 중국을 겨냥할 수 있다는 우려를 표시하고 있거나, 북한 핵 문제는 전략적으로 중국을 진퇴양난의 상황에 처하게 한다고 비난하였다.[37] 이는 중국이 그만큼 북한의 3차 핵실험에 강한 불만을 품고 있다는 의미이며,[38] 북한의 변화를 유도하기 위한 압박의 조치라고 여겨진다.

다만 북한은 이미 세 번의 핵실험을 진행한 상태이므로, 비핵화에 대한 접근법이 변화하고 있는 것은 사실이다. 우선 북한 체제의 안정화를 도모하여 핵을 포기하도록 유도하고자 했던 이전과는 다르게 비핵화와 체제 안정화를 동시에 진행하는 전술적 차원의 변화가 발생했다. 이를 두고 중국의

---

37) "社评: 中国珍惜中朝友好, 朝鲜也需珍惜,"『环球时报』 2013年 2月 6日; "朝鲜第三次核试 中国在朝核问题"战略两难","中国网, 2013年 2月 13日, http://www.china.com.cn/international/txt/2013-02/13/content_27947596.htm(검색일: 2013.2.13); "专家: 朝鲜核武器在意外变故下可能瞄准中国,"『环球时报』 2013年 2月 17日.

38) "史无前例对朝交涉 习近平朝鲜政策或酿巨变,"『多维新闻』 2013年 2月 12日.

한반도 비핵화 정책과 한반도의 평화와 안정 유지의 우선순위가 변화하였다
는 견해도 있지만, 중국은 한반도 비핵화 실현을 위한 무력분쟁의 발생가능
성에 대해서는 단호히 반대하고 있기 때문에 외교적 수사의 변화로 중국이
전략적으로 변화했다고 단정하는 것은 시기상조이다. 박근혜 대통령의 방중
과 시진핑 주석의 방한 시 서명한 공동성명에서도 "당사국들의 대화와 협상
을 통한 해결" 방법을 재차 확인시켜주었다.

북한의 비핵화에 대해 두 차례 한·중 정상회담을 통해 한국 측은 북핵
불용의 원칙을 공동성명에 표기하기를 원했지만 결국 북핵 불용을 직접적으
로 명시하지 못했다. 중국이 한국의 우려에 인식을 같이 하고, 한반도에서의
핵무기 개발 반대에 대한 입장을 재확인하고 있는 부분은 다소 발전된 표현
이라고 할 수는 있다.[39] 물론 북핵 문제에 대한 시진핑 정부의 입장은 단호
하다. 다만 중국은 북핵 문제를 단순하게 북한만의 문제라고 인식하지는 않
기에 한반도 비핵화를 주장하며 북한 핵보유를 반대하지만, 북한의 비핵화
보다는 장기적인 차원으로 고려하여 한반도 비핵화로 접근하고 있는 것
이다.[40]

중국의 한반도 비핵화 입장은 안보에 대한 북한의 우려가 해결되지 않는
한 실현하기 어렵다는 중국의 판단이 반영되었고, 북한의 변화를 유도하기
위해서 북한을 직접적으로 자극해서 안 된다는 중국 측 인식이 반영되었다
고 할 수 있다. 뿐만 아니라 한국의 핵개발 가능성과 미국의 전술핵 재배치
등에 대한 사전 견제라는 중국의 심리도 반영되었을 것이다. 시진핑이 2013
년 6월 미국 방문 시, 북한의 핵보유는 한국과 일본의 핵무기 개발을 촉구할
수 있고 더 많은 미국의 군사력이 태평양으로 진입할 수 있다는 견해에 동

---

39) 2013년 6월 27일과 2014년 7월 3일의 「한·중 정상회담 공동성명」 전문.

40) 이희옥 교수는 중국이 한반도 비핵화를 고집하는 데에, "중국이 표면적으로 한반도
비핵화를 강조하고 있는데, 한국 정부가 핵보유 의사가 없고 국제사회도 한국의 핵보
유국을 인정할 가능성이 없는 상태에서 한반도 비핵화는 사실상 북한비핵화를 의미
한다. 중국도 비록 한반도 비핵화를 주장하고 있으나 실제로는 북한 핵무기 반대를
지칭하는 것으로 볼 수 있다"고 주장한다. 이희옥, "중국의 신형대국론과 한중관계의
재구성," 『중국학연구』 제67집(2014), p.275.

의했다는 보도는 이를 뒷받침해 준다.[41]

북한의 핵무장화는 중국의 대한반도에 대한 전략목표 및 지역 전략에 상당한 차질을 빚을 수 있다. 우선 한반도 비핵화가 실패하게 되면 동북아지역에서 무한 군비경쟁의 상황에 직면하게 될 수 있어 이 지역에서의 핵도미노 현상을 유발할 수 있다. 특히 일본이 집단자위권 행사를 주장하고 있고, 미국이 이를 묵인하고 있는 상황이어서 북핵 문제에 대한 중국의 부담을 더 커질 수밖에 없다. 이 지역의 군비경쟁의 심화는 중국이 국내 경제발전에 집중하기 어렵게 만들 수 있다. 또 북한에 대한 영향력이 재평가될 수밖에 없으며 자국의 외교적 위상에도 일정 정도 영향을 미칠 것이다.

중국은 남북한 양국관계의 갈등이 최고조에 있었을 때 역시 북한 핵 문제의 평화적 해결을 위한 6자회담을 지속시켜야 한다고 주장하며, 적극적인 외교적 역할을 강조해 왔다.[42] 북핵 문제의 평화적 해결에 대해 매우 강력하게 주장하는 중국학자의 글은 인상적이다. 그는 1%의 평화적 해결의 가능성이 존재한다면 100%의 노력을 해야 한다고 주장하며, 만약 북한의 정세가 불안해져 적절히 해결하지 못했을 때 중국은 매우 감당하기 힘든 상황에 처할 수 있음을 경고하고 있다.[43] 때문에 시진핑 정권 역시 북핵 문제 해결을 통해 한반도 비핵화를 위한 전면적 노력을 지속시키면서, 북한의 변화도 유도할 것이다.

---

41) "북핵 폐기' 아닌 '한반도 비핵화' 명시, 왜? 中, 南 핵개발―美 전술핵 배치 견제?" 『문화일보』 2013년 6월 28일; David E. Sanger, "Obama and Xi Try to Avoid a Cold War Mentality," *The New York Times*, June 9, 2013.

42) June Teufel Dreyer, "Chinese Foreign Policy," *Orbis*, Vol.12, No.5(February, 2007), http://www.fpri.org/footnotes/125.200702.dreyer.chineseforeignpolicy. html(검색일: 2007.10.11).

43) 邵峰, "朝核問題走向及中國的應對," 『亞非縱橫』 第1期(2007), http://www.iwep.org. cn/info/content.asp?infoId=2666(검색일: 2007.9.7); 沈驥如, "維護東北亞安全的當務之急: 制止朝核問題上的危險博弈," 『世界經濟與政治』 第9期(2003), pp.53-58.

IV. 시진핑 시기 중국의 대한반도 정책에 영향을 주는 요인

시진핑 시기 중국의 대한반도 정책을 고찰하였다. 시진핑 시기의 대한반도 정책이 급격하게 변화될 것이라고 전망하기는 매우 어렵다. 이는 중국의 신지도부가 이전 지도부 체제하에서 조직되고, 한반도의 지정학적 위치, 국제질서 구조의 영향을 받기 때문이다. 그러나 3절에서 살펴보았듯이 그것이 전략적 변화인지, 전술적 변화인지 현재로서는 단정하기 어렵지만 일정 정도 정책이 변화되고 있다는 단서를 감지할 수 있었다. 시진핑 시기 중국의 대한반도 정책에 영향을 주는 요인이 무엇인지 구체적으로 살펴보면 다음과 같다.

1. 세계질서 및 동아시아 질서의 변화와 중국 대외 전략의 변화

시진핑 정부는 2008년 미국발 세계금융위기 발발 이후 미국의 쇠퇴, 중국의 상대적 부상으로 만들어진 개념인 'G2' 시대에 출범하게 되었다. 중국은 2010년 이미 GDP 기준으로 경제규모 세계 2위 국가가 되었고, 2012년에는 대외무역 교역액이 3조 8,667.6억 불을 달성하여 미국을 제치고 세계 최대 무역교역 대국이 되었다. 뿐만 아니라 중국은 2014년 1분기 현재 3조 9,400억 불을 기록하여 세계 최대 외환보유고를 자랑하고 있다. 중국의 이러한 성장은 다수의 중국 경제 전망치를 앞당기는 기록으로, 미국을 제치고 세계 제1의 GDP를 기록하는 것도 시진핑 집권 시기에 가능할 것이라는 전망이 제기되고 있다.[44]

---

44) 골드만 삭스는 빨라도 2015년에야 중국이 일본을 추월할 것이라고 전망하였지만 이를 5년이나 앞당겼다. Goldman Sachs, *Dreaming with the BRICCS: The Path to 2050* (Oct. 2003), p.1; "중국, 경제규모 2020년 이전 미국 앞질러," 『연합뉴스』 2013년 12월 8일.

중국의 부상은 세계질서와 지역질서의 변화를 동반할 수 있으며 이미 거역할 수 없는 추세이라고 평가받고 있기 때문에 더욱 관심이 집중된다. 비록 중국의 1인당 GDP는 세계 98위(2010년 기준)이지만, 유엔 안전보장이사회 상임이사국이며, 여기에 핵무기 보유국으로서의 정치적·안보적 차원의 영향력까지 더해지면 중국이 세계적 강대국(Global Power)으로 부상할 수 있다는 전망은 무리가 아니다. 퓨리서치(Pew Research) 센터에서 조사한 세계 각국의 인식도 다르지 않다. 2011년에 이 센터에서 진행한 "중국이 미국을 대체하는 슈퍼 파워가 될 수 있을까?"라는 질문에 22개국 중 8개 국가에서 과반수 이상의 응답자가 긍정의 대답을 했고, 나머지 14개국 중에도 8개 국가에서 긍정의 대답을 한 응답자의 비율이 부정의 대답을 한 응답자보다 많았다.[45]

이렇게 중국의 국제적 위상에 대한 외부의 시각과 관심은 매우 높다. 그러나 중국 스스로의 인식도 매우 중요한데, 이는 중국의 인식은 곧바로 대외전략의 변화로 이어질 수 있기 때문이다. 글로벌 금융위기를 겪으면서 국제질서에서 미국의 리더 역할에 의문을 제기하며 세계의 권력구조가 변화하고 있다는 주장이 제기되기 시작했다. 즉, 미국이 현재 비록 최강의 '일극'이긴 하지만 중국과 기타 강대국들이 부상함에 따라 국제적 이슈를 독자적으로 주재할 수 없게 되었다는 것이다. 미국의 리더십이 약화되면서 단극 패권질서가 쇠퇴하고 있다고 평가하며, 그 근거로 미국 경제가 전 세계 경제에서 차지하는 비중이 점차 하강하고 있다는 점, 다른 강대국, 중·소국들의 역할이 강화되고 있다는 점을 제시하였다. 전 세계 경제에서 미국 경제가 차지하는 비중이 2001년 32%에서 2008년 23.4%까지 하강함으로써 국제질서를 유지하고 구성하는 능력이 상대적으로 약화되고 있다는 것이다.[46]

더욱 흥미로운 점은 쇠락하는 패권국 미국의 행태가 국제질서의 안정을

---

45) 李少軍, "論中國雙重身份的困境與應對,"『世界經濟與政治』第4期(2012), pp.5-6.

46) 鄭永年·翁翠芬, "世界權力新格局中的中美關係"『國際關係學院學報』第5期(2010), p.95; 焦世新·周建明, "美國是"負責任"的實力下降覇權?"『世界經濟與政治』12期(2011), p.139.

해치고 있다는 견해를 제기하고 있다는 점이다. 현 패권국인 미국이 중국 주변국가들의 우려를 고취시켜 아시아 공동체 결성을 위한 협력에 장애요인 으로 작용하여 중국의 평화적 부상을 방해하고 있다는 것이다. 특히 최근 동아시아 지역 국가들과 중국의 영토 문제에서 중국과 이 지역 국가들과의 갈등을 부추기면서 중국에 대해 견제와 균형 정책을 실시하고 있는 미국의 행태를 지적하고 있다.[47] 이러한 주장들은 2008년 세계 경제위기 이후 아 시아 지역에 대한 중국의 영향력 확대를 우려하여 미국이 아시아로의 회귀 정책을 주장하며 아시아 지역에서 중국의 부상을 견제하고자 하는 미국의 전략을 비판하고 있는 것이다.

게다가 최근 지역질서가 매우 복잡하게 변화되고 있는 상황은 중국의 대 한반도 정책에 영향을 주고 있다. 남중국해와 동중국해에서 발생하는 중국-베트남, 필리핀과의 해양영토 분쟁과 중·일 간의 센카쿠 열도 분쟁 등으로 인한 지역정세는 중국을 매우 곤혹스럽게 하고 있다. 뿐만 아니라 일본은 2014년 집단자위권 행사를 위한 결의를 통과시켰고, 미국은 이에 환영의 뜻을 표시하며 본격적인 대중 견제에 일본과의 공조를 다짐하는 상황이다. 일본인 납북자 문제로 북·일 공조와 일본의 대북 제재 조치 일부 해제 방침 은 중국 주변의 지역질서를 매우 복잡하게 만들고 있다. 중국은 이렇게 지 역질서가 매우 복잡하게 변화되는 배경에는 미국이 있다고 인식하고 있다. 때문에 중국은 동쪽과 남쪽 양면 모두 불안정한 상황을 탈피하고자 할 것이 다. 이러한 세계질서의 변화와 지역질서의 불안정이라는 상황 속에서 중국 은 자국의 성공적인 부상을 위해 주변지역의 안정을 도모해야 한다. 결국 지역질서에서 중국이 우위를 차기하기 위해서는 주변지역, 즉 한반도 지역 에 영향력을 강화시킬 필요가 있고, 기회가 주어지는 상황이 마련되었을 때 는 남북한 사이에서 부분적으로 균형 정책을 탈피함으로써 한반도의 안정과 평화유지에 중국은 박차를 가하고 있는 것이다.

---

47) "超越和平崛起 — 中國實施包容性崛起電略的必要性與可能性," 『世界經濟與政治』 第8期 (2011), p.148.

질서변화에 대한 상황인식뿐만 아니라 향상되고 있는 국제적 위상은 중국이 지켜내야 할 국가이익을 확대시키고 있다.[48] 이에 따라 중국은 국제사회에서 점진적인 방법으로 확대되는 국가이익을 실현하는 방안을 제시하고, 시행해 나가면서 글로벌 금융위기 이후 지역 차원에서 경제주도권 다지기와 IMF에서의 중국 쿼터 늘리기는 좋은 예이다. 부분적이기는 하지만 지역 차원에서 중국의 인민폐 국제화 시도, 주변국가와 통화 스와프 협정 체결, 공동 통화 또는 통화조직 창설을 도모하면서 지지기반을 확대시키고 있다. 이와 같은 중국의 실제 행태는 중국이 아시아 지역을 강대국이 되기 위한 발판으로 간주해야 한다는 시각과 일치한다. 중국이 한국에게 참여를 권유한 AIIB는 미·일이 주도하는 기존의 아시아개발은행(ADB)에 맞서 지역에서의 이익을 지켜내고 질서를 재편하고자 하는 중국의 의도가 반영되어 있다. 시진핑 주석의 7월 방문 시 양국 정상이 한국에 800억 위안의 RQFII 자격을 부여하기로 합의한 점도 한국 포섭을 위한 중국의 중요한 행보 중 하나이다. 이렇게 중국이 한국과의 금융·통화 협력을 강화하고자 하는 점, FTA 체결을 통해 지역통합의 발판을 마련하고자 하는 등 경제협력을 확대하고, 역사 문제에 대한 협력을 제의하고 있는 점 등은 세계질서와 동아시아 질서의 변화가 발생하고 있다는 중국의 인식이 반영된 정책이다.

2. 한반도의 전략적 가치 및 한반도 정세

한반도가 중국에 주는 전략적 가치는 여러 번 언급하였다. 세계에서 유일하게 냉전이 유지되고 있고 중국의 부상을 견제하는 미국의 군대가 한국에 주둔하는 한반도의 구조가 변하지 않는 한 북한은 여전히 중국에게 전략적

---

48) 중국의 국제적 위상제고와 국가이익 확대와의 관계는 다음의 논문을 참조. 김애경, "중국의 국가이익 재구성 분석: 대 개도국 외교 전략 변화를 중심으로," 『민주사회와 정책연구』 통권 23호(2013년 상반기), pp.142-171.

자산일 수밖에 없다. 반면 냉전 시기에는 소련과 중국 사이에서, 냉전이 종
식된 이후에도 '주체외교'를 표방하며 미국과 중국 사이에서 '줄타기 외교'를
전개하고 있는 북한은 중국에게 상당한 외교적 부담을 주고 있다.[49] 그럼에
도 불구하고 중국과 국경을 맞대고 있는 한반도 특히 북한의 불안정과 북핵
이 중국에게 가져다 줄 수 있는 폐해 때문에 북핵 문제와 북한 체제 유지에
대해 중국은 유연하게 대처할 수밖에 없다.

북핵 문제와 북한 문제에 대한 한·중 양국의 정책목표는 매번 일치하지
않기 때문에 때로는 양국 간의 협력으로 때로는 갈등으로 귀결되고 있다.
이는 남북한관계, 북한 체제의 안정 정도 및 북한의 대외관계와 같은 한반도
정세와도 연관이 있다. 중국은 남북한이 대화와 협상을 통해 갈등을 해결하
고 협력하는 관계가 되기를 바란다. 시진핑 시기 한국에 대한 우호적 태도
를 보이고 있는 것은 박근혜 정부가 '한반도 신뢰프로세스'를 표방하고 있기
때문이다. 우리는 이미 이명박 정부 시기 북한 문제와 북핵 문제에 대해
중국의 협력을 받지 못하며 중국과 심각한 갈등을 경험했다. 당시 중국은
후진타오 정부였지만, 이는 중국 최고지도자가 달라서 정책이 상이했다기보
다는 이명박 정부 시기 남·북한이 갈등을 겪고 있었기 때문에 중국은 '북한
감싸기'를 통해 한반도 지역의 안정화를 도모했다고 판단된다. 중국은 한반
도의 정치적 분단과 군사적 대립이 동북아시아 지역의 평화와 안정에 영향
을 줄 수 있는 가장 큰 위협요인으로 간주해 왔다.[50]

후진타오 전 주석은 북핵 문제와 관련하여 한국과 매우 협력적 관계를
유지한 경험이 있다. 노무현 정부 시절 한국 정부의 대북한 포용 정책으로
남북한은 우호적 관계를 유지하였다. 한반도의 안정과 평화를 유지하려는

---

49) 신상진, "중국 외교안보전략의 자산, 북한과 북핵을 읽는 중국의 독법,"『중국을 고민
    하다』(서울: 삼성경제연구소, 2011), p.172 참조.

50) Fei-Ling Wang, "Joining the Major Powers for the Status Quo: China's Views
    and Policy on Korean," *Pacific Affairs* (June 1999), pp.3-5, http://www.the
    freelibrary.com/_/print/PrintArticle.aspx?id=55610068(검색일: 2007.3.20); 张琏瑰,
    "朝鲜半岛的统一与中国,"『當代亞太』第5期(2004), pp.35-36.

한국 정부의 태도는 중국의 협력을 이끌어낼 수 있었다. 중국은 '내정불간섭'과 '당사자 간 해결' 원칙을 주장하며 큰 역할을 하지 않은 1차 북핵 위기 때와는 다르게, 2차 북핵 위기 때인 노무현 정부 시절 중국은 적극적인 중재 역할을 자처하고 6자회담을 조직하는 등 북핵 해결을 위한 노력을 아끼지 않았다. 반면 이명박 정부 시절에 한·중 양국은 가장 높은 수준의 동반자 외교관계인 '전략적 협력동반자관계'를 지향하기로 약속하였지만 실제로는 북핵 문제와 북한 문제에 대해 중국으로부터 어떠한 협력도 이끌어내지도 못했다. 뿐만 아니라 천안함/연평도 사건 이후에도 이명박 정부는 중국이 나서 북한을 강하게 압박해 줄 것을 요구했지만, 중국은 오히려 북한뿐만 아니라 관련국이 자제해야 한다는 공식적인 입장을 표명하는 등 '북한 감싸기'를 통해 한반도 안정에 더욱 심혈을 기울였다.

북한 핵실험에 대한 중국의 반응 역시 한반도 정세와 연과지어 설명이 가능하다. 2006년 10월 1차 핵실험과 2009년 2차 핵실험, 2013년 2월 3차 핵실험에 대한 중국의 반응은 상이했다. 1차와 3차 핵실험을 실시한 이후와는 다르게 2차 핵실험 이후의 중국의 반응은 상대적으로 유화적이었다. 물론 한반도 정세가 중국의 대북 정책을 결정하는 유일한 요인은 아니다. 그러나 중국의 북핵 문제와 북한 문제에 대한 정책은 결과적으로 살펴보면 한반도 정세의 영향을 받고 있다는 점은 한국의 대북 정책, 대중 정책을 입안하는 데 매우 유의미한 정보일 수 있다. 북한 체제의 안정 정도 역시 중국의 대한반도 정책에 영향을 주는 중요한 요인이다. 북한 체제가 불안정하다고 판단된다면 중국의 대한반도 정책은 북한편향적일 가능성이 높다. 북한의 불안정은 곧 한반도 지역의 불안정으로 이어질 수 있고, 직접 중국의 국경지역에 영향을 미칠 수 있기 때문이다. 김정은 체제 출범 이후 중국의 대북 경협이 대폭 확대된 데는 이러한 요인이 작용한 결과이다.

결국 미·중 양국이 경쟁관계일수록 한반도의 전략적 가치는 높아질 수 있고, 이러한 경쟁관계는 중국의 대한반도 정책에 영향을 미칠 수 있다. 중국은 한반도 국가들에 대한 영향력을 강화시키고자 할 것이다. 한반도의 정세, 특히 한반도의 안정에 영향을 미치는 다양한 요인들이 어떤 상황인지

역시 중국의 대한반도 정책에 영향을 미친다. 즉 어떤 상황에서 북핵 문제
가 부각되는지, 한반도 안정과 평화유지라는 중국의 대한반도 정책목표와
한국의 북한 정책이 일치하는지의 상황적 요인은 시진핑 정부의 대한반도
정책에 영향을 미치는 중요한 요인이라 할 수 있다.

3. 한국과 북한의 대중국 인식과 정책

시진핑을 중심으로 하는 중국의 신지도부의 집권과 비슷한 시기에 남북
한에서도 새로운 정권이 출범하였다. 한·중 양국은 박근혜 대통령과 시진
핑 주석은 정권의 출범과 함께 양국의 협력을 심화시키는 데 주력하는 모습
을 보였다. 박근혜 대통령의 2013년 6월 방중 기간에 중국의 호의적인 태도
와 시진핑 주석의 금년 7월 한국 방문에서 나타난 일련의 우호적인 태도들
을 통해 중국도 한국을 매우 중시하고 있음을 읽을 수 있었다. 이는 그만큼
중국이 한국에 대한 영향력을 확대하고자 하는 의도가 담겨져 있는 것이다.
중국의 대북한 정책, 대한국 정책은 위에서 언급한 세계질서와 지역질서의
정세변화, 한반도 정세, 북한의 전략적 가치, 한국의 전략적 가치의 상승과
같은 요인들의 영향을 받았다.

그 외에도 중국에 대한 한국의 정책변화가 중국의 변화를 이끌었다고 판
단된다. 비록 양국의 전략적 목표가 일치하는지 단정할 수는 없지만, 박근혜
대통령의 2013년 6월 중국 방문과 시진핑 주석의 2014년 7월 한국 방문에
서 두 정상은 한·중 양국이 상호 매우 중요한 협력파트너이며 양국관계를
매우 중시하고 있음을 피력했다. 중국의 시진핑 주석이 중국 최고지도자가
한반도 국가를 방문할 때 북한을 먼저 방문했던 기존의 관행을 깨고 한국을
먼저 방문한 점, 단독으로 한국 방문 일정을 잡은 점, 한국 방문을 '친척
찾아가는 나들이 같은 방문(探親之旅)'이라고 비유하며 양국이 지리적으로
나 심리적으로 매우 가까운 나라임을 강조한 점, 중국의 국가주석으로는 처
음으로 대학에서 강연한 점, 영부인 펑리위안 여사의 친서민적 행보 등은

매우 파격적이었다고 평가할 수 있다. 뿐만 아니라 광복군 유적지에 표지석을 설치하고 하얼빈의 안중근기념관을 새단장하기로 하는 등 한국의 국민정서를 움직일 수 있는 조치를 취한 점들도 중국이 한국을 매우 중시하고 있다는 점을 피력하기 위한 외교행위일 것이다.

그러나 우리는 시진핑 주석의 이러한 변화가 한국의 대중국 정책에 대한 회답의 형식으로 진행되었다는 점도 고려해야 할 것이다. 시진핑 주석의 금번 방한은 "상대방이 나오는 태도에 따라 이쪽의 응수 방법을 결정하다(禮尙往來)"는 중국의 전통이 적용되었다고 말할 수 있다. 박근혜 대통령은 당선인 시절부터 한반도 주변 4강 가운데 중국에 유일하게 특사를 파견했다. 2013년 6월 박근혜 대통령의 중국 방문 역시 일본을 먼저 방문하던 관례를 깨고 중국을 먼저 방문한 것이었다. "심신지려"라는 방문 슬로건을 부치면서까지 중국과의 관계에서 신뢰를 회복하고 소통을 강화하고자 하는 한국의 의지를 표명하였다. 중국과의 관계를 매우 중시하고 있다는 신호는 한국이 먼저 보낸 것이다.

한 국가 정상의 방문은 국가적 차원에서 다양한 협력을 약속한다. 박근혜 대통령의 방중에도 '전략적 협력동반자관계'의 내실화를 위해 다양한 협력을 약속받았다. 우리 정부는 '동북아 평화협력구상'을 제시하였고 중국은 이를 높이 평가하며 원칙적 지지를 선언하였다. 박근혜 대통령은 국가적인 차원의 협력뿐만 아니라 중국 국민의 정서를 움직일 수 있는 제안도 하였다. 시 주석과의 회담이 아닌 방중 사흘째인 29일 칭화대(靑華大) 연설 직전 류엔둥(劉延東) 중국 국무부총리 겸 국무위원과 만나 한국전쟁 당시 사망한 중국군 유해 360구에 대한 중국 송환 문제를 제안하였다. 중국은 박근혜 대통령의 제안을 받아들였고, 한국은 2014년 3월 중국군 유해를 송환하였다.

양국 최고지도자의 이러한 소통방식은 양국관계 발전에 긍정적 영향을 미칠 것이다. 그러나 중국의 이전 정부의 대한국, 대한반도 정책을 회고해 보면 한국이 중국을 얼마나 중시하는지 여부가 중국의 대한국 정책에 중대한 영향을 미쳤다. 시진핑 정부 출범 이후 한국에 대한 중국의 정책은 매우 적극적으로 전환된 반면 북한과의 관계는 다소 소원해졌다. 출범한 지 채

2년이 되지 않았기 때문에 북한에 대해 취하는 시진핑 정부의 태도로 대북한 정책이 변화되었다고 단정할 수 없다. 북한과의 역사적 관계와 상호 전략적 필요성 등을 고려할 때, 북한에 대한 정책이 변화되기보다는 지속성을 유지할 가능성도 충분히 존재한다.

다만 남북한이 중국에 대해 어떠한 태도를 유지하는지에 따라 부분적으로 균형 정책을 탈피하는 정책을 취할 수도 있다. 이는 근 2년간 중국이 북한에 취한 태도와 한국에 취한 태도를 비교해 보면 알 수 있다. 결국 국가 간 관계나 한 국가의 대외 정책은 국가이익을 가장 우선시하고 있다는 점을 우리는 기억할 필요가 있다. 우리의 정책이 중국을 존중하지 않거나 이해관계에 부합되지 않을 시에는 중국의 정책이 변할 수 있다는 것을 의미한다. 현재 중국에게는 한국이 매우 필요한 시점이지만 양국의 공동성명에 '북핵 불용'을 명시화하지 않은 것에서 엿보이듯이, 중국의 대북 정책 변화에 대해 지나치게 낙관적이고 자기희망적 해석은 지양할 필요가 있다.

V. 결론: 대한반도 정책 전망과 한국의 대응방안

이상으로 중국의 대한반도 정책을 살펴보았다. 중국이 한반도를 하나의 정책대상으로 보아왔는지는 여전히 의문이다. 때문에 한·중관계, 북·중관계의 발전현황을 통해 중국의 대한반도 정책을 추론하는 방식을 취하였다. 한·중 수교 이후 후진타오 시기까지 중국의 대한반도 정책은 수동적이고 대응적이었다면, 시진핑 정부에 들어서 취해진 정책은 주동적이고 적극적이었다고 평가할 수 있다. 한·중 수교 이후 후진타오 시기까지 중국은 한반도의 현상을 유지하며 자국의 발전을 추구하는 방식이었으므로, 중국이 먼저 적극적인 태도로 정책적 제안을 제시했다기보다는 한반도 지역의 안정과 평화유지를 위해 북한 체제 안정을 우선시했고, 대체적으로 남북한 사이에서 균형을 취함으로써 어느 국가로부터도 비난받지 않는 정책으로 일관하였다.

반면 시진핑 정부는 중국이 발전을 통한 부상에 더욱 중점을 두는 시기에 출범하게 되어 한반도에 더욱 적극적으로 접근하고 있다. 중국이 부상하는 과정에서 한반도가 중요한 지지기반이 되어주길 희망하기에 우선 포섭의 대상이 될 수밖에 없다. 한국을 기의 흐름을 바꿀 수 있는 중요한 혈자리로 표현하는 데에는 한반도에 대한 영향력을 강화시켜 지역질서의 재편과정에서 우위를 점하고자 하는 중국의 간절한 심정이 반영되었음을 반증한다.

뿐만 아니라 중국은 남북한 사이에서 부분적으로는 균형 정책을 탈피하는 상황이 오더라도 한반도의 안정과 평화유지에 힘쓸 것이다. 중국의 입장에서 한반도는 영향력을 확대하는 포섭의 대상국이지만 동시에 관리의 대상일 수 있다. 특히 한반도와 지역안보에 영향을 줄 수 있는 북한의 핵실험과 관련해서는 중국이 보다 강경하게 대응할 가능성이 있으며, 한국에 대해서도 더욱 적극적으로 협력을 제안하여 중국에 대한 의존도를 높이고자 할 것이다. 중국은 비록 부분적으로 한국에 더 협력적인 정책을 취하며 한국이 미국에 경도되는 정책을 취하지 않도록, 특히 중국견제라는 미국의 전략에 협력하게 되는 상황을 방지하고자 할 것으로 전망된다.

물론 중국의 이러한 정책은 중국에 대한 한국 정부의 태도와 이에 따른 상황적 변화에 따라 중국의 정책은 변화될 가능성이 있다. 만약 한국이 중국의 부상을 견제하는 미·일 협력에 참여하는 상황이 오거나, 북한과의 관계가 더욱 악화되는 상황이 와서 지역질서와 한반도 지역의 평화유지에 저애되는 정책을 취한다면, 한국에 대한 정책은 지금과는 다른 변화를 가져올 수 있다. 반면 이러한 구조적 요인 때문에 북한에 대한 시진핑 정부의 정책은 변화보다는 지속성을 유지할 가능성이 높다. 또 북핵 문제에 대해서는 동북아 지역 질서 변화를 통해 해결하려는 장기적 관점으로 접근하고자 할 것이다.

세계질서와 지역질서의 변화추세와 중국의 대한반도 정책이 변화될 가능성이 있는 상황에서, 한국 정부는 무엇보다도 중국을 포함하여 다른 강대국들의 영향력을 최소화하고 한국의 이익이 반영되는 독자적인 목소리를 낼 수 있는 방안을 모색해야 한다. 강대국들의 영향력을 최소화할 수 있는 방법은 강대국과의 관계에서 찾는 것보다 한반도 내에서 찾는 방법이 더욱 용이하고 빠를 수 있다. 이는 북한과의 관계를 개선시켜 한반도 문제에 주변 강대국들의 이해관계를 줄이는 방법이기 때문이다. 예를 들어 북한과의 관계가 호전된다면 북한의 위협을 대비하기 위한 한미협력의 강화는 우선순위에서 밀리게 된다. 고고도미사일 체계인 싸드(THAAD) 도입과 관련해서도 한국은 미국과 중국 사이에서 난처한 상황에 처해 있다. 미국이 한국에 주장하는 명분은 북한의 위협으로부터 방어이다. 한국이 북한과의 관계가 개선이 되는 상황이라면 미국의 명분은 설득력을 잃게 되고, 한국의 선택지를 보다 넓힐 수 있을 것이다.

이미 언급하였듯이 남북한관계를 보다 유연하게 처리하려는 한국 정부에 대해 중국은 협력적인 모습을 보였다. 결국 중국으로부터도 정책적 협력을 받기 용이한 방법 역시 한국이 북한과의 관계를 전환시켜 공생·공진의 관계를 구축하는 것이다. 물론 북한을 바라보는 최종적 관점은 중국과 한국 정부가 상이할 수 있다. 그러나 한국 정부가 통합·통일의 대상으로 북한을 바라본다고 하더라도, 이는 매우 장기적이고 점진적인 차원에서 접근해야 할 필요가 있다. 결국 한국 정부가 우선시해야 할 정책적 선택은 북한과의 관계를 호전시키는 방법일 것이다.

【참고문헌】

권혁재·최지영. 2015. "시진핑 시기 중국 경제외교의 특징과 함의."『현대중국연구』 제16집 2호.

김애경. 2004. "중국의 대외정체성 인식 변화: 제1, 2차 북핵 위기에 대한 중국의 역할변화 분석을 사례로."『국가전략』 제10권 4호.

_____. 2008. "중국의 부상과 소프트파워 전략."『국가전략』 제14권 2호.

_____. 2008. "중·한관계."『중국 현대국제관계』. 서울: 도서출판 오름.

_____. "중국의 국가이익 재구성 분석: 대 개도국 외교 전략 변화를 중심으로."『민주사회와 정책연구』 통권 23호(2013년 상반기).

박홍서. 2006. "신현실주의 이론을 통한 중국의 대한반도 군사개입 연구: 1592년, 1627년, 1894년 그리고 1950년 사례를 중심으로."『한국정치학회보』 제40집 1호.

"북핵 폐기' 아닌 '한반도 비핵화' 명시, 왜? 中, 南 핵개발─美 전술핵 배치 견제?"『문화일보』 2013년 6월 28일.

서정경. "미국? 중국? … 점점 한국을 압박하는 중국." e-성균중국칼럼 제22호.

성균관대학교 동아시아학술원 동아시아연구소. "한중관계, 어디로 가나?" 주제토론회, 2010년 10월 15일.

신상진. 2011. "중국 외교안보전략의 자산, 북한과 북핵을 읽는 중국의 독법."『중국을 고민하다』. 서울: 삼성경제연구소.

외교부 보도자료 참고. 외교부 사이트. http://www.mofa.go.kr/countries/asiapacific/countries/20110804/1_22623.jsp?menu=m_40_10_20#contentAction (검색일: 2014.1.15).

외교부.『중국개황 2013』.

이동률. "한·중 간 외교안보 현안: 양국관계의 주요 요인을 중심으로."『현대중국학회 자료집』 2007년 10월 5일.

이상숙. 2010. "김정일-후진타오 시대의 북중관계: 불안정한 북한과 부강한 중국의 비대칭협력 강화."『한국과 국제정치』 제26권 제4호.

이영학. 2013. "북한의 세 차례 핵실험과 중국의 대북한 정책변화 분석."『국제정치학회보』 제53집 4호.

이종석. 2000.『북한-중국관계: 1945~2000』. 서울: 도서출판 중심.

"2010 북한의 대외무역동향." KOTRA자료, 11-033(2011).

이희옥. 2014. "중국의 신형대국론과 한중관계의 재구성."『중국학연구』제67집.

전병곤. 2009. "중북관계."『중국 현대국제관계』. 서울: 도서출판 오름.

_____. 2011. "천안함 이후 북중관계의 변화와 영향."『한중사회과학연구』제9권 1호.

"중국 건군 기념일 행사 북 인사 1명도 참석 안 해."『한국경제』2014년 8월 4일.

"중국, 경제규모 2020년 이전 미국 앞질러."『연합뉴스』2013년 12월 8일.

"탕자쉬안 "한반도 비핵화 최우선" …… 中, 대북압박 동참하나."『동아일보』2013년 6월 17일.

한국무역협회 사이트(http://www.kita.net).

한국수출입은행 해외투자통계 DB(http://www.koreaexim.go.kr).

한석희. 2014. "중국의 공세적 대외행태와 동아시아 안보."『STRATEGY 21』Vol.17, No.1.

"한·중 정상 서명한 8건 합의서는."『파이낸셜뉴스』2013년 6월 28일.

「한·중 정상회담 공동성명」전문 2013년 6월 27일.

「한·중 정상회담 공동성명」전문 2014년 7월 3일.

"한·중 통화스와프 568억 달러로 확대."『동아일보』2011년 10월 27일.

Cabestan, Jean-Pierre. 2009. "China's Foreign and Security-Policy Decision-making Processed under Hu Jintao." *Journal of Current Chinese Affairs*, No.3.

Dreyer, June Teufel. 2007. "Chinese Foreign Policy." *Orbis*, Vol.12, No.5 (February 2007), http://www.fpri.org/footnotes/125.200702.dreyer.chinese foreignpolicy.html(검색일: 2007.10.11).

Goldman Sachs. 2003. *Dreaming with the BRICCS: The Path to 2050*. Oct. 2003.

Johnston, Alastair Iain. 2013. "How New and Assertive is China's New Assertiveness?" *International Security*, Vol.37, No.4(Spring 2013).

Kim, Samuel S. 2006. *The Two Koreas and the Great Powers*. New York: Cambridge University Press.

Pew Research Center. July 13(2011).

Ruan, Zongze. 2006. "China's Role in a Northeast Asian Community." *Asian*

Perspective, Vol.30, No.3.

Sanger, David E. 2013. "Obama and Xi Try to Avoid a Cold War Mentality." *The New York Times*. June 9.

Swaine, Michael D. 2010. "Perceptions of an Assertive China." *China Leader-ship Monitor*, No.32(Spring 2010).

_____. 2011. "China's Assertive Behavior — Part One: On 'Core Interests'." *China Leadership Monitor*, No.34(Winter 2011).

_____. 2012a. "China's Assertive Behavior-Part Three: The Role of Military in Foreign Policy." *China Leadership Monitor*, No.36(Winter 2012a).

_____. 2012b. "China's Assertive Behavior-Part Four: The Role of Military in Foreign Crisis." *China Leadership Monitor*, No.37(Spring 2012b).

Wang, Fei-Ling. "Joining the Major Powers for the Status Quo: China's Views and Policy on Korean," *Pacific Affairs* (June 1999), pp.3-5, http://www.thefreelibrary.com/_/print/PrintArticle.aspx?id=55610068(검색일: 2007. 3.20).

"關於執行聯合國安理會第2094號決議的通知." http://www.moc.gov.cn/zizhan/siju/guojisi/duobianhezuo/guojiheyue/duobiantiaoyue/201304/t20130425_1402013.html(검색일: 2013.8.1).

"史无前例对朝交涉 习近平朝鲜政策或酿巨变."『多维新闻』2013年 2月 12日.

邵峰. 2007. "朝核問題走向及中國的應對."『亞非縱橫』第1期. http://www.iwep.org.cn/info/content.asp?infoId=2666(검색일: 2007.9.7).

"習近平: 積極樹立亞洲安全觀 共創安全合作新局面 — 在亞洲相互協作與信任措施會議第四次峰會上的講話." 2014年 5月 21日. http://www.fmprc.gov.cn/mfa_chn/ziliao_611306/zyjh_611308/t1158070.shtml(검색일: 2014.5.23).

"習近平強調: 黨的對外工作要繼往開來再創輝煌." 2011年 1月 17日. http://news.xinhuanet.com/politics/2011-01/17/c_12990263.htm(검색일: 2011.11.21).

"習近平在京出席朝鮮勞動黨成立65周年慶祝宴會." 2010年 10月 8日. http://www.gov.cn/ldhd/2010-10/08/content_1717613.htm(검색일: 2011.10.25).

"習近平點穴式外交獲贊, 中蒙更上層樓." 環球網 2014年 8月 22日; "習近平總書記深情闡術'中國夢'."『人民網』2012年 11月 30日. http://politics.people.com.cn/n/2012/1130/c1024-19745745.html(검색일: 2012.12.1).

沈驥如. 2003. "維護東北亞安全的當務之急: 制止朝核問題上的危險博弈."『世界經濟與

政治』第9期.

閻學通. "安倍參拜, 中國外交的戰略機遇."『環球時報』2013年 12月 31日.

葉自成. 2009.『中國大外交』. 北京: 當代世界出版社.

"王毅: 中韓關係處於歷史最好時期."『新華網』2014年 5月 27日.

"王毅强調中方在朝鮮半島問題上三個"堅持"立場." 新華網 2013年 4月 13日. http://
    news.xinhuanet.com/world/2013-04/13/c_115377162.htm(검색일: 2013.
    4.20).

王義桅. 2011. "超越和平崛起 — 中國實施包容性崛起電略的必要性與可能性."『世界經
    濟與政治』第8期.

"2014年4月15日外交部发言人华春莹主持例行记者会." 中國外交部 홈페이지. 2014年 4
    月 15日.

李少軍. 2012. "論中國雙重身份的困境與應對."『世界經濟與政治』第4期.

李天英. 2004. "朝鮮半島的地緣政治與中國安全."『陝西社會主義學院學報』第2期.

禚寶山. 2004. "朝鮮半島的地緣戰略價值."『長春師範學院學報』第9期.

张琏瑰. 2004. "朝鮮半岛的统一与中国."『當代亞太』第5期.

"专家: 朝鮮核武器在意外变故下可能瞄准中国."『环球时报』2013年 2月 17日.

鄭永年·翁翠芬. 2010. "世界權力新格局中的中美關係."『國際關係學院學報』第5期.

"朝鮮第三次核试 中国在朝核问题"战略两难"." 中國网, 2013年 2月 13日. http://www.
    china.com.cn/international/txt/2013-02/13/content_27947596.htm(검색
    일: 2013.2.13).

住中國 韓國大使館 사이트. http://www.koreaemb.org.cn/(검색일: 2007.9.8).

"中国珍惜中朝友好, 朝鮮也需珍惜."『环球时报』2013年 2月 6日.

"中朝兩個經濟區投資說明會在北京舉行陳健: 政府引導 企業爲主 市場運作 互利共贏."
    2012年 9月 26日. http://www.mofcom.gov.cn/aarticle/ae/ai/201209/20
    120908360623.html(검색일: 2013.2.14).

焦世新·周建明. 2011. "美國是"負責任"的實力下降霸權?"『世界經濟與政治』12期.

黃載皓. 2006. "中國國防部長曹剛川訪韓的意義與成果."『當代亞太』第6期.

색인

필자 소개(원고 게재순)

▌ 김흥규(KIM Heungkyu)

▸ China's Strategic Thinking and Foreign Policy

현 | 아주대 정치외교학과 교수 겸 중국정책연구소 소장

서울대 외교학과 학사 및 석사

미국 미시간대(University of Michigan) 박사

전 국립외교원 교수

청와대 국가안보실, 외교부, 국방부 정책자문위원

• 주요 논저

"시진핑 시기 중국외교와 중일관계 분석"(2014)

『기로에 선 북중관계』(공저, 중앙 Books, 2013)

『중국 신외교전략과 당면한 이슈들』(공저, 도서출판 오름, 2013)

▌ **청샤오허**(CHENG Xiaohe)

    ▸ China's Great Power Diplomacy

현 | 중국인민대학 국제대학원 교수, 중국인민대학 국제전략 연구센터 부(副)주임
    중국 상해복단대학 국제정치학 학사
    보스턴대학 정치학 박사
    중국 현대국제관계 연구소 연구위원
    하버드대학 페어뱅크센터(The Fairbank Center)의 방문 연구원
    중국 외교 및 한반도 정책 관련 다수의 연구논문 출판

▌ **왕쥔성**(WANG Junsheng)

    ▸ China's Neighboring Country Diplomacy

현 | 중국사회과학원 아태·세계전략 연구소 교수
    중국인민대학 국제관계학 대학원 정치학 전공 석사 및 박사
    중국 교육부 연구보고서 1등 우수상 수상(1편)

    • 주요 논저

    『북핵문제와 중국의 역할: 다원적 배경에서의 공동관리』(2013)
    『박근혜 대통령의 정치경제학』(2015) 근간

▌이춘복(LI Chun Fu)

　　▶ China's Developing Country Diplomacy

　현 | 중국 남개대학교(南開大學, Nan Kai University) 교수

　　　중국 남개대학교 경제학부 졸

　　　연세대학교 정치외교학과 정치학 석사, 박사학위 취득

　　　건양대학교 교양학부 전임강사, 성균관대 성균중국연구소 책임연구원

　　● 주요 논저

　　　『동아시아의 영토분쟁과 국제협력』(공저, 2014)

　　　『认同与全球化: 当代中国民族主义悖论』(City University of Hong Kong
　　　　Press, 2012)

　　　"Reactive Nationalism and South Korea's Foreign Policy on China
　　　　and Japan: A Comparative Analysis"(*Pacific Focus*, 2010) 등

▌이영학(LEE Young-hak)

　　▶ China's Multilateral Diplomacy

　현 | 한국국방연구원 안보전략연구센터 선임연구원

　　　한양대학교(문학 학사)

　　　중국 베이징대학교(국제정치학 박사)

　　　성균관대 성균중국연구소 연구교수

　　　외교통상부 동북아시아국 중국정세분석팀 선임연구원

　　● 주요 논저

　　　중국의 주변외교 전략 연구: 중국의 대북정책 결정에 대한 함의
　　　　(공저, 통일연구원, 2014)

　　　"북한의 세 차례 핵실험과 중국의 대북한 정책 변화 분석"
　　　　(『국제정치논총』, 2013)

　　　"중국 시진핑 체제의 출범과 대외정책 전망"(아태연구, 2013)

┃ 신종호(SHIN Jongho)

▸ China's Public Policy Diplomacy

현 | 통일연구원 통일정책연구실 연구위원

한양대학교 학사 및 석사

중국 북경대학교(Peking University) 국제정치학과 박사

국회입법조사처 외교안보팀 입법조사관

경기개발연구원 통일동북아센터 연구위원 역임

• 주요 논저

"미국과 중국의 한반도 위기관리 행태 및 영향요인"(2014)

"중국의 대외정책에서 지방정부의 역할"(2014)

"글로벌 금융위기 이후 중미관계와 대만문제"(2013)

『중국 권력엘리트와 한중교류 네트워크 분석 및 DB화』(공저, 2014)

『중국 시진핑 지도부의 구성 및 특징 연구』(공저, 2013)

『북중 경제협력 심화와 한국의 대응』(공저, 2013)

┃ 권혁재(KWON Hyukjae)

▸ Chinese Economic Diplomacy

현 | 삼성경제연구소 글로벌 연구실 수석연구원

중국 칭화대학교 법학박사(민상법)

중국 베이징대학교 법학석사(경제법)

• 주요 논저

"세계 통상질서의 재편: 3大 FTA의 부상"(2013)

"WTO 정보기술협정(ITA) 개정의 쟁점과 영향"(2013)

"중국의 부상과 美中 통상분쟁"(2012)

▌ **최지영**(CHOI Jiyoung)
> ‣ Chinese Economic Diplomacy

현 | 단국대학교 국제대학원 부교수
중국 베이징대학교 국제관계대학원 박사

- 주요 논저
"중국 정법위원회의 조직과 역할연구: 당과 국가의 관계를 중심으로"
(『국제정치논총』, 2014)
"중국 국가안전위원회에 대한 시론적 분석: 시진핑 시기 당의 분업통치
에서의 역할과 함의를 중심으로"(『한국동북아논총』, 2014)

▌ **이창형**(LEE Changhyung)
> ‣ China's Defense policy and Military Build-up

현 | 국방연구원 안보전략연구센터장
육군사관학교 중국어과
건국대학교 정치학 박사
국무총리실 국방정책조정관
국방연구원 국제전략연구실장
[중국의 군] 관련 다수의 저서와 논문

┃ 박병광(PARK Byungkwang)

　▸ China-Japan Relations and South Korea's Policy

현 ┃ 국가안보전략연구원 동북아전략연구실장

단국대학교 정치외교학과 졸업

상하이 푸단대학교 국제정치학과 박사학위 취득

동경대학교 동양문화연구소 외국인연구원

서울대학교 외교학과 박사후 연구원

대만외교부초청 타이완 펠로우십 방문학자

● 주요 논저

"국제질서 변환과 전략적 각축기의 미중관계"(『국방연구』, 2014)

"시진핑 지도부의 등장과 중국의 대외정책"(『전략연구』, 2013)

┃ 김애경(KIM Aekyung)

　▸ China's Policy toward Korean Peninsula

현 ┃ 명지전문대 교수

국민대학교 중어중문과 졸업, 북경대학교 국제관계학원 박사학위 취득

서울대학교 국제문제연구소 선임연구원, 국민대학교 겸임교수

● 주요 논저

『중국의 국가이익 재구성 분석: 대개도국외교 정책을 사례로』(2014)

『세계금융위기와 중국의 대응담론: 원인, 대응 및 중국의 역할을
　중심으로』(2014)